蓝琪　主编

中亚史

第一卷

蓝琪　苏立公　黄红　著

商务印书馆
创于1897　The Commercial Press

2020年·北京

图书在版编目（CIP）数据

中亚史. 第1卷 / 蓝琪主编；蓝琪，苏立公，黄红著. — 北京：商务印书馆，2018（2020.5重印）
ISBN 978-7-100-16166-4

I. ①中⋯ II. ①蓝⋯ ②苏⋯ ③黄⋯ III. ①中亚—历史 IV. ①K36

中国版本图书馆CIP数据核字（2018）第111871号

责任编辑：程景楠
版式设计：智善天下
封面设计：武守友

中 亚 史
第一卷
蓝琪　主编
蓝琪　苏立公　黄红　著

商 务 印 书 馆 出 版
（北京王府井大街36号　邮政编码 100710）
商 务 印 书 馆 发 行
三河市尚艺印装有限公司印刷
ISBN 978-7-100-16166-4

2018年8月第1版　　　开本 640×960　1/16
2020年5月第2次印刷　　印张 30 1/2

定价：98.00元

总　序

　　蓝琪等同志编著的《中亚史》即将出版，索序于我。我对中亚的历史素无研究，是没有资格写序的，但考虑再三，还是答应了下来。我之所以承命不辞而有"越位"之举者，是因为被作者刻苦治学的精神深深感动。在贵州研究中亚史，条件是很不利的。获得资料很难，对外交流的机会也少，等等。但作者们以极大的毅力克服种种困难，十余年坚持不懈，终于获得了丰硕成果。《中亚史》从原始社会一直写到1991年，亘古至今，结构严谨，内容充实，实在难能可贵。

　　我国史学界过去很少有人专门研究中亚史，但有一些前辈学者在他们的著作和译著中也涉及中亚史的某些方面或某些问题，并取得了卓越的成就。例如，陈垣先生的《元西域人华化考》、冯承钧先生的《西域南海史地考证译丛》、张星烺先生的《中西交通史料汇编》、向达先生的《唐代长安与西域文明》，都是精品。今天，我国作为一个有世界影响的大国，需要深入了解世界，既要了解它的现状，也要了解它的历史。中亚是我国的近邻，研究中亚史很有必要。希望蓝琪等同志继承前辈学者的宝贵遗产，不断取得新的成果。

　　我还想借此机会谈谈研究世界史的问题。研究世界史，要兼顾整体与局部两个方面。第二次世界大战后，世界在经济、政治、文化各方面日益密切联系起来。伴随着迅速全球化的时代，历史学也必须把世界作为一个整体来研究。人们迫切要求知道：人类历史是怎样由原始、孤立、分散的人群发展成为今天这一密切联系的整体的。只有局部的研究，只见树木，不见森林，是不符合时代要求的。再者，国别史和地区史的研究如果不放在更加广阔的世界背景下进行，那么它们在世界上的地位、作用以及彼此的关联和相互影响，是无法谈清楚的，整体的说明就站不住脚，难以成立。好比一座大厦，如果它的种种构件都不结实，那么这座大厦就只是徒有其表，看起来富丽堂皇，但不久就会坍塌下来。

我国较大规模地开展外国历史的研究，是在 1978 年改革开放以后，至今只有几十年的时间。因此，无论是世界史的研究，还是国别史、地区史、专门史的研究，都需要继续展开。还有不少空白点，有待填补。我们的任务重，但底子薄，所以更要加倍努力。我老师一辈的史学家都已归道山了。与我同辈（大约在 80—90 岁之间）的史学工作者，在世的也不多了。开拓我国世界史（广义的，包括全球史与区域史、国别史等）研究新局面的重任落在了中青年一代身上，希望各位奋发努力，勇攀高峰。我相信再过几十年，我国的世界史研究定将迈上一个新的台阶，成为国际史学界大厦中的重要一员。

齐世荣，时年八十有五

2011 年 9 月 15 日

前　言

先谈一下撰写《中亚史》的前前后后。笔者于 1983 年考入贵州师范大学历史系，幸运地成为治中亚史的前辈项英杰先生的学生。当时，导师正在组织力量翻译一批外文著作，计划以后写一部四卷本的中亚通史。历经 15 年，包括笔者在内的三届七名研究生共翻译了由项师选定的十多种（近 300 万字）英、俄、日文专著和《大英百科全书》的有关条目，其中一些成果已经由《贵州师范大学学报》增刊《中亚史丛刊》（共七册）出版。由于史料匮乏、语言繁杂、史实模糊，以及现有文献资料互相抵牾等困难，直到 1998 年项师仙逝，撰写中亚通史之事仍未提上日程，但笔者从未意识到先生的这一遗愿将由自己来完成。

2002 年，即项师去世四年后，联合国教科文组织编写的《中亚文明史》汉译本第一、二卷出版，仔细阅读之后，笔者朦胧地意识到写一本中亚史的时机似乎来到了。2003 年，笔者接受翻译《中亚文明史》第五卷的任务，在读完《中亚文明史》第五卷英文本之后，撰写中亚史的想法清晰起来。[①] 同年，贵州师范大学组建历史

---

① 《中亚文明史》是联合国汇集世界著名中亚史专家撰写的一部连续性的中亚经济文化史，它代表着 20 世纪末的研究水平，此书所用资料可以弥补中亚史构建中文明史资料的缺乏。其中，《中亚文明史》第一、二卷的资料可以完成中亚原始社会和古代文明的撰写，《中亚文明史》第五卷中 16—18 世纪中叶的内容正好填补了国内中亚史研究的空白。

与政治学院，笔者不知深浅地把写一部中亚通史的想法向领导汇报，立即得到校领导和院领导的鼓励和支持，于是，撰写本书的工作进入实质性阶段。2008年，经审批，此课题获得国家哲学社会科学基金资助（项目编号08BSS009）。历时10年，《中亚史》的撰写终于完成。

在此，有必要对本书研究与撰写的地理和时间范围做一说明。古代中亚边界是不稳定的，它随时代而变化，随中亚部族与周边文明国家之间势力的消长而变化。一般来说，学术界对中亚有广义、狭义之界定：广义中亚范围指西起里海，东达兴安岭，南自喜马拉雅山山脉，北至阿尔泰山；狭义中亚范围仅指阿姆河和锡尔河之间的两河流域地区。本书的研究对象主要是今哈萨克斯坦、乌兹别克斯坦、吉尔吉斯斯坦、塔吉克斯坦、土库曼斯坦和阿富汗所在地区，有时候也涉及与它们有关的地区。

本书共分六卷，论述内容起于中亚旧石器时代，终于1991年苏联解体。第一卷论述了中亚原始社会和奴隶社会，主要内容是生产力和生产关系与早期国家的兴起；第二卷论述了封建社会兴起的历史，主要内容是阿拉伯人和波斯人的王朝历史；第三卷和第四卷论述了封建社会发展的历史，主要内容分别是突厥王朝和蒙古帝国的历史；第五卷论述了封建社会衰亡的历史，主要内容是哈萨克汗国、布哈拉汗国、希瓦汗国、浩罕汗国的历史；第六卷论述了中亚沦为殖民地、半殖民地的历史和中亚人民争取自治、独立的斗争史，以及苏联时期的中亚历史。

本书体例按通史要求均衡安排，克服了以往同类著作中史料多的地方多写，史料少的地方少写或不写的状况。本书的结构安排可概述为"以编定性，以章定范围，以节定内容"。在人类历史发展过程中，除了渐进性的量变外，还存在着突起性的质变；本书力图用马克思历史唯物主义的观点，根据中亚历史发展轨迹上出现的一些质变点划分时段，并以编的形式做出界定；中亚地区在文化上是一个统一体，但在政治上却一直是分裂的，本书将诸政权统治地区归纳在章的形式下；在各章以下，本书以节的形式阐述了具体的历史内容，每节基本上控制在 5000 字左右。

本书内容涵盖了苏联解体以前中亚地区存在过的所有王朝，按中国人撰史的习惯，此书可以冠以"中亚通史"一名。但在看了一些学者对"通史"的定义之后，本人决定采用"中亚史"作为本书之名。主要考虑有两点：第一，据《易·系辞》云："往来不穷谓之通"，"不穷"指时间的无限，贯通一切时间的通史是不可能存在的；第二，严格地说，时间上的通只是通史的必要条件，真正的通史必须具备通史精神。① 对于通史精神，施丁教授认为："不通古今之变，则不足以言通史。"② 中国的中亚史学尚处于起步阶段，欲达到上述境界，尚有待努力。

本书各卷有分述和总述，在对地区政权进行分述的同时，对当时中亚的政治、经济、对外关系以及宗教和文化情况做了总体论述。在分述和总述中，作者力求系统、全面、准确。所谓系统，就是着眼于中亚政权在此时段内的变革过程；所谓全面，就是研究领域尽可能包括国家和社会生活的各个方面，即政治、经济、社会、民族、宗教、对外关系；所谓准确，就是客观、求实，向读者展现事物的本来面目。在分述和总述的基础上，作者力求对研究对象进行反思，希望总结出一些带规律性的认识，即通史精神。

此外，本书在前人研究基础上做了一些推进性的尝试。如中亚经济和文化的南北差异一目了然，本书在考察中亚原始生产力的发展时，明确了这一差异产生于旧石器时代后期，到新石器时代早期呈现出定居文化和畜牧聚落文化的南北特征。又如，众所周知，中亚是古代东、西方贸易和文化的通道与融合地，本书指出，如果中亚的背后没有一个强盛的汉唐中国，中亚地区就不可能成为东、西方交往的桥梁。

① 参见刘家和：《论通史》，《史学史研究》2002 年第 4 期。
② 施丁：《说"通"》，《史学史研究》1989 年第 2 期。

对早期中亚的历史进程，本书还提出一些新的思考。如在第一卷第二编第一章第二节中，作者提出中亚地区在铁器时代经历了东方游牧民族迁徙和西方文明（希腊亚历山大大帝）远征的两大冲击，正是在这些外力的冲击下，中亚古代政权（国家）加速形成；又如本书对16—19世纪中叶的中亚国家（或王朝）的性质做了界定，认为16—19世纪上半叶的中亚社会仍然处于前近代时期的封建时代。16世纪以后，远离工业文明发源地的中亚没有出现由封建生产方式向资本主义生产方式过渡的本质变化，中亚国家政权组织和社会结构仍然是封建性质的：哈萨克汗国实行封建领主制与部落家长制结合的宗法封建制度；以定居农业为主要生产方式的布哈拉汗国和希瓦汗国，贵族代表大会在汗国内外的政治生活中都有重要的发言权，两个汗国都采取了以采邑为基础的统治方式，将行政权和财政权通过采邑转让给贵族统治。中亚诸政权的经济制度仍以封建地主阶级占有土地来剥削农民剩余劳动为基础，国家的经济来源主要是封建地租。中亚社会的主要矛盾也是封建性质的，农民与封建主之间的矛盾是社会的主要矛盾。

本书还做了一些十分必要但暂无相关研究的课题。如把中亚原始文化与周边文化相联系比较，并且指出，中亚原始文化发展的进程与世界较先进的西亚地区基本上是一致的。又如探索中亚原始文化的起源时认为，旧石器时代早期中亚发现了西方传入的阿舍利文化，旧石器时代中期中亚发现了以勒瓦娄哇—莫斯特类型为特征的石片文化，因此，中亚从旧石器时代起就具有文化融合的特征；新石器时代，中亚文化受到西亚的影响；青铜时代，中亚南方文化显示出受到两河流域、伊朗和印度河下游地区的影响，中亚北方的草原文化更多地受到了欧亚草原西部文化的影响。在此基础上，笔者推断，与印度河流域文明一样，新石器时代以前的中亚原始文化可能是尼格罗—澳大利亚种（黑种人）的达罗毗荼人创造的；从铜石并用时代起，中亚原始文化的创造者是欧罗巴人中语言属印欧语系的一支人群，即雅利安人。

本书与以往著作的不同之处，各卷的序言中都有说明，在此不一一指出。需要特别说明的是，在立论方面，中亚历史的很多事件和人物都存在着观点上的歧异，本书对此没有一一阐述，而是在对尽可能多的观点进行比较、分析之后，采取了笔者认为较为客观的一种。需要指出的是，本书虽是集体成果，但各卷的框架设计、资料的采用安排、文字的取舍统一，以及最终定稿都系由笔者完成，因此，全书风格一致，语言统一。

现在呈现给读者的这部《中亚史》凝聚了贵州师范大学三代学人的心血，也是笔者学习和研究中亚史30余年①的一个总结。本书是在国内外研究成果的基础上完成的。在撰写过程中，本书参考了中亚史前辈王治来先生的《中亚通史》，在"中亚塞种国家"一编中，参考了学长余太山的《塞种史研究》等著作；在西辽史、喀喇汗王朝史和叶尔羌汗国史的撰写中，参考了魏良弢先生的《西辽史研究》等著作；在察合台汗国部分，参考了刘迎胜先生的研究；在萨曼王朝部分，参考了学长许序雅的研究；在沙皇俄国统治中亚的部分，使用了学长吴筑星和董兴森翻译的俄文资料（发表在《中亚史丛刊》第一、四册）；在宗教苏菲派部分中，参考了学兄张文德博士的《苏菲主义》等研究。可以说，如果没有他们的研究成果，这部《中亚史》从体例的完整到内容的充实都是不可能完成的。

英国学者休谟在其《论历史研究》一书中说："历史不仅是知识中很有价值的一部分，而且还打开了通向其他许多部分的门径，并为许多科学领域提供了材料。"②笔者衷心希望《中亚史》一书能够起到这种作用。

蓝 琪

2014 年 3 月

---

① 编者于 1981 年开始准备中亚史研究生的考试，至今 30 余年。
② 〔英〕休谟：《论历史研究》，见瑜青主编：《经典启蒙文库·休谟经典文存》，上海大学出版社2002 年版，第 211 页。

第一卷 序

　　《中亚史》第一卷主要论述中亚地区的原始文化、早期文明、古代国家的历史。从内容上看，本卷在世界历史的分期中属于上古史的范畴；从社会发展史的角度考察，这一时期的中亚社会处于原始社会和奴隶社会阶段。

　　《中亚史》第一卷分"中亚原始文化"、"中亚文明时代"、"中亚塞种国家"、"西突厥汗国"四编。第一编起于200万年前在喜马拉雅山南缘的西瓦利克地层发现的石核石器，终于中亚北方早期铁器时代（前7世纪）；第二编从中亚地区步入阶级社会的公元前10世纪起，到希腊人统治结束的公元前3世纪止；第三编从塞种在中亚建国的公元前3世纪起，到塞种国家灭亡的6世纪止；第四编从突厥人在中亚建国的6世纪中叶起，到唐代中国灭亡西突厥汗国的7世纪中叶止。

　　在第一编"中亚原始文化"中，作者论述了中亚地区石器时代、青铜时代和早期铁器时代的文化，归纳了各个文化阶段的特征。作者指出，在旧石器时代早期，中亚存在着砾石文化和阿舍利手斧文化；在旧石器时代中期，中亚存在着以勒瓦娄哇—莫斯特类型为特征的石片文化。因此，地处东亚与西亚之间的中亚原始文化从旧石器时代起就具有融合的特征，在砾石文化的基础上，接受了西方传入的阿舍利文化。

作者在本编中强调了中亚原始人类从旧石器时代就开始有效地利用和开发了中亚地区的生态环境。在新石器时代早期，以北纬45度为界，中亚经济呈现出南、北差异：以哲通文化为代表的中亚南方从原来的渔猎和采集征用型经济逐渐向原始农业的生产型经济转变；以克尔捷米纳尔文化为代表的中亚北方草原从渔猎和采集过渡到畜养家畜的生产型经济。随之，中亚原始文化逐渐呈现出南、北特征，以原始农业为基础的中亚南方发展了定居文化，以畜牧业为主的中亚北方形成了畜牧聚落文化。

在世界一些地区，铜石并用时代的文化特征是不明显的，因此，这些地区的铜石并用时代往往被纳入新石器时代晚期；与之不同，中亚的铜石并用时代文化具有鲜明的特征，因此，本书将它分离出来，独立成章。作者指出：中亚铜石并用时代使用的铜器是红铜（天然铜）以及与自然共生矿同存的合金铜，铜器的加工采用了冷锻、冶铸技术；在发现铜石的大多数遗址中，与铜器一起还发现了在红色或淡黄色陶衣上绘以黑色装饰图案的彩陶，它们几乎占了陶器总量的三分之一，彩陶成为中亚铜石并用时代的一个文化特征。因此，中亚铜石并用时代的文化又被称为彩陶文化。

本编论述了中亚地区青铜和铁器文化的特征。中亚发现的青铜大多数是含砷和铅的合金，含锡的青铜较少。中亚早期铁器时代的文化遗址表现出以下一些特征：中亚北方的牧—耕型经济开始转向季节性迁移的游牧或半游牧经济；中业南方表现出三个特征，即大型灌溉系统的出现、城堡的建设、文字迹象；北方游牧或半游牧部落的南迁冲击了中亚南方的定居农业中心，南北交流频繁起来。

在本编的最后，作者将中亚原始文化放在世界范围内进行了考察。作者指出：中亚原始文化发展的进程与世界较先进的西亚地区基本上是一致的。在青铜时代，中亚南方文化显示出两河流域、伊朗和印度河下游地区的影响；中亚北方的草原文化更多地受到了欧亚草原西部文化的影响。在此基础上作者推断：与印度河流域文明一样，新石器时代以前的中亚原始文化可能是尼格罗—澳大利亚种（黑种人）

的达罗毗荼人创造的；从铜石并用时代起，中亚原始文化的创造者是欧罗巴种人中语言属印欧语系的一支人群，即雅利安人创造的。

在第二编"中亚古代文明"中，作者论述了中亚南、北方经济和政治的发展历程。本编论述了中亚地区经历了来自东、西方的压力，即东方游牧民族的迁徙和西方文明（希腊亚历山大）的远征。作者指出，外力的冲击加速了中亚古代政权（国家）的形成；与此同时，中亚也成为东西方文明的汇聚之地和多元文化的交融之地。

在第三编"中亚塞种国家"中，作者论述了公元前3世纪至6世纪的近一千年中在中亚形成的政权。在中亚北方有游牧行国奄蔡、康居、月氏、乌孙；在中亚南方有定居农耕小国大宛（Ta-Yuan）、罽宾（Ki-Pin）、乌弋山离（Alexandria-Prophthasia）；在此基础上形成的大帝国——贵霜和哌哒。这些国家都是语言属印欧语系东伊朗语族的人建立的，从人种和地理方位上可以认定这些人是波斯铭文中的塞克人，他们在中国史书中被记为塞种，因此，本编将他们建立的政权统称为塞种国家。

本编重点论述了中亚经济的发展状况。作者指出，中亚南方由于引阿姆河、泽拉夫善河等水的灌溉工程的修复、扩建和新建，农业得到迅速发展，大片绿洲形成；在此期间畜牧业形成了区域性特征；中亚的采矿、制陶、金属加工和纺织业在原有的基础上继续发展，武器制造和城市建筑的发展较为显著。

本编论述了这一时期中亚的交通状况，丝绸之路的开通促进了中亚地区与东方的联系。作者指出：汉代中国的强盛使中亚地区开始成为东、西方交往的桥梁。贵霜帝国对印度的统治使中亚获得了出海口，海路贸易随之发展起来，这是中亚地区以后不再有的情况。

本编还论述了这一时期中亚的宗教状况。作者指出：除了琐罗亚斯德教和希腊诸神崇拜外，公元前3世纪以后陆续开始在中亚流传的有佛教、印度教、摩尼教、景教，中亚地区的信仰呈现出多样化的倾向。与以往相比，由于贵霜帝国的统治，中亚宗教更多地吸收了印度因素。

在第四编"西突厥汗国"中，作者论述了以突厥部为主的铁勒各部的历史。作者指出：6 世纪以前，中亚地区主要是欧罗巴种人中语言属印欧语系的居民的居地，此后，蒙古利亚种的铁勒人陆续由东向西迁入中亚北方地区。从此，欧罗巴种的印欧人开始与蒙古利亚种的铁勒人融合，拉开了中亚居民突厥化的序幕。

本编重点论述了突厥部落发展的历史。作者指出：突厥部人在叶尼塞河上游生活期间以狩猎和采集为生；迁到阿尔泰山西南坡以后开始了游牧生活；6 世纪中叶，突厥人建立了自己的汗国。在突厥汗国形成过程中，突厥人占据了亚洲三大草原，即蒙古草原、天山草原和哈萨克草原，受到了周边文明影响的突厥社会的封建因素得以迅速发展，其中，"有封建主义的部族，也有奴隶制的部族，有无阶级的氏族和部落，也有从无阶级向有阶级过渡的部落和部落联盟"①。

本编还论述了西突厥汗国统治时期中亚南方昭武九姓国的情况。作者指出：母权制残余和被奴役的等级——贱民和奴隶——在昭武国社会中残存下来，从粟特经济活动来看，突厥人时期奴隶的劳动已经失去了主导地位。

作者指出，突厥汗国在世界古代史上占有重要地位，突厥人是至今发现最早创制自己文字的游牧民，他们将自己部落之名——突厥——给予了与他们说同样语言的所有铁勒族人民。

《中亚史》第一卷的分工：第一编（贵州师范大学蓝琪教授），第二、四编（淮南职业技术学院苏立公副教授），第三编（贵州师范学院黄红副教授）。

蓝 琪

---

① 马长寿：《论突厥人和突厥汗国的社会变革》，见《突厥与回纥历史论文选集》上册，中华书局 1987 年版，第 132—138 页。

目　录

第二编　中亚文明时代（前 10 世纪—前 3 世纪）

第四编　西突厥汗国（6世纪中叶—7世纪中叶）

第一编 中亚原始文化

（前 200 万年—前 7 世纪）

人类文明从低级向高级发展经历了二三百万年的历程，中亚（Central Asia）人类文明的起源可以追溯到两百多万年以前。19 世纪，丹麦学者汤姆森（Thomsen）将人类初期的历史划分为石器时代、青铜时代和铁器时代三个阶段；中亚原始文化的发展也经历了以上三个阶段，在各个阶段中分别呈现出本地区的特征。人类原始文化的内容包括了物质文明、精神文明，以及在创造物质与精神文明过程中结成的社会组织。在考察中亚原始文化的过程中，本编以工具的制造为主线，以展现中亚原始人类的物质文化，探索中亚原始人类的精神文化，推断中亚地区原始人类的社会组织。

第一章
旧石器时代文化

　　旧石器时代是以制造打制石器为标志的人类物质文化发展阶段。根据石器的打制技术，考古学将旧石器时代分为早、中、晚三个时期。一般而言，旧石器时代早期起于石器出现的 250 万年前，终于 30 万年至 20 万年前；旧石器时代中期起于 30 万年至 20 万年前，结束于大约 5 万年至 4 万年前；旧石器时代晚期起于大约 5 万年至 4 万年前，到 1.5 万年前结束。中亚旧石器时代三期的划分基本上与世界普遍性划分保持一致，只是旧石器时代中期的起止时间向后移了几万年。

　　打制石器的技术有四种。最早的打制石核技术（即砾石文化，Pebble Culture）和两面打制技术（即阿舍利文化，Acheulian Tradition）一直到大约 15 万年前结束。此后，出现了勒瓦娄哇—莫斯特（Levalloisian-Mouster）技术，这种技术比前两种技术先进，是在制作石器之前，预先加工和修整一块石核，再从石核上打制薄片石器，勒瓦娄哇—莫斯特技术在大约距今 3.5 万年前结束。最后一种打制石器技术是细长形石叶加工技术。以上石器技术在欧洲旧石器文化的分期比较清楚，因此，考古学界基本上以欧洲旧石器代表文化的名称对世界其他地区的石器进行分类和命名。中亚地区也是如此。

　　在东亚的旧石器文化遗址中，以砍器为主，几乎没有发现采用阿舍利技术和勒瓦娄哇—莫斯特技术制作的石器，因此，有学者[①]将东方旧石器文化称为"砍斫器文化圈"（The Great Chopper-tool Complex）；西方在旧石器时代早期就出现了两面加工石器的阿舍利手斧技术，因此被称为"手斧文化圈"（The Great Hand-axe Complex）；地处东亚与西亚、东欧之间的中亚，在旧石器时代早期存在着阿舍利手斧文化，在旧石器时代中期存在着以勒瓦娄哇—莫斯特类型为特征的石片文化。

第一节　旧石器时代早期文化

目前，中亚旧石器时代早期最早的石器工具是在喜马拉雅山最南缘的西瓦利克带（Silwalik Belt）地层中发现的，总共出土了一组石片和一件石核石器。地质学上认定这一地层处于 200 万年前。由此，中亚旧石器时代的起点可以确定在公元前 200 万年，终点大约在 30 万年至 20 万年前。不过，中亚某些地区的旧石器时代早期文化一直延续到距今 8 万年至 7 万年。

从考古发掘物来看，这一时期打制石器的石材是经过挑选的，石材的选择受到了地区石材种类的限制。石器选用的石材有砾石（卵石）、石英岩、沉积岩（或火成岩）、燧石岩和碧玉，等等，其中，使用最多的是经水冲磨过、硬度较大的砾石。因此，中亚旧石器时代早期的石器以厚重的砾石石器为主。

中亚旧石器时代早期石器的种类有石片和石核。石片的打制方式是用石锤（或角、木锤）从原石上打下一块块石片，或者将原石举起向作为石砧的大石块撞击，劈裂出石片。剥离下来的或劈裂

---

① 美国考古学家莫维士（Movius）于 1944 年发表《平行两种文化假说》（Parallel Phyla Hypothesis），指出早期旧石器时代，世界存在两个技术传统不同的文化圈。一是砍斫器文化圈，包括东亚、南亚次大陆北部；一是手斧文化圈，包括非洲和欧洲的南、中、西部以及中东和印度。这种观点因东亚和蒙古高原发现了手斧而受到质疑。

出来的石片，有的已经很锋利，可以直接使用；有的还需要经过简单加工修整。因此，有的石器是一次打制成功的，有的则经过了二次打制。这种打制技术因最早发现于英国埃塞克斯的克拉克当（Clactonian）露天遗址，所以被称为克拉克当石器。克拉克当石器的典型特征是石片厚重粗大。在中亚，用石片加工的石器有刮削器、尖状器和雕刻器等器形。刮削器是在石片的一边或多边加工，用来刮兽皮、木料、骨类的工具；尖状器是把石片相邻的两条边加工成尖形，用以刺割；雕刻器是在石片尖端打成垂直的短刃，用以雕刻。

剥离过石片的剩余石块称为石核，石核也作为工具使用，被称为石核石器或砾石石器。石材在打下了石片以后，表面遗有石片剥离的痕迹，习惯上把单面剥离过石片的石核称为砍砸器；把两面打过石片的石核称为敲砸器；把周缘加工过的石核称为盘状器；把周身进行过加工的石核称为石球。在中亚各地发现的旧石器早期遗址中，几乎都出土了石核石器。

旧石器时代早期文化遗址在中亚南部、中部和北部都有发现。其中，最重要的是中亚南部塔吉克斯坦（Tajikistan）和阿富汗（Afghanistan）之间黄土层中的一些遗址，这些遗址有较为清楚的地层次序的考古材料。

到 1986 年年底为止，考古学家在南塔吉克斯坦发现了属于旧石器时代早期的三个遗址：拉胡迪（Lakhuti）、卡拉套（Karatau）和库尔达拉（Kuldara），并获得了十分重要的考古材料。

拉胡迪一号遗址位于阿姆河（Amu Darya）上游，面积为 216 平方米。在距今 30 万年的第五土层中发现了 1100 件石器，类型为石片和石核。石片的数量不多，种类以刮削器为主；大部分石器呈不规则形状，发现了船底形石器和凹面形石器。在里斯冰期（距今约 20 万年至 15 万年）的中后期土层中，发现了一些形状隐约可辨的盘状形或矩形石核。

卡拉套遗址在拉胡迪遗址以西 250 公里处，面积达 500 平方米。20 世纪 70 年代，塔吉克斯坦考古学家拉诺夫（V. A. Ranov）对该遗

址进行了考察。在离地表 64 米以下的第 6 地层中发现了石器，据热
释光断代，该文化层年代的上、下界分别为距今 210000 ± 36000 年
和距今 194000 ± 32000 年。

卡拉套遗址共发掘石制品 200 余件，石材是变质岩。石器类型
有石片和石核。石片有各种形状的斧子、少量砍斫器、边缘不规则
的刮削器、各种小型刮削器、制作粗糙的小型尖状器以及锯齿形和
凹面形石器，还有粗大的单面砍斫器。这些工具是极端不规则的，
大部分石片没有第二步加工的痕迹，个别石片的一边比较平整，显
示出旧石器时代中期石器技术的特征。有学者认为卡拉套文化遗物
与中国黄土地区旧石器时代早期器物有着某些相似性，但是，现在
看来还难以做出更多的推论。[①]

在三个遗址中，较小的库尔达拉遗址在南塔吉克斯坦的哈瓦陵
（Khavaling）地区。该遗址中出土了 40 件石器，分布在第 11 和 12
地层中，经热释光测时法测定，其年代约在 8 万年至 7.5 万年以前。
库尔达拉石器类型为石片和石核。石片石器的特点是器型较小，通
常小于 5 厘米；石器类型有小型刮削器，其中包括有细锯齿的长刮
削器。库尔达拉石器采用砾石文化中的石块劈裂技术，因此，尽管
它的地质时间较晚，但仍然属于旧石器时代早期文化遗址。

从塔吉克—阿富汗黄土区往南，在今巴基斯坦（Pakistan）西部
的索恩（Soan）河畔，最著名的旧石器时代早期遗址是距今 80 万年
至 25 万年前的索恩文化遗址。考古学界认为，索恩文化遗址是中亚
最典型的旧石器早期文化遗址。美国学者帕特尔松（T. T. Paterson）和
巴基斯坦学者德鲁蒙德（H. J. H. Drummond）对它进行了考察。帕
特尔松在他的有关巴基斯坦波托瓦尔高原（Potwar Plateau）考古的
著述中将此文化遗址视为中亚地区旧石器早期文化的标准模式。

在东旁遮普（Punjab）喜马偕尔邦（Himāchal Pradesh）的古勒
（Guler）、那拉迦尔（Nalagarh）等上层台地中，也出土了属于早期

---

① 这是塔吉克斯坦学者 V. A. 拉诺夫的观点，参见〔巴基斯坦〕A. H. 丹尼、〔苏联〕V. M. 马松主
编：《中亚文明史》第 1 卷，中国对外翻译出版公司 2002 年版，第 23 页。

索恩文化的石器。在这些石器中，石片石器较少，石核石器较多，有些石器是从砾石河床或覆盖着河床的黄土层中发掘出来的。索恩早期石器的特点是用平底砾石或圆形砾石制成，多数石器的大部分仍保持着砾石的原样，未做加工。少数石器属于克拉克当文化类型，即是从未加工的石核上打制出来的石片。在索恩石器中缺乏诸如尖状器或刮削器这类可以清楚辨认的片状石器。

在穆尔加（Murgha）、康格拉（Kangra）溪谷以及喜马偕尔邦的昌迪加尔（Chandigarh）镇附近，发现了手斧、两面刃器和大石刀一类的器物。于是，以往认为索恩文化是独立发展起来的观点受到了质疑。尽管如此，手斧之类的双面石器只是偶有发现，砾石工具是索恩早期文化发掘物中的主角。

在中亚中部，旧石器时代早期遗址中，东面有费尔干纳盆地（Fergana Valley）的库尔布拉克（Kulbulak）遗址，西面有克谢夫河谷（Keshef-rud）遗址。在这些遗址中发现了个别的阿舍利型双面工具，不过，它们的地质年代难以确定。

库尔布拉克遗址位于锡尔河（Syr Darya）上游北岸，在今吉尔吉斯斯坦（Kyrgyzstan）境内的恩格伦（Angren）镇附近发现了一个露天遗址。苏联考古学家卡西穆夫（M. R. Kasymov）对它进行了考察。该遗址地层次序良好，其中最早的地层距今大约有 70 万年至 50 万年。在库尔布拉克遗址上发现了一种类型不太明确的阿舍利文化。

在伊朗高原（Iran Plateau）东北角马什哈德（Mashhad）附近的克谢夫流域发现了距今约 80 万年的克谢夫河谷遗址。20 世纪 70 年代，考古学家阿·阿拉里（A. Arali）和斯·西鲍特（C. Thibault）对该遗址进行了考察。出土物有锯齿形和凹面的片状工具、钩状器具和克拉克当型石片。有些石器是在更新世（180 万年至 1.1 万年前）中期和晚期的地岩层中发现的。在该遗址中发现了石斧。

在中亚北部，旧石器时代早期文化遗址在克拉斯诺夫斯克（Krasnovodsk）半岛、哈萨克斯坦（Kazakhstan）草原和中亚沙漠地区都有发现。在这些遗址中，发现了大量双面工具，其中可以辨认属于阿舍利型手斧。在蔡林诺格雷德附近的维希奈夫斯卡村（靠近赛密兹布古群山）以及曼吉什拉克（Mangyshlak）半岛等地，发现了时代久远的圆形砾石石器。

中亚北部发现的砾石石器和石斧没有一件是分层埋藏的，它们的地质年代不明确，由于石器缺乏地层次序的考古材料，只能按其类型判断属于旧石器时代早期。

从中亚旧石器时代早期的遗址来看，用砾石打制石片的技术及在未加工石核上打制石片的克拉克当石器技术在中亚南部、中部和北部普遍存在，它们是中亚最早的石器技术。以手斧为特征的阿舍利石器技术的传播从南向北逐渐明朗起来，如果中亚北部出土手斧的遗址能够在时间上加以确定，那么可以说，阿舍利型石器技术是通过北方草原传播到中亚的。

从南塔吉克斯坦和巴基斯坦索恩河流域发现的遗物推断：古人类在中亚南部出现极早，大约在 200 万年前就已经在此活动了。拉胡迪一号与卡拉套一号遗址出土的石器见于垂直与水平方向的各个地层中，土层的一般厚度都在 2.3 米—2.7 米之间，由此可以推断，中亚原始人类在中亚南部停留的时间较长，他们可能已经生活在有一定凝聚力的群落之中。到目前为止，在中亚旧石器时代早期的遗址中还未发现真正的文化土层，即没有见到生活居所、炉灶、厨房等遗迹，也没有发现集中的动物遗骸。这些迹象表明，中亚旧石器时代早期的遗址只是中亚原始人类的狩猎营地。

第二节　旧石器时代中期文化

中亚地区旧石器时代中期文化的物理测年几乎仍然没有确定，对于现存的各种划分都有人提出了这种或那种的保留意见。[1]不过可

---

① 〔巴基斯坦〕A. H. 丹尼、〔苏联〕V. M. 马松主编：《中亚文明史》第 1 卷，第 35 页。

以肯定的是，旧石器时代中期的典型文化，即莫斯特文化（Mouster
Culture）[1]，在中亚大约始于 15 万年前，盛行于 8 万年至 3.5 万年前。
按欧洲的分类，在里斯—武木末期和武木初期，即 10 万年至 4 万年
前，中亚迎来了旧石器时代中期文化的兴起和繁荣。[2]

莫斯特文化的特征是采用勒瓦娄哇技术（Levalloisian）打制石
器。勒瓦娄哇技术是一种比克拉克当技术和阿舍利技术更先进的打
制技术，首先将原石（或称石核）预制成一定的形状，大多数为倒
置的龟甲形，然后从预制石核上打下石片，这些石片的外形十分精
确（大多数呈有规则的三角形或四边形），以至于每一件物品无须修
整就可以当刀或箭头使用。这种打制的石器最早在法国巴黎近郊的
勒瓦娄瓦·佩雷（Levallois-Perret）发现，故名。莫斯特文化的代表
性工具有三角形尖状器、边刮器，而中亚地区莫斯特文化的代表类
型有品种繁多的刮削器、边缘经过修整的尖状器和雕刻器，以及大
小不一的石斧和砍砸器。

用勒瓦娄哇技术生产精确薄片的可能性依赖于与人类体质的进
步及人类思维活动有关的几种因素。在石核上的打制变得更加大胆
精确，目的性更加明确。这表明人类手腕在方向上的灵活性和机动
性得到了进化。劳动和手的进化同时促进了人智力的进化。石核和
薄片两者是研究人脑理解力进一步发展的指示物，是工作者对所承
担的任务有比较清楚的认可的指示物。简言之，这是积极深入研究
人类智力化过程的证据，是研究人类超越存在于自身的原始动物成
份的证据，是研究纯人类新特征与特性和新法律实现的证据，不仅
是生物学上的，也是社会学上的。[3]

中亚旧石器时代中期的遗址众多，目前，已经发掘的遗址达 78
个，主要分布在中亚南部。塔吉克斯坦学者拉诺夫和美国学者戴维

[1] 该文化因最初发现于法国多尔多涅（Dordogne）省莱塞济（Les Eyzies）附近的穆斯捷（Le Moustier）岩棚，因此，被称为莫斯特文化。
[2] Denis Sinor, *The Cambridge History of Early Inner Asia*, Cambridge University Press,1990, p.54.
[3] Ibid., p.53.

斯（R. S. Davis）对它们进行了考察。根据地区性差异，中亚旧石器时代中期遗址可以分为四种类型。

第一种，勒瓦娄哇型。即采用勒瓦娄哇预制石核技术，在一个或多个面的石核上打制石片，石片多为三角形和四边形，石片仅做简单修理，工具类型不明显。

阿姆河上游流域的拉胡迪遗址出土的石器是勒瓦娄哇类型的代表。拉胡迪遗址在旧石器时代早期就已经存在。在地表下 63 米的黄土层中，发现了在预制一个或多个面的石核上打制的石器。石器的类型有比较规整的砍砸器和一些锯齿状工具。根据热释光断代，这些石器距今 13 万年。阿姆河上游流域的勒瓦娄哇类型的石器特征明显接近东南亚而不是西方，尽管目前还看不出它们与东南亚旧石器文化在文化上的直接联系。也有学者认为，这种原始的勒瓦娄哇技术的打片方法是由当地的文化传统演化形成的。

第二种，勒瓦娄哇—莫斯特型。与勒瓦娄哇类型相似，也是在预制的石核上打制石器，但石核具有更多的台面，甚至出现了圆盘状石核，与勒瓦娄哇类型不同的是大部分石片具有经过修整的刀刃。

瓦赫什（Vakhsh）河沿岸的达雷库尔（Dara-i Kur）遗址是勒瓦娄哇—莫斯特类型的代表。1950 年，在阿富汗平原上一条很深的灌溉渠中，考古学家发现了一件属于莫斯特类型的尖状器。1954年，美国学者库恩（C. S. Coon）对该地区的卡拉卡马尔洞穴（Kara Kamar Cave）及其他遗址进行了发掘。他声称在不同的地层中发现了旧石器时代中期和晚期的石制品。尽管有人认为五个洞穴和其他遗址中的材料都属于旧石器时代中期，但美国学者戴维斯认为只有达雷库尔遗址才真正属于旧石器时代中期。

达雷库尔位于阿富汗境内一个山谷侧壁的巨大岩石之下，距今约 6 万年至 3.5 万年。戴维斯对该遗址进行了考察。在旧石器中期的地层中出土了 800 多件石器，石材是玄武岩。石器的种类有多台面的勒瓦娄哇型石核和从石核上打制的石片工具：刀状薄片、尖头三角形石片、边缘经过修整的尖状器和刮削器，此外还有一两件不太清晰的雕刻器。在此，没有发现手斧。从发掘的石制工具推断，当时人们已经在制备好的盘状石核上打制石片，并将打下的石片进行修整。

遗址上发现了绵羊或山羊以及疑似牛科动物的遗骸。在遗址中，还发现了一块人类颅骨的残片，有学者认为："它在一定程序上与尼安德特人（Neanderthals）吻合。"[①]这是迄今为止在阿富汗发现的旧石器时代中期的唯一人类骨骸。

第三种，山区莫斯特型（即典型的莫斯特型）。与前面两类相同的是也在预制石核上打制石器，与之不同的是石器类型明显，如刮削器和尖状器。

山区莫斯特型文化常见于中亚南部的希萨尔（Hissar）山与其他山脉之间的谷地和悬岩中，捷希克塔什洞穴（Teshik-Tash Cave）和奥格泽基奇克洞穴（Ogzi-Kichik Cave）遗址是山区莫斯特型的代表。

捷希克塔什遗址位于乌兹别克斯坦的泽拉夫善（Zerafshan）河以南地区，在班森（Baisun）山脉的悬崖中。1938 年，苏联考古学家奥克拉德尼科夫（A. P. Okladnikov）等人发掘了该遗址。该遗址是一个 21 米深的石灰石洞穴，有五个居住层，可能是原始人类长期穴居的地方。它的发掘使我们首次获得了旧石器时代中期文化（或者说中亚莫斯特文化）的确凿证据。

在捷希克塔什遗址的五个居住层中，共出土了 2520 件修整过的石片和碎片。从质地上看，石材选用的是当地出产的各种岩石。从器形上看，主要有对工作边缘做过修整的各种刮削器，包括加工了一面或两面的长叶石片，有的尺寸很大。此外，还有典型莫斯特特征的尖状器，以及少数简单的雕刻器。这些石器在所发掘的几个文化层中几乎没有发生任何变化。

在捷希克塔什遗址上，发现了各种动物的遗骸，有野马、猪、鹿、豹、棕熊、鬣狗和西伯利亚山地羊（Capra Sibirica），以及许多

---

① 〔巴基斯坦〕A. H. 丹尼、〔苏联〕V. M. 马松主编：《中亚文明史》第 1 卷，第 49 页。

小型哺乳动物和禽鸟的骨骸，等等。其中，以山羊的遗骸最多，占骨骸总数的83.79%。[1]在该遗址上，发现了包括骨针在内的一些骨制工具。这些遗物说明狩猎是当时人们获取食物的主要方式，山羊是主要的捕捉对象。从今天在此地已经灭绝的鬣狗等动物判断，当时该地区的气候比现在湿润。

捷希克塔什遗址的五个居住层都发现了炉灶。在最后一层居住层中，发现了一个大约七八岁的尼安德特人墓葬。在他的身边放置着六对西伯利亚山地羊的角。羊角摆放的位置使人们推测，它们可能象征着某种宗教仪式。捷希克塔什人可能是迄今为止在中亚发现的最早人类化石。

在同一地区，也是在难以进出的峻峭山谷中，还有阿米尔特米尔洞穴（Amir-Temir Cave）遗址。该遗址的出土文物显示人类在此有过短暂或偶然的居住。奥克拉德尼科夫认为：在班森山脚下的丘陵地带，可能有露天的定居地存在，它们常常是猎羊者的居住地；洞穴文化或许只反映了旧石器时代中期居民生活的一个方面，即季节性生活。

奥格泽基奇克遗址在塔吉克斯坦瓦赫什山脉南麓一个隐蔽的小山谷中，坐落在一座石灰石悬岩下，在今已干涸的一股泉水附近。拉诺夫于1979年对这一遗址进行了发掘。

该遗址出土的石器制品有加工过的石核和修整过的石片，共约一万件。从石器的制作来看，与捷希克塔什遗址出土的石器相似，也属于山区莫斯特型。但是，它们也有地方特色，即石材选自当地的岩石。

在该遗址上发现的动物残骸有龟、野马、红鹿、犀牛和山羊等。整个发掘现场到处可见明显是被人类折断的动物骨骼残片。奥格泽基奇克遗址的最佳居住层是在紧靠洞外下方的斜坡上。在遗址上发现了巨大的炉灶。在炉灶内发现了龟的遗骸，它是连壳一起烘烤的。

---

① 〔巴基斯坦〕A. H. 丹尼、〔苏联〕V. M. 马松主编：《中亚文明史》第1卷，第51页。在明显供食用的动物骨头中，西伯利亚山地羊占绝大多数，为总量的83.79%。

这些遗迹说明，中亚原始人类在旧石器中期已经知道使用火，而且开始吃熟食了。在遗址上还发现了一个用石块堆成的宽约 1.5 米的椭圆形设施，在它的一端摆放着两只野山羊角。由于该设施并未与墓葬挨在一起，因此几乎可以认定它是一个神坛，由此推知当时人类可能已经萌发了宗教意识。

在锡尔河流域（今吉尔吉斯斯坦境内的恩格伦镇附近）的库尔布拉克露天遗址中，最早的地层距今大约有 70 万年至 50 万年。苏联考古学家卡西穆夫经过勘察把它分为九个文化层。除最上面的三个文化层被认为属于旧石器时代晚期文化遗址外，其余各层都被视为旧石器时代中期的莫斯特型文化遗址。在属于中期的文化层中，出土的石器有带锯齿状和边部经过修整的微型刮削器，以及楔形和棱柱形石核。有的学者又把它单独列为一类，即细齿状的莫斯特型石器。

第四种，索恩莫斯特型。与山区莫斯特型一样，索恩莫斯特型石器类型明显，有刮削器和尖状器；与之不同的是，用细砾石制作的石斧和砍斫器在索恩莫斯特型石器中占了很大比例。

在前一节，我们介绍过今巴基斯坦西部索恩河畔的旧石器时代早期遗址。旧石器时代中期的索恩莫斯特型石器与相邻山区的山区莫斯特型石器有着直接的关系，因为两组石器都体现了典型的莫斯特型制品的特征，即在已制备过的石核上打制石片，然后再将石片加工成各种器形。索恩文化的石器类型有刮削器、尖状器，还有小型切割器或石斧等。与山区莫斯特型石器不同的是，索恩莫斯特型文化利用了当地现成的材料，即河中的细砾石与中砾石。

索恩莫斯特文化在波托瓦尔高原上也有发现。它们是旧石器时代中期与晚期的遗址。这些遗址与现在的索恩河河道相连，延绵不绝，广达数平方公里。遗址都处于石料露出地面、易于取用的地方。其中，属于旧石器时代中期的遗址大多数处于饮水方便和能够提供石材的地方，遗址上有成批的石器出土。这些石器似乎都是从制备过的石核上打制下来的石片加工形成的。石器类型也有刮削器，修整过的尖状器，大、小型的切割器，等等，它们采用劈裂的方式制作，石材几乎全是石英岩，取自西瓦利克地层。地层与石器工场遗址的黄土沉积物被热释光测年法确定为距今6万至2万年。

与旧石器时代早期遗址相比，在乌兹别克斯坦与塔吉克斯坦的旧石器时代中期人类所居住过的洞穴中，发现了真正的文化土层，即发现了生活居所、炉灶遗迹和动物遗骸。这些迹象表明，中亚旧石器时代中期遗址已经不再只是临时的狩猎营地，而是人类的较长期的定居地。

炉灶遗迹和灶中的动物遗骸表明，中亚原始人类已经学会了使用火；从几米深的炉灰推知，中亚原始人类还学会了控制火；从动物遗骸反映，与旧石器时代早期一样，旧石器时代中期的中亚原始人类仍然以狩猎和采集为生。但是，中亚原始人类狩猎的种类和数量比旧石器时代早期多得多。这些除了说明该时期石器技术的发展和石器种类的增加外，还可以推测人类可能已经以集体驱逐方式在猎获大型动物了。在中亚旧石器时代中期，除了洞穴掩蔽所和面积有限的地面遗址外，在波托瓦尔地区发现的大规模遗址也说明，人类群落在逐渐扩大，原始人类形成了更为复杂的群落关系。由此推测，作为人类交流方式的语言可能随需要已经产生。因为，如果没有发音清晰的语言，较为复杂的集体行动难以实施。

由于在蒙古高原（Mongolian Plateau）的旧石器时代中期遗址上也发现了具有勒瓦娄哇技术和莫斯特文化特征的石器，因此，史学界认为，蒙古的勒瓦娄哇技术可能是从中亚草原（The Steppes of Central Asia）通道传入的。[①] 在阿尔泰（Altai）山区，在戈尔诺阿尔泰州比斯克市南135公里处的捷尼索娃洞的第22层中出土了勒瓦娄哇石核、勒瓦娄哇尖状器、石刃、侧缘刮削器（Side Scraper）、雕刻器、锯齿缘石器、石片。[②] 这些迹象表明，中亚北部草原在旧石器时

---

① Denis Sinor, *The Cambridge History of Early Inner Asia*, Cambridge University Press, 1990, pp.54-55.

② 〔日〕关矢晃：《近年（1992—1994）俄罗斯阿尔泰地区考古学状况——旧石器时代、新石器时代的发掘收获》，朱延平译，《华夏考古》1997年第4期。

代中期已经成为东西方文化交流的通道，西方的石器技术可能是先传入阿尔泰地区，然后再由阿尔泰地区传播到蒙古高原的。

第三节　旧石器时代晚期文化

中亚旧石器时代晚期始于大约 5 万年至 4 万年前，结束于大约 1.1 万年前，与世界其他地区的历史进程基本吻合。中亚有大约 50 处遗址被认为属于旧石器时代晚期，但是，由于大部分遗址的出土物是互相孤立的，所以它们的年代归属只能是推断。与中亚旧石器时代中期遗址相比，中亚旧石器时代晚期的考古材料极少，对此，学者们做出以下解释：旧石器时代晚期遗址被误认为莫斯特文化（即中期）遗址；恶劣的气候环境毁坏了许多旧石器时代晚期的遗址；许多旧石器时代晚期遗址还未发掘出来。

中亚旧石器时代晚期器物的特征：一是石器技术有了极大的改进，长石片（石叶）石器取代了以往的石片和手斧工具，石叶的边缘大都经过修整，石叶成分随着时间的推移而日益占据优势。二是石器种类增多，分类趋于细致和明朗，如刮削器分为端刮器、圆形刮削器和简单的石片刮削器；雕刻石器分为雕刻刀、尖状器、大切割器和两面刃器等；尖状器分为石锥、钻孔器和打孔器等。三是动物骨头和象牙被广泛利用制作工具，出现了骨针、骨刮削器，骨制鱼叉、标枪、投矛器等新工具；在骨器制作上还发明了磨光技术和钻孔技术。

中亚旧石器时代晚期文化遗址主要分布在六个地区：锡尔河以北地区的库尔布拉克洞穴和奥比拉赫马特洞穴（Obi-Rahmat Cave）、费尔干纳盆地的霍贾伊果尔（Khoja-gor）遗址；泽拉夫善河流域的撒马尔罕（Samarqand）遗址、阿曼库坦（Amankutan）遗址、库土尔布拉克（Kuturbulak）遗址；阿姆河上游流域的舒格诺（Shugnou）遗址；阿富汗的卡拉卡马尔遗址和阿克库普鲁克（Ak-Kupruk）遗址；巴基斯坦的里瓦特（Riwat）遗址和桑浩（Sanghao）遗址；里海（Caspian）东南岸克拉斯诺夫斯克半岛的扬加贾（Yangaja）遗址。以下详细解说。

锡尔河以北的库尔布拉克遗址出土的石器分属于旧石器时代早期、中期和晚期。其中，最上面的三个文化层属于旧石器时代晚期。这三个文化层中出土的石器展示了连续的锯齿状工具的传统。尽管它们还带有中期石器的某些特征，但它们已经与莫斯特型石器有明显的区别，比莫斯特型石器修整得更好一些。

奥比拉赫马特遗址被分为若干地层，属于旧石器时代中期的地层不多，出土石器的种类较少，而属于旧石器时代晚期的地层较多，出土的石器种类也多。在奥比拉赫马特洞穴中，出土的石器与莫斯特型石器类似，唯一的特点是石器类型和数量在逐步增加，以此可以将它与旧石器时代中期的石器分开。

霍贾伊果尔遗址位于费尔干纳盆地伊斯法拉（Isfara）河右岸，奥克拉德尼科夫对它进行了发掘研究。在该遗址中发现了刮削器，包括圆边和双边两种类型；还有钝边的小型尖状器，这种尖状器在同时期的西亚遗址中也有发现，说明它与西亚地区可能存在着某种联系。

中亚腹地泽拉夫善河流域的旧石器时代晚期遗址有撒马尔罕遗址、阿曼库坦遗址、库土尔布拉克遗址。

撒马尔罕遗址位于乌兹别克斯坦撒马尔罕的共青团湖附近，距今约 1.6 万年。该遗址是苏联考古学家哈拉莫夫（N. G. Harlamoff）于 1939 年发现的，苏联考古学家列夫（D. N. Lev）领导的考古队于 1958 年至 1967 年在此进行了发掘。列夫把该遗址分为三个文化层，共出土器物大约 7000 余件。石器大多数是修整过的石叶和石片，器物有石核刮削器和高侧面刮削器、尖状器、砍砸器、雕刻器，等等。撒马尔罕出土的石器具有莫斯特文化和细砾石石器的特征。

在撒马尔罕遗址上发现了 13 种动物的遗骸，其中有 11 种属于哺乳动物，它们是象（或犀牛）、马、更新世驴、野驴、骆驼、野猪、鹿、瞪羚、草原绵羊、野牛和狼的遗骸。此外，还有两种鸟类和一种爬行类动物龟的遗骸。最有意义的是在该遗址上发现了人类的下颚骨和两颗牙齿，它们对研究中亚原始人类学具有重大意义。据研究推断，中亚原始人类归属于欧罗巴人种地中海类型。

列夫对距撒马尔罕遗址 40 公里处的阿曼库坦遗址进行了发掘。在该遗址中，石器数量不多，除了具有莫斯特文化特征的石器外，还有刀状和凹面形石器。与石器同时出土了一些动物遗骸，包括鹿、摩弗伦羊、熊和野山羊。有学者认为撒马尔罕遗址与阿曼库坦遗址有联系，前者是在后者的基础上发展形成的。但这种观点还未能得到确认。

库土尔布拉克遗址位于今乌兹别克斯坦境内的泽拉夫善河南岸，属于旧石器时代晚期，卡西穆夫对该遗址进行过考察。在库土尔布拉克发现的材料与撒马尔罕极为相似，有修整过的石片与石叶，凹形工具和石核工具，刮削器、雕刻器和砾石工具等。只不过，库土尔布拉克的大部分石器形状较小，打制得更加精巧。

阿姆河上游瓦赫什河南的舒格诺遗址分为五层，除表层属于中石器时代外，下面四层都属于旧石器时代晚期，拉诺夫对该遗址进行了考察。该遗址发掘面积达 500 平方米，出土石制工具大约 4700 件。在遗址表层下的第一层发现的石器以较小且弯曲的石叶为特色，最引人注目的工具类型是一种前端突出部可辨别的石核刮削器。与之一起出土的还有尖端和边缘都经过细致修整的石叶刮削器，明显属于旧石器时代晚期。

在表层下的第二层发现的器物最多。在出土器物中，大部分是厚重的石叶，其外形类似于中期的莫斯特型，许多石叶具有凸棱，似乎是凿。器物分为刮削器、尖状器等，其中，圆形刮削器的全部盘状圆周都做过修整。旧石器晚期文化的典型器物是细长石叶制作的端刮器，它们或者用厚实的细长石叶制成，或者用宽阔的截头石叶制成。尖状器中有一边或两边修整得十分锋利的石锥，以及钝边的钻孔尖状器。

再往下的第三、四层，出土物很少，其中大部分属于旧石器时代中期的莫斯特文化。由于第三层中所见的椭圆形石核具有旧石器时代晚期风格，因而也将之归属于旧石器时代晚期文化遗址。

阿富汗的旧石器时代晚期文化遗址有卡拉卡马尔遗址和阿克库普鲁克遗址。

卡拉卡马尔遗址在今阿富汗普勒胡姆里（Pul-i-khumri）至中国塔什库尔干（Tashkurgan）之间的谢别克村附近，距今大约1.1万年。1954年，美国考古学家库恩对该遗址进行了发掘。这里出土的石器具有莫斯特型石片的特征，因此，最初该遗址被定位为旧石器中期的莫斯特文化，后来，因在遗址中出土了边缘经过修整的细石片，表现出细石叶技术特征，最终被确认为旧石器时代晚期文化。出土的器物有刮削器、钻孔器等，刮削器中出现了带沟槽和锯齿的端刮器，其他石片工具占出土物的21%。

拉诺夫认为，卡拉卡马尔遗址的第二层是亚洲常见的旧石器时代晚期文化的一个变种，是从中期的莫斯特文化发展形成的。中国学者认为，该遗址出土的刮削器和细石器与伊拉克出土的旧石器时代晚期器物类似，因此，该遗址文化可能是从西亚传过来的。在该遗址中发现的动物遗骸有野山羊、野马和鹅喉羚等，可以推知，该遗址上的居民以狩猎为生。

阿克库普鲁克遗址在卡拉卡马尔以东50公里处，位于阿富汗北部的巴尔哈布（Balhab）河流域马扎里沙里夫（Mazar-i-Sharif）以南，距今约1.6万年。该遗址出土文物中既有旧石器时代晚期的遗存，又有属于中石器时代的。美国学者杜普雷（L. Dupree）和戴维斯对该遗址进行了考察。

阿克库普鲁克遗址有三个发掘点，共出土石器约2万件。[①]其中被命名为二号和三号的遗址有助于我们了解中亚旧石器时代晚期石器的特征。杜普雷和戴维斯把出土的器物划分为两组。第一组是石

<hr />

① 彭树智、黄杨文：《中东国家通史·阿富汗卷》，商务印书馆2000年版，第21页。

片和石叶石器，器物有石片、石叶、带锯齿的刮削器、带脊棱的刮削器和端刮器；第二组是用石叶或石片端部制成的简单雕刻器。在二号遗址的洞穴中发现了一块刻着人面轮廓的细砾石。这一发现表明旧石器晚期的中亚原始居民已经开始有艺术欣赏和审美观念。

巴基斯坦波托瓦尔高原的旧石器时代文化大部分被归入旧石器中期至晚期，其中里瓦特遗址是一个露天遗址。英国和巴基斯坦考古队对该遗址进行了发掘。用热释光方法测得其年代约在距今 4 万年前。此遗址中出土的石器所采用的石材是细纹理石英岩，器形是属于旧石器时代晚期风格的石叶和石核。在该遗址上发现了人类建造的住所，其遗迹有一堵低矮的石墙和一些石柱的基座。整个遗迹表明这里可能是一处宿营地。

桑浩遗址位于巴基斯坦北部斯瓦特（Swat）河的一条小支流南岸的一个山谷中。巴基斯坦考古学家丹尼（A. H. Dani）发现了这一遗址，并对其进行了发掘。1973 年，英国考古学家奥尔欣（B. Allchin）详细描述了这一遗址。该遗址中有三米高的堆积层，考古学家把该堆积层分为十二层。在从表层（第十二层）向下至第七层的五层中，出土的石器有：片状石核、剥自石核的石片、刮削器（主要是凹面形的）、锥子、雕刻器以及一把小型手斧，此外还有石叶和片状石核。这五层文化代表了旧石器时代晚期的传统，基本上属于旧石器时代晚期文化。其中最上面的三层（第十二层至十层）有丰富的石英制品，第九层至第五层也有类似的石器，但是不如上三层丰富。以上各层中的所有石器都具有自己的风格，这些石器的特征进一步支持了地方文化延续性的假设。

该遗址上还出土了一些动物或人类的遗骸。根据遗址的堆积层判断，桑浩遗址有人类持续居住的迹象。

里海东南岸克拉斯诺夫斯克半岛的扬加贾遗址属于旧石器时代晚期遗址。拉诺夫等曾经对该遗址进行过研究。该遗址上发现了晚期石器特征的石叶和石片工具，包括高侧面的石核刮削器。

从库尔布拉克、舒格诺及撒马尔罕等遗址出土的石器来看，中亚旧石器晚期的石器制作与中期莫斯特石器加工传统有着连续性。因此，史学界认为"中亚旧石器时代晚期的石器加工技术，并非从外界引进，而是在其本地的莫斯特时期石器基础上发展起来的"[①]。尽管如此，在旧石器时代晚期，不同地区的原始人类也开始有了来往和联系。在撒马尔罕遗址上发现的石核、石叶和石片工具，与附近的西雅布塞（Siabsai）、霍贾马兹吉尔（Khoja-mazgil）等许多遗址上的石器相似；在费尔干纳盆地发现的钝边小型尖状器，与西亚地区发现的这类器物类似。这些相似性表明，在旧石器时代晚期，不同地区的原始人群可能已经有了来往和联系。

拉诺夫根据奥克拉德尼科夫关于中亚旧石器时代文化按两条路线发展的观点，提出了一个非常复杂的分类图式。按照这一图式，中亚地区的遗址可归为两种类型：一类是在中亚旧石器中期的莫斯特石器技术的基础上发展起来的，多数遗址属于这一类，该类遗址出土的石器类似于西亚旧石器时代晚期文化；另一类是在小亚细亚（Asia Minor）地区的影响下发展起来的，其传播路线可能是由南哈萨克草原的卡拉苏遗址开始，下经撒马尔罕遗址，再至以后中石器时代的希萨尔文化（Hissar Culture）。由于现有的中亚旧石器时代晚期的材料较少，因此，任何分类的尝试都只能是暂时的假设。

在中亚旧石器晚期文化遗址上，发现了人类建造的住所，居住方式从穴居过渡到屋居。从某些宿营地的布局来看，这一时期中亚人类存在着较为复杂的社会生活。

---

① 〔巴基斯坦〕A. H. 丹尼、〔苏联〕V. M. 马松主编：《中亚文明史》第 1 卷，第 57 页。

第二章
中石器和新石器时代文化

　　中石器时代（Mesolithic Age）是旧石器时代向新石器时代过渡的时期，所以，中石器时代又被称为后旧石器时代（Epipnleolithe）或前新石器时代（Protonealithe）。在中石器时代，尽管打制石器仍占据主导地位，然而，局部磨光的石器已经出现。世界上大多数地区的中石器时代大致处于1.5万年前至7000年前期间；中亚中石器时代的时间大约始于1.2万年前，终于公元前6000年。

　　新石器时代是石器时代的最后发展时期。世界各地经历新石器时代的时间长短不一，有的地区历时5000至6000年，有的地区（如西亚）只有2000年左右；中亚新石器时代的历程大约有3000年，始于公元前6000年，终于公元前3000年。由于各地新石器的发展状况不同，因此，新石器时代没有统一的分期标准，有的地区将新石器时代分为早、晚两期，有的地区分早、中、晚三期。中亚新石器时代可分为早、晚两个时期，大约公元前6000年至公元前4000年为新石器时代早期，公元前4000年至公元前3000年为新石器时代晚期。在新石器时代早期，中亚地区普遍使用了磨制石器，出现了手制陶器和农业的遗迹；在新石器时代晚期，轮制陶器出现，在少数遗址中还发现了铜。从总体来看，中亚新石器时代文明受到了西亚新石器时代文化的影响。

中亚新石器时代的遗址以北纬 45 度为界呈现出南、北差异。以哲通文化（Jeitun Culture）为代表的中亚南部已经从原来的渔猎和采集征用型经济逐渐转变为原始农业的生产型经济；而以克尔捷米纳尔文化（Kelteminar Culture）为代表的北方草原，由于自然气候等方面的原因，人类的社会生活没有发生质的变化，仍然过着渔猎和采集生活，这种状况一直持续到新石器时代后期，畜养家畜的生产型经济才开始出现。两种经济的区分虽然在新石器时代早期露出端倪，然而直到新石器时代末期，中亚南部的农业聚落中仍有畜养家畜的部落；在中亚北部的畜牧聚落中，特别是东北部，还存在着经营农业的部落。

第一节　中石器时代文化

在中石器时代，石器普遍细化，细石器（Microlithes）被广泛应用。细石器大致可分为东亚—北美式和地中海式两类。东亚—北美式细石器的主要代表是细石核和细石叶；地中海式的代表是几何形细石器，即用细长石叶加工成的三角形、梯形或半月形等石刃，它们可以镶嵌在柄上作为镞、刀、镰等复合工具使用。这两种类型的石器处于旧石器时代晚期，盛行于中石器时代，某些地区甚至到了新石器时代或更晚时期仍在继续使用。

从类型上看，中亚细石器主要属于地中海式，只有东部帕米尔地区遗址的石器更多地显示出东亚—北美式特征。中亚细石器包括石片和石叶两种，具体形制有刮削器、尖状器、石刃等。根据形状，这些石器可分为非几何形和几何形。一般说来，前者早于后者，但在某些地区也存在二者并存的现象。在中石器时代，中亚开始出现一些简单的磨制石器，不过磨制石器的出现只是偶然现象。

在中石器时代，中亚原始人类发明了复合工具，即弓箭、投矛、渔具等器具。复合工具的使用提高了狩猎技术，狩猎业比旧石器时代有长足的发展。从出土的动物骨骸分析，猎物的种类和数量都在增多。狩猎业的进步为驯养动物提供了可能性，这一时期驯养的动物有羊，可能还有狗。

中亚中石器时代遗址主要集中在以下三个地区：中亚西部的里海沿岸、中亚南部的阿富汗丘陵地带和中亚东部的费尔干纳盆地。

（1）中亚西部里海沿岸的中石器时代遗址有加里卡马班德（Ghar-i-Kamarband）、桑伊查克马克（Sang-i-Chakmak）和杰贝尔（Jebel）。

加里卡马班德遗址在里海南岸，由加里卡马班德（即带洞）、霍土（Hotu）和阿里特佩（Ali-tepe）等洞穴组成。美国学者库恩对它们进行了研究。该遗址大约处于公元前 1.1 万年至公元前 5000 年之间，可分三个地层。其中，最早的地层处于大约公元前 1.1 万年至公元前 8000 年之间，在此地层中发现了呈几何形的燧石工具，有的是不对称梯形，各条边往往内凹。在此还发现了弓箭箭头，有人推测，即使不是全部，也有部分燧石工具可能是组合箭头（或标枪）的部件。这一点从遗址上发现的波斯羚羊、野牛和驯鹿等动物遗骸的痕迹得到了证实。在遗址的中间层发现了陶锥，然而，黏土容器的缺乏说明这只是最初的实验。此后不久，出现了最早的陶器。在该地层中发现了抛光的石子、动物牙齿和穿孔贝壳制作的饰物等物品，此外，还发现了一个身上撒着红色赭石的女性墓葬。在遗址的后期地层中发现了尝试畜养绵羊和山羊的迹象。在霍土洞穴的中石器时代地层中发现了与狩猎有关的燧石工具、小型泥锥，以及可能是一个女性的简单雕刻。在阿里特佩洞穴中发现了野山羊和绵羊的遗骸，洞穴的遗存处于公元前 1.2 万年至公元前 1.1 万年间。

桑伊查克马克遗址位于里海东南的戈尔甘（Gorgan）平原，由东、西两个小丘的遗址组成，它们大约处于公元前 6000 年。伊朗学者马苏达（S. Masuda）和苏联学者马松（V. M. Masson）对此遗址进行了考察。桑伊查克马克遗址东丘属于新石器时代文化（在下一节中叙述），遗址中陶片大量出现，说明陶器在日常生活之中已经广泛使用。西丘遗址是一个高约三米的土墩，可分为五个文化层，它们都属于中石器时代文化。在西丘遗址上出土的、最具中石器时代特征的器物有：一是黑曜石制作的石叶，以及一些细石片和骨制的小型别针；二是三块碎陶片，两块见于土墩堆表面，一块在第三文化层中。土墩表层陶片的地质学年代不明确，缺乏地层次序的意义，考古学界仍把西丘遗址归属于中石器时代。学者们认为，即使西丘文化层居民已经知道如何制作陶器，那也只是这项发明的初始阶段，不能代表该遗址文化的总体发展水平。在西丘的五个文化层中都发现了建造房屋的遗迹，有些房屋的地面经过夯实，上面覆盖着一层石灰泥，间或有红色痕迹。房屋建筑分为两类：一类筑有炉灶，墙头残留着被烟熏过的痕迹；另一类没有炉灶，房间分隔得很小，地面经过铺垫和粉刷。

杰贝尔遗址位于里海东岸，由杰贝尔、凯利（Kayly）和旦旦查什马（Dam Dam Chashma）三个洞穴组成，三个洞穴遗址大约处于公元前9000年至公元前6000年之间。苏联学者马松和萨里阿里迪（V. I. Sarianidi）对该遗址进行了考察。凯利洞穴位于克拉斯诺沃茨克半岛上，在此遗址中出土的石器形体细小，多呈几何形。洞穴可能是狩猎者的季节性营地，在此发现了绵羊、山羊和波斯羚羊等动物的骨骸，说明这里的人类仍处于狩猎阶段，狩猎的对象主要是小动物。

（2）在中亚南部的阿富汗丘陵地带有阿克库普鲁克遗址，在巴基斯坦的西北地区有梅尔伽赫（Mehrgarh）遗址。

阿克库普鲁克遗址地处阿富汗兴都库什山（Hindu Kush Mountains）北麓的丘陵地带，它由加里阿斯普（Ghar-i Asp）、加里马尔（Ghar-i Mar）、达雷库尔、卡拉卡马尔等洞穴组成。阿克库普鲁克遗址文化属于旧石器时代晚期和中石器时代，前面我们已经介绍过阿克库普鲁克遗址中旧石器时代晚期的文化遗存，下面主要介绍该遗址的中石器时代文化。

经碳14测年，加里阿斯普洞穴遗址大约处于公元前8000年左右。在该遗址中发现了刈刀（可能是简单的镰刀）、石锄和石磨等工具，它们展示了一种新型经济的出现，其居民是以定居农业为生的群落。不过，该遗址出土的赤鹿、瞪羚及野羊的遗骸证实了此时期狩猎仍占据相当突出的地位。加里马斯洞穴遗址经碳14测年，大约处于公元前6610±100年，该遗址分上、下两个文化层，中间被一层贫瘠的沙土隔开。下层时间较早，出土的遗物大致与加里阿斯普洞穴类似。工具有刈刀、刮削器、钻孔器和凿子，还有骨制的锥子等物。在该遗址中发现了驯养的绵羊或山羊的遗骸。遗址上层的时间稍晚，出土的遗物与下层基本相似，不同的是，上层出土了石锄、石磨、皂石和石制容器等器物。从以上出土物推测，位于北纬30度—40度之间（海拔500米—750米）的北阿富汗是世界上最早驯化动物和最早栽培植物的中心之一。有学者认为，动物驯化和植物栽培是经阿富汗北部地区陆续传播到安纳托利亚和爱琴海的。当然，这一说法尚需新证据的支持。

梅尔伽赫遗址地处巴基斯坦格奇（Kachi）平原，该地区是一个过渡地带，一侧是俾路支斯坦（Balochistan）、阿富汗和伊朗的干燥内陆高原；另一侧是印度河—恒河平原。梅尔伽赫遗址分为八个文化层，最早的文化层（史学界称为第一期和第二期）属于中石器时代文化，大约处于公元前7000年至公元前6000年之间。贾里奇（J. F. Jarrige）率领的法国考古队对这一遗址进行了发掘。

梅尔伽赫遗址最早的文化层（第一期）处于公元前7000年前后，距离地表23米。在此出土的石器有两万余件，典型的器物有雕刻器、钻孔器、端刮器、石镰刀片等，其中，最具中石器时代特征的石器是石叶和几何形细石器。石叶分成平口、凹口等种类，它们常作为镰刀的镶嵌刃使用，出土的细石叶通常是安装在木制或骨制棍棒上。在较晚一些的地层中，发现了箭镞。在该遗址中没有发现磨制石器和陶器。

在最早的文化层中，发现的动物遗骸主要是野生动物，有瞪羚、沼泽鹿、野驴、白斑鹿、野猪、大象、印度大羚羊和黑羚，驯养的绵羊和山羊的骨骸较少，说明当时人类基本上还处于狩猎阶段。

在该遗址上发现了房屋的遗迹。屋基为矩形，地面用黏土铺成，地面上有一块小磨石，上面残留了芦苇的痕迹。房屋的墙壁由固定尺寸的土坯砌成，土坯的表面遗有手印。在最早的文化层的上层（即第二期）发现了一座完整的房屋，墙壁用三排土坯砌成。整个房屋分成四间小室，每间长 1.5 米、宽 1 米。在此发现了人的墓葬，墓葬很简陋，墓穴用小砖墙隔开，将红赭石置于骨骸之上，并放置一些用石、骨或贝壳等制成的装饰品。

以上特征表明梅尔伽赫遗址的早期文化（即第一、二期）属于中石器时代文化。石器工具以石叶为主，驯养绵羊和山羊的现象已经出现，不过仅仅是偶然现象，人类仍以狩猎为生。

（3）中亚东部的费尔干纳盆地有塔什库梅尔（Tash-kumyr）和奥比希尔（Obisil）洞穴等遗址；在帕米尔山区有奥什霍纳（Oshhoner）和卡拉图姆舒克（Karatumsuk）遗址。

塔什库米尔和奥比希尔等洞穴及若干露天遗址位于费尔干纳盆地，中石器时代的石器已经从比较粗笨的形状逐渐过渡到了细石器，但这些细石器都不具有真正的几何形状。在帕米尔东部，中石器时代最大的遗址是奥什霍纳和卡拉图姆舒克，在此出土的细石器较大、较重，也没有真正的几何形状。因此，该文化与中亚发现的其他中石器时代文化不同，它们似乎属于东亚—北美式。

中石器时代是中亚社会经济发生巨大变化的时代，它是中亚从征用型经济向生产型经济转化的过渡时期。在此期间，中亚原始居民经历了从狩猎和采集向畜养和农耕转变的历史阶段。虽然狩猎仍是中亚原始人类的主要生活方式，但驯养家畜的尝试已经开始，出土的石镰刀片器物也证明了中亚原始居民已经从采集向原始农业过渡。可以相当肯定地说，如果说公元前 7000 年还不太确定的话，那么，至少在公元前 6000 年时转变的过程已经明显地开始。这些决定性的转变将使人类在新石器时代获得巨大飞跃。

从中石器时代遗址展示的居住情况可以推断，在中石器时代，中亚原始人群开始由不稳定群居向稳定过渡，开始形成了以血缘关系为纽带的氏族社会。女性雕刻的出现反映了女性在社会中的地位，似乎可以推测，以妇女为中心的母系氏族社会组织在此时期形成。

第二节 中亚南方的新石器时代文化

在北纬45度以南的中亚南方地区，在属于中石器时代的一些遗址上已经出土了磨制工具，不过，当时的磨制石器只限于局部磨光，而且是偶然现象。到了新石器时代，磨制技术在中亚被普遍地应用，成为新石器时代的一个基本特征。中亚地区出土的磨制石器有石斧、磨盘、石杵等。除了磨制石器，正如我们所知，新石器时代文化的基本要素（弓箭、陶器）在这一发展阶段遍及地球上有人类居住的一切地区，中亚也不例外。陶器是新石器时代中亚居民使用最普遍的日用品，也是新石器时代最重要的特征和标志之一。中亚新石器时代的陶器为手制，胎中多掺草末，有一些彩陶，但大多数是素器。除了上述特征外，在新石器时代早期，农业和畜养业的遗迹出现，尽管采集或渔猎在经济生活中仍占有重要地位。中亚的农作物有大麦和小麦，畜养的动物有狗、绵羊和山羊，还有牛。此外，新石器时代的中亚居民大多数已经从穴居过渡到了屋居，小规模的聚落形成，它们可能以母系氏族公社的形式存在。

中亚西部的哲通文化、中亚南部的梅尔伽赫遗址和中亚东部的布尔扎洪（Burzahom）遗址，是中亚南方新石器时代文化的典型代表。

（1）哲通文化是迄今为止已知最早的中亚农业文化，分布于今土库曼斯坦（Turkmenistan）科佩特山（Kopet Dag）支脉的狭窄地带，得名于阿什哈巴德（Ashgabat）城以北30公里的哲通遗址，年代为公元前6000年至公元前5000年，属新石器时代早期文化。苏联考古学家马鲁先科（A. A. Marushenko）、马松和萨里阿里迪先后对它进行了发掘和研究。

在哲通文化遗址上，出土了具有新石器时代特征的器物：磨制石器、陶器和农具。石器种类有石斧、磨盘、石杵等。陶器为手制，器形有碗、罐、大杯等。陶器采取泥条盘筑法制作，胎中掺大量草末，有的陶器用红彩，横向或纵向的波浪纹、直线纹、三角纹等装饰。骨制纺锤的出现也说明该文化居民已经开始纺织。

在哲通文化中发现了原始农业的遗迹，即大麦和小麦的遗迹，以及用于农业生产的石锄、装有骨柄的石镰刀、用于谷物加工的磨盘和石杵。哲通文化的原始人类是以农业为主、兼营狩猎的混合型经济。在时间较早的遗址上，出土的动物遗骸有波斯羚羊、野绵羊、野猪、狐狸、猫、狼、野兔和野驴等野生动物，说明狩猎在人们的生活中仍然具有一定的重要性；在时间较晚的遗址上，狗、山羊（或绵羊）和牛等遗骸在动物遗骸中占据了多数，表明它们可能已经被畜养。

在哲通文化遗址上发现了房屋的遗迹。房子为半地穴式，墙壁用截面呈椭圆形的草泥块砌筑，墙面抹有灰泥，并经过施彩。房屋为单间住室，每间面积13平方米到39平方米不等。其中，中间房屋为面积64平方米的大屋，可能系聚会场所，其他建筑有粮仓、窝棚和地窖。有的屋内建有土灶。

在哲通文化遗址上，出土了陶制或石制的人物和动物小雕像，其中比较常见的是妇女和山羊的雕像。将居住情况和妇女雕像结合来看，该文化遗址上的居民组织可能处于母系氏族社会阶段。以上雕像有的是做垂饰之用，还发现了骨、石、贝壳串珠等装饰品。

哲通文化遗址在许多方面与西亚的耶莫（Jarmo）遗址、耶利哥（Jericho）遗址有相似之处，但是，石器仍保持着本地中石器时代细石器的传统。

在中亚西部，除了哲通文化外，里海东南岸的桑伊查克马克遗址也有属于新石器时代文化的部分，其中，东丘文化就属于新石器时期的文化遗址。年代稍晚的东丘遗址距离中石器时代文化的西丘文化遗址只有150米，面积比西丘大。在东丘遗址的古地层中也发现了一些具有中石器时代特征的细石器、骨制工具和组合工具，如发现了一个上面饰有动物图案的木制镰刀柄。这些器物表明，东丘新石器文化是从本地中石器时代文化发展形成的。

在东丘遗址中出土的新石器时代器物有磨制石器和陶器。磨制石器有石斧，陶器有一只陶壶和大量陶片。陶壶盖在一个女尸的头骨上，陶壶有纹饰，其风格与伊朗中部的出土物相同。大量陶片的出现可以推知，陶器在日常生活中已经广泛使用。大部分陶片上有几何形、十字形、横向或纵向的平行线装饰，在一些陶器上，淡黄色或红色陶衣还装饰着红色或深棕色彩纹。陶器装饰图案和动物俑的发现说明该遗址上的居民萌发了艺术意识。在该遗址中发现了泥锥、纺轮和骨针，说明这一时期的居民已经开始了纺织业。

在东丘遗址上发现了居住的遗迹，由房屋和一些附属建筑组成，如小型工作场和炉窑。房屋大多为长方形，用长70厘米、宽20厘米的土块堆砌而成。东丘房屋的建筑布局在许多方面与哲通文化类似。

在中亚西部，南土库曼斯坦科佩特山北麓的阿尔丁特佩（Altyn-tepe）遗址反映了新石器时代、铜石并用时代和青铜时代连续不断的三种文化。在此主要阐述阿尔丁特佩的新石器时代文化的遗迹。阿尔丁特佩的新石器时代文化的遗址大约处于公元前4000年至公元前3000年之间。苏联考古学家马松对它进行了研究。

在该遗址出土的石器中，虽然没有发现磨制石器，但是，发现了大量陶器和赤陶俑。陶器多为各类容器，并以图案装饰；赤陶俑为武士装束，头戴一顶有护耳的精致头盔。在该遗址上发现了原始农业，即大麦和小麦的遗迹，其中大麦多于小麦。

该遗址的建筑遗迹面积达25公顷，周围环绕生砖砌的围墙，墙厚约两米，墙外四周用矩形扶垛加固。围墙的建造反映了中亚原始居民在建筑居所之时已开始考虑安全问题。

该遗址上发现了一座妇女墓葬，随葬品中有几件青铜器，说明该遗址文化可能处于新石器时代晚期。

（2）位于巴基斯坦西北部的梅尔伽赫遗址在中石器时代已经有过介绍。梅尔伽赫遗址中属于新石器时代的遗址大约处于公元前5500年至公元前4000年之间。该遗址上的新石器文化可分为早期地层和晚期地层，早期地层中出现了磨制石器和陶器，晚期地层中出现了铜。

在早期地层中，梅尔伽赫遗址出土的石器大约有4000件，其中，磨制石器有斧子和锛子。梅尔伽赫遗址中出土的陶器最具特色，在出土的一大堆碎陶片中有一半属于手制（显示出是用手工捏制的稻草与黏土的混合物），其器物有碗和表面有凹痕的浅圆盘；此外，还出土了模制陶器，即陶器的下部是在一个篮筐中成形，是为模制；另有一些碎陶片属于轮制，器物有碗和球状容器，饰以简单的几何形、十字形、斜线、圆点或影线方块，有些装饰图案使用双色。在此还发现了陶质手镯，其截面呈长方形，也用淡黄色陶制作。

梅尔伽赫新石器时代晚期地层中出土了成堆的碎陶片，这么多陶器片的发现说明当时存在着专业化的陶器手工业，并且开始了批量生产。晚期地层出土的陶器广泛使用了轮制技术，其中，有40%的陶器用质地优良的原料制作。在装饰方面，彩绘的质量也有很大改善，早期的几何形已经改成了一排排反刍动物和禽鸟。这些美丽的装饰图案与史前印度河流域的文化模式有相似之处。梅尔伽赫遗址晚期地层中出现了铜，在少数坩埚中发现了铜屑。此外，还发现了一只铜指环和一颗铜珠，以及一小块铜锭。

梅尔伽赫出土的动植物遗迹显示人类已经从狩猎和采集的征用型经济演进到了生产型经济。在中石器时代遗址上发现的动物遗骸品种是野生类动物；而在新石器时代遗址上，野生类动物如羚羊等越来越少见，畜养的绵羊和山羊则越来越多。植物栽培从陶器土坯上的谷物印痕表现出来，主要栽培大麦和小麦。六棱裸大麦似乎是当地的主要作物，裸小麦以及典型的带壳类谷物的数量有限。此外，留下的植物遗迹有枣属果实、葡萄，还发现了棉籽。

梅尔伽赫遗址在中石器时代地层发现了房屋建筑遗迹，在新石器时代遗址上则发现了由 6 或 10 间房屋组成的矩形建筑居住遗迹，这些房屋的规划、比例和风格各不相同，显然有不同的用途。与房屋建筑遗迹并存的是墓地遗迹。早期地层中的墓地缺少建筑结构，仅用红赭石置于骸骨之上，并在其间放置一些装饰品；晚期地层的墓地上发现一些建筑遗迹，在一个墓地上发现了有土坯建筑残迹的墓坑。

梅尔伽赫遗址出土的新石器时代遗物在许多方面类似于南土库曼斯坦的哲通文化。此外，从该遗址中出土的伊朗产绿松石、阿富汗北部的天青石、阿拉伯海（Arabian Sea）沿岸的贝壳，都表明中亚南部与伊朗和阿拉伯等地有一定的联系。

除梅尔伽赫遗址外，中亚南部新石器时代遗址还有在中石器时代提到过的阿富汗兴都库什山北麓丘陵地带阿克库普鲁克遗址，以及乞力古尔穆罕默德（Kili Gul Muhammand）遗址、塞赖克勒（Sarai Kala）遗址、贡拉（Gumla）遗址和贾利普尔（Jalilpur）遗址。

阿克库普鲁克遗址上的加里马尔和加里阿斯普洞穴是新石器文化的典型代表。据碳 14 测定，加里马尔的新石器时代陶器层年代分别为公元前 4815 ± 85 年、公元前 4360 ± 70 年和公元前 5005 ± 75 年。在这里发掘出土的反映原始农业的石具有石锄、石磨、石杵、石容器等。此外，还发现了畜养家畜的遗骸，它们是绵羊和山羊。据碳 14 测定，加里阿斯普洞穴的年代最近的一层为公元前 2550 ± 60 年左右，在该地层中除了石片、凿子、骨锥子、针、钻孔器和研磨器等中石器时代的燧石工具外，还发现了新石器时代文化的器物，主要有用脆性土混杂草料制成的陶器。

地处今阿富汗坎大哈（Kandahar）南部与巴基斯坦北部之间的乞力古尔穆罕默德遗址是一个长约 90 米、宽 55 米的小丘，时间晚于梅尔伽赫遗址。1950 年，美国学者费尔塞维斯（W. Fairservis）对其中 3.5 平方米的遗址进行了探测性发掘，一直挖掘到深 11 米—14

米的原生土层。据碳 14 测定，该遗址底部四个文化层的时间大约在公元前 4900 年至公元前 3000 年间，属于新石器时代的早期文化。在该遗址上发现了磨制石器残片和陶器。在较早的地层中发现了手制和篮纹模制陶器，多数陶器的陶胎为淡黄色，表面为红色或火红色，还见到一种夹砂的粗陶；在较晚的地层中发现了轮制陶器，以颇具特色的黑彩装饰，或者以包括简单几何形图案在内的各种图案装饰；还发现了铜的迹象。在早期地层中，发现了畜养绵羊、山羊和牛的骨骸。此外，还发现了用土坯或夯实黏土建造的房屋。

在巴基斯坦塔克西拉（Taxila）古城西南三公里处的塞赖克勒遗址地处卡拉贾拉（Kala Jala）河南岸，由南北长约 610 米、东西宽约 300 米的四块连续排列的台地组成。文化堆积层的深度超过了 4 米，它们可以分为四个时期。早期的地层属于新石器时代文化遗址，据碳 14 测定，时间大约在公元前 3160 年至公元前 3000 年间。在早期地层中发现了磨制石器，器物为手斧，形制简单，通常对刃口进行过修磨，锤击端则为圆形。这里出土的陶器为手制红棕色粗陶，陶器种类有限。器体一般较为厚实，底部显示出篮纹或垫圈印痕。没有证据表明，手制陶器是先在篮筐中成形后再把表面加工光滑的，而很有可能是容器在制成之后被放置于席垫上，或放在垫上干燥所致。关于陶器的磨光技术，似乎是先施以红色陶衣，然后用一种拍子或石头括磨以使表面光滑。有些陶器显示，在陶土尚柔软之时，在容器外表涂上一层粗砂。塞赖克勒遗址上的出土物表现出来的陶器技术，如陶器底部的篮纹、用稻草刷拉毛陶器外表等，令人想起中国华北地区及克什米尔（Kashmir）布尔扎洪遗址的新石器时代陶器，它们之间可能存在某种交流。在该遗址的早期地层中没有发现彩陶，也没有证据表明使用过金属工具；在后期的地层中，金属器物相当常见。

贡拉遗址位于印度河与其支流古马勒（Gumal）河相汇处的冲

积平原上，遗址是一个小墩堆，由巴基斯坦考古学家丹尼发掘。在该遗址上发现了相继的六个文化层，其中，第二至第六文化层发现了陶器，在堆积层的底部是手制的粗陶碎片，其他层出土的陶器制作精细，并且发现了彩陶。

贾利普尔遗址地处今巴基斯坦旁遮普平原拉维（Ravi）河左岸之南大约 5 公里处，遗址面积为 360 平方米到 400 平方米，堆积物约有两米厚。遗存可分为两个时期，第一期为新石器时代文化遗存，在此发现了用鲜红陶土制成的手制陶器，表面有柔滑的粉粒遗迹。陶器的主要特点是在陶器烧制之前涂上一层厚厚的黏土与碎陶片混合成的泥浆，使表面粗糙。这种装饰形式与塞赖克勒遗址中早期文化层出土的夹砂陶器类同。

（3）在中亚东部，新石器时代文化遗址的代表是布尔扎洪遗址。布尔扎洪遗址位于克什米尔山谷中，在山区，新石器时代的文化遗址有 30 多个，它们均位于卡雷瓦斯（Karewas）河畔的高地上，高地下面是河流和湖泊。目前，在已经发现的新石器时代文化遗址中，只有布尔扎洪和古夫克拉尔（Gufkral）遗址得到了系统的发掘。

布尔扎洪遗址位于印度河支流杰卢姆（Jhelum）河畔，在今斯利那加城（Srinagar）东北 16 公里处。1935 年开始发掘，大规模的发掘是在 1960 年至 1971 年间，由印度考古学者哈赞奇（T. N. Khazanchi）领导。该遗址分为一期甲段、一期乙段和一期丙段三个阶段。甲段为中石器时代文化，乙段为新石器早期文化，丙段属于新石器晚期文化。该文化遗址中最典型的出土地物是陶器。

在一期乙段的遗址上出土的陶器均为手制，主要有三种质地，即厚实的粗灰陶、精细的灰陶和夹砂的暗红陶，其中第一类最多。器物有球状罐和盆，两者都有圈足，底座上往往带有席垫纹。制作手法采用泥条盘筑法，然后以细枝束或草把刮扫，容器表面留下不规则的扫痕。陶器经烘烧为暗灰色，表面有不规则的裂纹，可能是泥坯中含有粗砂的缘故。在一期丙段遗址上，陶器技术有了进一步发展，出现了磨光灰陶。磨光灰陶采用圆盘—条带技术，烧制后呈现出灰色和黑色斑纹，表面光洁。器物有长颈的球形罐，有空心足和三角形小孔支座的盘、碗和盆。值得注意的是，一期丙段地层中发现了一只轮制的桔状泥釉罐，在其颈部的条幅上绘有带角的黑色图案，角状图案上有刻划的阴文水线，罐体的下部则饰有排列密集的平行线。陶罐的形状和图案与前哈拉帕文化（Harappan Culture）的制品类似。一期丙段遗址上还发现了铜镞。

从陶器成形技术、陶器底部的席纹和用草把刮刷陶器主体等特征来看，克什米尔的新石器文化遗址与波托瓦尔高原的塞赖克勒、巴基斯坦的加利盖（Ghaligai）和洛伊班斯瓦特（Loebanr Swat）谷地新石器文化，以及中国黄河流域的仰韶文化之间存在着一定的联系。

在布尔扎洪遗址的早期地层上发现了地穴式居住，发掘出圆形地穴 37 个，小型坑室 45 个。[1] 小型坑室多位于中央，圆形地穴则散在四周。这似乎可以推断，聚落可能是按亲戚关系群的氏族组合进行布局的。在晚期地层中，出土了柱木结构的房屋遗迹，同时还发现了少量留有残垣的泥土平台。据推测，该遗址上的居民可能从事农业生产，过着定居生活。

在布尔扎洪遗址上发现了六座墓，墓地中有随葬品及动物的骨殖，成人和动物的骨骸上撒有红赭石，但是，没有发现建筑。葬式分别有直肢葬、蹲踞葬和择骨葬三种，多为一次葬和二次葬。

人类对大自然的依附性在人类社会的各个方面都留下了印记，但当人类不仅靠采集食物和猎取动物，而且通过栽培植物和畜养动物养活自己之时，这一依附性大大减弱了。以上新石器时代文化遗址展现了中亚地区经济生活开始从征用型向生产型转化，这一转化通常被称为"新石器时代革命"。新石器时代遗址上出土的绵羊和山羊的骨骸、数量不少的陶器、大麦和小麦的遗迹、房屋建筑的遗迹，

---

[1] 〔巴基斯坦〕A. H. 丹尼、〔苏联〕V. M. 马松主编：《中亚文明史》第 1 卷，第 97 页。

这一切预示着中亚原始居民新生活的来临，这一切为即将到来的古代文明创造了条件。然而，也就是从这一时期起，中亚地区历史发展的不平衡日益明显，当狩猎、捕渔和食物采集在一些地区仍然占据重要地位之时，南土库曼斯坦和阿富汗北部地区的居民已经走在了新生活的前列。

第三节　中亚北方的新石器时代文化

在新石器时代，中亚北部的原始居民除了继续以中石器时代的细石器技术制作石器外，开始了具有新石器时代特征的器物——陶器的生产。中亚北部的新石器时代遗址主要分布在三个地区：阿姆河下游、咸海沿岸和哈萨克草原。

（1）阿姆河下游的克尔捷米纳尔文化是新石器时代的典型代表。克尔捷米纳尔文化遗址分布很广，从阿姆河下游远至泽拉夫善河下游和哈萨克斯坦北部以北地区流行。[①]主要遗址在阿姆河流域的阿克恰河三角洲、乌兹博伊（Uzboy）河上游地区、马汉（Mahan）河流域、咸海东北草原。克尔捷米纳尔文化处于公元前6000年至公元前4000年之间，属于新石器时代早期文化。[②]该文化遗址的最早发现地在已荒废的克尔捷米纳尔渠附近，故名。1939年，苏联考古学家托尔斯托夫（S. P. Tolstov）对它进行了发掘研究。

在克尔捷米纳尔遗址中，发现了新石器时代早期的典型器物——手制陶器。器物有罐、钵和船形器皿等。在较早的地层中，

---

① 〔苏联〕托尔斯托夫：《古代花剌子模》（*Drevnij Khorezm*），〔苏联〕古尔加莫夫（Ja. G. Guljamov）、阿斯科洛夫（A. Asiarov）：《原始文化和泽拉夫善河下游灌溉农业的出现》（*Pervobytnaja kul'tura i vozniknovenie oroshaemogo zemledelija v nizov'jakh Zaravshana*），转引自 Denis Sinor, *The Cambridge History of Early Inner Asia*, Cambridge University Press, 1990, p.64。

② 有学者认为，最早的遗址只追溯到公元前4000年，后期的遗址处于公元前2000年初期，因此克尔捷米纳尔文化处于公元前4000年至公元前2000年之间。参见 Denis Sinor, *The Cambridge History of Early Inner Asia*, Cambridge University Press, 1990, p.64。

陶器器形为圆底或尖底，在较晚的地层中，出现平底陶器。陶器纹饰比较丰富，有刻划、压印、戳刺的波状纹、圆点纹、箭形纹，部分陶器施有红彩。在晚期地层中发现的陶器多为素面。在晚期地层中发现了使用红铜器的迹象。

该文化遗址地处河湖沿岸，从工具组合和出土的鱼骨兽骨来看，其上的居民仍以狩猎、捕鱼和采集为生。对所发现动物骨骸的分析表明，当时人们猎捕的动物多为草原上常见的野驴、波斯羚羊、野猪、獐、赤鹿，以及牛、野马和骆驼等大动物。梭鱼、鲤鱼和须鲶鱼骨骸的发现证实了当地的捕鱼生活。捕鱼使用带石枪头的渔矛。在该遗址上未见到栽培谷物和畜养家畜的骨骸遗迹，因此推断，创造克尔捷米纳尔文化的中亚原始居民仍然处于征用型经济阶段，没有演进到以生产为基础的经济阶段。

在克尔捷米纳尔文化遗址上发现了人类居住的遗迹。在业已干涸的乌兹博伊河沿岸，居住地面积不大，多数集中，大约绵延5公顷至6公顷。在詹巴斯（Janbas-kal）发现了面积约270平方米的椭圆状房子，房子中央有一个大炉台，可能是燃烧圣火的神台，家庭使用的普通炉台以数列的形式建在外围。房屋是木柱、木梁结构，房顶用很轻的芦苇草覆盖。在泽拉夫善河下游的迪亚巴克尔（Darbazykyr）居地遗址发现了一个81平方米、有四个角落的住宅。

（2）在咸海沿岸地区发现的新石器时代遗址有扎尔帕克（Zhalpak）、科斯莫拉（Kosmola）、撒克绍斯卡亚（Saksaul'skaya）。扎尔帕克遗址地处咸海岸边，在遗址上，除了发现刀状石片制作的石器工具和箭镞等中石器时代器物外，还发现了陶器，因此，它应该属于新石器时代遗址。在出土的陶器中，有底部或平或圆的半圆形的杯子以及颈部清晰可辨的大型陶器。这些容器的表面用锯齿形模子或雕刻法进行装饰。

科斯莫拉遗址分布在咸海沿岸多处地点，其中，科斯莫拉4号和5号属新石器时代文化遗址。在两处遗址上都发现了混有砂子的泥坯烧制的陶器。陶器的壁很薄，并有线纹、痘纹、苇纹和划纹装饰，图案单调，通常是排列成行。

在撒克绍斯卡亚二期遗址的较晚地层中发现了陶器，因此，它也属于新石器时代文化遗址。此处出土的陶器是一些具有平底或圆底的小容器，容器的口沿相当美观，沿顶部呈扁平状，陶器的装饰图有锯齿形、平直或波状的划线、痘纹勾出的各种几何图形。

咸海地区新石器时代遗址文化既与阿姆河下游的克尔捷米纳尔文化相似，又与外乌拉尔南部地区和咸海东部地区的文化有共同之处。

（3）哈萨克草原的新石器时代文化遗址很多，典型代表有卡朗古尔（Karaungur）、卡拉土尔盖（Kara Turgai）和彭基（Pen'ki）遗址。

卡朗古尔遗址位于哈萨克南部草原，它由多个文化层组成，有些文化层属于中石器时代。在属于新石器时代的文化层发现了陶器。陶器为圆底薄胎，以点、孔和锯齿模加工的图案装饰。哈萨克南部草原的新石器遗址文化与阿姆河下游的克尔捷米纳尔文化相似，由于地理位置的接近，两地的文化可能存在着交流。

卡拉土尔盖遗址是哈萨克中部草原的新石器时代文化遗址的典型代表。在卡拉土尔盖河谷出土了属于新石器时代的典型器物——陶器。在遗址中发现了大量的陶器碎片，主要是容器碎片，说明这一时期陶容器已经大量使用，容器口沿微张，形体宽大，以梳状模了、刻印纹孔和圆槽进行装饰。

哈萨克北部草原最著名的遗址是彭基遗址，它位于今哈萨克斯坦巴甫洛达尔州（Pavlodar）东北 200 公里处。苏联学者查赖雅（L. A. Chalaya）对该遗址进行了考察。彭基遗址被分为 1 号和 2 号。

彭基 1 号遗址出土的石器有刮削器、钻头、剃刀、组合式镶嵌刃片、小刀和箭镞等。它们是用刀状石片制成的，具有中石器时代特征。这里的箭头与乌拉尔南部地区的新石器的箭头相似。在该遗址上发现的新石器时代器物为陶器，多为碎陶片。陶器为厚壁尖底，主要用麻点纹和梳刮方法制出各种图案装饰。在此遗址中发现了居住遗迹，住宅长 15 米，宽 7 米，纵向轴线呈南北方向。住宅的中央有一椭圆形炉灶，直径 2.5 米，另有两个炉灶分别靠着北墙和南墙。

彭基 2 号遗址出土的石器与 1 号遗址相似，也有属于中石器时代特征的石器。新石器时代器物为陶器，主要是厚壁平底容器，采用麻点和箆子印纹装饰。在该遗址上出土了两颗打磨得光洁的尖牙，可能是垂饰。此外，还发现了一幅长 14 厘米的麋头画像，它嘴巴张开，耳朵朝后。这类出土物反映出该遗址受到了乌拉尔与南西伯利亚（Southern Siberia）风格的影响。

彭基 1 号遗址的石器组合物与里海沿岸的杰贝尔四期文化类似。陶器在造型和装饰图案上，则类似于北方乌拉尔地区和南方克尔捷米纳尔文化的制品。在艺术和装饰品，1 号和 2 号遗址的出土物都具有浓厚的乌拉尔与南西伯利亚风格。

哈萨克草原东部的新石器时代文化的典型代表有乌斯特纳林（Ust'-Narym）、特鲁什尼科弗（Trushnikovo）、马洛克拉斯诺雅斯卡亚（Malo-Krasno-yarskaya）遗址。在这些遗址中，最引人注目的是乌斯特纳林遗址，苏联学者切尔尼科夫（S. S. Chernikov）对它进行了考察。

在乌斯特纳林遗址上出土的石器与西伯利亚新石器时代的石器十分相像。表现在石块被直接劈裂，石核的形状多种多样，以及石制工具种类多等方面。根据出土的工具和动物遗骸推知，当时这里的人们仍然过着渔猎的生活。总体来看，乌斯特纳林遗址既反映了南西伯利亚地区的文化传统，也反映出与克尔捷米纳尔文化之间存在的联系。在乌斯特纳林遗址上出土的箭镞、利用精巧反向修整而钝化的双刃细石器和有倾斜刃边的石片等，反映出它与克尔捷米纳尔文化之间的关系；陶容器的装饰图案亦体现出克尔捷米纳尔后期物品的特点。此外，在此还发掘出了房屋、炉灶、墓葬的遗迹。

中亚北部地区众多河流湖泊和拥有大量野生动物的广袤草原，为捕鱼、狩猎等提供了最佳条件。在此有利的生态环境下，在新石器时代早期，中亚北部的居民在不同程度上仍然保持着狩猎、捕鱼和采集的生活方式。直到新石器时代晚期，畜养家畜的现象才开始在中亚北部出现。从彭基1号和乌斯特纳林遗址上发现的居住遗迹说明，中亚北方居民在不同程度上开始了定居和半定居生活，它从一个侧面反映了经济开始稳定下来。

第三章
铜石并用时代和青铜时代

人类从石器时代进入青铜时代（Bronze Age）经历了一个过渡阶段，考古学上，这一过渡阶段被称为铜石并用时代（Chalcolithic Age）。在一些地区，铜石并用时代被纳入新石器时代晚期；中亚铜石并用时代大约处于公元前5000年至公元前3000年，从时间上看也可以纳入新石器时代晚期，但由于这一时期的中亚文化遗址具有与新石器时代不同的特征，所以，本书将它独立出来。在铜石并用时代，中亚出现了以红铜（天然铜）和自然共生矿的合金铜制作的金属器，红铜的加工采用冷锻和冶铸技术。铜石并用时代中亚文化的主要特征是，在大多数遗址中出土了制作精美的彩陶。彩陶成为中亚铜石并用时代一个显著的文化特征，因此，中亚铜石并用时代的文化又被称为彩陶文化。

青铜时代是人类历史发展的关键时期，世界各地进入青铜时代的时间是不同的，中亚青铜时代起于公元前3000年，终于公元前1000年。中亚南部的青铜文化以公元前2000年为界，明显区分为两个阶段，公元前2000年以前是青铜文化早期和全盛时期，此后是青铜文化的衰落时期；中亚北部，青铜文化的全盛时期稍晚一些，大约处于公元前 2000 至公元前 1000 年之间。中亚出土的青铜大多数是铜砷和铜铅合金，铜锡合金不多。

青铜时代，人类生产力得到了极大提高；中亚的原始农业、畜牧业和手工业在此时期也得到很大的发展。穆尔加布（Murgab）河流域，以及阿姆河与锡尔河之间的河中地区（Transoxiana）^①都出现了较大的农业聚落，管理聚落的社会组织也在形成之中。随着手工业和交换的发展，以神庙为中心的小城镇出现了。

第一节　铜石并用时代

中亚南部的安诺（Anau，另译安瑙）、卡拉特佩（Kara-tepe）、纳马兹加（Namazga）、阿尔丁特佩和吉奥克修尔（Geoksiur），中亚北部的阿凡纳羡沃（Afanasevo）和博泰（Boatai）遗址，都是铜石并用时代的代表性遗址。

（1）中亚南部文化遗址。

中亚南部铜石并用时代的安诺文化遗址很多，主要分布在今土库曼斯坦南部的科佩特山北麓平原上，其年代大约在公元前 5000 年初至公元前 3000 年初。1904 年，美国考古学家庞普里（R. Pumpelly）在阿什哈巴德东南 12 公里处的安诺首先发现了铜石并用时代的文化遗址，故名。以后，在此附近地区陆续发现了卡拉特佩、纳马兹加、乌卢格特佩（Ulug-tepe）、阿尔丁特佩和吉奥克修尔遗址。20 世纪50 年代起，以考古学家马松为代表的苏联考古队对它们进行了大规模发掘，确认这些文化遗址属于铜石并用时代。

在安诺文化遗址上发现了红铜铸品，即红铜铸造的锥、斧、刀、镞、矛、凿，以及镜、镯、环、别针等，它们是目前中亚地区出土

---

① 河中地区，指阿姆河与锡尔河之间地区。阿拉伯人称该地为 Mawara an-nahr，意为河外之地，指阿姆河以东地区，"阿姆河外"在英文中写为 Transoxiana，Oxus 是阿姆河的古称，OX 是它的缩写形式。

的最早的铜制品。除了铜工具外，在此出土了很多手制彩陶，彩陶为深褐色的单彩或红黑双彩，绘有三角、菱形、方格、十字、平行线等几何纹或山羊等动物纹。主要器物有平底钵、碗、罐等。

在安诺文化遗址中，发现了石锄等农具，以及小麦和大麦等农作物的遗迹，由此推断，其上的居民已经开始了原始农业。遗迹反映，在安诺文化后期，农业生产已经不只是靠天作业，也开始了人工引水灌溉。在此文化遗址中，还发现了驯化的牛、狗、羊和骆驼的遗骸，由此可知，其上的居民开始了原始畜牧饲养。尽管如此，打猎在生活中仍占有一定的地位，发现了野马、野猪、狐狸、鹿、羚羊和狼等野生动物的遗骸。考古学家从遗址的出土物推断，畜养家畜的时间可能晚于农业生产。在该遗址中还发现了赤陶纺轮和陶车的轮子；赤陶纺轮反映了纺织业的兴起，陶轮可以说明运输业的发展。

在安诺文化遗址上发现了建筑遗迹，遗迹表明，其上的居民已经过上了定居聚落的生活。房屋为土坯建筑，房屋墙壁或地面施以红或黑色的单彩或双彩几何纹。一间住房及附属的储藏室构成一个单元，每一单元供一个家庭居住，从每一单元的房屋结构来看，家庭可能开始成为社会的基本细胞。由若干单元组成一个多间房屋集合的大聚落，它们可能是氏族性的聚落。在聚落内，有可能是用作崇拜中心和集会场所的房屋，内设祭祀用的灶台。达希列基（Dashlyji）遗址的居民大约有40—50人，它可能是一个单氏族聚落。氏族聚落的保留可能是为了满足原始农业的集体性需求。

在安诺文化遗址上发现了赤陶人像和动物塑像，人物塑像多为女性。从出土众多的女陶像推知，当时社会可能处于母系氏族公社阶段；不过，在安诺文化的晚期，出现了许多男子陶塑，这一现象是母权制衰微的象征，反映了父系向母系氏族社会过渡的发展。

在安诺文化遗址上发现了墓地建筑。早期的墓常常建在聚落居地之中，死者为单人侧身屈肢葬，有的尸体以赭石染色；后期的墓地建筑在聚落的边缘地带，有用土坯筑起的椭圆形集体墓室，面积一般为5平方米—6平方米,一座墓可葬两三人至十多人不等。从住房和墓葬的遗迹来看,安诺文化尚无明显的贫富分化,尽管有的墓有少量饰物、容器或祭肉随葬。

在铜石并用时代,南土库曼斯坦文化遗址反映出人口增长的迹象。除了有像安诺、达希列基和雅锡特佩(Yassy-tepe)这些面积为0.5公顷—1公顷的较小聚落外,也出现了占地10公顷以上的较大中心,如阿尔丁特佩、卡拉特佩、纳马兹加。

除了规模的变化外,南土库曼斯坦的农业聚落文化还呈现出东、西差异。以安诺、卡拉特佩、纳马兹加为代表的西部遗址上出土的彩陶大多数以几何图案装饰,颜色分成红、黑两种;以阿尔丁特佩、吉奥克修尔为代表的东部遗址出土的彩陶,装饰图案简单、质朴,主要母题为绕着杯、壶口沿的平行直线。公元前4000年中叶以后,西部遗址出土的彩陶,除了描绘有精致的几何图案外,还出现了动物图像,如山羊、雪豹和禽鸟等;东部遗址的彩陶,在装饰中也出现了一种新的风格,即吉奥克修尔风格,其特征是采用了硕大而鲜明的多色十字或半十字图案。

阿尔丁特佩遗址上的新石器时代文化在上一章已经陈述,本节将对它的铜石并用时代文化做一总结。从遗址的发展来看,农业聚落呈不断扩展的趋势。阿尔丁特佩文化在铜石并用时代迅速扩展,属于铜石并用时代的遗址占地面积达到了25公顷,出现了由生砖围墙包围起来的大的聚落,围城厚约两米,墙体外有矩形扶垛加固。在聚落内,较大的居住地上建有一些多居室房屋,每一住宅有12—15个房间,其中有一个厨房、一个公用的谷仓和一个公用庭院。这类住宅表明,多居室住宅是一个大家庭的聚落,由有亲缘关系的若干小家庭居住,他们共同参与大家庭的活动。家庭聚落可能是当时社会的基本单位。

在阿尔丁特佩遗址上发现的墓地大多数是集体墓地,一个墓穴大约有12—15具遗骸。在普通墓穴中,随葬品只有一两件彩陶壶。在一个妇女墓中,出土的随葬品有五件陶制容器和两件石制容器,以及几件铜器。由此观之，阿尔丁特佩居民在铜石并用时代开始出现财富和社会地位的差别。

铜石并用时代具有代表性的遗址还有吉奥克修尔。吉奥克修尔遗址位于科佩特山前平原地带的古捷詹（Tedzhen）河河口，大约处于公元前4000年至公元前3000年，苏联学者克洛平（I. N. Khlopin）对该遗址进行了考察。

在吉奥克修尔遗址上出土了大量陶器，器物有陶轮、陶壶、陶杯、赤陶像等；陶器的装饰图案简单、质朴，主要在沿杯、壶口边有一圈平行线、十字或半十字图案。陶器是在专门的窑炉中烧制，保证了统一的烧制温度。

在吉奥克修尔绿洲上，发现了规模较大的灌溉系统，在居住地附近发现了人工开掘的沟渠，约长3.5公里，宽2.5米—5米。[①]此外，有浅沟分布于农田各处，浅沟水漫出时对农田进行灌溉，这种灌溉使农作物获得了多次供水，保证了收成。史学界把这种灌溉方式称为"吉奥克修尔农耕"。这种灌溉方式在青铜时代的穆尔加布河绿洲、巴克特里亚（Bactria）、泽拉夫善河下游和花剌子模（Khwarezmia）等地普遍使用。

在吉奥克修尔遗址上出土了一些具有肥硕躯体的赤陶像，可能是丰育女神。这种塑像的类型很多，其中，大量是坐像，丰满的乳房取代了像中人的手臂和肩膀，像中人的大腿上饰有各种巫术符号。据此推测，当时的人们可能希望以母性和生育来表现农业庇护神的形象。

从发掘的遗址和遗迹来看，吉奥克修尔文化沿着以下几个方向向周边地区传播：在东北方，在泽拉夫善河流域发现了具有吉奥克修尔风格的陶器，其中最典型的有属于青铜时代文化的撒拉兹姆（Sarazm）遗址；在东方，该文化影响到穆尔加布河三角洲，在此发现了散布很广的定居地，其陶器明显具有吉奥克修尔风格；在东南

---

① 〔巴基斯坦〕A. H. 丹尼、〔苏联〕V. M. 马松主编：《中亚文明史》第1卷，第163页。

方，该文化影响到阿富汗和巴基斯坦的一些地区；在南方，该文化影响到伊朗东部和阿富汗西南边境锡斯坦（Sistan）地区。

创造安诺文化的居民属欧罗巴人种东地中海类型。关于安诺文化的起源，史学界有两种说法，一说直接源于伊朗高原；一说在中亚哲通文化的基础上发展起来，在发展中受到了伊朗高原文化的影响。安诺彩陶上的图纹，与伊朗南部和两河流域新石器时代晚期的图纹相似。可以推测，安诺遗址的史前居民可能与伊朗、美索不达米亚（Mesopotamia）等地发生过密切的文化联系。同时，中国考古学家在新疆发现的铜石并用时代的彩陶，其装饰图案在许多方面与安诺彩陶类似①，因此，安诺文化可能与中国文化也发生过联系。

除安诺文化外，在中亚南方青铜文化中具有代表性的文化还有今阿富汗的农业聚落。在公元前 5000 年末至公元前 3000 年初，阿富汗南部的农业文化繁荣起来。主要的农业聚落遗址处于土地肥沃和得到充分灌溉的坎大哈省境内，如蒙迪加克（Mundigak）、赛义德卡拉（Said Qala）、德莫拉西贡旦（Deh Morasi Ghundai）。遗址上的出土物和遗迹体现了中亚原始农业的三个特征，即坚实的土坯屋、发达的彩陶、丰育女神或各种有蹄类动物的赤陶像。在这些遗址上，出现了铜矿遗迹，表明遗址上的人们掌握冶铜技术不会晚于公元前 3000 年中叶。

在铜石并用时代，由于文化联系的日益加强，伊朗、阿富汗及印度—巴基斯坦西北部广大地区已经属于同一个文化系统。这一点从房屋类型、塑像、金属器物、丧葬仪式等特征中可以反映出来。

（2）中亚北部文化遗址。

在中亚北方，铜石并用时代的文化遗址在时间上比中亚南方的要晚，大约晚 1000 年左右；遗址文化呈现出与中亚南方不同的面貌，更多地表现出畜牧经济的特征。米努辛斯克（Minusinsk）盆地的阿凡纳羡沃遗址、哈萨克北部彼得罗巴甫洛夫斯克（Petropavlovsk）附

---

① 苏联科学院主编：《世界通史》第 1 卷，生活·读书·新知三联书店 1959 年版，第 307 页。

近的博泰遗址是中亚北方铜石并用时代的典型文化遗址。

阿凡纳羡沃遗址的年代大约处于公元前 3000 年下半叶至公元前 2000 年初。20 世纪 20 年代，苏联考古学家在阿凡纳羡沃山区发现了巴捷尼村墓地，后来，此墓地出土物和遗迹被命名为阿凡纳羡沃文化。阿凡纳羡沃文化的分布很广，从叶尼塞（Yenisey）河中游的米努辛斯克盆地向西南一直延伸到阿尔泰山地区。

在阿凡纳羡沃文化遗址上，虽然也出土了具有新石器时代特征的石器，即斧、杵、磨盘、矛、箭镞等工具，但值得注意的是红铜制品，其中有铜针、锥、小刀等工具和耳环、手镯等饰品。从石器和铜器的器物来看，该义化不属于原始农业文化。此外，在该遗址的墓地上还发现了绵羊、牛、马等家畜的遗骨。在该遗址上出土了手制陶器，陶胎呈黑色。器形有尖底罐、圆底器，平底缸和香炉形等。从陶器看，当时的人们可能已经开始了定居生活。

在阿凡纳羡沃文化遗址上发现了居住遗迹。居住遗迹的面积不大，房屋有地穴式和木结构两种。此外，在遗址上发现了墓地建筑。墓的土冢上有圆形石垣，高达 1 米，直径 5 米—6 米，下面建一个或数个方形墓穴，穴上以原木或石板覆盖。多数为单人葬，少数为双人合葬，也有 3—8 人同穴的集体葬。死者以坐姿入殓，后来形成仰身或侧身屈肢葬。在墓穴与石垣壁之间建儿童墓葬。从墓地的规模来看，阿凡纳羡沃的居地很小，由 8—11 个小家庭构成。

以畜养牲畜和定居生活遗迹推断，尽管渔猎和采集在经济生活中还有重要意义，但阿凡纳羡沃文化已经处于早期畜牧阶段。从墓中的随葬品来看，阿凡纳羡沃文化尚无贫富分化现象。因此推测，阿凡纳羡沃文化可能仍处于母权制氏族社会阶段。

阿凡纳羡沃文化的创造者属欧罗巴人种的最东支。从文化面貌反映，阿凡纳羡沃文化与黑海（The Black Sea）沿岸的竖穴墓文化（Pit Tomb Culture）、木椁墓文化（Timber-chambered Tomb Culture），以及中亚扎曼巴巴文化（Zaman-baba Culture）有程度不一的相似性。

博泰遗址的时间大约在公元前 3000 年至公元前 2000 年。苏联学者科罗勃科娃（G. F. Korobkova）对它进行了研究。

在博泰遗址上发现的最有价值的遗迹是马的遗骸。在该遗址上出土的 30 多万块动物骨骼中，有 99.9% 是马的骨骸。可以推测，当地居民或者专门猎捕野马，或者已经开始专业化养马。而后一种可能性更大。从出土的马的遗骸来看，17% 的博泰马高达 136 厘米—144 厘米，与当代美洲印第安人乘骑的马大小相当（130 厘米—140 厘米）。马骨骸的大量发现说明，马成为经济生活的主要因素之一，野马或家马无疑是铜石并用时代欧亚草原居民的主要肉食来源之一，马在当时人们信仰体系中亦占有相当重要的地位，这一点已从随葬品中表现出来。

在博泰遗址中，马遗骨的出土对研究草原部落文化与经济发展具有特殊意义。有学者认为，博泰文化时期，马已被用于骑乘，并有可能用来追捕野马，放牧牛、羊。苏联学者科罗勃科娃对马骨进行专门分析之后，分辨出马骨有被笼头套住过的颊片；美国考古学家安东尼（D. W. Anthony）等人提出，马在当时已经用于骑乘。使用马嚼所造成的马齿磨损为马用于骑乘提供了证据。博泰遗址出土了 19 匹三岁以上成年马的牙齿，发现三匹马中的五颗牙齿明显有磨损痕迹。学者们由此推断博泰的一些马用过马嚼，并被骑乘了数百小时。[①] 从某种意义上说，博泰文化是亚洲游牧文化的先驱。

第二节　中亚南方全盛时期的青铜文化

在中亚南方，青铜文化起于公元前 3000 年，在公元前 2500 年至公元前 2300 年间达到全盛。中亚南方全盛时期的青铜文化有以下四个特征：第一，青铜器大量使用；第二，手工业专门化；第三，农

---

① D. R. Brown etc., Bit Wear, Horseback Riding and the Batai Site in Kazakhstan, *Journal of Archaeological Science*, 1998, Vol.25, pp.331-347.

业与畜牧业聚落分明；第四，原始城市兴起。尽管每一个遗址的遗存并不完全具备以上四个条件，但大多数遗址文化具有两个以上的特征。

中亚南方全盛时期青铜文化的典型遗址有：南土库曼斯坦的阿尔丁特佩和纳马兹加遗址；阿富汗赫尔曼德（Helmand）河中下游的蒙迪加克和沙赫里索克塔（Shahr-i Sokhta）遗址；巴基斯坦西北部的梅尔伽赫遗址；泽拉夫善河流域的撒拉兹姆遗址。

（1）在阿尔丁特佩遗址中，青铜文化大约处于公元前 3000 年至公元前 2000 年间。这一时期的遗址得到了系统的研究。研究表明，遗址的绝大部分文化属于青铜全盛时期，其文化特征是：青铜器的使用、手工业专门化和原始城市兴起。

在该遗址上出土了青铜器、银器和金器。青铜器多为武器和工具，主要有短剑、吹箭，各种小刀、镰刀和别针；银器主要为指环、手镯、别针、镜子和锥子；金器多为印章，印章上雕刻着动物图案。在此遗址上，发现了铸铜炉的遗迹，熔铸金属的技术采用人工合金及心轴的空心模具。青铜含有砷和铅，含锡的非常罕见。

青铜时代经济的一个重要特征是手工业的专门化。在阿尔丁特佩的文化中心，劳动分工有了重大进展，手工业不仅与农业分离成为一种独立行业，而且，手工业中也出现了专门化倾向。如陶器制作与其他手工业分离成为专门的制陶业。阿尔丁特佩的制陶业十分兴旺，在该遗址中发现了 50 多个烧陶的炉窑，出土的陶器均为轮制，进行标准化的生产。由于专业陶器工场成批生产，所以，中石器时代的手画彩陶很少见到了。专门化提高了生产率，其中一座陶窑每年能烧制 16000—20000 件陶器。[1]

从阿尔丁特佩遗址的布局、居住建筑、墓葬建筑等遗迹来看，阿尔丁特佩不仅仅是一个大型农业中心，而且已经具有一个城市的规模，研究者将阿尔丁特佩确定为原始城市或神庙市镇。阿尔丁特

---

[1] 〔巴基斯坦〕A. H. 丹尼、〔苏联〕V. M. 马松主编：《中亚文明史》第 1 卷，第 171 页。

佩居住遗迹的建筑布局是：在居住地的四周建有围墙，有些地方还建筑矩形塔加固围墙。围墙上开有一扇中央大门，大门是用壁柱装饰的纪念性塔门。通往大门的道路宽 15 米，它被两条纵向墙隔成三条道路，中央大道供车辆行驶，道上铺设石子和大块碎陶片，两边的小道为步行小路。城市中，房屋建筑出现了按职能划分的小区。北部有占地面积约两公顷的工匠区，在此发现了 50 多个烧陶窑炉。区内建有多室住宅，在住宅之间有弯曲的小路。按照房屋的密度估计，阿尔丁特佩的居民人数可能达到了 6000—7500 人。[①]

从城市布局的遗迹来看，青铜时代的中亚地区已经明显呈现出贫富分化。与工业区有明显区别的是"贵族区"。贵族区的布局呈矩形，街道作直角交错，房屋宽敞，装饰精美。此外，在城市遗址的东部还有宗教界人士的居住区，住宅区的四周有大约两米厚的生砖围墙与外界隔开，区内建有重要的宗教性建筑，阶梯式祭塔高达12 米。

在阿尔丁特佩遗址上发现了墓葬建筑的遗迹，在贵族区附近和工匠区附近建有集体墓。在贵族区附近的墓中，尸体是用细毛料包裹，随葬品有挂在死者颈部和绕在其髋部的珠链；在工匠区附近的集体墓中，尸体是用粗陋的藤席包裹，随葬品仅仅是为数不多的陶壶。此外，还有单人墓，墓穴中一般建有圆柱形石灯，墓主绝大多数都是女性。单人墓的随葬品很多，除了陶器外，还有金属印章、象牙珠、手镯、项圈、石制容器、石灰石制成的大"圆柱"、端部饰有雕刻动物头像的灰石杖、青铜别针和其他饰品等。从墓葬中的随葬器来看，阿尔丁特佩居民的财富及其社会地位已经出现差异。

（2）纳马兹加遗址位于科佩特山麓到穆尔加布河下游一带，时间大致在公元前 2500 年至公元前 1500 年间，在公元前 2300 年左右达到鼎盛。[②]从1949年起，苏联考古学家马松等人主持了该遗址的

---

① 〔巴基斯坦〕A. H. 丹尼、〔苏联〕V. M. 马松主编：《中亚文明史》第 1 卷，第 171 页。
② 同上书，第 169 页。

发掘工作。

纳马兹加遗址的四至六期属于青铜文化，在此发现了冶炼的熔炉和矿渣，出土了青铜、红铜和金、银制品。青铜器有印章、针、锥、钻、凿、斧、镰、矛、短剑、镞和罐等。从金属器的种类和特征可以推断，在四至六期的纳马兹加遗址上，冶炼和金属制作已经专门化了。

在此时期的遗址中，发现了面积达 20 公顷以上的城市遗迹。在纳马兹加城，纵横交错的街道把城市分隔为多个居住区，有的居住区四周建有土坯砌成的防御围墙。在一些居住区发现了手工业生产的遗迹，根据遗迹推测，城市居住区可能是按职业划分的。

在纳马兹加城附近发现了农业聚落的遗迹。通过对纳马兹加遗址西部 50 公里处的托奇奈克特佩（Toiehnek-tepe）、肖尔特佩（Shor-tepe）、科沙特佩（Kosha-tepe）三个农业聚落的出土物研究发现，这三个农业聚落文化受到了纳马兹加文化的影响。纳马兹加城与周围农业地区有着密切的联系，可以说，纳马兹加城的经济生活离不开周围的农业聚落。

（3）阿富汗境内发现的蒙迪加克和沙赫里索克塔遗址是中亚南方城市迅速发展的典型例子，它们处于公元前 2600 年至公元前 2500 年之间。在公元前 3000 年中叶，两个遗址的聚居中心呈现飞速发展的面貌，面积是铜石并用时代末期的七八倍。[①]

蒙迪加克遗址由赫尔曼德河北岸的一系列小丘组成，时间大致处于公元前 3000 年至公元前 1500 年之间。著名学者卡萨尔（J. M. Casal）把该遗址分为五个时期，对它们进行了编序。一至三期是蒙迪加克小型农业村落时期；四至五期，是蒙迪加克城市文化时期，到铁器时代城市衰落，最终被废弃。

在蒙迪加克一期遗址中出土的金属器，最早的器物是一把扁平的小刀，可能曾经安有木柄。在此地层中，出土了一种青铜尖状器

---

① 〔巴基斯坦〕A. H. 丹尼、〔苏联〕V. M. 马松主编：《中亚文明史》第 1 卷，第 144 页。

或打孔器，具有十字形截面，这种青铜器在该遗址的四期地层中大量出现，基本上取代了骨制的锥子、钻孔器。随着序列的增加，金属器出现的频率和品种随之增加，以后出现了器型较大的矛头和刀。对青铜器的分析，可知蒙迪加克早期的青铜器含锡量很低。含锡量达 5% 者是蒙迪加克遗址的最高记录，大多数只占 1%，含铁 0.15%，其余都是铜。[1] 在蒙迪加克遗址出土物中，陶器的地位十分重要，其中，占总数 90% 的陶器是轮制，呈淡黄和红色。[2]

在该遗址上发现了动植物的遗迹。在较早的遗址上发现了绵羊、山羊、牛、马和狗等家畜的遗骸；农业的遗迹有小麦。可以推测，这一时期该地区的居民以农业为主，兼营家畜饲养。

蒙迪加克遗址面积在第四期以惊人的速度增长：从第三期的 6 公顷—8 公顷扩展到第四期的 55 公顷—60 公顷。[3] 在早期的居住遗迹上出现了土坯住宅，地基为黏土铺成（偶尔掺有石子），也有以粗糙的石灰石岩石铺砌地基的。随着居住区的扩大，城市布局发生了很大变化，出现了有规划的手工业区和墓葬区。建筑物也发生了变化，出现了阶梯式建筑，建筑物正面有两个低阶，平台前面矗立一系列半圆形柱子，高 1.6 米，以带状物环绕为装饰。从第四期建筑遗迹来看，蒙迪加克已经从以前的小型农业聚落发展为一座城市了。

在蒙迪加克遗址上发现了墓葬的遗迹。墓为方形，有些墓穴是用砖墙隔开，随葬品与尸体分置。出土的各种器物及发现的遗迹表明，蒙迪加克城是当地的一个重要的经济中心。

沙赫里索克塔遗址地处赫尔曼德河河口。在该遗址的出土物中，最有特色的是陶器。从出土陶器来看，陶器的制作技术与铜石并用时代并无多大区别，但劳动力组织和专业分工却与以前大不相同。在此遗址上发现了由 50—100 个炉窑组成的大型制陶场，陶器制作采用快轮成批生产。陶器风格呈现出南土库曼斯坦、俾路支和伊朗

① 〔巴基斯坦〕A. H. 丹尼、〔苏联〕V. M. 马松主编：《中亚文明史》第 1 卷，第 154 页。
② 同上书，第 153 页。
③ 同上书，第 144 页。

南部的风格。

在该遗址上发现了大麦、小麦和葡萄等栽培植物的遗迹。除了原始农业外，该遗址上居民还以捕捉禽鸟作为食物的补充。在遗址上发现的动物骨殖多为禽鸟，种类多达45种，95%以上的禽鸟是生活在沼泽地带的大鸨、鹅等。

与铜石并用时期相比，该地区有了很大的发展，遗址面积从公元前3200年至公元前2800年的15公顷—17公顷，扩展到公元前2400年的150公顷。[①]农业聚落遗迹反映，手工业生产已从分散走向集中。在遗址的西部和南部发现了专门进行手工业生产的居民聚居区。民居建筑也更加趋向于统一规划，居住区的住宅一般用土坯堆砌而成，房顶由掺有稻草的黏土覆盖。

该遗址上的墓地远离居住区，面积约21公顷。墓葬分圆形和方形两种，大多数墓葬实行多人葬。在公元前3000年初的一个墓葬上，墓穴先后安葬了13人，随葬品置于身体四周，种类丰富，有饰品、陶器等日常用品。对该遗址上出土的300多件随葬品研究表明，公元前2500年前后的随葬品较其他时期更加丰富，说明了公元前3000年中叶，中亚社会经济发展较快。

出土的器物和发现的遗迹都显示了沙赫里索克塔遗址从农业聚落发展为城市的过程。把沙赫里索克塔与蒙迪加克遗址的自然资源做对应检测研究，可以发现，大约在公元前2500年前后，两地出现了相互依存的关系，学者们判断，两个地区可能已经形成了某种政治上的统一。

（4）巴基斯坦西北部的梅尔伽赫遗址在中石器时代和新石器时代都已经介绍过了。梅尔伽赫遗址的第六、第七期属于青铜时代文化，时间大约在公元前3000年至公元前2600年。

在梅尔伽赫遗址上发现的铜和青铜器很少，只有一把凿子、一把扁平的斧子及一枚装饰别针。第六期遗址上的建筑遗迹受到了严

---

① 〔巴基斯坦〕A. H. 丹尼、〔苏联〕V. M. 马松主编：《中亚文明史》第1卷，第144页。

重侵蚀，只留下一些住房和露天加工场地的废墟。从许多陶窑遗迹来看，梅尔伽赫曾是一个制陶中心。在第七期遗址上出现了一个公共建筑，它建在一个巨大的土坯平台上，平台之北有堵狭窄的土坯墙，墙上规则地排列着一些壁柱。俯瞰平台，可以发现一排排土坯砌的矩形房间，这些房间可能是住宅，有的房间建有地下室，里面有大量陶器。

（5）撒拉兹姆遗址位于今塔吉克斯坦的品治肯特（Pendjikent）城附近，遗址的时间大约在公元前 3000 年至公元前 2000 年间。苏联的考古学者对该遗址进行了考察，将它确定为青铜早期和全盛时期的遗址。

在撒拉兹姆遗址上发现了大量金属制品：有青铜器、金器和银器。在撒拉兹姆遗址上出土了彩陶，陶器为轮制，有多色的十字形和半十字形装饰图案，与吉奥克修尔陶器的装饰图案相同。由此推测，它与周边地区有密切的联系。费尔干纳的矿藏丰富，这可能是吸引吉奥克修尔居民的地方。尽管如此，撒拉兹姆文化仍然保留着自己的一些特征，如在一个墓葬中发现了一件海贝手镯，它不属于南土库曼斯坦风格。

在撒拉兹姆发现的建筑遗迹是用土坯建造的房屋，房屋中央有一个神殿，神殿中间置放椭圆形祭台，墙壁上画有彩色图画。

可以说，在青铜时代，中亚地区的手工业已经从农业中分离出来，出现了一批专门从事陶器和青铜器制作的手工业者。随之，早期城市在中亚地区形成。城市的发展在青铜时代早期最为明显，从规划性的建筑遗迹推知，城市按职业布局分划成各居住区。

青铜时代的出土物和遗迹的相似性说明中亚地区内部的联系和影响加强了。除此之外，中亚地区居民与外界有着频繁的交流，中亚的青铜文化受到了苏美尔文明（Sumerian Civilization）、古埃兰文明（Elamite Civilization）和哈拉帕文明的影响。如从出土的大理石和绿泥石雕刻的精美器皿和金属钮扣、印章来看，中亚地区在建筑和雕刻方面主要受到了苏美尔和古埃兰文明的影响。

第三节 中亚北方的青铜文化

中亚北方青铜文化的全盛时期比中亚南方晚一些，尽管在公元前3000年初就有青铜文化的萌芽（阿凡纳羡沃文化），但青铜文化的全盛时期大约处于公元前2千纪至公元前1千纪之间。中亚北方青铜时代文化具有以下特征：第一，青铜器的使用；第二，马的驯化和骑乘；第三，半地穴式房屋。中亚北方青铜文化主要分布在哈萨克草原和阿姆河下游东岸。

（1）咸海以北的安德罗诺沃文化（Andronovo Culture）遗址是青铜文化的典型代表，时间大约在公元前2千纪至公元前1千纪初之间，范围从阿尔泰山西部一直延伸到叶尼塞河，包括了哈萨克斯坦和南乌拉尔山草原，最重要的中心是米努辛斯克盆地。20世纪20年代，苏联考古学家捷普劳霍夫（Teploukhov）在阿钦斯克（Achinsk）附近的安德罗诺沃村发现，故名。

学界将安德罗诺沃文化分为三期：公元前18—前16世纪为早期；公元前15—前12世纪为中期；公元前12—前8世纪为晚期。目前，三个时期的文化遗址都已经在哈萨克草原上发掘出来。

安德罗诺沃文化生产力的最大进步是懂得了冶炼金属。在北哈萨克斯坦的卡尔宾（Kalbin）山从浅露天矿井中开采，从表层得到的是氧化矿石，原矿经石锤敲打，然后在原始熔炉中融化。遗址上出土了矿石、炼渣。在居住区发现了冶炼和铸造的工场遗迹，冶炼者用黏土浇注模具，也有用石材复合模具浇铸的。遗址上出土的青铜制品有锻造或铸造的武器和工具，如斧、矛、镞、刀、短剑、锛、凿、锯、镐、鱼钩、锥、针及铜箍。从器物种类繁多推断，出现了专门制作青铜器的手工业者。除铜矿外，还发现了锡矿和金矿遗址。金的加工技术与红铜相似，金制品主要是饰品，即串珠和饰牌，以及金银镯、鬓环。

安德罗诺沃遗址上出土的陶器为手制，平底，容器带有凸出的侧边。这些容器由像梳子印上的之字形、三角形和菱形装饰，回字纹特别流行。

畜牧经济和原始农业的大发展是安德罗诺沃文化的特征。在安德罗诺沃文化遗址上出土了牛、马、羊等家畜的骨骼。根据出土的骨镳判断，马在安德罗诺沃文化中期（前15—前12世纪）已用于骑乘，此后（前12—前8世纪），半游牧经济开始形成。在该遗址中发现了粗毛线制作的圆锥形帽子和耳罩等，说明羊毛已经逐渐成了重要的纺织或编织原料。遗址上还发现了碳化麦粒的遗迹，以及青铜镰刀、砍刀、石锄、石磨盘和石磨棒等器物。由此推断，其上的居民虽然以畜养家畜为主，但也经营锄耕农业。

家畜饲养者和农业者在犁耕或围栏畜牧附近的永久性居地过着或多或少的定居生活。在安德罗诺沃文化遗址上发现了村落的遗迹，它们一般分布在河流下游沿岸，总面积在1万平方米以上。村落居住地建筑了10—20座圆形或长方形半地穴式房屋，屋顶以圆木柱支撑，房内有贮藏窖、炊用的泥灶和取暖的石灶。如晚期的阿列克谢耶夫卡（Alekseevka）遗址上有长方形房屋12座，面积均不超过250平方米，中间有隔墙。除半地穴式房屋外，也发现了建筑在平地上的茅舍遗迹，建筑遗迹反映其上的居民可能过着定居生活。

在安德罗诺沃文化遗址上发现了墓地的遗迹，它们是一些不高的土冢，土冢周围有石板砌成的圆形围垣，直径为5米—33米不等，有些围垣互相衔接成网状。墓内普遍建筑一个长方形墓穴（少数为两个），穴深1米—3米不等，内置木椁或石棺。从墓中遗骨分析，早期主要实行火葬，中期开始实行土葬，儿童则一律土葬。土葬的葬式为侧身屈肢，头一般向西或西南。一般而言，墓内随葬品不多，多为陶器、青铜器和木、骨制品；在规模较大的墓中，随葬品里发现了金器。从葬式和随葬品来看，贫富差异的现象已经出现。男女合葬墓普遍，女子置于男子身后，据推断，男人的地位提高了，当时的社会可能处于父权制氏族阶段。

对安德罗诺沃文化墓葬中出土的人骨资料分析表明，安德罗诺沃文化的居民属欧罗巴人种的一个特殊类型，学界定名为安德罗诺沃类型。

比较研究认为，安德罗诺沃文化与东欧的木椁墓文化有着密切的联系，两种文化的遗迹在南乌拉尔山地区交错分布。这种融合现象在安德罗诺沃文化中期表现得尤其明显，有可能木椁墓文化的居民参与了安德罗诺沃中期文化的进程。在东部地区，安德罗诺沃文化与西伯利亚森林地带居民有密切的联系；在南部地区，安德罗诺沃文化与阿姆河畔的塔扎巴格雅布文化（Tazabagyab Culture）发生过接触。

安德罗诺沃文化虽然属于青铜文化，但它在某些方面受到了铜石并用时代中亚北方阿凡纳羡沃文化的影响。以后，随着草原部落的迁徙，安德罗诺沃文化对中亚南方青铜时代后期的文化产生影响。尽管如此，安德罗诺沃文化在西西伯利亚草原、叶尼塞河畔、鄂毕河地区都是短暂的，在这些地区一种新文化，即卡拉苏克文化（Karasuk Culture，前 13—前 10 世纪）很快出现。后者带来了影响着南西伯利亚和哈萨克斯坦生活各个方面的新变化，在哈萨克斯坦新文化遗址已经发现。[①]

（2）卡拉苏克文化是 20 世纪 20 年代由苏联考古学者捷普劳霍夫首次在卡拉苏克河畔巴捷尼村附近发现，定名为卡拉苏克文化，并将它归入南西伯利亚青铜文化，名为南西伯利亚青铜文化卡拉苏克期。以后，苏联考古学者吉谢列夫（S. V. Kiselev，1905—1962）对卡拉苏克文化遗址进行了发掘研究。中亚卡拉苏克文化分布于哈萨克草原中部戴恩德巴耶夫（Dyndybayev）墓地及乌拉尔山的塔吉斯肯（Tagisken）。这些坟墩出土了有价值的陶器，其特征是以纯卡拉苏克图案装饰，如白色颜料填充陶器沟槽和附有球形把手。

[①]〔苏联〕索斯诺夫斯基（G. P. Sosnovskij）:《外贝加尔地区的瓷砖墓》,〔苏联〕迪科夫:《外贝加尔地区的青铜时代》、《堪察加和楚科奇的近期考古资料的光线年龄》，均转引自 Denis Sinor, *The Cambridge History of Early Inner Asia*, Cambridge University Press, 1990。

目前，考古学界将卡拉苏克文化遗址分为早、晚两个时期，从公元前 13—前 11 世纪是其早期，也名卡拉苏克期；公元前 10—前 8 世纪是其晚期，也名石峡期。有学者认为，石峡期文化遗址并不属于卡拉苏克文化，而是与卡拉苏克文化平行的另一种文化，他们称之为鲁加夫卡文化。

在卡拉苏克文化遗址上发现了采铜、冶铸的手工业工场的遗迹。哈萨克斯坦的采矿业兴盛，如在杰兹卡兹甘（Jezkazgan），前斯基泰人的青铜时代矿工们开采了大约 100 万吨的原矿石。[①] 卡拉苏克金属技术是在掌握了红铜之后的冶铜技术，即加砷和锡技术，这种技术逐步地改进了合金的性质和金属器的技术质量。[②] 在哈萨克斯坦和乌拉尔山，金属加工者的产品也展示了高度完善的冶金技术，它们的特征器物有弯刀、斧子，以及一枚刻有牡羊头或一对马头形式手柄的小刀。弯刀的柄首为环形、蘑菇形或兽头形，青铜斧子普遍使用，斧柄上端带有凸轴，在插入处是六边形。常见的青铜器还有锛、四棱形锥、戈、镰等。从青铜器分析，其上的居民掌握了在铜中添加砷和锡的青铜冶炼技术；青铜器的制作技术也是较高的，这一点从刀和剑的柄把反映出来，一些柄上雕刻有山羊、马、鹿头像。此外，卡拉苏克文化遗址上还出土了垂饰、鬓环、筒形穿饰、双联或三联饰牌、手镯、戒指等种类繁多的青铜饰品。此外，用宝石装饰世俗用的铜铃和青铜片，也是卡拉苏克文化的特征。

卡拉苏克文化遗址的标志性器物是陶器。它们在形式上和装饰上与安德罗诺沃文化不同，除了平底容器外，圆底容器非常普遍；它们很少用回纹和人字形装饰，而是以曲线、菱形和等腰三角形图案装饰，有的加填白彩。具有这种特征的陶器广泛分布于哈萨克草原。

在卡拉苏克文化遗址上发现了绵羊、牛、马的骨骸，其中绵羊

---

① Denis Sinor, *The Cambridge History of Early Inner Asia*, Cambridge University Press, 1990, p.85.

② Ibid..

最多，牛、马次之。从动物骨骸和骨制工具来看，其上居民从事家畜饲养。带有骨镳的原始笼头的出现说明马已被用作交通工具；马勒的出土说明马开始驯为骑乘工具，但在此文化中没有发现马嚼子。在卡拉苏克文化遗址上发现了农业的遗迹，出土了铜镰、石磨，发现了制革和纺织的遗迹。

在卡拉苏克文化晚期遗址上发现了居住遗迹，其中一处发现了8座长方形的半地穴式房屋地基，它们呈长方形，面积为150平方米—160平方米。房屋前建筑了斜坡门道，房屋中间有一排炉灶，沿墙边安放着木板床。卡拉苏克文化遗址的居住遗迹的地层很薄，反映了居住时间不长，由此推知，居民可能开始了半游动的生活，居住地只是过冬地。

卡拉苏克文化的另一特征是出现了新式的墓结构。在卡拉苏克文化遗址上发现了墓地的遗迹，每一墓地有几十座甚至上百座墓。墓是用未加工的几块石板制成一个密封石箱的形式，上面再用一块石板盖上。早期的墓葬地表用石板砌成方形（也有少数是圆形）墓垣围墙，墓垣彼此衔接，形成网状。墓地附近立有剑形的尖头石碑，碑前棱的下部往往刻有兽角兽耳的人面形象，少数刻人面浮雕，一些刻有女性特征，其余为男像。墓穴为土圹或石箱，多为单人葬，也有男女合葬和成年人与儿童合葬。葬式多为仰身直肢（也有屈肢），一般头向东北。在墓地遗迹中，发现了石刻。男子与女子或小孩合葬及碑刻男像反映了氏族中男性地位的上升，当时社会可能处于由母系氏族向父系氏族过渡的阶段。从随葬品来看，氏族成员之间尚无明显的贫富不均现象。

卡拉苏克文化分布较广，西起伏尔加（Volga）河，东至中国殷商政权统治地区，在此广大范围内发现了具有卡拉苏克文化特征的青铜器。学界对卡拉苏克青铜文化的传播一直存在着争论。在卡拉苏克文化遗址上出土的青铜器，如弯刀、短剑、锛、各种饰品，以及器物上的动物纹装饰，都与伏尔加河流域、外贝加尔、中国北方草原地带的青铜文化类似，说明卡拉苏克文化与上述地区的青铜文化曾有密切的联系。

　　关于谁是卡拉苏克文化的创造者这一问题也存在不同意见。目前，主要有两种说法，一说卡拉苏克人是欧罗巴人种与蒙古人种的混合型人创造的，具体说，叶尼塞河流域的居民与中国北方的移民创造了卡拉苏克文化；另一说认为，卡拉苏克人具有帕米尔—费尔干纳类型和安德罗诺沃人的特征，其文化是在安德罗诺沃文化的基础上发展起来的。

　　无论如何，卡拉苏克文化与安德罗诺沃文化存在着密切的关系。这一点可以从陶器形制和装饰上反映出来。在形制上，两种文化都出现了澡盆状陶器形状，卡拉苏克文化中的掌形垂饰、管状垂饰实际上是安德罗诺沃之类器物的复制品；在装饰上，卡拉苏克陶器的蔓藤花纹是继承安德罗诺沃的图案，而其几何纹是在安德罗诺沃装饰风格基础上发展起来的。卡拉苏克文化中的墓地建筑使用了安德罗诺沃文化的建筑技术，特别是石棺及墓周的圆石圈，这些在叶尼塞河以东并未发现。因此，卡拉苏克文化与安德罗诺沃文化的联系要密切得多。

　　安德罗诺沃文化和卡拉苏克文化对周边地区产生了很大的影响。其中，塔扎巴格雅布遗址文化就表现出受到安德罗诺沃文化影响的痕迹。据苏联考古学家托尔斯托夫推测，安德罗诺沃文化的创造者可能在公元前 1500 年以后，沿阿克恰河，经花剌子模绿洲，把他们的文化传播到了阿姆河流域。

　　阿姆河下游东岸的塔扎巴格雅布文化遗址地处中亚南、北方交界地区，它的青铜文化具有南、北方文化的特征。塔扎巴格雅布遗址的时间大致在公元前 1500 年至公元前 1000 年之间。苏联考古学家托尔斯托夫对它进行了研究。

　　在塔扎巴格雅布遗址上出土了一个浇铸十字形金属矛头的石模，证明在此存在着金属铸造业。在出土的器物中，没有金属器，只有陶器。陶器为手制，平底，上面饰有压制的几何形花纹和网状纹。

　　在塔扎巴格雅布遗址上发现了农业的遗迹。农业遗迹首先从灌溉渠反映出来，灌溉渠建在阿姆河上，把河水引入农田。灌溉农业的发展说明其上居民放弃了以往以渔猎为生的单一生活方式。[1]其次，在遗址上发现了大约50个农业聚落的遗迹，聚落占地面积一般都不大，由两座或三座矩形大屋构成，每一聚落居民大约在100人左右。[2]聚落中的房屋为半穴居式，浇铸十字形金属矛头的石模就是在其中的一个房间里发现的。这说明，在该地区居民中有从事金属铸造的工匠。

在塔扎巴格雅布遗址上发现了容纳100多座墓的墓地遗迹。墓地上的建筑均为方形土圹墓、木椁，它们与北方草原的墓非常相似。

在天山（Tian Mountain）以北地区也存在着北方青铜文化的代表，重要的遗址是克尔木齐墓群。克尔木齐墓群在今中国新疆维吾尔自治区阿勒泰市西南约12公里处。墓群发现于20世纪60年代初期，目前，已经发掘出延续时间相当长的32座墓。从出土器物来看，有一部分墓属于青铜时代，其年代可能处于公元前1200年至公元前700年之间。墓葬中发现了畜养的牛、马、羊的骨骸。

在这些墓中，出土的陶器与卡拉苏克文化遗址的相似，可以推断，克尔木齐墓群的青铜文化受到了来自米努辛斯克盆地的卡拉苏克文化的影响，同时又吸收了来自西部的安德罗诺沃文化的因素。该墓群的发掘首次揭示了天山以北草原文化。

可以提到的北方青铜文化遗址还有伊犁（Ili）河流域的几处遗址。其中，铁木里克墓地地处七河地区（Semirjetsche，指巴尔喀什湖以东以南的大片地区），它与安德罗诺沃文化有着密切的渊源关系。

中亚北部草原的青铜文化表明，从公元前2000年起，中亚北方新石器时代的猎人、渔民和采集者逐渐转变为以畜养为生的牧人，完成了由狩猎向畜牧的过渡。随着中亚北方的牧人对马的驯化和马

---

[1] 苏联科学院主编：《世界通史》第1卷，第629页。
[2] 〔巴基斯坦〕A. H. 丹尼、〔苏〕V. M. 马松主编：《中亚文明史》第1卷，第260页。

的驾驭，马拉车在北方草原普遍使用，畜牧者利用马拉的轻便战车开始向四面八方进军。此后，畜牧经济将逐渐向游牧经济过渡，在此基础上，形成了丰富多彩的游牧文化。

第四节　中亚南方晚期的青铜文化

公元前 2 千纪中叶，中亚南方全盛时期的青铜文化呈现出衰落的迹象，在原来繁荣的文化中心附近出现了新的开发区，此外，中亚南方的多个地区出现了牧人墓地。因此，中亚南方晚期的青铜文化具有三个明显的特征：一是出现了大片的牧人墓地，墓地的随葬品和葬式具有北方畜牧文化的特征；二是全盛时期的农业聚落和城市普遍处于衰落和废弃状态；三是在全盛时期的文化遗址附近出现了新的文化遗址，它们既保留了以往中亚南方农业文化的特征，又呈现出北方畜牧文化的影响。

公元前 2 千纪中叶，牧人墓地在中亚南方的大多数地区出现，包括阿姆河下游和上游流域地区，今塔吉克斯坦南部的卡菲尔尼甘（Kafirnigan）河下游地区、瓦赫什河与克齐尔（Kyzyl）河下游地区，费尔干纳盆地。

（1）在阿姆河下游地区，从牧人墓葬的遗存来看，其上居民在此停留时间不长，没有留下文化堆积物，这些墓地遗迹表现出北方草原文化的痕迹，同时也具有与邻近农业文化相联系的一些面貌。

阿姆河上游地区的代表性墓地遗址有：汤迪留尔（Tandyriul）、努雷克（Nurek）、达希列（Dashly）。汤迪留尔遗址地处阿姆河上游北岸的希萨尔谷地。在此遗址中，发掘出 34 座墓，墓内有丰富的随葬品，其中陶器最多。除少部分是模制陶器外，大多数陶器是轮制。陶器制作的质量很高，施以白色陶衣，器形主要有壶、瓶、盆等。此外，在墓地中发现了金属器，其代表物是青铜刀和圆柱形珠，还发现了具有安德罗诺沃文化风格的铃形耳垂。

努雷克墓地也在阿姆河上游北岸的希萨尔谷地中，它的时间比汤迪留尔要晚。在其中的一块墓地上发掘出 16 座墓。墓的结构是在地面上挖出一个土坑，表面覆以若干石块。在墓地中发现了一把刀尖向后弯曲的青铜刀残片以及一条金头箍，头箍上有五个突节，其中一个突节嵌着一颗绿松石。墓中出土的陶器多为手制，大部分陶壶均为双头锥形。

阿姆河南岸 30 公里的达希列绿洲的墓地最早是苏联—阿富汗考古队发现的，1970 年此墓地得到了范围广泛的发掘，考古学者萨里亚尼迪发表了这次考古的结果。

达希列 1 号墓地位于一个设防居地的废墟上，在此发现了 87 座墓和一座神庙的废墟。密集的墓建在居住遗址之内。研究者对 10 个墓进行了发掘。墓的形制是：墓穴本身呈矩形，长 1.7 米、宽 1 米；四角作圆弧形，少数为圆形或椭圆形。墓的四壁常用土坯砌成，墓顶可能也用土坯覆盖。大部分尸体是完整的骨架，少数墓中仅埋葬部分骨殖。

达希列 18 号和 19 号遗址上的墓一般面向北方而建，大部分是单人葬，死者侧身屈肢，或朝左或朝右侧；少数墓呈仰身或俯身葬。随葬品中大部分是陶器，其中 90% 为轮制；主要器形为有柄脚或无柄脚的瓶子，以及壶、罐、高脚杯、盆状如带流壶和缸器等容器。金属制品为青铜镜、手镯、壶、别针、头带、短剑等。墓葬中还发现了编织的篮筐、印章。一些墓中放置了大块的羊腿，有一座墓埋了一匹马。

（2）塔吉克斯坦南部卡菲尔尼甘河下游的贝希肯特（Beshkent）遗址因贝希肯特谷地而得名。此地发现的青铜时代的墓地被统称为贝希肯特文化。典型的墓地有图尔哈（Tulkhar）和阿鲁克陶（Aruktau）。

图尔哈墓地是贝希肯特文化中最大的一块，时间较早，据推测大约处于公元前 14—前 8 世纪之间。在图尔哈墓地上发掘出 75 座墓，它们的建筑结构几乎完全相同：墓坑呈矩形或圆形，坑内填黄土，在大多数情况下，墓坑的长轴线呈东西向；墓坑建有朝向各不相同的斜坡或竖穴墓道通向地面，在上面用石块覆盖，从外表看来仿佛是一个石块堆。

墓穴内的尸体呈侧身屈肢，双臂抱肘，双腿屈膝，大部分为单人葬，其中也有异性合葬的八个双人墓，有的是同时入葬，有的是不同时期葬入的。在配偶墓中，男女死者的头部均向东，而妇女始终背朝入口，面对男子。

图尔哈墓地中的一些墓内有丰富的随葬品，其中，有陶器、金属制品和石器。70%的陶器为手制，主要器形有壶、盘、盆。金属制品有薄叶刀，刀的端部通常向外弯曲，有时还有一道中脉。此外，还有短剑、剃刀、锛、侧柄圆镜、别针等。从刀、短剑等遗物来看，贝希肯特文化具有畜牧文化的成分。

贝希肯特文化中出现了具有草原牧人的墓葬方式，即火葬。在早期图尔哈遗址中发现了九座火葬墓，墓穴为浅坑结构，呈南北向，坑南的底部有一椭圆形凹穴，上面覆盖着扁平的石板或细长的石块，坑内石块有的组成卍形，或有四根辐条的圆圈，偶然会见到一些模制的烧制质量很差的陶器碎片。

从随葬品和葬式来看，贝希肯特文化与草原文化有着联系。在筑有斜坡墓道的早期图尔哈墓坑中，发现了一把东哈萨克草原常见的短剑和两把类似于木椁墓出土的刀，这是北方部落进入贝希肯特谷地的证据，说明青铜时代的畜牧部落参与了贝希肯特文化的创造。

（3）在塔吉克斯坦南部的瓦赫什河与克齐尔河下游沿岸也发现了青铜文化晚期的古墓。20世纪60年代，考古学家李特文斯基（B. A. Litvinsky）率领的考古队对这些墓地进行了发掘，并对其中的五个遗址进行了全面或部分的研究，它们是：瓦赫什1号遗址，面积为3.6万平方米，有50座墓，发掘了40座；提格鲁瓦雅巴尔卡（Tigrovaya Balka）遗址，面积为54.4万平方米，有130座墓，其中发掘了116座；欧库尔（Oikul）遗址，面积为5.72万平方米，52座墓全部被发掘；瓦赫什河下游的贾拉库尔（Jara-Kul）遗址，面积为6万平方米，共有80座墓，发掘了13座；克齐尔河下游的马坎伊马尔（Makan-i Mar）遗址，面积为6万平方米，共有40座墓，发掘了12座。[①] 总共发掘的233座古墓[②]，它们采用统一的土葬模式，随葬品也大体相同，因此，这些墓地被统称为瓦赫什文化。瓦赫什文化的时间大约在公元前2千纪的最后一个世纪。

在瓦赫什文化的墓中，金属随葬品占少数，只有14座墓出土了青铜短剑、镜子和小刀，它们反映了游牧文化与农业文化的金属器类型有一定联系。大多数随葬品是陶器，陶器多为手制，与轮制的外形相同，甚至尺寸也一样，它们与阿富汗定居农业居民制作的陶器相仿。埋葬方式与巴克特里亚的农业居民的方式相同。在瓦赫什文化的墓中发现了许多羊骨，它们应是家养的羊。

（4）在费尔干纳盆地发现了北方传统的墓葬，其中用石块圈隔开的墓，用泥土或土石混合物修筑了墓穴。卡拉套山脉中的陶塔拉（Tautara）墓属于这种类型，墓中的陶器不仅包括了见于北部草原地区的形制，而且还有模仿南方定居绿洲陶器的痕迹。

以上墓的墓制和随葬品或多或少地反映了畜牧文化的成分。对于这一时期大片畜牧部落墓地的出现，有些学者认为，这些现象反映了中亚南、北方文化的交流；而另一种看法是，中亚南部某些部落在此时期内转向了以畜牧业为主的经济形态，成为农业社会中一个发达的经济分支。

无论如何，以上大多数墓地受到了以畜牧经济为主的北方安德罗诺沃文化和卡拉苏克文化的影响是不争的事实。北方文化通过一般意义上的文化交流影响着南方的墓葬文化，这种可能性也是存在的；然而，更有可能的，是安德罗诺沃文化部落对中亚南方的大举入侵。如果墓地文化表现出来的影响并不能够有力地证明这一点的

① 〔巴基斯坦〕A. H. 丹尼、〔苏联〕V. M. 马松主编：《中亚文明史》第1卷，第289—290页。
② 同上书，第287页。

话，那么，中亚南方全盛时期的青铜文化遗址大范围的衰落对此提供了证据。公元前 2 千纪中叶，原来高度发达的定居文化中心普遍衰落，甚至废弃了。

全盛时期的青铜文化中心阿尔丁特佩和纳马兹加在公元前 2000 年表现出明显的衰落。阿尔丁特佩被完全废弃，该地的农业文化暂时中止；纳马兹加遗址在公元前 1500 年左右逐渐衰落，其中，相当一部分已成为废墟，留下来的是面积不超过 1 公顷—2 公顷的小居地。里海南岸的希萨尔特佩（Hissar-tepe）、土朗特佩（Turang-tepe）在青铜时代全盛时期十分繁荣，到公元前 2 千纪初，两地出现了人口急剧减少的现象，至今还没有资料说明衰落的原因。不过，从出土的灰陶和黑陶来看，里海南岸原来的文化传统并未完全中断，它们在另一些地区继续发展。如在科佩特山的松巴尔（Sumbar）河流域，从此处墓地的随葬品来看，大部分陶器的形状和色彩还保留了里海东南地区的文化传统，未经烧制的土砖建筑也表明，这里还保留着定居农业聚落的传统。可以说，青铜晚期里海南岸的文化是在青铜时代全盛时期文化的基础上发展起来的。

青铜时代全盛时期的蒙迪加克遗址，在青铜时代晚期也极大地减小了，公元前 2000 年的蒙迪加克第五期文化遗址出现了明显的退化，居地的大部分已经变为废墟，在废墟上也没有出现新文化居地。在文化退化的地区，变化最明显的是陶器，与早期的蒙迪加克遗物不同，陶器为手制，装饰图案是相当有限的一些几何形，在红底上绘以黑彩。阿富汗西南的沙赫里索克塔遗址在这一时期也衰落了，居住面积从公元前 2000 年初的 80 公顷降到青铜晚期的 5 公顷，普通的定居地取代了早期的城市中心，不久，便全面衰落了。[①]

公元前 2 千纪中叶，中亚南方在青铜时代全盛时期高度发达的定居文化中心全部衰落或崩溃，对其原因，有多种推测。以马松为代表的一些学者认为文明中心衰落和部落的迁徙可能是气候的原因，

---

① 〔巴基斯坦〕A. H. 丹尼、〔苏联〕V. M. 马松主编：《中亚文明史》第 1 卷，第 262 页。

这一时期，中亚地区气候有逐渐干燥的迹象；也有学者认为是地力的衰竭和盐化所致，因为在这些地区开始的原始农业已经有近4000年之久；但更多的学者认为，北方畜牧部落的入侵是南方农业和城市文化衰落的原因，因为在旧的文化中心附近出现了新的开发区，新开发区的青铜文化除了继续保持原中亚南部的特色外，亦含有北方草原青铜文化的成分。

在纳马兹加文化衰落之时，邻近地区出现了特肯特佩（Tekke-tepe）、厄尔肯特佩（Elken-tepe）等新的文化中心。在新的文化遗址中，以往发达的未经烧制过的砖砌的房屋的传统被保留下来，房屋内分几个房间，用狭窄的走廊分开。在青铜全盛时期，纳马兹加彩陶分为红、黑两种，并以几何图案装饰。在新的文化遗址中，陶器的质量变得粗糙了，彩绘趋于简单，从前的双彩绘演变为单彩绘，甚至没有彩绘，仅以划纹修饰，或者干脆是素陶。陶器上的动物图案反映出北方草原文化的特征。

除了在离原文化中心不远处形成的这些新文化中心外，在公元前2千纪中叶以后，中亚南方地区还出现了另外三个大的新开发区。它们分布在穆尔加布河三角洲、巴克特里亚绿洲和阿姆河中游地区。

（1）从阿富汗发源的穆尔加布河蜿蜒向北流，在马尔吉亚那（Margiana）分成几个支流，形成了肥沃的三角洲。在阿尔丁特佩和纳马兹加文化衰败之际，马尔吉亚那文化区形成。据推测，在阿尔丁特佩和纳马兹加被废弃之后，聚落群体有组织地向东迁入穆尔加布河三角洲，在此形成了被称为马尔吉亚那文化的新开发区。

以公元前2千纪中叶为界，马尔吉亚那文化遗址可以分为早、晚两个时期。在早期遗址上，马尔吉亚那文化遗址的居地较小，面积只有0.5公顷—3公顷。[①] 居地遗址大多数由一个城堡和邻近的墩丘组成，城堡呈正方形，四角建有圆塔；墩丘面积很大，没有规则。城堡内划有专门的工匠区，发现了窑炉等设备。出现了饰以简单划

① 〔巴基斯坦〕A. H. 丹尼、〔苏联〕V. M. 马松主编：《中亚文明史》第1卷，第251页。

纹的模制陶器，它们与草原青铜时代部落的器物十分类似，不过，轮制陶器仍然保留着中亚南部的传统，而且还出现了新的形制。泰普（Taip）一号居地发现了四枚圆筒印章和一些陶罐，陶罐印有两种以上的印纹。

马尔吉亚那晚期文化以塔希尔贝（Tahirbay）遗址为代表。在定居地中，越来越频繁地见到制作粗糙、通常没有装饰图案的模制陶器，器形中也出现了草原文化中常见的有细长流的陶器。有学者判断，公元前2千纪中叶，马尔吉亚那绿洲文化受到了北方草原文化的影响。在遗址中发现了墓地，除了典型农耕文化的土葬外，出现了火葬。在土葬墓中，出土了类似于安德罗诺沃型人种的遗骨；在随葬品中，器皿上的纹饰出现了在科佩特山麓绿洲地带未曾见到过的母题。到青铜时代末期，穆尔加布河三角洲的定居绿洲数量减少，制作赤陶人像和动物像的传统也逐渐消失。

（2）除了穆尔加布河三角洲的新文化区外，在今阿富汗和土库曼斯坦交界处也出现了新的定居文化遗址，学界用两个古希腊地名将它命名为巴克特里亚—马尔吉亚那文化（Bactria Margiana Archaeology Complex），在中国，它被称为"大夏—玛剑文化"。

大夏—玛剑文化遗址地处长约600公里、宽约80公里的沙漠绿洲中，年代大约在公元前2200年至公元前1700年。在此出土了金属工具和纹饰精美的彩陶，发现了小麦、大麦的遗迹和畜养的绵羊、山羊的遗骸。彩陶图案多取材于当地动物，据此，苏联考古学家提出了其上居民信琐罗亚斯德教（拜火教）的看法，因为动物崇拜是该教礼仪的组成部分。

在大夏—玛剑遗址上发现了用土坯建造的房屋，建筑规模很大，有些建筑的基地与古埃及金字塔的规模相当。苏联考古学家依据规模和结构，认为这些建筑物是宗教的礼仪场所；美国宾夕法尼亚大学的希伯尔特（F. T. Hiebert）博士在分析生活遗物之后提出，这些建筑更有可能是复杂的居室，居室分普通人的和首领的。2000年，希伯尔特博士在一处多间土坯房址中一间的地下发现了一枚石印。

石印质料是黑玉（Jet Stone），印面正方刻有四或五个符号，据碳 14
测定，年代为公元前 2300 年。墓葬的随葬品有器具和珠宝，妇女的
随葬品比男子的贵重。

（3）与穆尔加布河三角洲有着密切关系的阿姆河流域文化遗址
也是青铜时代晚期的新开发区。公元前 2 千纪中叶，在阿姆河中游
北岸的库吉唐套山（Kugitangtau）与贝松套山（Bessontau）的狭长
地带出现了一些新的文化区，它们集中在阿姆河及其支流附近。其
中，最有代表性的居地是萨帕利（Sapalli）遗址。

萨帕利遗址距阿姆河仅数公里，聚落沿着苏尔汉河（Surkhan
Darya）流域逐步扩展开来，个别聚落甚至深入到塔吉克斯坦的瓦赫
什河谷。萨帕利是一个定居的农业聚落，居地的中心是边长为 82 平
方米的方形城堡，周围绕以土坯墙，上建椭圆形塔。城堡中央为一
开阔地，似为广场。沿城墙四周有由若干小房间组成的建筑，用以
生产和生活。该居地中的居民数大约为 230—250 人。[①]与城堡毗邻的
土墩虽然形状难以确定，但也建有各种各样的建筑。

在萨帕利居地内发现了墓地遗迹，有的墓室建在地下，有的建
在建筑物墙脚下，墓葬的随葬品反映了萨帕利聚落有较高水平的物
质文化。萨帕利墓有许多是衣冠冢。在其中一个衣冠冢中发现了一
把青铜斧和一把青铜矛，表明此墓是为了纪念一个武士。衣冠冢数
量的增加，表明武装冲突的加剧。

萨帕利文化与穆尔加布河三角洲文化很相似，这一点不仅可以
由设防遗址的类型，而且还可以从陶器的形制和扁平印章符玺上反
映出来。在萨帕利文化遗址中，赤陶像极为罕见，不久就绝迹了；
印章很多，印章上或刻有骆驼，或刻有展开双翼的鹰，一枚呈锯齿
状的十字形印章的图案是几条相互缠绕的蛇将山羊、野猪、狮子等
动物包裹在内。该遗址出土了一面镜子，镜面是一人头，镜柄为一
女人身躯，其姿态为双手叉腰，这面镜子被认为是萨帕利文化中最

---

① 〔巴基斯坦〕A. H. 丹尼、〔苏联〕V. M. 马松主编：《中亚文明史》第 1 卷，第 253 页。

具创造性的器物。

　　萨帕利早期文化与马尔吉亚那早期文化非常相似；萨帕利后期文化（前 2 千纪下半叶）与马尔吉亚那的塔希尔贝遗址的遗存也十分吻合。这一类似性表明它们之间有着亲缘关系，可以肯定它们源自同一文化。有学者认为，萨帕利文化与穆尔加布河文化都是科佩特山地带（即阿尔丁特佩和纳马兹加文化）聚落迁徙的结果。

　　除萨帕利文化外，阿姆河流域新的文化区还有萨帕利农业聚落北部的贾尔库坦（Jarkutan）遗址和泽拉夫善河下游的扎曼巴巴遗址。

　　贾尔库坦是阿姆河北岸最大的居地，居住时间也比萨帕利长久。贾尔库坦遗址上有一个方形城堡，城堡面积约为 4 公顷，在城堡之外是生产和生活的综合区，有一块大墓地。在此发掘出约 900 座墓穴。[1] 如萨帕利一样，这里也有衣冠冢，其中，一些衣冠冢的随葬品非常丰富。

　　扎曼巴巴遗址在泽拉夫善河下游三角洲的一些小溪流和小湖泊之间，时间大致在公元前 2000 年至公元前 1800 年间。苏联学者古里雅穆夫（G. Gulyamov）对它进行了研究。扎曼巴巴遗址因与中亚农业部落有联系而具有特殊意义。

　　在扎曼巴巴遗址上出土的大部分金属器物是青铜制品，使用的金属器有铜制作的小刀、镜子、鱼钩，这些铜是没有添加锡的砷化物。[2] 出土的陶器多数为手制，种类有赤陶像，四方形隔离陶容器是养鸟器，容器的一半装有谷物，另一半是盛水。从陶器的形制上看，该文化可能受到了纳马兹加文化的影响，如双层陶窑和赤陶像是科佩特山区遗址中常见的陶器。不过，在出土陶器中，至少有两种与北方草原文化的特征相似，由此推测，扎曼巴巴遗址文化在某种程度上受到了北方草原文化的影响。

　　扎曼巴巴人不仅饲养大小牲畜，而且还成功地进行农业生产。

---

① 〔巴基斯坦〕A. H. 丹尼、〔苏联〕V. M. 马松主编：《中亚文明史》第 1 卷，第 255 页。

② Denis Sinor, *The Cambridge History of Early Inner Asia*, Cambridge University Press, 1990, p.80.

已经发现了小麦和大麦的遗迹。从一尊小雕塑，即生育女神像，可以看到扎曼巴巴人与南方农人最初的联系。

在扎曼巴巴遗址上发现了居住的遗迹，居住地由黏土垒成的围墙环绕，围墙内建有狭长的大型居室。居住地附近有一块墓地，墓穴很小。大多数墓为单人葬，少数是男女合葬。在一座墓中出土了一件扁平的女陶俑。

从考古材料来看，扎曼巴巴文化是在本地石器文化的基础之上发展起来的，在发展过程中，受到了南方农业文化和北方草原文化的影响。据推测，南方农业文化的影响与科佩特山北麓的定居农业聚落向外迁徙有着直接的关系；北方草原文化的影响与南迁的北方畜牧群体有关。

根据穆尔加布河三角洲、巴克特里亚和阿姆河中游地区形成的新的定居文化中心，以及新文化中心遗址上出土的陶器和发现的居址、墓葬遗迹分析，以李特文斯基为首的一些学者推测，在公元前2千纪以后有草原青铜文化的部落来到了中亚南方，这里曾经发生过草原部落侵袭定居农业部落的活动。北方畜牧者的南下使中亚南方的社会发生了以上的重要变化，中亚地区文化的多样性在此漫长的过程中逐渐形成。

第四章

铁器时代文化

　　铁器时代（Iron Age）指在青铜时代之后，人类使用铁器的时代。铁器的制造是人类发展史上最伟大的技术革命。就世界范围而言，人类最早使用铁器是在公元前2千纪末，然而，由于熔化铁矿石需要较高温度（至少达到1500度），同时铁的硬度比铜的大，加工的难度也比铜大得多，因此，铁器的普及经历了一个缓慢的过程。中亚在公元前1千纪初迈入铁器时代，公元前1000年至公元前700年是中亚早期铁器时代。在此时期，中亚地区的一些文化遗址上出土了带铁刃的工具，而大多数遗址的出土物中没有铁器，之所以将它们纳入铁器时代文化遗址，是因为这些遗址的文化遗存呈现出与青铜时代不同的特征。中亚早期铁器时代文化遗址有以下一些特征：在中亚南方，人工灌溉系统完善和发展，在定居农业文化中心建筑了有防御措施的城堡；在中亚北方，畜牧经济开始向季节性放牧的半游牧或游牧经济过渡。相应地，以农耕经济为主的定居文明和以半游牧或游牧经济为主的游牧文明分别在中亚南、北地区形成。

第一节 中亚南方早期铁器时代的文化

在早期铁器时代，中亚南方的经济有了极大的发展，表现在铁器的使用、人工灌溉系统的扩大和大片绿洲的出现；在这些绿洲上出现了带防御措施的城堡。中亚南方早期铁器时代的典型文化遗址分布在里海东南、穆尔加布河三角洲、南土库曼斯坦山区、巴克特里亚、费尔干纳地区。

（1）里海东南米斯里安平原的达希斯坦（Dahistan）遗址是典型的铁器时代文化遗址，年代在公元前1100年至公元前750年前后。在达希斯坦遗址上出现了大大小小的聚落，小聚落一般占地在5000平方米左右，大聚落面积达数十公顷。其中，最大的聚落遗址是伊扎特库利（Izatkuli），占地面积大约有50公顷。

在一些聚落中遗址中发现了铁的遗迹：铁渣。大量出土物是陶器，这一时期的陶器与青铜时代的彩陶不同，大部分是优质灰陶，常常施以黑色陶衣。

在达希斯坦遗址上发现了灌溉网遗迹。与铜石并用和青铜时代的吉奥克修尔灌溉系统不同，达希斯坦的灌溉系统由许多长达数十米甚至数百米的小水渠组成，它们将山溪或大河三角洲的水引向灌溉地。在1951—1953年、1969年，苏联学者马松对建于大约公元前1千纪下半叶的达希斯坦灌溉系统的主渠（伊扎特库利水渠）进行了研究。

伊扎特库利水渠建在阿特拉克（Atrak）河北岸，向北一直延伸到伊扎特库利和马道特佩（Madau-tepe）。除主渠外，还有初级水渠、次级水渠和小水沟。主渠遗迹长50公里—60公里，宽约5米—8米，深约2.3米—2.7米；初级水渠宽约1.5米—3米，深约1.2米—1.65米；次级水渠宽约0.8米—1.3米，深约0.8米—1米；小水沟宽约0.5米—0.7米，深约0.4米—0.5米。大大小小的水渠构成了稠密的水渠网。沿途地区通过大大小小的各级水渠从主渠引水灌溉。主渠源头建有控制水源的设备，中央还建有泄水道。水渠遗迹反映了当时的建筑水平和农业发展的程度。与之类似的灌溉系统在其他地区，如穆尔加布河绿洲、巴克特里亚、泽拉夫善河下游和阿姆河三角洲都有发现。

在伊扎特库利聚落遗址中央发现了一座呈五边形的城堡遗迹。城堡坚固，四周环绕着许多呈小丘状的房屋，城郊多处地方出土了制作陶器的轮盘。

达希斯坦遗址的另一个典型聚落是马道特佩。这一文化植根于当地青铜时代的土朗特佩文化。在聚落遗址上出土了铁器遗存铁渣，以及先进的灌溉系统和城堡建筑。聚落的平面布局与伊扎特库利聚落大体相似，聚落中央有一座城堡，城堡的墩丘高达 13 米。从建筑遗迹来看，城堡可能是该地区的行政中心；从坚固的围墙来看，当时部落之间可能经常发生战争。

（2）穆尔加布河三角洲的铁器时代文化遗址有塔希尔贝、亚兹特佩（Yaz-tepe）和阿拉瓦利特佩（Aravalli-tepe）。它们大致处于公元前 10 世纪至公元前 7 世纪中叶。遗址上分布着大大小小的聚落，其中，最大的阿拉瓦利特佩聚落占地面积大约 7 公顷，最小的亚兹特佩聚落只有 1 公顷的面积。20 世纪 50 年代，苏联学者马松对该遗址进行了考察。他将遗址分成东区、中央区、西区三部分。塔希尔贝遗址、亚兹特佩和阿拉瓦利特佩分别是东区、中央区和西区的典型代表。

塔希尔贝是东区最大的城市聚落，在此发现了建筑遗迹，即矩形小城堡。在小城堡的西面有一些小墩丘，它们是居住区的遗迹，如今已经侵蚀。在中央区的亚兹特佩聚落遗址上发现了丰富的文化遗迹，学界将它分为三期：公元前 900—前 650 年的遗存为亚兹一期；公元前 650—前 450 年为亚兹二期；公元前 450—350 年为亚兹三期。考古学者在 200 平方米的面积内进行了深层发掘，发现了属于亚兹一期和二期的遗物和三期的房屋遗迹。在亚兹一期出土了铁

器和绝大部分为手制的陶器；在亚兹三期发现了建在巨大平台上的
中央城堡的遗迹，城堡坐落在由未经焙烧的砖砌成的高达 8 米的平
台上。西区由大约 10 个聚落遗址组成，其中，阿拉瓦利特佩是典型
代表。阿拉瓦利特佩的城堡建在聚落中央的一个平台上，城堡高达
10 米。

　　根据聚落的遗迹推测，塔希尔贝、亚兹特佩和阿拉瓦利特佩的
城堡可能是当时穆尔加布河三角洲经济和文化中心。

　　（3）厄尔肯特佩、乌卢格特佩是南土库曼斯坦山区铁器时代的
文化遗址，在两个遗址中都发现了属于亚兹一期文化的地层，出现
了若干新聚落。厄尔肯特佩居住区达 12 公顷，属于亚兹一期文化的
地层厚达 2 米—2.5 米，聚落四周有城墙围绕，城堡坐落在 6 米高的
平台上。厄尔肯特佩可能是这一地区的文化中心。穆尔加布河三角
洲和南土库曼斯坦山区的遗存与达希斯坦遗址文化的遗存相似。

　　在阿姆河以南到北阿富汗北部地区，早期铁器时代的文化
遗址很多，北部有库楚克特佩（Kuchuk-tepe）、梅达特佩（Maida-
tepe）、米尔沙迪（Mirshadi）、布伊拉奇（Buirachi）、贝津扬诺耶特佩
（Bezymyannoye-tepe）、克齐尔特佩（Kizil-tepe）的下文化层和克齐尔
查（Kizilcha）第六期文化层的下层。学界将它们统称为巴克特里亚文
化遗址。

　　在库楚克特佩和克齐尔查特佩两个遗址中发现了铁器。在一些
遗址上发现了灌溉遗迹，灌溉系统多建造在阿姆河上游支流上，建
造方式与穆尔加布河三角洲的灌溉系统类似。可以推测，这些地区
的居民已经开始了较为先进的灌溉农业生产。发掘表明，库楚克特
佩、梅达特佩建筑了城堡，城堡建在砖砌的几米高的平台上，城堡
四周有围墙，墙内有供居住和宗教仪式的建筑。

　　（4）在巴克特里亚南部（今阿富汗境内）发现了提利雅特佩
（Tillya-tepe）文化遗址，时间大约处于公元前 10 世纪至公元前 7 世
纪中叶。苏联学者阿斯卡洛夫（A. Askarov）对它进行了研究。

　　提利雅特佩遗址占地面积大约 1 公顷，该遗址中较低的文化层

（即提利雅第一期和第二期）属于铁器时代。在此出土了铁器和青铜器。铁器种类不详，可能属于亚兹一期（前900—前650）。青铜器有青铜镜、双刃、箭镞等。在此文化层中发现的陶器有手制和轮制，多为白衣红彩纹饰呈三角形的彩陶，还有饰锥刺纹和蓖纹的灰陶和褐陶。其中，轮制彩陶在时间上比手制彩陶时间更早一些，在数量上手制彩陶居多。在此遗址中发现了马的骨骸。从陶器发展的情况和马的遗骸来看，该地区的一些居民可能来自北方草原地区。这类遗址还见于阿富汗北部的奈马巴德（Naimabad）与法鲁哈巴德（Farukhabad）绿洲。

法鲁哈巴德绿洲的阿勒丁迪尔亚特佩（Altyn-Dilyartepe）建有四周环绕城墙和带防御工事的巨大城堡。达希列绿洲的阿勒丁特佩（Altyn-tepe）在铁器时代有牢固的设防，拥有高耸于平台之上的城堡和城墙。在阿勒丁特佩第十层上建有夏宫和冬宫，这些似乎证实存在着一个前阿黑门尼德（Achaemenid，前550—前330）的政治实体，即巴克特里亚国家。它的影响扩展到了穆尔加布河三角洲，河中地区也受到了影响。

（5）费尔干纳盆地早期铁器时代的遗址主要分布在北部和东部。在费尔干纳盆地东部卡拉（Kara）河源流域一带发现了15个可以辨认的地块，大多数为氏族聚居地，也有设防的城镇遗址。学者们对其中的楚斯特（Chust）遗址进行了研究，确定楚斯特遗址文化属于早期铁器时代文化，并以楚斯特文化统称这一地区的遗址。

楚斯特文化是定居农业文化，时间大致在公元前12世纪至公元前7世纪前后，在迄今所发现的80多处遗址中，得到较充分研究的有楚斯特、钦贝尔（Chimbai）、阿什卡尔（Ashkal）、奥什（Osh）和达尔弗津特佩（Dalverzin-tepe）。在这些遗址中，出土最多的是青铜器，有工具、武器、马鞍、装饰品和个人必需品等器物。青铜浇铸技术普遍，考古学家发现了浇铸镜子、镰刀或小刀的石模与陶模。除青铜器外，楚斯特文化中的陶器具有特色，它们均为手制，器物形式多样，种类丰富，常见的器形有盆、杯、圆底壶、平底钵、灌注容器。楚斯特文化中的彩陶含量不少，均为红衣黑彩，主要纹饰为倒三角形。

在楚斯特文化遗址中没有发现铁器，将它确定为早期铁器时代文化是依据以下事实：第一，在达尔弗津特佩遗址上发现了铁矿熔渣和一把铁刀残片，它的出现预示着费尔干纳铁器时代的开始。第二，在楚斯特文化遗址上发现了大小不等的聚落，楚斯特聚落遗址的面积为 4 公顷，达汗聚落大约 5 公顷，阿什卡尔聚落在 10 公顷以上，达尔弗津特佩聚落最大，达到了 25 公顷。在聚落周围建有设防的围墙，有中心城镇，达尔弗津特佩聚落还建筑了城堡。这些都具有早期铁器时代的特征。第三，在楚斯特文化遗址中发现了三孔笼头和颊片等马具，说明马已经用来骑乘。在青铜时代，马还未驯化到这一程度，只能拉车。由于马的骨骸和马具遗物多发现于时间较晚的地层，因此有学者认为擅长于骑马打猎的居民可能是在楚斯特文化后期来到这里的，他们显然是来自北方草原。

在楚斯特文化的早期遗址中，居住的房屋遗迹为坑穴式，室内外都筑有贮藏谷物的坑；在较晚的地层中，房屋建在地面，采用未经焙烧的矩形砖砌成。从居地或城镇的遗迹分析，建筑规模庞大的达尔弗津特佩可能是该地区的中心。苏联学者扎德尼普罗夫斯基（Y. A. Zadneprovsky）对该文化遗址进行了考察，在遗址中发现了一些反映楚斯特文化生活特征的遗迹，如谷类、纺梭等。纺梭的发现说明其上的居民已经开始纺织生产。

在中亚早期铁器时代遗址中发现的铁器并不多，有的遗址上甚至没有铁的遗迹。然而，先进的灌溉系统和带防御措施的城堡遗迹在中亚南方的大多数遗址中都可以看到，因此，学者们认为大型灌溉系统和城堡的建造是中亚早期国家生活中的两个重要内容。

公元前 2 千纪与公元前 1 千纪之交，中亚原始居民开始有了宗教信仰的意识。中亚南方早期铁器时代的居民普遍性崇拜火，这一点可以从一些庙宇中发现的小祭坛建筑遗迹得到证实。在一些遗址中还见到了女神阿雷德维·苏拉·阿纳希塔（Aredvi Sura Anahita）

的肖像。在早期铁器时代，中亚地区还流行拜密特拉神（Mithra），密特拉神的形象常常被描绘成驱赶着一辆战车的雄健武士，这一形象与充满武装冲突的时代背景相吻合。

早期铁器时代，在达希斯坦文化遗址、穆尔加布河三角洲和巴克特里亚北部遗址上发现的庞大而复杂的灌溉系统不仅反映了农业的发展，而且说明了当时中亚社会存在着指挥和协调各种社会力量的机构，它不可能是控制一个部落联盟的酋长，很可能是指挥几个部落或部落联盟，甚至高于部落联盟（最早国家）的首领。城堡的建筑证明了国家的存在。达希斯坦遗址中的伊扎特库利、穆尔加布河三角洲的亚兹特佩、巴克特里亚的阿勒丁、费尔干纳盆地的达尔弗津特佩最初的职能可能是管理和指挥农业，此后，手工业在此中心发展起来，聚落中心逐渐发展为城镇。国家政权形成以后，它们成为国家政权中心，坚固的城堡建筑起来，城堡的防御措施城墙也建筑起来。

在此时期，国家的范围并不大，管辖的地域不会超过一个绿洲，因此它们建造的灌溉网也未能达到公元前1千纪中叶的程度，灌溉遗迹上出现的手制彩陶说明这些文化遗址最晚不会晚于公元前8世纪中叶。学者们以考古发掘物与文献传说为依据，认为在巴克特里亚存在着一个中央集权的国家，其时间在公元前2千纪最后250年至公元前1千纪初。

第二节　中亚北方早期铁器时代的文化

中亚北方的早期铁器时代文化处于公元前10世纪初至公元前7世纪之间。在这一时期的中亚北方文化遗址中，铁器使用的遗迹还不多见，大多数遗址发掘出土的生产工具仍然是青铜器。然而，这些遗址呈现出与青铜文化不同的特征：第一，在中亚北方的农业文化遗址中出现了规模较大的灌溉系统；第二，青铜时代的畜牧部落开始演变成半游牧或游牧部落，真正意义上的"游牧人"出现；第三，出现了部落联盟或高于部落联盟的社会组织。这些现象成为中亚北方草原早期铁器时代的标志。

中亚北方早期铁器时代文化遗址主要分布在阿姆河下游三角洲、咸海东岸、哈萨克中部草原。

（1）阿米拉巴德（Amirabad）遗址位于阿姆河下游三角洲的古花剌子模地区，在阿恰河下游发现了十几处遗址，它们是中亚北方最有代表性的铁器时代文化遗址，被统称为阿米拉巴德文化。阿米拉巴德文化大约处于公元前 10 世纪至前 8 世纪之间，具有代表性的遗址有雅卡帕尔桑（Yakka-Parsan）二期、卡瓦特（Kavat）二期和巴扎尔（Bazar）十期。苏联学者托尔斯托夫对雅卡帕尔桑二期遗址进行了考察。

雅卡帕尔桑二期遗址地处阿姆河下游右岸支流阿恰河下游地区。在遗址中没有发现铁，发现了青铜器：一枚有眼孔的针、一把有手柄的镰刀、一枚有铤的青铜簇。还发现了加工谷物的石磨和陶制容器，陶器为手制，容器底部呈圆形。陶器为灰棕色，施以红色或淡灰陶衣，有些陶器饰以小十字形、网络形或枞树形纹。从渊源关系来看，陶器与卡拉苏克的相似，展示出卡拉苏克草原文化的影响。

在遗址上发现了居住遗迹，它们是两排半洞穴式房屋，共计 20 座。房屋的平面布局呈矩形，每座房屋的面积为 90 平方米—110 平方米，一座房屋被隔成两三个房间，屋内有许多贮藏坑及柱洞，中央有一长形的炉灶，在房屋四周建筑了大量贮藏坑。房屋全部建在两条沟渠的汇合处，房门面向沟渠而开。

将阿米拉巴德文化遗址确定为铁器时代文化的依据是，在遗址上发现了先进的灌溉系统的遗迹。在此发现的灌溉渠比青铜时代后期的塔扎巴格雅布文化的灌溉渠要更长一些，河流沿岸筑有堤防加固。灌溉渠由主渠和分支槽组成，主渠长达 3 公里左右，引阿恰河河水，在引水口处建有调节水流的控制设施。

从灌溉系统和居住遗迹来看，阿米拉巴德文化是在该地青铜时代的塔扎巴格雅布文化的基础上发展起来的。灌溉渠的遗迹及青铜农具的使用表明阿米拉巴德文化属于农业文化，然而，因其地处中亚南北交界之地，该文化又具有与北方文化类似之处。

阿米拉巴德文化遗址在公元前 7 世纪至公元前 5 世纪的地层中出土了铁制镰刀。随着铁器的使用，大片森林得到开发，农耕地区扩大，灌溉渠也不断完善。在花剌子模的居兹利克尔（Jutsliker）古城（实际上是一个建有围墙的村子）建有保护牲畜和村民的围墙，可能是防范游牧民的冲击。

（2）咸海东岸塔吉斯肯高原北部发现的遗址是墓葬文化遗址，在此发现了 70 多座墓。它们遍布在塔吉斯肯高原北部至咸海之东的广泛地区，被统称为塔吉斯肯文化。该文化的时间大约在公元前 10 世纪初。苏联学者托尔斯托夫等人对这一文化遗址进行了考察和研究。

在塔吉斯肯文化遗址中，每一块墓地都由几个大墓及周围或其间的小墓构成，这些小墓或者附属于大墓，或者成群地环绕在大墓周围。每个大墓附属的小墓数目不等，最多的有 7 个，最少的仅有 3 个。从多个小墓围绕着一个大墓排列的建制推测，大墓的主人可能是部落首领。

塔吉斯肯墓的形制为墩丘状坟冢，用未焙烧生砖建造。大墓建筑一般采用长 54 厘米、宽 28 厘米、高 10 厘米—12 厘米或长 48 厘米、宽 32 厘米、高 10 厘米—12 厘米的两种规格的生砖砌成。建筑小墓的生砖规格各异、并无定式。大墓的中央墓室和墓内走廊都放有丰富的随葬品，随葬品有陶器、青铜器及青铜或金制饰品。在这些墓中发现了动物肢体的遗迹，它们与墓主埋在一起。塔吉斯肯墓建筑技术在中亚南方农耕文化中已经存在很长时间，它们可能是借鉴了中亚南方的农耕文化。

塔吉斯肯遗址中，6 号墓是规模最大的墓，它的圆形墓冢的废墟直径达 25 米。在墓室墙上的一厚层枝条处发现了大约 100 枚青铜钉。这些青铜钉可能是当时钉在墙上用来挂毯子的。在墓室中还发现了镰形青铜刀、青铜针和金器等随葬品。墓室四角各放置一组陶器，陶器十分丰富，达60多件。陶器为手制，施以陶衣和白色装饰。其形制和装饰类似于卡拉苏克陶器，但与之不同的是，这里的陶器形制更多，装饰更加华丽。尽管这里的手制陶器与中亚北方草原部落的相似，但轮制陶器，如细颈球形壶和圆形有柄陶盂，却呈现出中亚南方青铜时代陶器技术的特征。

在随葬品中没有发现铁制品，但从大、小墓的形制和关系来看，在该地区出现了大的社会组织和管理社会组织的权力中心，权力中心的领导者不再是号令一个氏族或一个部落的首领，可能是专制小君主。由于这些因素，这一文化被纳入早期铁器时代文化的范畴。

（3）在哈萨克广袤草原上也发现了几处墓地遗址，其中，具有代表性的是丹迪贝·比加泽（Dandybay-Begazy）遗址，因此，这些遗址被命名为丹迪贝·比加泽文化，时间在公元前10世纪至公元前8世纪之间。

比加泽墓是丹迪贝·比加泽文化中最具代表性的建筑，陵墓呈正方形，墓有入口，墓内有一两个墓室，墓顶盖有石板。比加泽墓的独特之处，一是墓中设有祭坛，祭坛上放置着祭祀器物和献祭品；二是墓室中放有桌子，桌上放置着日常用品（多为陶器），如装饰品、武器以及一大堆羊骨。羊骨的放置反映了灵魂不死的思想已经产生。比加泽墓的建造除了建材与塔吉斯肯墓地不同外，其他方面都与塔吉斯肯墓相似。以此推测，两个地区可能存在着交流与联系。

在丹迪贝·比加泽文化遗址中没有发现铁器，出土的金属工具仍然是青铜器。陶器和青铜器大致与卡拉苏克的前期文化类似，不同之处是出现了一些球形陶器。

在遗址中发现了一些农作物的遗迹和牛、马、羊等牲畜的骨骸，其中，绵羊和山羊的骨骸占很大比例。在该遗址中出土了骨制颊片的笼头，这在当地是首次出现，笼头的出现表明此时马已被驯化用于骑乘。以上发现表明，丹迪贝·比加泽文化是畜牧文化。

在遗址中发现了建筑房屋的遗迹，但未能显示出房屋结构。遗址上的出土物反映了其上居民可能从事畜牧和农业，但遗址的文化层不厚，说明在此定居时间不长，可能其上的居民已经从定居农业和畜牧业的生活逐渐过渡到了季节性迁徙的半游牧生活。据推测，其上的居民们可能每年春天在定居地周围的小块农田里播种以后，就带着畜群离开居地去夏季牧场，待秋天再返回来收割庄稼，并在此过冬。居民们在此建造了过冬的房屋，在夏季牧场上建造了夏季居地。

在遗址上发现了墓地，从墓的规模和随葬品的丰富程度来看，在此曾出现过某种形式的政权。随葬品中出现的武器说明，武器在人们的生活中有相当的重要性，据此推测，武力冲突在社会生活中频繁发生。

由于马的骑乘技术的推广和运输工具的改进，中亚北方青铜时代的畜牧者在公元前 10 世纪初完成了向半游牧和游牧经济的过渡。草原部落组织随着新经济形式的出现而发生了变化，迁徙导致了部落的重组和部落牧地的重新分配，于是，掌握分配权利和保护部落安全的部落首领也发生了变化。随着权力的制度化，他们逐渐成为专制小君主，大型陵墓的建筑反映了上层建筑的这一变化。塔吉斯肯大墓和丹迪贝·比加泽大陵墓的主人绝非只是号令一个部落的首领，而是能够指挥庞大人群的专制君主。

骑马技术的掌握和游牧生活方式的形成使新的文化——游牧文化产生。哈萨克草原早期铁器时代遗址的研究表明，游牧文化在伏尔加河流域至中国安阳之间的广大地区既有共同的特征，又丰富多彩——它们可以与南方定居绿洲发生的"城市革命"相媲美。

第五章

原始文化综述

中亚原始文化的发展进程与世界较先进地区的发展进程基本上保持同步。总的来说，中亚南方的原始文化呈现出与两河流域、伊朗高原、印度河下游流域的联系；中亚北方的草原文化更多地受到了欧亚草原西部文化的影响。以旧石器时代中叶为分界，在此之前，中亚原始文化的创造者是直立人；在此之后，是现代人类的祖先晚期智人创造了中亚原始文化。其中，新石器时代的文化的创造者可能与印度河流域文明的创造者一样是达罗毗荼人（Dravidians）；从铜石并用时代起一直到铁器时代，中亚原始文化的创造者是欧罗巴种人中语言属印欧语系的一支人群，即雅利安人（Aryan）。

第一节　原始文化

按世界历史的划分，旧石器时代早期文化起于距今 250 万年前，中亚年代最远的石器是在距今 200 万年前的西瓦利克地层中发现的。此后，中亚原始文化经历了连续不断的石器文化、铜器文化和铁器文化三大发展阶段。对各个阶段出土文物的研究表明，在原始文化发展的大多数时期，中亚生产力的发展水平与世界较先进地区生产力的发展水平基本上保持一致。

在 200 万年前的旧石器时代早期，中亚地区以克拉克当技术打制石器，这种技术也是西亚和东亚、非洲和欧洲最早的石器技术；稍后，中亚地区的石器制作也采用了在非洲和欧洲普遍使用的阿舍利石斧技术，在距今 70 万年前的西瓦利克地层中发现了中亚最早的石斧。[①] 在旧石器时代中期，中亚采用了在制备的石核上打制石片的勒瓦娄哇技术。勒瓦娄哇技术在西亚、非洲和欧洲十分普遍，以其为特征的莫斯特文化在中亚存在的时间较长，一直持续到距今约 2.5 万年至 2 万年前。因此，中亚一些地区进入旧石器时代晚期的时间与世界先进地区相比可能要晚一些。在旧石器时代晚期，中亚原始人类除了延续莫斯特文化传统以外，与世界其他地区一样，开始了石叶石器的制作。总的来看，在旧石器时代，中亚原始文化与世界较先进地区保持着同步发展。

在中石器时代，中亚使用复合型工具弓箭的时间几乎与西亚和欧洲同步。中石器时代是中亚从征用型经济向生产型经济转化的时期，在此时期，中亚原始人类栽培了谷物。在今阿富汗加里阿斯普洞穴遗址中发现了刈刀（可能是简单的镰刀）、石锄和石磨，它们展示了原始农业的开始。该遗址大约处于公元前 8000 年左右。在西亚，原始农业产生的时间大约也在公元前 8000 年左右，因此，中亚开始原始农业的时间与西亚基本一致。

在中亚新石器时代晚期的遗址中，发现了以红铜或黄铜为原料制作的金属器具。从时间上看，西亚大约在公元前 6 千纪初进入铜石并用时代，中亚大致在公元前 5 千纪初进入铜石并用时代，因此，中亚进入铜石并用的时间可能比西亚要晚一些。

随着金属工具的使用，大约在公元前 3000 年，中亚开始迈入青铜时代；西亚在公元前 3000 年已经进入青铜时代。与西亚相比，中

---

① 〔巴基斯坦〕A. H. 丹尼、〔苏联〕V. M. 马松主编：《中亚文明史》第 1 卷，第 26 页。

亚进入青铜时代的时间也稍晚一些。但中亚青铜文化全盛时期与世界其他地区几乎是一致的，即在公元前 2500 年左右。

　　就目前的研究来看，世界上最早出现铁器的地区是小亚细亚，时间大约在公元前 2 千纪末期，到公元前 1 千纪中期，铁器已经普及到欧亚大陆各地。中亚南方在公元前 1 千纪初期出现了使用铁的遗迹，由此观之，中亚使用铁器的时间也不算晚。从目前的发掘来看，中亚北方进入铁器时代的时间可能晚于中亚南方。[①]这一现象似乎可以假设：铁器传入中亚地区不是经草原地带，很有可能是经伊朗高原进入阿富汗地区，再北上传入中亚其他地区的。这一时期在中国新疆西部地区也发现了使用铁器的遗迹，而在锡尔河以北的哈萨克草原却没有发现这类遗迹。中亚北方地区使用铁器的时间也晚于中国新疆西部地区。

　　从石器、铜器和铁器三个阶段来看，中亚原始文化虽然在某些时期稍稍晚于西亚，但与欧亚的其他地区相比，其发展水平基本上是同步的。

　　历史的进步是各种文明互相交流、互相补充的结果。考古资料表明，欧亚草原是东、西方往来的最早通道；地处欧亚草原中段的中亚草原是连接东、西方的天然桥梁，向东可以到达蒙古草原，向西可通往黑海北岸的南俄草原。中亚草原既是原始人类迁徙的通道，又是文化交流的场所，处于其间的中亚原始人类有机会吸收东、西方先进文化的成分。考古资料显示，中亚原始文化在石器、铜器和铁器时代都受到了外界的影响。

　　首先，中亚石器的形制与世界其他一些地区的石器存在着共性。在旧石器时代早期，在索恩遗址中出土的石核工具，与西方的克拉克当石器相似；在卡拉套一号遗址出土的砾石石器与中国黄土地区的旧石器时代早期文化基本类似。

---

① Karl Jettmar, An Iron Cheek-piece of a Snaffle Found at Timargarha, *Ancient Pakistan*, 1967, Vol.3, pp.203-209.

关于旧石器时代早期石器，学术界产生过"亚洲旧石器文化发展理论"的争论，争论的焦点是东亚、中亚、西亚和南亚旧石器文化的分类和归属。学者们根据出土文物判断：在东亚，砾石石器文化占优势；在中亚、西亚和南亚地区，则是阿舍利文化占优势。但是，后来在巴基斯坦的索恩遗址和南塔吉克斯坦的卡拉套遗址等地出土了砾石石器，而在蒙古高原的赛音山达附近又发现了生产阿舍利双刃工具的制作场遗迹，于是，原来的判断受到质疑。《剑桥早期内亚史》指出，在旧石器时代早期，中亚可能存在着两种不同的文化传统：一种是砾石石器文化，它是针对本地区而言的；另一种可能是阿舍利文化，它显然与很早就制作双刃式工具（阿舍利手斧）技术的西方存在着联系。[1] 出土文物显示，中亚在旧石器时代早期存在着砾石文化与阿舍利文化，不过，砾石文化传统占据了优势。以塔吉克考古学家拉诺夫和蒙古学者多尔基（D. Dorj）为首的学者们认为，从巴基斯坦的穆尔加、康格拉溪谷和昌迪加尔旧石器时代遗址来看，虽然这些地区都出土了手斧及其他的双刃器具，但是，在旧石器早期发掘物中，这些双刃器具并不占优势，主要的发掘物仍是砾石石器。也就是说，在南亚，砾石石器文化也占主导地位。

在旧石器时代中期，在今乌兹别克斯坦撒马尔罕附近的遗址中出土的石器具有莫斯特型石器和细砾石石器的特征，蒙古利亚和西伯利亚勒瓦娄哇技术的共同来源必定是中亚的勒瓦娄哇—莫斯特式文化（在捷希克塔什上层和塔什干的霍吉肯特［Khojikent］洞）[2]，而中亚这一文化的起源可能与伊朗（比索通洞［Bisitun］）和地中海（卡尔迈勒山［Carmel］的勒瓦娄哇—莫斯特洞）的勒瓦娄哇—莫斯

---

① Denis Sinor, *The Cambridge History of Early Inner Asia*, Cambridge University Press, 1990, p.53.

② 参见〔苏联〕奥克拉德尼科夫：《南乌兹别克斯坦捷希克塔什洞穴的莫斯特、尼安德特人墓葬研究》和《洞穴——乌兹别克斯坦一个新的纪念碑》，〔苏联〕杰列维扬科：《阿穆尔河中游的新石器时代》和《阿穆尔河中游的诺沃彼德罗夫卡文化（石片文化）》，〔苏联〕杰列维扬科、奥克拉德尼科夫：《远东旧石器时代的类型学和地层学》，均转引自 Denis Sino, *The Cambridge History of Early Inner Asia*, Cambridge University Press, 1990, p54。

特文化有联系。[①]

在旧石器晚期，费尔干纳盆地霍贾伊果尔遗址钝边小型尖状器在同时期西亚遗址中也有发现。这些说明，中亚在旧石器时代就与东、西方发生了联系。

在新石器时代，中亚与外界文明的交流频繁起来。哲通文化遗址出土的石器尽管还保持着本地中石器时代细石器的传统，但是，在许多方面都与西亚的耶莫遗址、耶利哥遗址出土的石器有相似之处。总体来看，中亚新石器时代文明主要受到西亚新石器文化的影响。当然，亚洲东部和北部文明对中亚地区也产生过影响。塞赖克勒遗址上出土的陶器表现出来的制陶技术，如陶器底部留下的篮纹和用稻草刷拉毛的陶器外表等，与中国华北地区新石器时代的陶器类似。克什米尔的新石器时代遗址上出土的陶器，从成形技术、席纹和刮毛的外表等特征来看，也与中国黄河流域的仰韶文化之间存在着一定的联系。乌斯特纳林遗址上出土的石器与西伯利亚新石器时代的石器十分相像。哈萨克北部草原的彭基1号和2号遗址的出土物，特别是陶器造型和装饰图案，体现了浓重的乌拉尔与南西伯利亚的风格。

近期研究表明，中亚青铜时代的文化是在本地文化基础上发展起来的，它独有的特色证明它并非源于西亚。[②]然而，中亚青铜文化在其漫长的发展过程中，接触到两河流域的苏美尔文化、伊朗的古埃兰文化和南亚哈拉帕文化，并受到了它们的影响。其中，建筑和雕刻方面的成就主要是受到苏美尔和古埃兰文化的影响；印章的制作主要受到印度哈拉帕文化的影响，阿尔丁特佩文化墓葬出土的印章被称为哈拉帕型印章；一些大型农业聚落在向早期城市的发展过程中，很可能受到了印度河文明（Indus Civilization）的影响，印度河文明鼎盛时期，经过规划的城市提供了中亚城市布局的全新构

---

① Denis Sinor, *The Cambridge History of Early Inner Asia*, Cambridge University Press, 1990, p.54.

② 〔巴基斯坦〕A. H. 丹尼、〔苏联〕V. M. 马松主编：《中亚文明史》第1卷，第4页。

图。① 此外，萨帕利出土的柄上饰以人像的镜子也有南部俾路支斯坦影响的痕迹。到了早期铁器时代，中亚与外界的交往因半游牧和游牧经济的发展而进一步扩大。关于公元前 1 千纪上半叶，中亚与周边地区的交往将在第二编第四章第三节商路与贸易中详细论述。中亚原始人类在吸收东西方文明的基础上，创造了自己独具特色的中亚原始文化。从石器时代开始，中亚原始人类就有效地利用和开发了中亚的生态环境——无论是高峻的山区，或草原、半沙漠地带，抑或是山前绿洲，并在此基础上创造了多样性和复杂性的原始文化。

旧石器时代生活在中亚的各群体在制造石器时发展了各不相同的传统。② 因此，通过对石器类型的研究和旧石器时代遗物的组合，各地的品种都被区分开来。到了新石器时代，随着食物生产的出现，地方性差别变得明显起来。在青铜时代，中亚南北地区的文化差异进一步扩大。在此时期，中亚北方完成了马的驯养，在西起伏尔加河、东至中国的殷商统治地区的广大范围内，新型文化——游牧文化形成；而中亚南方的城市文明也形成了自己的特征，它有别于在它一侧的美索不达米亚和另一侧的哈拉帕文明，居于中介，自成中心，被法国学者皮埃尔·阿米埃称之为"外埃兰文明"③。可以说，中亚地区是古代文明的一个发源地，是人类历史发展的一个独立中心，中亚原始文化是世界文明的重要组成部分；中亚原始人类的劳动为经济的演进和智力的发展做出了贡献。

第二节　原始居民

目前，在中亚地区出土的旧石器时代早期的遗物只是一些石制工具，至于旧石器时代早期的文化遗址至今尚未发现。不过，可以

---

① 〔巴基斯坦〕A. H. 丹尼、〔苏联〕V. M. 马松主编：《中亚文明史》第1卷，第4页。
② 同上书，第2页。
③ 同上书，第5页。

肯定地说，中亚地区即使不是人类起源的中心地，至少也是早期人类的居住地。

在生物分类学中，"人类"（Homo）是属名。一般认为，人类这一属可以分为三个种：能人（Homo habilis）、直立人（Homo erectus）和智人（Homo sapiens）。大约在 700 万年前或更早，在非洲，人的系统与猿的系统开始分离。在经历几百万年之后，大约 250 万年前，在非洲诞生了最早的人类，这就是能人。在距今大约 200 万年前，出现了直立人。直立人的起源地很可能也在非洲，在他们出现之后不久，开始走出非洲，向欧亚大陆各地扩散，一直到达了太平洋西部的爪哇岛。直立人将他们的石器文化传遍了欧洲与亚洲，因此，欧亚大陆的早期石器文化有着明显的共性。随着人类逐渐定居下来，各地区石器技术的发展有了自己的特征，地区文化传统也随之形成。

中亚旧石器时代早期的打制石器就是这些直立人创造的。有学者对非洲原始人类向东南亚迁徙的状况做过推测，他们认为旧石器时代原始人类从东非向东南亚地区迁徙的路线可能经过伊朗东南部地区，迁徙的时间大致在旧石器时代中期以前。[1] 如果这一推测成立的话，那么中亚原始居民有可能是东非原始人类在距今 30 万年以前从东非向东南亚迁徙途中的一个分支。中亚旧石器时代早期的石器文化是他们在中亚活动的证明。

直立人走出非洲以后，在距今 30 万年左右形成了一个独立分支，被称为尼安德特人。尼安德特人因其化石在 1856 年发现于德国杜塞尔多夫附近尼安德特河谷（Neander Valley）的一个山洞而得名。尼安德特人的分布很广：西起欧洲的西班牙和法国，东到中亚的乌兹别克斯坦，南到巴勒斯坦，北到北纬 53 度线。

尼安德特人的活动时期处于距今 20 万年至 4 万年前。尼安德特

---

[1] 旧石器中期以前，人类很可能从东非经伊朗东南（俾路支和锡斯坦一带）移到东南亚。参见魏杞文：《伊朗远古文化的新研究》，《世界历史》1979 年第 1 期。

人化石常与莫斯特文化共存，因此，中亚旧石器中期文化可能是直立人中的尼安德特人创造的。在中亚旧石器时代中期文化遗址上发现了尼安德特人化石，一处是在捷希克塔什遗址最后一层的居住遗迹中，发现的是一个尼安德特儿童的遗骸；另一处是在阿富汗境内达雷库尔遗址中，发现的是一块人类颅骨残片。

然而，在旧石器时代中期，地球上与尼安德特人并存的还有智人。距今 20 多万年前智人就已经出现，学术界一般将智人分为前后相继的两大类：早期智人与晚期智人。晚期智人就是现代人类的祖先。智人在非洲以外地区出现的时间在距今 10 万年前，因此，中亚旧石器时代中期文化也可能是智人创造的。晚期智人在非洲以外地区出现在距今 5 万年前，因此，尼安德特人和晚期智人曾并存于一段时期之内，但是，利用古人类化石提取的线粒体 DNA 的基因学证据表明，他们之间没有发生过通婚。

大约在 3 万年前尼安德特人突然消失了，在人类这一属中，其他所有的种都陆续灭绝了，只有晚期智人依然在地球上生息活动，而且日益兴旺。可以说，旧石器时代晚期及其之后的文化都是晚期智人创造的。

由于长时期自然和历史条件影响的结果，在距今 5 万年至 4 万年前，晚期智人在一定的地域内分化成不同肤色的人种，其中，可以明显区分的有三大人种，即蒙古人种（Mongoloid）、尼格罗人种（Negroid）和欧罗巴人种（Europeoid）。[①]蒙古人种又称亚美人种，是黄种人，主要分布于亚洲、南美洲、北美洲和北极地区。尼格罗人种又名赤道人种，是黑种人，最初分布于非洲，以后广布南、北美洲。欧罗巴人种又称高加索人种（Cavcasoid），是白种人，最初分布在欧、亚、非相连接地区。稍后，欧罗巴人种中出现了具有地中海东支形态特征的成分。有关旧石器时代的人类学材料显示，当时的

---

① 另一种划分是：蒙古人种（黄种）、欧罗巴人种（白种）、尼格罗人种（黑种）和澳大利亚人种（棕色种）。

中亚原始人类似于欧洲和东地中海地区的人。[1] 中亚旧石器时代晚期的原始人类可能属于欧罗巴种地中海类型人。

在新石器时代中期和晚期，伊朗东部和北印度河流域的原始文化都是达罗毗荼人创造的，而中亚西部科佩特山麓地区的哲通文化也可能是达罗毗荼人创造的。古人类学研究表明，这一时期，中亚各地出现了具有宽鼻特征的达罗毗荼人。达罗毗荼人属尼格罗人种与欧罗巴人种混合类型。

中亚铜石并用时代文化和青铜时代文化可能是中亚新石器时代文化的创造者与从黑海和里海北岸迁徙来的欧罗巴人种的共同创造。欧罗巴人种按语言区别又分为印欧、高加索、闪米特含米特、乌拉尔四个语系。"印欧语系"（Indo-European family）这一语言学术语出现于 19 世纪初叶，说这种语言的居民分布在印度和欧洲的一些地区，故名"印欧语系"。目前，印欧语系是世界上分布最广的一个语系，大约世界人口的一半以该语系中的某一种语言为母语。

中亚铜石并用时代和青铜时代文化的创造者就是欧罗巴人种中语言属印欧语系的一支人群，因此，来到中亚的欧罗巴人又被称为印欧种人。19 世纪以后，学术界试图通过对该语系起源的研究，探讨古代欧罗巴人的迁徙。通过考古遗物，可以了解印欧种人来到中亚的时间和途径。

学界对于欧罗巴人印欧种人的起源地和迁徙时间存在着不同的看法。在东西长约 5000 公里、南北宽约 1000 公里的欧亚大草原（Euroasian Steppe），在公元前 2500—前 700 年的近两千年中发生过几次大的迁徙运动。目前，最有说服力的是黑海北岸的"小亚细亚起源说"和"黑海—里海起源说"。[2] 持小亚细亚起源说者认为：原始印欧语居民非常熟悉车子，"车子"一词在印欧语系诸语言中有共同的词根。考古发现表明，车子最早出现在东欧，具体地说是在黑海

---

① 〔巴基斯坦〕A. H. 丹尼、〔苏联〕V. M. 马松主编：《中亚文明史》第 1 卷，第 5 页。

② J. P. Mallory & D. Q. Adams, *Encyclopedia of Indo-European Culture*, Routledge, 1997, pp.297-299.

北岸的东欧草原，时间是在公元前 3300 年左右。持此说者还指出，原始印欧种人外迁的时间在公元前 2300 年以前，因为在此以前，车子都是实心车轮，只是到了公元前 2300 年左右有辐车轮才出现，而在印欧语系诸语言中没有表示"车辐"的共同词根，这表明当"车辐轮"出现的时候，语言属印欧语系的居民已经向四处迁徙了。^①轻便马车的出现使公元前 3 千纪中叶中期的欧亚草原西端的牧民迁徙到了草原东端。

"黑海—里海起源说"的主要提倡者是美国加利福尼亚大学考古学研究所的女学者吉布塔（M. Gimbutas）。她提出，印欧语系在亲缘关系上与乌拉尔语系中的芬兰—乌戈尔语族最为接近，而芬兰—乌戈尔语族的起源地是乌拉尔山中部地区，那么，与此相对应，印欧语系的最初起源地应该在乌拉尔山南部到伏尔加河中、下游的草原地带，即里海北岸草原地区。这一看法得到了语言学与比较神话学的佐证。

美国学者安东尼根据其年代大约为公元前 2100—前 1700 年的辛塔什塔—彼德罗夫卡（Sintashta-petrovka）文化墓葬中出土的 14 辆车遗物判断，马车起源于欧亚草原西端。尽管出土的木质车轮已经腐朽，但是从遗迹仍然可以推知车轮直径为 90 厘米，有 8—12 根轮辐。于是，他认为，这种马车是青铜时代流行于欧亚大陆的一种有辐两轮轻快马车（Chariot）。这类马车在西亚（主要是安纳托利亚和两河流域）、中亚（主要是乌克兰和哈萨克斯坦草原）和东亚（主要是商、周文化遗址）均有出土。它们不仅在基本形制上相似，而且在许多细节方面也相同。这些都充分表明它们有共同的起源，不太可能是各自独立的发明。

一幅比较清晰的图画展现在我们面前：欧罗巴人中语言属印欧语系的一支人群，在公元前 4 千纪中叶以前生活在西起黑海北岸，向东一直延伸到乌拉尔河的里海北岸草原。从公元前 4 千纪中叶起，

① 〔英〕伦夫鲁：《考古学与语言：印欧语系起源之谜》，《当代人类学》1988 年第 3 期。

他们乘上安着实轮的车向外迁徙，中亚北方铜石并用时期的阿凡纳羡沃文化证实了这次迁徙运动的存在。

正是在印欧种人的这次迁徙时期，中亚中部和南部遗址上出现了饲养马的遗迹，中亚中部和南部地区的陶器和青铜器技术具有了北方草原文化的特征。如纳马兹加文化遗址中出现了动物图案的陶器，里海东南部戈尔甘河流域遗址中出现了黑陶等。

此后，印欧种人从他们的发源地不断向外迁徙，一支印欧语系雅利安语族的人在公元前1600—前1400年广布中亚草原，史学界将他们称为雅利安人。[①] 这些雅利安人在中亚北部创造了安德罗诺沃文化，根据苏联人类学家捷别茨的研究，"安德罗诺沃人"亦属于欧罗巴型。[②] 一些雅利安人在大约公元前1450年，驾着马拉车从中亚北部草原南下到伊朗高原，在公元前1千纪初他们在伊朗高原的一些地区成为多数，随后，建立了米底（Media）、波斯（Persia）两个王朝。一些雅利安人来到中亚南部，把原来居住在中亚的印欧种吐火罗人（Tocharoi）[③] 赶到天山以东直至黄土高原一带。还有一些雅利安人远征印度河流域，开创了印度文明史上的雅利安时代。

印欧种雅利安人从中亚北部草原南下的路线可能是：沿里海东北岸而行，在大约公元前2300—前2100年前后抵达里海东南地区。在公元前15世纪中叶，一部分人向西进入了伊朗西部地区；一部分人继续南进，经穆尔加布河三角洲、巴克特里亚、北印度河流域。根据塔扎巴格雅布文化的分布，苏联考古学家托尔斯托夫推测：在公元前1500—前1000年，来自欧亚大草原上的"安德罗诺沃人"沿着阿克恰河，穿过花刺子模绿洲，南下进入土库曼斯坦、伊朗和阿富汗等地。塔扎巴格雅布文化广泛分布于塔什干草原与山麓地带、

---

① 公元前2千纪后半叶，印欧种的雅利安人和大多数伊朗种人先后离开草原向南征服，定居于印度次大陆和伊朗境内，而伊朗种人（突出者是斯基泰人）于公元前1000年出现在草原上已经得到了证实。直到公元后的最初几百年，最后一批伊朗种人才从草原上消失，他们被突厥人取代。

② 王治来：《中亚史纲》，湖南教育出版社1986年版，第15页。

③ 吐火罗人是印欧语系东伊朗语族的民族，西方将月氏人称为吐火罗人。

撒马尔罕、费尔干纳盆地以及泽拉夫善河下游等广大地区。[①]

这一时期在中亚文化遗址上出土的考古材料对这次迁徙提供了证据。在公元前2000年以后的青铜时代晚期文化，即里海南岸的希萨尔特佩、土朗特佩遗址表现出人口急剧减少；位于科佩特山麓北侧的阿尔丁特佩遗址和纳马兹加遗址衰败，阿尔丁特佩完全被废弃，纳马兹加的相当一部分成为废墟，另一部分被面积不超过一两公顷的小型定居地取代；锡斯坦的沙赫里索克塔遗址在这一时期也趋于萎缩，居住面积从公元前2千纪初的80公顷，在青铜时代晚期减少到了5公顷，普通的定居地取代了早期的城市中心，旋即全面衰落。

在新兴的穆尔加布河三角洲文化中心，越来越频繁见到的是制作粗糙的模制陶器，以前的彩陶及其几何装饰都发生了变化，彩绘趋于简单，从前的双彩绘演变为单彩绘，或者没有彩绘只有划纹。这类器物与草原青铜器部落的器物十分类似，如在泽拉夫善河下游三角洲的扎曼巴巴文化遗址上，至少有两种陶器与北方草原文化的陶器相似。此外，在新兴的文化居地上出现了新的墓葬方式，除了典型农耕文化特征的土葬外，在图尔哈墓地遗址上出现了火葬。以上变化在阿姆河下游的塔扎巴格雅布文化遗址中反映突出，在此出现了模制陶器和木椁墓葬，这种模制的陶器在草原部落中非常普遍，木椁墓葬与安德罗诺沃文化墓葬极为相似。阿姆河上游地区的瓦克什文化遗址（约前1100）中最常见的葬式是骨骸的头部朝向北方，这些人类骨骸属于长头型的印欧种人的骨骸；在达希列墓葬遗址上，发现的死者头部也是朝向北方的，墓室内还放置了部分动物以供死者享用，多为羊，也发现了马的骨骸。

上述文化遗址及出土文物所反映的现象证明，这一时期存在印欧种人向中亚腹地及南部地区的迁徙活动。他们的迁徙使这里原有的定居文化或衰败或中止，相应地，他们带来的草原文化在此发展起来。

---

① 王治来：《中亚史纲》，第12页。

中亚早期铁器文化的创造者除了原来居住在中亚地区的居民以外，还有向中亚地区迁徙的铁器部落，它们的居民也属于印欧种人。按中亚铁器或残存的铁渣的时间分布状况来看，大约在公元前 1100 年以前，北印度河流域发现了铁器；公元前 1100 年前后—前 750 年之间，在里海东南地区的达希斯坦发现了铁器；公元前 900—前 650 年之间，在巴克特里亚、马尔吉亚那、费尔干纳等地区发现了铁器；中亚北部草原地区出现铁器的时间较晚，大约在公元前 6 世纪前后。因此，中亚最早出现铁器的时间应该是公元前 1100 年之前不久。

按史学界有关铁器起源的学说[①]，再根据中亚铁器残存遗迹的时间先后顺序，大概可以确定，中亚铁的使用和铁器的技术是从伊朗西部传入的。伊朗西部靠近学术界普遍认可的最早的铁器起源中心赫梯帝国（Hittite Empire）。铁器向中亚传播的路线可能是经古代伊朗西部、里海东南地区，抵达北印度河流域，然后，从北印度河流域向东北传入中国新疆西部地区，再向西北传入中亚各地。

中亚铁器技术的传播者可能也是印欧语系的欧罗巴人，因为在发现铁器的遗址中所发现的人类骨骸属于欧罗巴。

---

① 关于铁器起源说主要有两种观点，即一元说和多元说。一元说认为铁器起源于小亚细亚地区；多元说认为小亚细亚、印度和中国都可能是铁器的起源中心。参见孔令平、冯国正：《铁器的起源问题》，《考古》1988 年第 6 期。

第二编 中亚文明时代
（前10世纪—前3世纪）

按人类学者的观点，人类文明与人类原始文化的区分具有以下一些标准：城市中心，国家的政治权力，纳贡或税收，文字的出现，社会的等级，庞大的建筑，专门的艺术和科学，等等。[1]当然，并非所有文明都具备以上全部特征。中亚文明时代开始于公元前9—前6世纪，在此期间，中亚南方的定居聚落和北方的游牧部落在不同程度上步入了阶级社会，出现了程度不一的政权。在此过程中，中亚经历了东方游牧民族的迁徙压力和西方文明的冲击，东、西方两大运动加速了中亚国家的形成；中亚地区也在外来势力的争夺之中，成了多种文明、多元文化汇集和交融的地区。本编主要探讨中亚早期文明的形成，探索中亚游牧和农耕政权的政治、经济、文化发展状况，研究中亚游牧民和定居农民之间的关系。中国、希腊和罗马的作家们提供的证据，以及考古资料与古代铭文成了研究这一时期的基本史料。

---

[1] 〔美〕斯塔夫里阿诺斯：《全球通史》，上海社会科学院出版社1988年版，第105—106页。

第一章
早期文明的形成

文明是人类历史在一定发展阶段上形成的。阶级的出现、国家的形成被视为早期文明出现的重要标志。恩格斯说："古代文明作为社会发展中的一个质的界限，是与阶级关系的发展和国家的建立紧密联系的。"[①]考古发现和古文字的解读表明，中亚社会从新石器时代起贫富差异就开始出现；在青铜时代，贫富差异在社会群体中明显起来；到了早期铁器时代，以经济为基础的阶级形成，随之，阶级压迫的工具——国家便产生了。

第一节　早期文明形成的内部因素

生产力的发展是中亚早期文明形成的主要因素。在青铜时代早期（前 3000 年左右），以农耕和畜牧为主的南、北两大区域在中亚形成。在铁器时代初期（前 1000 年左右），由于马的驯化，中亚北方草原的畜牧部落基本上完成了向各种形式的游牧生活的过

---

① 《马克思恩格斯全集》第 21 卷，人民出版社 1995 年版，第 165—169 页。

渡，游牧经济最终确立起来；由于铁器的使用，大型灌溉水利工程在中亚南方绿洲兴建，穆尔加布河三角洲（马尔吉亚那）、帕提亚（Parthia）、巴克特里亚、泽拉夫善河流域和花刺子模绿洲的定居农业经济得到了极大的发展。

在青铜时代，家畜饲养的发展和农业灌溉的进步使部落内部的私有财产得以积累，贫富分化的现象加剧。在铁器时代初期，随着经济差异的日趋明显，以经济为基础的等级（阶级）形成，中亚的游牧部落和定居聚落都开始迈入阶级社会，阶级关系成为社会关系的主要方面。随着阶级冲突的激烈，以军事首领或部落酋长为首的、集中的政权建立起来，公元前9—前6世纪，中亚北方草原上出现了游牧政权，中亚南方绿洲出现了早期的国家。

下面以斯基泰人（Scythian）、撒乌罗玛泰伊人（Sauromatae）、萨尔马特人（Sarmatans）的出土文物观察他们的社会发展状况，探索古代文明时期中亚北方的游牧政权的情况。

斯基泰人最早生活在蒙古高原西北草原，在叶尼塞河源头的萨彦岭（Sayani Mountains）中发现了属于他们的墓地。考古学界确认，其中的安罗加（Anloga）金字塔式陵墓（前8—前7世纪）和图瓦（Tuva）的沙皇谷（前9世纪末或前8世纪初）属斯基泰人的墓葬遗址。墓冢的规模宏大，在安罗加墓地，有直径达120米、呈三重同心圆布局的墓；在沙皇谷中，阿尔宗（Arzon）二号墓直径为80米，高2米。这些墓是用石料砌成的，其中，阿尔宗二号墓的石料来自数公里以外的砂岩石。从墓的布局和墓的规模来看，公元前8—前7世纪，斯基泰社会不仅产生了财富分化，而且出现了能够调动大批人力和畜力的较集中的政权。

古希腊历史学家希罗多德（Herodotus，前484—前425）写于公元前5世纪的著作《历史》（The Histories）也反映了斯基泰人阶级分化和政权存在的情况。据《历史》记，在公元前7—前5世纪，斯基泰人继续生活在部落首领统治的部落中，部落首领称王，王的权力是世袭的，尽管受到武士会议的限制。臣属于斯基泰王的部落要向王室部落交纳贡赋，并为王及部落贵族提供服务。在斯基泰人中间有王族和奴隶之分，当时奴隶只用于家内劳动，显然，斯基泰社会是一种不发达的奴隶制社会。

从斯基泰国王的葬俗中也反映出斯基泰社会阶级分化和政权存在的情况。据《历史》记载，国王去世之后，先把国王的尸体制作成木乃伊；然后，王族用车把国王尸体载至其所统辖的地区，各地民众一般以自残身体的某一部分来祭拜国王；最后，把国王尸骨安葬在王室的墓地上。在入葬时，通常以王妃、侍者等以及马匹殉葬，随葬的物品还有武器、黄金饰物等。

有学者认为，公元前7—前5世纪时期的斯基泰社会处于早期的阶级社会[①]；另有学者认为，斯基泰人仅仅处于迈入国家的阶级关系的门槛边[②]。从考古资料来看，斯基泰人在迁入黑海北岸以前已经迈入阶级社会，并存在着强大的王权，这一点是无可置疑的。

公元前5世纪，居住在乌拉尔山南坡的撒乌罗玛泰伊人的氏族结构已经瓦解，开始迈入阶级社会，他们的社会发展程度比斯基泰人低，处于阶级社会形成的军事民主制时期。这一点从属于撒乌罗玛泰伊军事贵族的宏大陵墓中反映出来。

公元前4世纪，在撒乌罗玛泰伊人居住地上发展起来的萨尔马特人明显处于氏族制度解体、阶级社会形成阶段。在萨尔马特人的居住遗址上发现了设防的城市和贵族、军事首领及其亲兵的厚葬墓冢。

再往西，生活在黑海北岸草原的辛梅里安人（Cimmerian，或西密利安人）也进入了阶级社会。辛梅里安人称其统治家族为王族，据记载，公元前7世纪，当斯基泰人以排山倒海之势逼近黑海北岸草原之时，辛梅里安人王室曾集会商议对策。王室认为应该抵抗斯基泰人，而大多数民众认为不必冒生命的危险与强大的对手作战。两种意见各不相让。最后民众杀死了王族成员，把他们埋葬在杜拉

① A. I. Terenozhkin, *Kimmeriytsî*, Kiev, 1976; A. M. Khazanov, *Sotsial'naya istoriya skifov*, Moscow, Nauka, 1975.

② M. I. Artamonov, *Sokrovishcha sakov*, Moscow, 1973.

斯（Duras）河河畔，然后全体人离开了故乡。当斯基泰人到达时，这里已空无一人。这一传说反映了辛梅里安人社会阶级矛盾的尖锐情况。

早期铁器时代形成的游牧经济扩大了北方草原各部落之间的交往；在这些交往中，除友好往来以外，更多的是争夺牧场的战争。在中亚北部早期铁器时代的墓葬中发现了许多新式兵器，在楚斯特墓葬遗址中还发现了凌乱放置的人体遗骨，它们都反映了战争的经常性。为了保卫部落的安全，部落之间开始联合起来，结成部落联盟。部落联盟赋予其首领极大的权力，于是，以军事首领为统治者的政权逐渐形成。塔吉斯肯墓葬文化和丹迪贝·比加泽墓地上的大型陵墓建筑都展示了部落联盟首领的权力和政权的集中程度。

在早期铁器时代，中亚南方农耕社会也出现了贫富差异，产生了经济状况不一样的社会集团，即阶级。阿姆河下游的花刺子模，阿姆河中、上游的巴克特里亚，泽拉夫善河与卡什卡（Kashka）河之间的索格底亚那（Sogdiana，即粟特）[1]，穆尔加布河三角洲，戈尔甘河与阿特拉克河之间的帕提亚，哈里鲁德（Harirud）河流域的赫拉特（Herat）等地区在早期铁器时代迈入了阶级社会。

关于中亚南方阶级社会的发展程度，学界有着不同的看法。以敦克尔（M. Duncker）为首的学者们认为，早在公元前9世纪，即波斯阿黑门尼德王朝建立之前，巴克特里亚古国就已经建立起来；而以季亚可诺夫（M. M. Dyakonov）为首的学者们持不同的观点，他们认为中亚南方的农耕文明在这一时期并没有形成国家，而是处于军事民主制的衰落时期。季亚可诺夫强调，穆尔加布河三角洲（马尔吉亚那）没有出现君主政治，因为在贝希斯敦（Behistun）

---

[1] 在公元前545—前539年间，波斯帝国征服了河中地区，将这一地区设立为波斯的索格底亚那省。以后，在大流士时期的贝希斯敦铭文、纳克希·鲁斯坦姆铭文N、苏萨铭文SE和波斯波利斯铭文F中都记载着波斯省"索格底亚那"。在古希腊等西方著作中，沿用了波斯帝国对这一地区的称谓"索格底亚那"。"粟特"是"索格底亚那"一名的中文转写，在早期的汉籍中，《后汉书》和《三国志》将该名分别转写为"栗（粟）弋"和"属繇"，在《周书》卷55《异域传下》中，开始出现"粟特"这一转写形式。

铭文中，东伊朗的波斯、米底和埃兰，以及两河流域的巴比伦
（Babylon）等地的叛乱首领都称王，而马尔吉亚那的叛乱首领没有
称王。①

　　从考古发掘分析，在波斯阿黑门尼德王朝兴起以前，最早的国
家政权在中亚南方确实存在着。

　　（1）这一点首先从灌溉系统的规模上反映出来。在公元前 2 千
纪末至公元前 1 千纪初，中亚南方兴建了一些能够利用大河进行灌
溉的水利工程。在穆尔加布河三角洲的马尔吉亚那文化遗址和里海
东南部达希斯坦文化遗址上发现了庞大而复杂的灌溉系统，达希斯
坦的灌溉水渠长达 50 公里—60 公里；在阿姆河中上游流域的巴克
特里亚遗址中，公元前 10 世纪—前 8 世纪左右出现了复杂的灌溉渠；
在公元前 7 世纪，花剌子模绿洲出现了大灌溉渠，使此地区的农业
文化超过了以往的阿米拉巴德文化。大多数学者认为，没有国家政
权，这些灌溉系统不可能兴建，因此，规模巨大的人工灌溉渠遗迹
反映了当时已经存在着指挥和协调各种力量的最高政权机构。

　　（2）其次，坚固的城堡和城墙遗迹也是国家政权存在的证据
之一。在中亚南方的大多数遗址上发现了城堡遗迹。在公元前 7—
前 5 世纪的苏对沙那城（Sutrushana）遗址上发现了城堡建筑遗迹。
在苏对沙那与费尔干纳连接处的俱战提（Khojand，今忽毡）发现了
建于公元前 6—前 5 世纪的城市遗址，城市平面布局呈正方形，占地
20 公顷，在遗址上发现了城堡建筑。在乌拉·丘别（Ura-Tyube）绿
洲西北边缘地带发现了占地约 16 公顷的城市华塔克（Khvatak），城
市遗址上也有城堡建筑，城堡四周有防御设施，在城南，有一堵建
于公元前 6—前 5 世纪的厚 8 米的城墙。在巴克特里亚聚落遗址上也
发现了城堡，城堡建在由生砖砌成的几米高的平台上，四周绕以围
墙。在阿富汗北部的阿勒丁特佩遗址中也发现了城堡建筑，城堡四
周有围墙环绕，还建筑了防御工事。在达希斯坦，占地约数十公顷

---

① M. M. Dyakonov, *Ocherk istorii drevnego Irana*, Moscow, 1961.

的一些大型聚落遗址上发现了城堡建筑，其中，伊扎特库利聚落中央有呈五边形的城堡建筑，马道特佩的中央城堡的墩丘高达 13 米。在公元前 10—前 7 世纪的帕提亚（Parthian）聚落遗址中，大型聚落内都建筑了防御城堡，其中，厄尔肯特佩聚落四周筑有以生砖为材料的城墙，城堡修筑在高达 6 米左右的平台上。

（3）大型灌溉系统和坚固的城堡建筑都需要一个能够统一和协调行动的权力机构，这类权力机构不可能在以往的部落和部落联盟组织内产生，很有可能是几大部落联盟形成的国家。建筑在高台上的坚固城堡是国家政权的象征。

（4）文字的出现也是早期文明形成的标志之一。在铁器时代早期，中亚地区原来用来传输语言的图画符号发生演变，出现文字。在安诺文化遗址出土了一枚刻有四个类似字母符号的石印。2001年，在哈佛大学关于语言、考古会议上，与会学者指出，石印上的符号可以肯定是一种文字，它既不是美索不达米亚文字，也不是印度河流域和中国的文字，它可能是中亚最早的文字。中国学者李学勤先生指出："安诺石印，如果年代可靠，还是能给我们研究文字起源一些启迪的。印上的符号均由简单的直线构成，没有任何象形意味，这一点同中国常见的陶器符号相似。"① 中亚有文字的事实被中国史书记载下来。据中国史书记载，粟特人拥有自己的文字，被称为粟特文或窣利文（Sogdian script），该文字是以阿拉米字母（Aramaic alphabet）为基础创造的。与粟特人几乎同时拥有文字的是花剌子模人，他们最初也是用阿拉米字母书写花剌子模文，这些文字是写在羊皮或木片上，刻在钱币上，至今尚未被释读。粟特文和花剌子模文创立的时间被确定在公元前 3 世纪，但成熟文字的出现往往要经

① 关于安诺石印的研究，《中国文物报》于 2001 年发表了一系列文章：5 月 23 日报道了安诺印章的发现；7 月 4 日第 7 版发表了李学勤的《中亚安诺遗址出土的石印》一文，此文对安诺遗址及印章本身，以及铭文拓本等做了详细的介绍；8 月 19 日发表了水涛的《关于中亚安诺遗址出土的印章及其相关问题》，此文对李学勤的文章做了补充和修订；11 月 30 日发表了星灿的《〈纽约时报〉关于安诺出土"石印"的争论》一文，对安诺印章的争论问题做了梳理。

历很长的过程，因此，粟特文和花剌子模文出现的时间应该在公元前3世纪以前。

如今保存下来的一些文献也可以说明，在公元前1000年初期中亚已经迈入了早期文明这一事实。波斯古经《阿维斯塔》(*Zend-Avesta*)的一些内容反映了中亚地区早期文明时代的社会情况。[①]《阿维斯塔》是波斯先知琐罗亚斯德(Zoroaster)创立的琐罗亚斯德教(Zoroastrianism)的经典，在谈到当时的社会情况时，《阿维斯塔》记载说，土地是归由个别家庭组成的氏族共同占有的，几个氏族组成部落，最大的联合体是部落联盟。一定地域内的部落联盟首领是国王。社会分为三个等级，祭司(Athravan)、战士与农夫，国王是最高祭司。在《阿维斯塔》较晚的部分中出现了手工业者等级。

从考古资料和文献记载推断，在中亚南方，国家政权已经出现。国家政权的出现主要是社会经济发展和社会矛盾冲突的结果。不过，在中亚南方，国家的形成还有外在因素，即游牧民对绿洲的攻击也是国家政权产生的一个重要因素。在与中亚草原毗邻的花剌子模绿洲中，甚至村落和小城镇都建筑了设防设施，如居兹利克尔古城建有保护城内居民的围墙。这一点也可以从文献记载中得到证实。《阿维斯塔》记载了琐罗亚斯德号召绿洲地带居民团结起来抵抗游牧人侵扰的事实。当时北方游牧人崇拜台伐斯，而琐罗亚斯德教是反对台伐斯的，说台伐斯是恶魔，是苦难的根源，必须消灭台伐斯。琐罗亚斯德号召人民团结起来与台伐斯的崇拜者做斗争。在抵御战争中，中亚南方定居民组织起来，形成了国家。从中亚南方遗址中出土的手制彩陶（大多数发现于公元前8世纪中叶以前的遗址中）推断，国家政权的形成不会晚于公元前8世纪。

文献资料与考古资料互相补充，共同说明了中亚南方在波斯帝国统治之前已经迈入了早期文明时代，国家政权已经存在。

---

① 有学者认为："《阿维斯塔》是波斯古老的文献，这部传世之作的成书年代虽然难以确定，但起码可以上溯到公元前10世纪以前。"参见〔伊朗〕贾利尔·杜斯特哈赫选编：《阿维斯塔》编者前言，商务印书馆2005年版，第14页。

从城堡遗址可以推断出最初的国家政权的状况。当时的国家政权可能是以绿洲为中心的地方性国家政权，它的管辖范围仅仅是一片绿洲及其上的一个城镇，城堡建筑在此城镇中，该城镇是此地区的首府。如亚兹特佩是马尔吉亚那绿洲的首府，阿勒丁特佩是巴克特里亚的首府，达尔弗津特佩是费尔干纳的首府，厄尔肯特佩是北帕提亚的首府。最初的国家政体可能是由贵族阶层控制的贵族政体，作为统治层的贵族的政治权力是相当有限的，部落贵族会议还起着重要的作用。在《阿维斯塔》的《文迪达德》（Vandidad）篇中，提到过"好人会议"，它可能指部落首领会议。

至今未发现更多的资料可以解释中亚第一个阶级社会是什么性质的社会。学界认为这些大型灌溉系统的建筑可能是奴隶劳动的结果，因此，学界认为中亚产生的第一个阶级社会应是奴隶占有者的社会。

第二节　早期文明形成的外部因素

在公元前 1000 年初期，中亚地区发生的两件事——游牧民的西迁和波斯帝国、亚历山大帝国的东进——影响了中亚早期文明的形成。

在中亚北方，游牧政权的形成除了游牧社会内部的阶级分化这一因素外，外来压力也起到了重要作用。公元前 1 千纪初，欧亚草原上发生了由东向西的游牧迁徙运动，这次发端于欧亚草原东端的蒙古高原的迁徙运动对中亚游牧政权的形成起到了促进作用。

在公元前 1 千纪初期的游牧民大迁徙运动中受到冲击最大的是具有先进游牧文化的斯基泰人。学界对引发此次大迁徙的因素做过多种猜想。据希罗多德记载，居住在额尔齐斯（Irtysh）河流域的阿里马斯普人（Arimaspea）好战，他们不断地与邻近部族发生战争。被阿里马斯普人从北方驱赶出自己家园的伊赛多涅斯人（Issedone/Issedonians）向锡尔河流域迁徙，攻击在此游牧的玛撒该塔伊人，迫使玛撒该塔伊人向西迁，冲击了在里海东北和咸海西北草原上游牧的斯基泰人。于是，斯基泰人向西迁移，引发了欧亚草原的大迁徙运动。按希罗多德的记载，这次大迁徙是由好战的阿里马斯普人引起的。

不过，中国西部发生的一些事件似乎也可以视为斯基泰人西迁的动因。公元前9世纪，在欧亚草原东端贝加尔湖（Baykal）以南蒙古高原一带放牧的畜牧部荤粥人、鬼方人、猃狁人频繁地与中国中原地区居民发生冲突。殷商时期，"高宗伐鬼方，三年克之"；到周代，猃狁人强大起来，成为中原政权的边境大患。《诗经》的很多诗篇反映了猃狁对周人的威胁："靡室靡家，猃狁之故"；"不皇启居，猃狁之故"。在公元前823年和公元前817年，猃狁人两次大举南侵，周宣王倾全国之力拼死抵抗，最终击退了猃狁。此后，周人分别在太原和朔方修筑城堡加强防御。猃狁在南侵不利的情况下，开始把目光转向西南方向。正是此时（前9—前8世纪），斯基泰人开始向西迁移。于是，有学者将斯基泰人的西迁与猃狁被打败联系起来。当然，也有学者对此持怀疑态度。[1]

又有学者认为，斯基泰人的西迁与当时中国西部的秦国有关。秦国在兴起之时（约前825或前824）开始讨伐西部的蛮族（西戎）。据史书记载，在公元前9世纪上半叶至公元前7世纪下半叶的两百多年中，秦国一直在征伐西戎。到秦穆公统治时期（前659—前621），征伐战争取得了决定性胜利，西戎12或14国被征服。西戎在秦国的攻击下西迁，由此引发了斯基泰人的西迁。

公元前1千纪初期草原东端发生的这一次轻微波动，在巨大的欧亚草原地带的每一个角落都产生了一连串意想不到的后果，游牧部落的分布发生了变化。第一，蒙古高原上的畜牧和游牧部落很早

---

[1] 马雍、王炳华《阿尔泰与欧亚草原丝绸之路》一文对此说提出质疑。他们认为猃狁就是犬戎。犬戎被周宣王驱逐后，应当是向山西北部和河北中、北部东迁，即后来形成了中山国和代国的狄人，他们未必对中亚地区的民族迁徙产生影响。参见张志尧主编：《草原丝绸之路与中亚文明》，新疆美术摄影出版社1994年版，第5页。

就与中国中原地区的定居政权发生了交往，他们的西迁有可能给中亚游牧民带来了先进的文化，特别是强大的猃狁人。第二，代表着骑马游牧的草原文明精华的斯基泰人，他们西迁之后，撒乌罗玛泰伊人、萨尔马特人先后占据了里海东北至咸海西北的草原，玛撒该塔伊人占据了咸海北岸和东岸草原，伊赛多涅斯人和阿里马斯普人占据了锡尔河以北一直到阿尔泰山南坡。这些游牧部落来到具有先进游牧文化的斯基泰人故地，吸收了斯基泰人先进的游牧文化。斯基泰人文化对中亚地区的游牧文化产生了广泛而持久的影响。第三，公元前 1 千纪初期发生的迁徙运动促进了各游牧民族之间经济、文化的交流与融合，使欧亚草原地带的游牧民和半游牧民的政治经济生活的联系密切起来。在此基础上，产生了相似的经济结构，并导致生活方式的一致，最终形成了斯基泰—西伯利亚文化统一体。尽管欧亚草原各地的文化模式存在着差异，然而，中亚游牧文化的共同特征仍然是十分明显的，与斯基泰文化一样，它们也是武器、马、动物艺术三位一体的文化。

除了东、西方向的迁徙外，从公元前 3000 年起，在欧亚草原放牧的部落还源源不断地南下。公元前 2 千纪中叶，被称为雅利安人的一支印欧种人从北方草原向南迁徙，来到了伊朗高原和中亚南部。他们的到来对这些地区政权的形成起到了推动作用。公元前 9—前 8 世纪，雅利安人已经成为伊朗高原上的主要居民；到公元前 7 世纪，他们来到了阿姆河下游的花剌子模绿洲。

关于牧民南下的迁徙路线，史学界有不同的说法。有些学者认为他们是沿里海东岸南下到中亚南部的，有的学者则认为他们是经高加索南下到伊朗高原，以后又从伊朗高原再进入中亚地区的。南下牧民的语言属于印欧语系中的伊朗语族，因此，学者们称他们为伊朗人或印伊种人，后来他们在西亚建立了政权，学界以其政权所在地称他们为米底人和波斯人。米底人和波斯人迁入伊朗高原的时间至今仍是一个悬而未决的问题。有学者推测他们是在公元前 9 世纪至前 8 世纪之间到达伊朗高原的，据《阿维斯塔》的记载推断，米底人和波斯人开始南迁时，已掌握了冶铁、养马、驾车等技术。

来到伊朗高原的米底人和波斯人最初臣属于当地土著部落，到公元前 7 世纪后半叶，他们建立了自己的政权。据亚述文书记载，米底人在公元前 1 千纪初定居于伊朗西北部，公元前 9 世纪，米底人开始迈入阶级社会，建立了几个小的王国。当时，在米底人西部的是强大的亚述国。亚述国对新兴的米底小王国发起频繁进攻，为了对付强大的亚述国，米底人的几个小王国团结起来，形成了统一的米底国。在反对亚述人（Assyria）的战争中，米底国强大起来。公元前 7 世纪中叶，米底国成为与埃兰、乌拉尔图（Urartu）、马纳（Mannai）和亚述并列的大王国。公元前 612 年，米底人攻克了亚述古都尼尼微（Nineveh）城，成为西亚最强大的国家。

波斯人得名于地名"波斯"（Parsua），Parsua 一名最早出现在亚述王萨尔马纳萨尔三世（Shalmaneser，前 9 世纪中叶人）的铭文中。有人认为波斯地处乌尔米亚湖（Urmia Lake）附近，而有人则认为它在扎格罗斯山脉（Zagros Mountains）中部。据亚述铭文记载，公元前 834 年，亚述国曾收到来自波斯地区的 27 位国王的贡赋，可见，在公元前 9 世纪中期，来到波斯地区的伊朗人还未统一。波斯人是由 10 个部落结合形成的部落联盟，其中阿黑门尼德部落地位最显赫。希罗多德说："阿黑门族就是它的一个部族，而波斯的国王便是从这个阿黑门族出身的。"[①] 公元前 800 年左右，波斯人与米底人分离，继续向南迁徙，进入伊朗南部的古代埃兰国境，成为埃兰国的臣民。

阿黑门尼德部首领阿赫门涅斯（Achaemenes）在公元前 700—前 675 年间成为波斯部落联盟的首领，他是有史可查的第一位波斯首领。他的儿子铁伊司佩斯（Teispes）于公元前 675 年开始称王（前 675—前 640 年在位），随后，他征服了波斯河谷地区，建立了国家。铁伊司佩斯死后，其国一分为二，长子居鲁士一世（Cyrus I，前 640—前 600 年在位）统治安尚地区，号安尚王；次子阿里亚拉姆涅

---

① 〔古希腊〕希罗多德：《历史》，商务印书馆 1959 年版，I，125。

斯（前640—前615年在位）统治波斯，号波斯王。在居鲁士之孙居鲁士二世时期（前558年—前530年在位），安尚王兼并波斯，建立了统一的波斯国。公元前553年，居鲁士二世起兵反抗米底国的宗主权地位，历经三年的战争，波斯国独立出来。在摆脱了对米底国的臣属关系以后，波斯国采用了米底人的许多法律和行政管理方法，如沿用米底国王的称号，居鲁士二世自称"大王、王中之王、大地之王"。

波斯国在大流士一世（Darius I）统治时期（前521—前486年在位），发展成为一个东起印度河、西抵爱琴海、北起亚美尼亚、南达尼罗河第一险滩的大帝国。波斯帝国成为古代世界最伟大的帝国之一。

波斯帝国留下了许多波斯铭文，其中，波斯帝国与中亚游牧民发生的一些战争被波斯铭文记载下来，使我们今天能够通过它们了解中亚游牧民的情况。在大流士一世在位时期所刻的铭文有贝希斯敦铭文、苏萨（Sūsā）铭文、纳克希·鲁斯坦姆（Naqš-e Rostam）铭文。其中，贝希斯敦铭文所在地是今伊朗克尔曼沙阿城（Kermanshah）东30公里的一个村子，该村位于今哈马丹（Hamadan）到巴比伦的古商道边。铭文刻在一座难以攀登的山崖上，离地约150米。铭文左上部有浮雕，面积约为3米×5.5米，图案为大流士头戴王冠，左手持弓，左脚踩在仰卧于地的高墨达（Gaumata）身上。在他身后站着手握弓箭和长矛的两名侍从，前面是九名被俘的叛王。这些叛王双手反绑，头颈被绳缚住，呈鱼贯而入状。

贝希斯敦铭文分成许多组，约有1200行字，用三种楔形文字（古波斯文、巴比伦文、埃兰文）刻写。1847年，罗林森释读了铭文的古波斯文。铭文记载了波斯帝国国王冈比西斯二世（Cambyses II）死后，波斯发生的高墨达政变以及由此引起的全国暴动的史实。铭文颂扬大流士一世镇压了国内的起义活动，出征19次，俘获9个叛王，重新恢复了波斯帝国的统一。这些战争中包括了对中亚地区的征服战争。

　　继波斯帝国之后，征服中亚南方的是希腊人亚历山大。公元前492 年，强大的波斯帝国入侵希腊城邦国家，开始历时半个世纪之久的希波战争。面对波斯大军，雅典军队赶赴离雅典城 42.196 公里的马拉松平原抵抗。最终雅典军成功围歼了入侵者，士兵斐力庇第斯（Phillipides）受命前往雅典城报捷。斐力庇第斯一路飞奔，在捷报传到之后，他倒地身亡了。此战之后，波斯国王又发动过几次对希腊城邦的战争，作为波斯帝国属民的粟特人参加了公元前 480 年波斯国王薛西斯一世（Xerses I，前 486—前 465 年在位）发动的第三次对希战争。最后，希波战争以和约的形式结束。

　　公元前 4 世纪，位于希腊北方的马其顿王国依靠军队（马其顿方阵）强大起来，国王腓力二世（Philip II）立下消灭波斯帝国的雄心，然而，壮志未酬就遇刺身亡。以后，腓力二世之子亚历山大完成了灭亡波斯帝国的任务。公元前 334 年春，亚历山大向波斯人宣战："你的前辈入侵马其顿和希腊的其他地方，无故加害于我们。我被任命为希腊人的统帅，要进军亚洲报仇雪恨，因为你们是头等大敌。"公元前 334—前 331 年期间，亚历山大通过格拉尼卡斯（Granicus）、伊萨斯（Issus）和高加米拉（Gaugamela）三大战役消灭了波斯帝国。胸怀建立大帝国的理想，亚历山大继续向东进军，于公元前 329 年初进攻阿姆河南岸的巴克特里亚。唇亡齿寒，粟特城太守斯皮塔米尼斯（Spitamenes）赶来支援。然而，一切的努力都无济于事，巴克特里亚陷落，希腊军队北上渡过阿姆河进入河中地区。公元前 329 年春夏，粟特地区的政权中心玛拉干达（Maracanda，即撒马尔罕古城）被希腊人攻占。

　　接着，亚历山大向粟特的东北方进军。途中，希腊军队在苏对沙那遭到当地约 3 万居民的阻拦，发生了粟特人抗击希腊入侵者的一次大战。当地居民先消灭了前来征粮的希腊军队，然后，利用崎岖陡峭的地势与前来增援的希腊军队进行了殊死搏斗。在搏斗中，粟特人失利，大多数人跳崖自杀，苏对沙那原有的 3 万居民只剩下8000 人。

攻占苏对沙那以后，亚历山大抵达了锡尔河河岸。以居鲁士城为首的锡尔河畔各城居民迅速组织起来，抗击入侵者。居鲁士城进行了顽强的抵抗，希腊军队用云梯和擂石器等工具攻占了它。希腊军队在城内进行了大屠杀，在这场屠杀中大约有8000多粟特居民被杀。

玛拉干达城被攻占之时，城民退入一些易守难攻的岩寨坚持抵抗，包括奥克夏特、西济密特、阿利马札和何尔门岩寨。其中，奥克夏特岩寨最为著名，被称为"粟特之磐石"。亚历山大不愧是亚里士多德的学生，他在征服过程中不仅采取了军事手段，还实施了如拉拢地区贵族等政治和外交措施。在西亚，他装出大王的姿态，并以东部的风俗礼仪装饰自己，在东方民众面前强作谦卑，采纳君王具有神性的教谕，成了大流士的继承人；在中亚，他任命当地贵族为督办，以缓解希腊人与粟特人之间的矛盾，取得地区贵族的支持，并通过他们实现自己在粟特的统治。这些手段取得了意想不到的成果，粟特贵族对希腊人的态度发生转变，许多人转到了希腊人一边，瓦解了当地的抵抗运动。公元前328年年末，奥克夏特岩寨投降，亚历山大迎娶寨主奥克夏特之女罗克珊娜为妻。以后，奥克夏特促成了其他岩寨统治者的投降。到公元前327年，亚历山大陆续征服一个个岩寨，完成了对粟特的征服。

与游牧民的迁徙运动一样，波斯帝国和亚历山大帝国的东征对中亚南方产生了重要影响。伊朗人南下建立的波斯帝国在中亚实施了近两百年的统治，为了抵抗波斯人的入侵和压迫，中亚地区居民团结起来，有利于国家的形成与巩固。此外，波斯人的统治将东伊朗语言和文化传播到中亚地区，在长时期内，中亚文化呈现出东伊朗文化的特征，此后不久，中亚地区出现了自己的文字。继波斯人之后来到中亚的希腊人把希腊文化带到了中亚，亚历山大在中亚建筑的战略要地和在交通要道上建筑的城市逐渐发展成为中亚经济和文化的中心，亚历山大留下的武装驻防军、马其顿长官和希腊移民带来了希腊文化。希腊文化是中亚地区在早期文明时代接触到的先进文化，有利于中亚经济和文化的发展。

第二章

游牧政权

公元前 7 世纪末到公元前 4 世纪，欧亚中部草原上居住着几个说印欧语的、相互之间具有血缘关系的部民——咸海以西的斯基泰人、撒乌罗玛泰伊人、萨尔马特人和马萨革泰人（玛撒该塔伊人）；咸海以东的伊赛多涅斯人、牧地塞克人和阿里马斯普人。据考古和文献资料分析，在以上各族人的社会中出现了王族、贵族、奴隶的等级区分；他们形成的政权不再是部落或部落联盟的形式，很可能是早期的游牧国家。此外，这几大集团在生活方式上很相似，而在经济和文化以及社会发展中则各具历史特色。

第一节　斯基泰人

有关斯基泰人的文字史料是大量的，但它们支离破碎，常常相互矛盾。可以追溯到斯基泰人的考古资料已大量出现，数千墓地的发掘有助于我们系统地阐述和解决有关斯基泰部落的物质和精神文化。但也必须指出，有用的文字和考古资料仍然不能够使我们对有关斯基泰人历史和古物的某些重要问题做出确定的回答，一些问题仍在讨论之中。[1]

有关斯基泰人的情况除了通过考古资料了解外，还可以从古希腊、罗马、波斯史书的记载中了解到。我们获得的有关斯基泰人最重要的资料保存在希罗多德的书中。有"史学之父"之称的古希腊史家希罗多德曾亲历黑海北岸的斯基泰人居地，他在《历史》一书的第 4 章几乎全部记述斯基泰人的历史。[2]关于斯基泰人生活的大量事实还可以在那些生活在希罗多德时代前后的希腊作家、诗人和历史学家的著作中看到，在那些使用其前辈报道的罗马作家的著作中看到。

斯基泰人一名源自希腊语 skythaio，最早出现在希腊荷马史诗《奥德赛》中，汉语另译为西徐亚人或斯奇提亚人。"斯基泰"一名的含义广泛。从地理意义上看，它指从多瑙（Danube）河河口至顿（Don）河河口的黑海北岸草原；从政治意义上看，它指占据上述地区的斯基泰王国；从文化意义上看，它指铁器时代典型的游牧文化，斯基泰艺术被视为欧亚草原动物艺术的典型代表；从民族意义上看，它最初指仅生活在中亚草原至黑海北岸草原的一个部族，后来，成了欧亚草原上所有游牧人的统称，凡是与斯基泰人有着类似文化和风俗的游牧人都被称为斯基泰人。据希罗多德介绍，希腊人把南俄和中亚的游牧人都称为"斯基泰人"，波斯人把欧亚草原上的各部游牧民都称为"塞克人"（Sakā，另译萨迦），中国史书把他们统称为塞种。

---

① Latyshev, Izvestija drevnikh pisatelej grecheskikh i latinskikh o Skifii i Kavkaze-Scythica et Caucásica e veteribus scriptoribus graecis et latinis, 1, *Scriptores Graeci*, 1893-1947.

② 苏联学者梅柳可娃认为《历史》这部名著中的大部分评论都是无用的，对于涉及内亚方面是严重不足。在斯基泰人历史上做出重要贡献的有：多瓦图尔（Dovatur）《在希罗多德〈历史〉中我们土地上的各民族》（*Narody nashej strany v "Istorii" Gerodota*），此书包含了原始文本、翻译和评论了希罗多德有关内亚片断的评论；里巴科夫（B. A. Rybakov）《希罗多德书中的斯基泰人》（*Gerodotova Skifija*）；纳杰尔哈特（A. A. Nejkhardt）《苏联史学中希罗多德文献记斯基泰人》（*Skifskij rasskaz Gerodota v otechestvennoj istoriografii*），此书中包含了许多有用的相关信息；克雷奇默（K. Kretschmer）在保利·维索瓦（Pauly-Wissowa）的古典辞书《古典学实用百科全书》（*Realencyclopaedie der Altertumswissenschaften*）中的"斯基泰"人词条。

斯基泰人的语言属于印欧语系中的伊朗语族，因此，语言学家们将他们归属于游牧伊朗人的一个分支。从库勒（Kule）出土的一个属于斯基泰人的瓮中，我们可以了解到斯基泰人的面貌特征：他们蓄发，留胡子，戴尖顶帽，用帽檐盖住耳朵以抵抗风寒。

根据考古资料，斯基泰人最初生活在叶尼塞河流域至阿尔泰山区之间的地区。俄罗斯考古学家列斯在南西伯利亚（今图瓦共和国境内）发现了斯基泰人的墓葬群。1971年至1974年间，苏联考古学界对叶尼塞河源头萨彦岭的安罗加古墓进行了发掘，发表的考古学报告认为它是目前发现的最早的斯基泰文化墓葬。据考古研究，这座墓葬的年代大约在公元前8—前7世纪，有的学者认为还要早一个世纪。

安罗加古墓由石块堆砌而成，每块长20厘米—40厘米，重达20公斤—50公斤。安罗加古墓规模宏大，直径为120米，墓中央有一个用原木构造的方形主墓室，周围有70个配室。配室以三重同心圆的形式分布。该古墓曾遭到盗掘，墓主人的骨骸散乱。在主墓室中，除了墓主人的骨骸外，能辨认出的骨骸还有女性1人、男性8人。在一个配室中发现了15具男性骨骸。在随葬品中，发现了161具马的骨骸，它们集中葬在几个墓室里。

此外，这一地区的图瓦墓也被认为是斯基泰人的墓葬。图瓦墓上坟丘起伏不平，如山谷状，大多数墓葬属于斯基泰国王，当地人称之为沙皇谷。沙皇谷中的大多数墓只是简单的土堆，有4座墓由石头建造，它们排成一列，彼此之间相隔约1600米。苏联考古学者于1971年发掘了命名为阿尔宗一号的石墓，确认它的年代在公元前9世纪末或公元前8世纪初期，这是已知最古老的斯基泰墓之一。被命名为阿尔宗二号的墓由砂岩石建造，墓呈圆形，直径为80米，高2米，墓室中有一对男女的骨骸并排躺着，他们是同时下葬的，女方有可能是殉葬的。随葬品中总共出土了黄金物品约5700件，1657颗中亚产的绿松石珠子，以及青铜、铁和骨头制成的箭镞，一把弓的残骸，石祭盘和其他物件。

从考古资料反映，斯基泰人与以往的畜牧部落民不一样，他们已经开始了游牧经济，他们饲养的牲畜主要是马、羊、牛。有关他们的游牧生活，希罗多德是这样记录的："原来他们（指斯基泰人）并不修建固定的城市或要塞，他们的家宅随人迁移，而他们又是精于骑射之术的。他们不以农耕为生，而是以畜牧为生的。他们的家就在车上⋯⋯""精于骑射"，也就是说，斯基泰人已经掌握了娴熟的驭马技术，能够骑在马上射猎。由此推知，马鞍、马镫及马嚼等马具在斯基泰人中已经使用。

斯基泰人制作了适应骑射的服装，即合裆裤，这就是中国人所说的穷裤。穷裤不仅具有御寒功能，还方便骑手在马上活动。穷裤的发明增强了斯基泰人在马上的机动性，提高了他们的作战能力。

游牧的斯基泰人具有尚武的精神，这一点从考古资料和文献记载中都可以了解到。考古学家在斯基泰人的墓穴中发现了大量武器：复合弓、长矛、标枪、斧、剑、匕首，以及皮革鳞甲和鳞甲上的铁片和青铜片，在主墓者身旁还有全身披挂的战马殉葬。与普通斯基泰男性墓一样，有的女性墓中也堆放着武器，但在这类墓中常常只发现箭。不过，有些女性墓或多或少的有种类齐全的武器，与箭一道还发现了一两支矛，极少的还有一把剑。希罗多德曾提到，斯基泰人在展示他们的战利品时，他们拿出砍下的敌人头颅以及挂在马缰绳上的头皮，以示夸耀。他们或者把战俘的头皮制成手巾，头皮数量的多少成为勇猛程度的标志。斯基泰人的这些习俗在阿尔泰山时期已经形成，此后，在西伯利亚的沃古尔人（Vogul）和奥斯佳克人（Ostiaks）中也有剥下敌人头皮挂于马缰的做法。

以上习俗以后成为游牧文化的一些特征[①]，它们表现在武器、马具和动物风格的艺术三个方面。从武器来看，斯基泰人有青铜和铁

---

① 关于斯基泰文化的起源问题目前有几种说法：一说发端于黑海北岸伏尔加河下游的木椁文化，一说起源于中亚或西伯利亚，一说源自于古代伊朗为主的西亚地区，也有人笼统地认为东亚也是斯基泰文化的起源地之一。这里采用第二种观点，参见《中国大百科全书·考古学》，中国大百科全书出版社1986年版，第482—483页。

制的战斧、弓箭、刀、剑，其中，弓是他们喜欢的武器。从马具来看，斯基泰人留下来的马具有笼头、鞍座和鞍垫；斯基泰人形影不离的伙伴是马，他们精心修饰马匹。在武器和马具上，他们雕刻了一些图案，多数是动物形象，因此，斯基泰人的艺术又被称为动物艺术。在阿尔宗墓地出土了几千件猫科动物雕刻，它们构成了斯基泰人饰物中最精致的雕刻品。斯基泰人所创造的游牧文化被视为早期铁器时代草原游牧文化的典型代表，因此，早期的游牧文化又被称为斯基泰文化。斯基泰文化在公元前 6 世纪前后发展成熟，达到鼎盛，它的一些文化特征一直延续下来，留给了以后的匈奴[①]和突厥人。

斯基泰人在阿尔泰地区之时可能已经萌发了宗教意识。在阿尔泰地区发现了许多石人雕像，据苏联学者吉谢列夫推测，这些石像的年代应在公元前 700 年以前。[②]这些石人雕像可能表达了诸如灵魂不死等宗教意识，这些意识与原始萨满教（Shamanism）有一定的关系。他们经常以牲畜祭祀神灵，其中，最多的是马。在祭祀时，他们一边呼唤神灵的名字，一边把牲畜杀死。在安罗加墓的石料中发现了一块鹿石残片，由此断定，对鹿的崇拜大约出现在公元前 8 世纪中叶以前。

考古发掘显示，斯基泰人在阿尔泰山一带生活时已经形成了庞大的社会组织，而且建立起能够协调各方面力量建造巨型陵墓的政权。大陵墓的主人必定是掌握政权者，他们可能是军事首领，更有可能是国王。从希罗多德的记载可以推知游牧政权的存在，《历史》

① 本书未设专章叙述匈奴，但匈奴与本书有关章节，特别是与北部行国的联系紧密，在此做一概述。中国文献将匈奴之起源追溯到远古时期，他们以胡、犾、戎、狄等许多不同的名称为人所知，如今将商朝的鬼方一名也列入其中。然而，从严格的历史观点来看，我们的历史知识还不允许我们对公元前 3 世纪以前的匈奴做出任何可靠的报道；在早期中国史中，可以确认属于匈奴的只有另一个名称，即胡人。胡人（匈奴）在中国历史的战国末期，在中国北方第一次正式露面，以后，不断南侵中国各诸侯国的土地，西击月氏等部民，与西方康居、乌孙发生了联系。

② 张志尧：《额尔齐斯河上游与邻境内人形石雕像》，转引自张志尧主编：《草原丝绸之路与中亚文明》，第 179 页。

记载说，斯基泰人在当时是一片荒漠无人的沙漠地带生活，最初有一个名叫塔尔吉塔欧斯的男子，他有三个儿子，在这三个儿子的统治时期，有一些黄金制成的锄、扼、斧和杯子从天上落到他们生活的土地。当长子里波克赛司和次子阿尔波克赛司想去拿这些物品时，黄金就燃烧起来无法靠近，而小儿子克拉科赛司走近时，火却熄灭了，于是他便把这些黄金制成的物品带回了自己的家。两个哥哥目睹了这些情况后，便同意把全部王权交给最年轻的兄弟。这一传说看似神奇荒诞，但通过它可以推测，在斯基泰人中原来可能有三个主要部落，以后三个部落统一起来。日本学者江上波夫据此推测，古代斯基泰人实行的是末子继承制。

在公元前 1000 年初期，斯基泰部落开始向西迁徙，在公元前 9 世纪时，他们可能已经到达咸海沿岸。从考古资料来看，当时，斯基泰人生活在欧亚草原的中段，即东起阿尔泰山、西至里海北岸之间的地区内。遗憾的是，对这一时期斯基泰人的社会发展和文化生活我们不能进行全面的叙述。当他们西迁到黑海北岸以后，他们的历史才被具有高度文明的希腊人记载下来，我们对他们才有了更多的了解。

公元前 8 世纪，斯基泰人西迁的前锋已经抵达顿河东南的北高加索山区，考古学家在此发现了斯基泰人的墓地。公元前 8 世纪后期，公元前 720—前 700 年期间，斯基泰人赶走了在黑海北岸游牧的辛梅里安人，并随一部分逃亡的辛梅里安人从打耳班（Derbend）翻过高加索山，进入了乌尔米亚湖地区。在公元前 700—前 628 年期间，斯基泰人参与西亚角逐，转战西亚和小亚细亚，从卡帕多细亚（Cappadocia）到米底，从高加索到叙利亚（Syrian），他们的骑士无处不在，极大地影响了这些地区的历史发展进程。

从公元前 8 世纪末到公元前 3 世纪，斯基泰人占据着东起顿河、西至多瑙河之间的黑海以北的浩瀚草原。据希罗多德记载，在公元前 5 世纪末，特别是在公元前 4 世纪，生活在黑海北岸的斯基泰游牧人逐渐定居下来，这一现象在东克里米亚（Crimea）、博斯普鲁斯（Bosporus）诸城附近表现得最为突出。在第聂伯（Dnieper）河下游的斯基泰人地区，公元前5世纪出现了设防牢固的大城镇，如扎波罗热地区的卡缅卡（Kamenka）和兹纳缅卡（Znamenka）镇，住在这些城镇的居民向周边草原上的人们提供铁和青铜器皿。卡缅斯科·戈诺迪什彻城（Kamenskoe Gorodishche）在公元前4世纪和公元前3世纪上半叶是斯基泰政治、经济和贸易的中心。在斯基泰国东部地区，即伊利扎威丁斯卡亚·斯坦尼察（Elizavetinskaya Stanitsa），发现了一个设防的遗址，在公元前4世纪和公元前3世纪初，它是顿河下游和亚速海（Sea of Azov）北部地区行政、贸易和手工业中心。公元前3世纪，从中亚草原西迁的萨尔马特人征服了黑海北岸地区，斯基泰王国的大部分地区被他们夷为平地。在以后的两千多年中，游牧文化一直对农耕文化构成了巨大的威胁。

斯基泰人对世界文化的贡献是巨大的，在斯基泰游牧经济的发展过程中，游牧文化的一系列特征逐渐明显起来。其中以动物形象为主的草原艺术一直向西传到了南俄罗斯和乌克兰（Ukraine），甚至远达德国。

第二节　撒乌罗玛泰伊人、萨尔马特人和马萨革泰人

（1）"撒乌罗玛泰伊人"一名最早见于古希腊历史学家希罗多德的著作。据希罗多德所记，撒乌罗玛泰伊人是黑海北岸的斯基泰人的东部邻居。在公元前6—前4世纪，他们生活在伏尔加河以东一直延伸到咸海以北的中亚草原上，在乌拉尔山南地带发现了公元前5世纪的撒乌罗玛泰伊军事贵族们富裕而宽大的墓地——如伊列克（Ilek）河畔的帕雅提马里（Pyatimary）墓群。

据希罗多德的记载，撒乌罗玛泰伊人和斯基泰人有亲缘关系。有学者认为，撒乌罗玛泰伊人是斯基泰人的一个部落。但是，由于

撒乌罗玛泰伊人与创造安德罗诺沃文化的东部邻居来往密切，他们的语言被认为是不很纯正的斯基泰语。

　　撒乌罗玛泰伊人的社会经济发展水平总体上说赶不上斯基泰人。在伏尔加河流域发现的属于撒乌罗玛泰伊人的墓地表明，在撒乌罗玛泰伊人的社会中，贵族与普通成员之间的财产差别不是很大；而乌拉尔山南坡的撒乌罗玛泰伊人墓地文化反映，财产和社会差别是十分明显的，在此发现的公元前 5 世纪的撒乌罗玛泰伊人军事贵族墓地，墓地宽大而富裕。学者们推测，在伏尔加河和顿河之间活动的撒乌罗玛泰伊人的氏族结构的分解较为缓慢，氏族部落贵族在经济和军事上的权力比乌拉尔山地区的贵族要薄弱。

　　从考古资料来看，撒乌罗玛泰伊妇女的地位是很高的，她们可以参与军事活动和社会生活。在目前已经发掘的、以武器随葬的撒乌罗玛泰伊人墓中，有 20% 是撒乌罗玛泰伊妇女的。在许多墓地中，女性坟墓占据着中央位置，而且随葬品也是最丰富的。正是在撒乌罗玛泰伊妇女的墓穴中，发现了一些石制的祭坛，一些考古学家认为这与某种信仰有关。学者们认为撒乌罗玛泰伊人的社会还存在着母系氏族的残余。

　　从公元前 5 世纪末期起，一些撒乌罗玛泰伊人越过顿河，来到并定居在亚速海附近，他们与斯基泰人和米底人为邻。他们与斯基泰人和平相处，这一点可以从斯基泰人向东畅通无阻地穿过属于撒乌罗玛泰伊人的一条很长的地带这一事实反映出来。此外，从希罗多德的记载中，我们了解到撒乌罗玛泰伊人与斯基泰人一起进行过反抗波斯帝国的战争。

　　（2）“萨尔马特人”第一次出现在古文献中是在公元前 3 世纪，有学者从语言学的角度研究了萨尔马特一名，认为此名与妇女在该民族中占有重要地位有关。Mata 意为妇女，Sarva-Sarva 意为一切的一切，两个词共同构成了该民族的名称，即 Sarvamata。从遗骨分析，萨尔马特人属于欧罗巴人种中的帕米尔—费尔干纳类型。

　　考古资料反映，公元前 5 世纪，萨尔马特人已经占据了原撒乌罗玛泰伊人的乌拉尔山南坡，他们的活动向东达到了托博尔（Tobol）河，在他们中，有来自乌拉尔山以北森林—草原地带的移民。公元前4—前3世纪，南乌拉尔山的部分人口移往伏尔加河下游和外乌拉尔山草原，征服了居住在那儿的撒乌罗玛泰伊人，组成了萨尔马特人的政权，其中，阿息部（Aorsi）、罗克索兰部（Roxolani）、阿兰部（Alan）和伊兹吉斯部（Iazyge）是比较强大的部落联盟。

萨尔马特人的文化史可分为三个连贯的阶段，与中亚草原有关的只是早期阶段，公元前3世纪西迁之后的历史不属于中亚的范围。在早期阶段，萨尔马特人最典型的古城遗址是位于托博尔河西侧的设防城镇丘达基，该城的平面呈不规则椭圆形，周围有壕沟。城内居住遗址上的房屋由长方形的前室和后室组成，屋顶呈圆锥形，中央留一出烟孔。墙壁用原木或木板构筑，墙和屋顶的外面抹泥。

在萨尔马特人的墓地上发现了长方形或方形，还有圆形或椭圆形的墓穴。葬式大多数是土葬，少数为火葬。土葬多为单人葬，少数是多人合葬，即几个男子或男女合葬。一般为仰身直肢，尸体下铺垫草、毡、树木韧皮或织物，间或有木棺。墓内放有雄黄、白垩、白黏土、炭屑、石灰或硫磺。在随葬品中发现了兵器、马具、陶器、饰物等。

从遗存来看，萨尔马特人的社会发展水平也落后于斯基泰人。公元前4世纪，萨尔马特人的社会尚处在氏族制解体、阶级开始形成的阶段。在墓地遗址中，发现了氏族—部落贵族、军事首领及其亲兵的厚葬墓。墓葬遗存反映出萨尔马特人存在着浓厚的母权制残余。如妇女在墓地中占据中央位置，而男子则在她们的旁侧。在萨尔马特人中，妇女不仅可以继承已故男性首领的地位，还可以统率军队参加战斗。古希腊罗马史学家们都注意到了这一点，他们指出妇女在萨尔马特人的社会生活中拥有特殊地位。如希罗多德记述说，萨尔马特妇女穿男人的衣服，与男人一样骑马作战；据公元前4世纪的希腊历史学家厄福洛斯（Erphoros）记，萨尔马特人对自己的妻子百依百顺，就像对待圣母一样。显然，在萨尔马特人社会中，母权制的遗风比斯基泰人更为浓厚和持久。

　　萨尔马特的文化属于早期铁器时代的游牧文化。萨尔马特文化分布范围很广，在东起托博尔河、西到多瑙河的广大地区，即咸海、里海和黑海北岸草原都有发现。最能体现萨尔马特人文化特征的是青铜或铁制的兵器，常见的兵器有长剑、长矛、长弓、铁盔、鳞甲和环甲。长剑长1米，剑柄首呈镰形、一字形或环形。装饰性器物有：剑鞘包皮、马具饰品、金冠、项链、手镯、别针、饰牌、带钩、串珠等游牧民族喜爱的饰物。萨尔马特人的艺术除了斯基泰人喜爱的动物纹外，还有几何纹、植物纹及神像，这些图案作为陶器和金器的装饰。此外，在萨尔马特人中还存在着与农业文化有联系的经济，如制陶、铸造、纺织和木、骨、革加工等手工业。他们的陶器，前期为手制，后期有部分为轮制，器形有带耳的球形或蛋形罐、壶、钵、碗、杯、香炉等。

　　在乌拉尔河流域奥尔斯克（Orsk）附近，在公元前5世纪末属于萨尔马特人的古墓中发现了阿黑门尼德的艺术品，以及波斯统治者阿塔薛西斯一世（Artaxerxes I）铭刻，由此可以判断，南乌拉尔的萨尔马特人与波斯帝国保持着联系。

　　公元前3世纪，萨尔马特政权中的各部开始从乌拉尔山前地带大规模向西迁徙，横穿乌拉尔山草原，征服了伏尔加河下游的撒乌罗玛泰伊人，占据了伏尔加河流域；有的渡过顿河进入黑海北岸草原地区，在此蹂躏了斯基泰人的相当大部分地区，占据了黑海北岸草原。[①]

　　来到黑海北岸草原的大部分萨尔马特人仍然以游牧为生，但小部分人开始了定居农业生活。根据罗马史家斯特拉波（Strabo，公元前64—公元23）的《地理志》（*The Geography*）记载，来到北高加

---

① 古希腊历史学家狄奥多罗斯·西库路斯（Diodorus Siculus）写了一部范围广阔、篇幅达40卷的巨著《历史文库》（*Bibliotheca Historica*），今有幸保留下了15卷，其中包括叙述亚述人、埃及人、埃塞俄比亚人等"古代诸民族"及希腊人神话时代的开头5卷，保存了大量此前的史料。关于萨尔马特人，参见〔古希腊〕狄奥多罗斯：《书目》第2卷，43.3。

索的萨尔马特人中有部分人已经成为以农耕为业的定居民了。考古学家对捷列克（Terek）河谷以及捷列克河与桑扎（Sunzha）河之间地区属于公元前1世纪到公元1世纪的萨尔马特人遗址的发掘，进一步证实了斯特拉波的记载。

来到黑海北岸的萨尔马特人与西方发生了经济和文化联系，他们通过希腊和罗马商人获得西方的金银制品、酒、陶器、装饰品等物品。如意大利的青铜容器和一些胸针绕道从希腊城市沿多瑙河—潘诺尼亚的贸易之路到达萨尔马特人手中。考古资料和文献资料表明，萨尔马特人曾来到了奥尔比亚（Olbia）、潘蒂卡派（Panticapaeum）、塔奈斯（Tanais）等城市，在这些城镇的居民中都发现了萨尔马特人，有的甚至还成了统治者。新来者带来了他们的生活习俗、艺术和宗教，对当地城镇的风貌产生了影响。

在西迁黑海地区以后，萨尔马特人的社会分化加剧。在黑海北岸地区和北高加索的萨尔马特人墓中，贵族随葬的金制品的数量增多，超过了早期萨尔马特人的墓葬。而与之形成对比的是，普通萨尔马特人的墓葬中只有简单的一些物品随葬。这种对比表明，在萨尔马特人的社会中，财产和社会差别在不断地扩大。萨尔马特人大约经历过奴隶制，与斯基泰人一样，他们把奴隶用作家庭奴仆，当然，也把奴隶作为货物进行交换。希腊历史学家波里比阿（Polybius，前202—前122）记载说，许多奴隶从萨尔马特人领地上的彭蒂斯（Pontus）出口，塔奈城（Tanay）是一个买卖奴隶的市场。

萨尔马特人来到黑海北岸之后，斯基泰文化发生了变化。初期，斯基泰文化对萨尔马特文化产生了影响，从公元前3世纪起，萨尔马特人开始在金器上镶嵌彩色玻璃、宝石和珐琅。此后，萨尔马特文化的影响在后期斯基泰文化中反映出来。动物风格从斯基泰人的艺术中消失了，但是，神人同性的肖像，特别是骑马者的肖像，在壁画和墓穴的浮雕中普遍存在。此外，在斯基泰人时期曾对黑海北岸的历史发挥过重要作用的一些部落，如库班（Kuban）的吕底亚（Lydia）部落，因受萨尔马特文化的影响而不再是一个独立的具有种族文化的部落了。这一点从该地区墓地出土的器物中可以得到证实。

在第聂伯河下游、伏尔加河沿岸、亚速海北部和其他一些地方发现了有丰富墓葬的古墓，它们可以追溯到 4 世纪末期。这些遗址的葬俗使我们想起了萨尔马特人的葬俗，其中发现的许多物品有萨尔马特人外观。同时，在这些古墓中也有不具萨尔马特人文化特征的物品；在墓中发现了具有匈奴特征的装饰品和其他物品。一些学者认为这些古墓是属于萨尔马特人的。[1] 然而，它们属于匈奴则更有根据。[2]

近代所有的历史学家、考古学家和语言学家一致认为，由于斯基泰人和萨尔马特人属于伊朗语语族，在人种学上不可能对公元 1 千纪下半叶居住东欧草原上的斯拉夫人，也不可能对黑海北部地区的斯拉夫人起到直接的作用。然而，直到中世纪，斯拉夫文化（特别是斯拉夫艺术）一直保存着斯基泰和萨尔马特文化的一些传统，斯基泰动物风格艺术和萨尔马特人的动物形象艺术残存下来，特别是在古罗斯人的艺术中。

在萨尔马特人中，有一个名叫阿兰的部落联盟，它在汉籍《史记》、《汉书》、《魏略》中被称为奄蔡人。阿兰人属伊朗种（更准确地说是斯基泰—萨尔马特人），语言属于印欧语系中的伊朗语族。他们以游牧为生，在占据黑海东北部草原以后，他们专门饲养马匹，经常袭击安息帝国（公元前 170—公元 226）。公元 1 世纪的罗马文献记载了他们的活动。

（3）"马萨革泰人"在汉语中又译为玛撒该塔伊人，公元前 9—

---

① 鲁特基夫斯卡（Rutkivska）：《公元一千年中叶乌克兰草原范围内的游牧民和农耕民》（Kochovki ta zemlerobi na territorii stepovoj Ukraini v seredini I tysjacholittja ne, 1969），转引自 Denis Sinor, *The Cambridge History of Early Inner Asia*, Cambridge University Press, 1990, p.116。

② 扎舍卡杰（Zaseckaja）：《匈奴时期黑海北岸和伏尔加河草原的墓址特征》（Osobennosti pogrebal'nogo obrjada gunnskoj epokhi na territorii stepej Povol'zhja i Severnogo Prichernomo'rja, 1971），转引自 Denis Sinor, *The Cambridge History of Early Inner Asia*, Cambridge University Press, 1990, p.116。

前8世纪生活在里海与咸海之间。据希罗多德记载，马萨革泰人"穿着和斯基泰人相同的衣服，有着同样的生活方式"。有人认为，萨尔马特人、马萨革泰人、塞克人这些古代民族实际上是同一个民族的几个不同的组成部分。持这种观点的学者根据他们在语言、相貌特征、生活方式及宗教习俗等方面的共同特点，把他们统一归属于塞克人的范畴，因此，马萨革泰人又被称为塞克—马萨革泰人。

最早记载马萨革泰人的是出生于普洛康奈斯（Proconnesus）岛的希腊诗人阿利斯铁阿斯（Aristeas），他于公元前7世纪下半叶游历了中亚草原，并根据自己的见闻写下了长诗《独目人》（Arimaspea）。以后，希罗多德根据阿利斯铁阿斯的记载和他在黑海北岸的见闻写成《历史》一书，在书中，对马萨革泰人做了介绍。

公元前8世纪，里海北岸的斯基泰人的东面正是马萨革泰人。据希罗多德记载，斯基泰人是在马萨革泰人的攻逼之下向西迁徙的。据希罗多德记载："玛撒该塔伊人据说是一个勇敢善战的强大民族，他们住在东边日出的方面，住在阿拉克赛斯（Araxes）河对岸和伊赛多涅斯人相对的地方。有一些人说他们是斯奇提亚人（即斯基泰人）的一个民族。"有学者认为，阿拉克赛斯河是锡尔河，马萨革泰人居住在锡尔河对岸，即锡尔河北岸；另有学者认为，阿拉克赛斯河指阿姆河，马萨革泰人的居地在阿姆河对岸，即阿姆河右岸，处于阿姆河与锡尔河之间的地区。实际上，马萨革泰人的活动范围较广，从里海以东至锡尔河下游之间都是他们的牧地。以后，分布在里海南岸今土库曼斯坦南部的达赫人（Dahae）和帕尔尼人（Parni）是他们的后裔。[①]

马萨革泰人以畜牧为主，兼营捕鱼业，他们放牧牛和马。据希

[①] 有学者认为达赫人即帕尔尼人，或即希罗多德《历史》中的达欧伊人。一般认为他们是马萨革泰人的一支，理由是伊朗农民那时称呼马萨革泰人为"达赫"，意为"敌人"、"盗匪"。也有学者认为达赫人和帕尔尼人是前马萨革泰人后裔中的两支。笔者认为后一种观点更为准确一些。参见王治来：《中亚史纲》，第71页；〔匈牙利〕雅诺什•哈尔马塔主编：《中亚文明史》第2卷，中国对外翻译出版公司2002年版，第368页。

罗多德记，马萨革泰人"不播种谷物，而是以放牧和捕鱼为生……他们也饮牛乳"。考古资料证实了希罗多德的记载，在克孜尔库姆（Kyzyl-Kum/Qyzyl-Kum）沙漠西北部发现了一个设防驻地吉列克拉巴特（Chirk-Rabat），考古学界认为它与马萨革泰人有关。对这一地区的研究表明，马萨革泰人不是纯粹过着游牧生活，而是兼营捕渔业和半游牧的家畜饲养业。马萨革泰人的马匹以胸甲防护，正是在中亚北部地区，最早发现了马的铠甲。

马萨革泰人勇武善战。据希罗多德的记载，马萨革泰人拥有骑兵和步兵，还有弓兵和枪兵。所有战士的枪头和箭头都用青铜制造，因为那里只有大量的黄金和青铜，而没有铁和银。我们今天所掌握的地质情况证实了希罗多德的记载，在马萨革泰人当年活动的区域内确实没有铁矿，但是，盛产铜和锡。

马萨革泰人的社会发展水平与萨尔马特人相似，在他们中虽然已经出现了国王，但政权组织可能只是军事民主政体，他们的国王可能只是部落联盟的首领而已。在马萨革泰人中，母权制习俗保留下来，妇女在社会中占有较高的地位。按照希罗多德的记载，马萨革泰人崇拜至上的太阳神——密特拉，同时还有各种形式的火祭和马祭。

马萨革泰一名在语源学上有三种不同的解释：第一，源于古《阿维斯塔》经中的"马斯耀"，意为食鱼者；第二，源于古《阿维斯塔》经中的"马斯雅卡"，意为大塞克部落；第三，源于伊朗语的"马斯—恩吉兹"，马斯在伊朗语中意为大，恩吉兹意为蛮族，即大蛮族。三种解释都暗示了马萨革泰人与定居波斯人之间存在着密切的关系。

公元前6世纪，马萨革泰人不断侵扰波斯帝国的东北边境地区，为此，双方进行了多次战争。据希罗多德的记载，战争由波斯人挑起，"当居鲁士把巴比伦人这个民族也征服了之后，他就想把马萨革泰人也收归自己的统治之下"。居鲁士二世曾在锡尔河南岸建筑了带有城堡的边境据点以对付马萨革泰牧民。当时，马萨革泰人的统治

者是在丈夫去世之后即位的女王托米丽司（Tomyris）。公元前 529
年，居鲁士二世遣使向托米丽司求婚，被其拒绝。之后，他便把大
军开抵阿拉克赛斯河，并在河上架桥，还在渡河用的浮桥上修筑舫
楼，准备进攻马萨革泰人。双方议定，托米丽司的军队从阿拉克赛
斯河后退三日的路程，居鲁士军渡河作战。居鲁士二世渡河后行军
一日，然后扎营。将老弱留下诱敌，自己率精锐部队返回阿拉克赛
斯河。托米丽司之子斯帕尔伽披赛斯（Spargapises）被诱，率军前来
劫营，杀死老弱之后，以为消灭了波斯军队，庆祝胜利，饮宴为乐。
此时，居鲁士二世率军返回袭击了这些吃饱喝足之后酣睡的马萨革
泰人，斯帕尔伽披赛斯醉中被俘，酒醒后他羞愤不已，自杀身亡。

托米丽司为了报杀子之仇，把国内军队全部集合起来与居鲁士
二世作战。希罗多德在他的著作中描写了这次战争的情况：据说在
一开头的时候，他们双方在对峙的情况下相互射箭，箭很快射完了，
他们便猛冲上来用枪、剑之类的武器进行了殊死的厮杀。据说，他
们这样厮杀了很长一段时间，哪一方面都不想退却。结果马萨革泰
人取得了胜利。波斯的军队大部分死在那里，而且居鲁士二世本人
也在这场战争中阵亡。托米丽司在波斯阵亡者的尸体中间找到居鲁
士二世的尸体，把他的首级割下来放到一只盛满了人血的革囊中，
而且还蹂躏了居鲁士二世的尸体。

居鲁士二世死后，长子冈比西斯（Cambyses）继承了阿黑门尼
德王朝的王位。在冈比西斯二世统治结束之后，波斯帝国内部发生
了争夺政权的战争，帝国境内各地人民纷纷起来反抗波斯的统治。
经过一年左右的征伐，波斯国王大流士一世镇压了各地的反叛，重
新统一帝国。在此期间，波斯人与马萨革泰人牧民也进行了战争。
据说，公元前 518 年，马萨革泰人又打败了步居鲁士二世后尘、进
军中亚的波斯国王大流士一世。"波斯皇帝大流士一世远征马萨革泰
人的战争也遭到了失败。其首领希拉以苦肉计引诱波斯军队进入无
水草的沙漠之中，使其大部分人马困死。"然而，马萨革泰人最终还
是被大流士一世打败，他们的居地被纳入波斯帝国版图，成为波斯

帝国的第 15 行政纳税区。

在波斯人之后，马萨革泰人又要面对希腊人亚历山大的远征及其后塞琉古王朝（Seleucid dynasty，前 312—前 64）的统治。以后与塞琉古希腊人作战的就是马萨革泰人的后裔达赫人和帕尔尼人，他们从里海南岸不断侵入塞琉古王朝的属地，威胁着塞琉古王朝的统治，阿姆河下游的花剌子模国支持了这些游牧部落对希腊人的斗争。据说，达赫人和帕尔尼人甚至南下到了今阿富汗北部地区，他们破坏城镇，摧毁堡垒，蹂躏农村，使希腊人受到很大的威胁。以后，推翻希腊人，在帕提亚建立王朝的就是马萨革泰人的后裔。

据希罗多德记载，在斯基泰诸族的最东端起往东，依次是秃头的阿尔吉派欧伊人（Argippaeans，也译为阿尔吉帕人）、伊赛多涅斯人、阿里马斯普人和以神兽格立芬为象征的黄金产地的部族。此处希罗多德所说的斯基泰诸族，指居乌拉尔山南坡和咸海以北的萨尔马特和马萨革泰人，也就是说，在他们的东部是阿尔吉派欧伊人的居地。希罗多德又说，斯基泰诸族生活的地区是一片平原，而阿尔吉派欧伊人则居住在粗糙多岩石的地带。据此推断，阿尔吉派欧伊人可能分布在哈萨克丘陵地带。

阿尔吉派欧伊人与西方斯基泰人之间有着一定的联系，当时，斯基泰人常常来到阿尔吉派欧伊人居地上，希腊人通过斯基泰人了解了阿尔吉派欧伊人的情况。

据希罗多德记载："这些人不分男女据说生下来便都是秃头的。他们是一个长着狮子鼻和巨大下颚的民族。"[1]这些描述表明了阿尔吉派欧伊人的面貌特征。在汉籍《庄子·逍遥游》中曾提到中国极北部的一个国家，名为"穷发"，史学界认为"穷发"即秃头之意。阿尔吉派欧伊人有自己特有的语言，到他们那里去的斯基泰人要借助 7 名通译，通过 7 种语言与他们打交道。

据希罗多德记载，阿尔吉派欧伊人以树木的果实为生，这种树

---

[1] 〔古希腊〕希罗多德：《历史》，Ⅳ，23。

名为"彭提孔",其树形如无花果树,其果实如豆子般大小,果实内有核。当果实成熟后,他们用布把它包起来挤压里面的黑色汁液,舔食这种汁,或是将这种汁与奶混合饮用。榨过汁的渣滓做成点心食用。由于该地区的牧场不好,因此他们只有为数不多的畜类。由此可知,阿尔吉派欧伊人的经济是采集和畜牧。他们居住在树下,冬天在树的四周围上一层不透水的白毡,夏天便不用白毡了。他们穿着与斯基泰人一样的衣服。[①]

据希罗多德记载,由于他们被视为神圣的民族,因此没有人加害于他们。他们也没有任何武器。在他们的邻国民众之间发生纠纷时,他们是仲裁者。而且,任何被放逐的人一旦请求他们庇护,这个人便不会受到任何人的危害了。从这些描述来看,阿尔吉派欧伊人的社会发展水平较低,在他们之间还未出现财产分化的迹象,也没有什么财富引起邻人入侵或抢夺,因此,他们过着一种平和的生活。

第三节　伊赛多涅斯人(尖顶帽塞克人)

阿尔吉派欧伊人再往东是伊赛多涅斯人的牧地,由此可以确定伊赛多涅斯人的牧地在哈萨克丘陵以东。在另一处,希罗多德的记载说,伊赛多涅斯人的西部边界与阿拉克赛斯河北岸的马萨革泰人相邻,由此可以进一步界定,伊赛多涅斯人的牧地在锡尔河北岸以东的地方。将两处记载结合分析,伊赛多涅斯人的牧地在楚河与伊犁河之间,从考古资料分析,其东端一直延伸到伊犁河上游。

从地理方位上可以认定,希罗多德所说的伊赛多涅斯人是波斯铭文中的塞克人(Sakā)和中国史书中的塞种。塞克一名最早出现在公元前641或前640年的亚述铭文中,指中亚北部的牧人。公元

---

① 〔古希腊〕希罗多德:《历史》,Ⅳ,23。

前 6 世纪，塞克之名频繁出现在波斯铭文中。公元前 4 世纪的希腊学者亚里士多德（Aristotole，前 384—前 322）把中亚西部操东伊朗语的民族叫斯基泰人；把中亚东部讲东伊朗语的民族称为塞克人。成书于 1 世纪的中国史书《汉书》将伊犁河流域的游牧民称为塞种。波斯波利斯铭文 h 第 3—10 行记载，大流士一世说："我所有的这个王国，从索格底亚那对面的塞克（Sakā），直到埃塞俄比亚，从印度到萨尔底斯。诸神中最大的阿胡拉·马兹达把它授予我。"从波斯人所处的地理方位来看，索格底亚那对面即是锡尔河以东、以北地区，塞克人的游牧地区与伊赛多涅斯人的地理位置一致。

在大流士一世苏萨铭文第 14—30 行中，波斯人把塞克分成了崇拜豪麻（Hauma）的塞克和戴尖顶帽的塞克两种；在大流士一世纳克希·鲁斯坦姆铭文 a 第 15—30 行中，塞克人又被分为三种，即崇拜豪麻的塞克、戴尖顶帽的塞克和海对面的塞克。根据考古和文献资料反映，三支塞克人的活动地区大致是：崇拜豪麻的塞克人居住在阿赖帕米尔、费尔干纳；戴尖顶帽的塞克人居住在锡尔河北岸至七河流域；海对面的塞克人是在黑海北岸游牧的斯基泰人，他们也被称为欧洲塞克人。①

从地理位置和考古资料的情况来看，伊赛多涅斯人属于戴尖

---

① 关于这三支塞克人分布的问题较为复杂，史学界对此也存在着分歧，主要有以下三种观点。第一种观点认为，豪玛瓦尔格·塞克人，即崇拜豪麻的塞克人，主要分布在费尔干纳盆地、帕米尔和阿赖岭等地；提格拉豪达·塞克人，即戴尖顶帽的塞克人，主要分布在吉尔吉斯斯坦和南哈萨克斯坦草原东部地带，即帕米尔、阿赖岭以北，包括塔什干、天山至巴尔喀什湖以南及西南的楚河、塔拉斯河流域；提艾伊·塔拉·达拉伊雅·塞克人，即海对面的塞克人主要分布于阿姆河以北、咸海东南、索格底亚那之地。第二种观点认为，牧地塞克人，即崇拜豪麻的塞克人，可能分布于锡尔河流域；提格拉豪达·塞克人，即戴尖顶帽的塞克人，可能分布于中亚腹地（中亚两河地区）；近海塞克人，即海对面的塞克人，可能分布于里海或庞特（Pont）海海岸。第三种观点认为，崇拜豪麻的塞克人可能居住在费尔干纳；戴尖顶帽的塞克人可能居住在锡尔河两岸至谢米列契地区；海对面的塞克人，又称欧洲塞克人，分布在黑海北岸。此外也有学者认为崇拜豪麻的塞克人和戴尖顶帽的塞克人是指同一种人。参见王治来：《中亚史》第 1 卷，中国社会科学出版社 1980 年版，第 17 页；〔苏联〕伯恩施坦：《中亚境内天山、七河地区的古代文化》；张志尧主编：《草原丝绸之路与中亚文明》，第 132 页；〔匈牙利〕雅诺什·哈尔马塔主编：《中亚文明史》第 2 卷，第 5 页；余太山：《塞种史研究》，中国社会科学出版社 1992 年版，第 5 页。

帽的塞克人。希罗多德的《历史》也提到过尖顶帽塞克人（Sakā Tigraxaudā），他说这支游牧民"属于斯基泰的塞克人，戴着一种高帽子，帽子又直又硬，顶头的地方是尖的。……这些人虽是阿米尔吉欧伊·斯基泰人（Amyrgion），却被称作塞克人。因为波斯人是把所有斯基泰人都称为塞克人的"。从 20 世纪 30 年代起，苏联史家伯恩施坦（A. N. Bernshtam）及其后的阿基舍夫（K. A. Akishev）等学者在楚河与伊犁河流域进行了长期的发掘。此后，他们发表了考古报告。伯恩施坦撰写了《塞族考古》，阿基舍夫与库沙耶夫（G. A. Kushaev）撰写了《伊犁河流域的塞人和乌孙的古代文化》等著作。在以上著作中，他们确认希罗多德所记载的伊赛多涅斯人就是波斯铭文中的尖顶帽塞克人。

在《塞族考古》一书中，伯恩施坦指出，伊犁河流域，尤其是图尔根（Tulgan）、伊塞克湖（Issyk-Kul）、塔尔加尔山谷（Talgar Ravine）和额尔齐斯河流域曾是"祢王塞克族"之境。从考古发掘可知，这支塞克人就是尖顶帽塞克人，他们可能就是希腊史学家所称的伊赛多涅斯人。伯恩施坦认为："塞克人时期的古墓一直蔓延到守金怪兽地区而无间断，亦即通过额尔齐斯河的北捷什斯地区到阿尔泰国。"

伯恩施坦根据伊塞克湖出土的头骨认为，伊赛多涅斯人至少在公元前 5 世纪已经开始与蒙古利亚种人同化了。出土头骨表明，伊赛多涅斯人基本上属于欧罗巴人，但含有蒙古利亚人种的特征。他们中的 80% 属欧罗巴人种类型，其中，也发现了一定数量的、具有蒙古利亚人种特征的短头型。

1957 年，阿基舍夫在伊犁河右岸发掘了塞克人的两大墓场，年代属于公元前 5 至前 4 世纪。在伊犁河北岸，考古学家发现了 30 多座石堆墓构成的古墓群，即著名的贝沙提尔（Besshatîr）古墓群。在古墓群中，规模最大的墓直径达 105 米，现存高度为 17 米。这些石堆墓四周大多砌有石圈，中间有用原木和木板按"井"字形建造的墓室。其中，贝沙提尔古墓遭到了盗掘。1969—1970 年，苏联学者对中等规模的伊茨希克古墓进行了发掘，该墓直径 60 米、高 6 米，主墓室已经被盗过，副墓室幸存完好。在此，发现了许多属于王族阶层的豪华的金银陪葬品，黄金饰品很多，它们具有斯基泰文化特征。

在伊茨希克古墓的陪葬品中，出土了一具"黄金人"，它是一具从头到脚都用金箔装饰的年轻人的骸骨，头上戴有一个尖顶的帽子。可以肯定，这些墓地属于尖顶帽塞克人，因此，也可以确定尖顶帽塞克人的生活地区在楚河至伊犁河流域之间的草原上。

从尖顶帽塞克人像中可以了解塞克人的服饰：绔、长靴、马褂、尖帽或风帽构成了他们全套的戎装。头饰或是高而尖的小帽，或是紧护头部而披于背后的风帽，这种尖顶帽不兜风，利于马上奔驰。据古波斯文献《耶施特》（Yašt）记载，塞克人（文中称塞克人为"图拉"）拥有快马。希罗多德说："他们穿着裤子，带着本国自制的弓和短箭，此外还有他们称之为'撒伽利司'的战斧。"[①]与斯基泰人一样，塞克人也崇尚武力，从一些可以认定属于塞种的墓葬中发现了马具、盔甲和刀、剑、斧等各种武器。

通过这些墓葬推测，在公元前 8—前 6 世纪，塞克人的社会中出现了贫富分化的现象。贵族的墓葬一般规模庞大，巍然矗立，有的高达 20 米，如贝沙提尔古墓周围有用云杉筑成的四米高的围墙，墓的拱顶也用圆木建造，内部分为走廊、前厅和墓室等三部分。普通塞克人的墓是一些不显眼的小土丘和石丘。贫富分化的现象还从随葬品中反映出来。在大贵族的墓中，随葬品有马、马具、兵器、各种精美的金属容器，甚至黄金制品；在普通塞克人的墓中，随葬品很少。

从波斯铭文中，可以了解尖顶帽塞克人已经建立起某种形式的军事民主政权，产生了军事首领。不过，尖顶帽塞克人初期的政权是不强大的，公元前 6 世纪，该政权臣属于波斯帝国。在公元前 522 年 12 月，塞克人利用波斯帝国王权交替、国内叛乱之机，起兵反抗波斯帝国的统治。在贝希斯敦铭文第 2 栏第 5—8 行列举的叛乱者名

---

① 〔古希腊〕希罗多德：《历史》，Ⅶ，64。

单中，提到了塞克人。公元前 519 年，大流士一世开始了讨伐塞克人的战争，塞克人战败，许多人被杀，首领被俘。贝希斯敦铭文第 5栏第 20—30 行对此战记载说："国王大流士说：后来，我和军队一起向塞克人进发。于是，他们——戴尖帽的塞克人向我推进。我来到海边，用木材和全军一起渡河。接着，我猛烈攻击塞克人，俘获其别部，他们被绑着带到我这里来，我杀死了他们。他们的首领斯昆卡（Skunxa）被抓住带到我这里。"在贝希斯敦铭文浮雕的 9 位被俘首领中，其中最后一个头戴尖顶帽的就是塞克人的首领斯昆卡。幸存下来的塞克人重新臣属于波斯帝国，塞克人所在地区成为该国的一个郡，大流士一世为尖顶帽塞克人安排了另一位首领。

重新统一波斯帝国之后，大流士一世着手把他统治下的波斯划分为 20 个郡，各郡委派太守管理，帝国规定了各郡应该缴纳的税款数。大流士一世"把他的领土分成了二十个波斯人称为萨特拉佩阿（Satrapy）的太守领地，随后，他又任命了治理这些太守领地的太守"[1]。太守这个称号在米底时代出现，只是在波斯帝国时代才真正开始起作用。太守的民族成分，在大流士一世改革前后发生了很大变化。居鲁士二世和冈比西斯二世时代，甚至在大流士一世执政之初，太守通常由本地统治者或上层人物担任。希罗多德说："波斯人习惯上对于国王的儿子是尊重的；甚至国王叛离了他们，他们仍然把统治权交还给国王的儿子。有许多例子可以说明他们这样做乃是他们的惯例，特别是把父亲的统治权交还给伊纳罗司的儿子坦努拉司，以及交还给阿米尔塔伊俄斯的儿子帕乌西里斯；但没有人比伊纳罗司和阿米尔塔伊俄斯给波斯人以更大的损害了。"[2]大流士一世改革以后，波斯人成为郡太守的主要人选，"照例正是波斯人被任命担任萨特拉佩阿的职务"。因此，大流士一世为尖顶帽塞克人安排的首领可能也是波斯人。

① 〔古希腊〕希罗多德：《历史》，Ⅲ，89。
② 同上书，Ⅲ，15。此两人是埃及统治者，他们于公元前 460—前 455 年间起来反对波斯统治者。

此外，大流士一世还规定了"每个个别民族应当向他交纳的贡税；为了这个目的，他把每一个民族和他们最接近的民族合并起来，而越过最近地方的那些稍远的地方，也分别并入一个或是另一个民族。"于是，希罗多德论述了大流士一世"如何分配他的太守领地和每年向他交纳的贡税"。①塞克人和当时位于里海或咸海以东的斯基泰人被纳入大流士一世的第15区，每年应该缴纳的贡赋是250塔兰特（Tarrant）②。

据贝希斯登敦铭文第1栏第12—20行的记载，塞克人要向波斯帝国纳贡，执行大流士一世的命令，不舍昼夜。根据苏萨铭文第14—30行和纳克希·鲁斯坦姆铭文a第15—30行的记载，塞克人还必须遵守波斯法律。

据希罗多德记载，伊赛多涅斯人有崇拜髑髅的习俗。"当一个人的父亲死去的时候，他们所有最近的亲族便把羊带来，他们在杀羊献神并切下它们的肉之后，更把它们主人的死去的父亲的肉也切下来与羊肉混在一起供大家食用。至于死者的头，则他们把它的皮剥光，擦净之后镀上金；他们把它当作圣物来保存，每年都要对之举行盛大的祭典。就和希腊人为死者举行年祭一样，每个儿子对他的父亲都要这样做。至于其他各点，则据说这种人是一个尊崇正义的民族，妇女和男子是平权的。"③这种风俗以后在匈奴人中也见到过。

在艺术方面，塞克人继承了以前斯基泰—西伯利亚艺术中的动物风格。最典型的艺术形式是用动物的形象来装饰弓筒、剑鞘、剑柄、马具、首饰和各种饰牌。这些装饰艺术品一般采用各种金属、木材或骨头为材料，经过铸造或雕刻制成，图案是表现各种飞禽走兽或怪兽的不同形态。

最具特色的塞克人文化是石雕，它通过岩画和鹿石表现出来。这一时期在楚河和伊犁河流域发现了以动物为题材的许多岩画和鹿

---

① 〔古希腊〕希罗多德：《历史》，Ⅲ，89。

② 同上书，Ⅲ，93。

③ 同上书，Ⅳ，26。

石。在额尔齐斯河流域及南哈萨克斯坦其他地区也发现了描绘各种动物和车辆的岩画。[①]1957年，在塔姆加里山口（楚河、伊犁河的西南部）发现的岩画大约有1000幅之多。其中，一部分属于公元前7—前5世纪的塞克人。1959年，在巴尔喀什湖以北特西克塔斯（Tesiktas）和卡拉汪古尔山区（哈萨克草原南部）发现的岩画中，有一种形态特别的野牛。在与楚河和伊犁河平行的固尔札巴什小山丘上发现的岩画大都是动物题材，其中有一种罕见的双头山羊和狗，甚至还有象。鹿石是指矗立的石柱，石柱呈四棱形，细而长，石柱的一面雕刻有鹿的图案，有时还雕刻了人脸图像，石柱在腰部的某个部位刻有带子、刀、剑和弓箭。有学者推测，鹿石可能在公元前8世纪前后开始出现。在这一时期，塞克人中没有出现使用文字的迹象。

在今哈萨克丘陵地带发现了塞克人的墓地，墓的风格别具特色。墓由大小两个石堆组成，它有两列长约20米—30米的石阵，石阵呈"解爪胡"状向东延伸，因此，有人称之为带胡须的墓。有学者认为，向东方延伸的胡须状石阵可能与太阳崇拜有关。一般说，在直径10米左右的大石堆墓下有埋葬着尸体的墓穴；小石堆则没有墓穴，在其地表上直接放置马骨、陶器。在七河流域发现了塞克人的烛台和祭桌，有学者认为，此地的塞克人存在着萨满教和拜火教的风俗，并由此推断，拜火教的故乡首先是塞克人的游牧区。七河流域出土的宗教遗存大多数是用黏土制作而成。

塞克文化是在南西伯利亚（尤其是在安德罗诺沃文化）的影响下产生的。七河流域的塞克文化从青铜时代文化开始一直与南西伯利亚有着密切的联系。七河和天山出土的陶器和青铜工具与阿尔泰地区安德罗诺沃文化和卡拉苏克文化的出土物尤为相同。库沙耶夫根据他在伊犁河流域的考古发掘，认为："塞克墓多出土饰金青铜

---

① 〔苏联〕奇列诺娃：《蒙古和西伯利亚的鹿石》，转引自张志尧主编：《草原丝绸之路与中亚文明》，第153页；〔苏联〕弗鲁姆金：《哈萨克斯坦境内的考古发现》，转引自张志尧主编：《草原丝绸之路与中亚文明》，第217页。

器，它们普遍具有西伯利亚的动物风格。"他指出："前期乌孙（Wu-sun）墓（指塞克人墓）出土的器物与南西伯利亚、阿尔泰、西哈萨克、北吉尔吉斯等地的出土器物大体相近。"

在公元前6世纪20年代前后，塞克人的活动范围扩大了，他们挤压着原来居住在锡尔河下游流域的马萨革泰人，一部分塞克人迁徙到更远的南西伯利亚地区。这次迁徙延绵了几个世纪，迁徙的塞克人与当地的部族相互杂居、渗透和融合，以后建立了一些新的政权。

戴尖帽的塞克人的牧地以后成了新迁入的乌孙人的领地，乌孙人在此建立了乌孙国。乌孙文化的发展与塞克文化走着相同的路线，学界把塞克人和乌孙人的遗存作为一种文化的两个发展阶段，在七河流域和中部天山的考古可以发现塞克文化与乌孙文化之间的继承关系。这类文化遗存向东一直延伸到天山东部，与车师文化（Kiu-shih Culture）和中原西传到哈密、吐鲁番盆地的文化相融合，形成一个较大规模的民族文化融合区。

第四节　牧地塞克人（崇拜豪麻的塞克人）和阿里马斯普人

在伊赛多涅斯人的西南和正南面是波斯铭文中称为崇拜豪麻的塞克人；在伊赛多涅斯人的东北部，是阿里马斯普人（希罗多德称阿里玛斯波伊人）。

崇拜豪麻的塞克人在波斯文献中频繁出现，被称为豪玛瓦尔格·塞克人（Sakā Haumavargā），意为牧地塞克。1938—1947年间，苏联考古学者对牧地塞克人生活之地进行了发掘。他们发现，牧地塞克人按区域和人种差异可以再分为两支：一支在尖顶帽塞克人的西南方，从药杀水（锡尔河）中游河岸向东延伸到卡拉套山前地带，以后，这支牧地塞克人被称为药杀水塞克人。药杀水塞克人一名曾出现在斯特拉波的《地理志》和托勒密（Ptolemaeus，约90—168）的《地理学》中。他们早期的活动中心在卡拉套山东北坡，主要在别尔卡拉，后期的活动中心移到锡尔河畔。另一支在尖顶帽塞克人正南方，在费尔干纳至帕米尔北部地区，这支牧地塞克人被称为费尔干纳—阿赖塞克。他们早期的活动中心在羌阿赖（帕米尔北部），在基依克塔什发现了他们的君长的墓地；他们后期的活动中心在费尔干纳平原地带，主要在胡尔沙布。

从考古资料来看，牧地塞克人与尖顶帽塞克人一样，属于印欧种东伊朗语族人。他们属于南西伯利亚人和青铜时代的安德罗诺沃型人的混合型。不过，从出土的遗骨来看，两支牧地塞克人存在着一些差异，药杀水塞克人在人种上更多地表现出与马萨革泰人和萨尔马特—阿兰人的关系，而费尔干纳—阿赖地区的塞克人更多的是与安诺文化的创造者有联系。

在牧地塞克人遗址中没有发现文字，他们的情况只能从遗留下来的墓葬和波斯、希腊的文献中了解。

在药杀水塞克人占据的地区，既有着稠密的居住地，也有空旷无人烟的地区。药杀水塞克人的居住遗迹不局限于小河谷，大河两岸和高山牧场都有，但大多数居地集中在高山河谷的出口处，这一点从他们墓地的分布反映出来。从其居住地能够便利地通向牧场，尤其是通向山间的避暑地。其中，卡拉套的避暑地在海拔400米—1000米之间，人烟稠密，尤其是北山的东北坡，附近有丰富的夏季牧场；他们的居地一般是避冬的理想地，可以免遭风暴和雪崩的侵袭。

在斯特拉波和托勒密记载的药杀水塞克人的地区发现了古墓群。墓的特征是：周边石台呈正圆形，中央墓坑石台呈椭圆形，石台之间填以碎石。塞克人之后，乌孙或康居人的墓则无石堆。在卡拉套出土了药杀水塞克人的陶器，它们以松土为原料，经过轻度烧制，断裂面呈黑色，这些陶器一般涂以红色或黄色。

目前发现的威加拉克古墓（公元前7—前5世纪）属于药杀水塞克人，古墓出土的陶器主要是圆球状陶器，表面经过涂饰，有的陶器呈凸凹形，有的敞口，有的细口（带小柄），一般未加装饰。陶器的形制和修饰反映了药杀水塞克人的文化与尖顶帽塞克人的文化存在着联系。墓中发现了铜制和铁制的蘑菇柄形短剑、刀和镞等武器，以及马具、马衔、三孔马镳，马具采用铜制、铁制或骨制。此外，还发现了铜制或金制的各种动物形状的艺术品。[①]在奇尔奇克（Chirchik）河谷，尤其是在博斯腾（Bostan）地区，发现了动物岩画，它们属于公元前1千纪的塞克人。药杀水塞克人崇拜火，可能信仰拜火教。

在费尔干纳—阿赖塞克人的墓地上也出土了大批陶器，它们以几何纹修饰，既有天山地区的特点，又受到安诺文化中彩饰的影响。在费尔干纳—阿赖地区出土的青铜器有青铜短剑（剑柄呈米努辛斯克型）和有山羊图案的青铜斧，以及有兽形神像的青铜或黄铜饰品。在后期的墓中，铁质或骨质制品较多。在今费尔干纳奥什市发现了公元前6世纪以前的岩画遗迹，它们应该属于费尔干纳—阿赖塞克人。岩画以动物题材为主，有鹿、山羊、狗、象和牛等。[②]东部费尔干纳的岩画除了狩猎场面外，还有描绘车辆和仪式场面的岩画，如有一幅岩画上，数人立于一犁之后，或者坐在牛车上。

出土物反映，费尔干纳—阿赖塞克人古墓在保留了天山地区文化特征的同时，又发生了一些变化，如察克马克古墓的地下墓室砌成四方形，上面平铺以石，又如土列依干古墓使用巨石铺成了球形。

在东帕米尔地区也发现了费尔干纳—阿赖塞克人的墓地，在地表上出现了圆形堆石的竖穴墓，墓为单人或双人葬，尸体均为屈肢。随葬品中的陶器与天山和锡尔河中游一带发现的相同，为圆底、手制、素陶。在此还发现了武器，主要是由木、骨、红铜或青铜制作的三棱形箭镞和铁质短剑。帕米尔1号墓表现了南西伯利亚—阿尔泰文化的特征，反映了此地的文化曾受到南西伯利亚和天山文化的

---

① 乌恩：《欧亚大陆草原早期游牧文化的几点思考》，《考古学报》2002年第4期。

② 〔苏联〕奇列诺娃：《蒙古和西伯利亚的鹿石》，转引自张志尧主编：《草原丝绸之路与中亚文明》，第153页；〔苏联〕弗鲁姆金：《哈萨克斯坦境内的考古发现》，转引自张志尧主编：《草原丝绸之路与中亚文明》，第217页。

影响，这些文化是经羌阿赖传播的，基依克塔什型的古墓和羌阿赖库尔加克的古墓以及自卡拉捷金（Kara Tegin）到加尔玛一带发现的塞克遗迹都证明这一点。

大约在公元前6世纪至前5世纪，波斯国王大流士一世向塞克人展开征伐，与尖顶帽塞克人一样，牧地塞克人不仅受到波斯军队的入侵，也处于波斯人的统治之下。据希罗多德记载，牧地塞克人是塞克人中最活跃的一支，他们曾数度突入前亚地区，还曾对波斯帝国的征战进行过抵抗，一有机会就发起反击。

随着亚历山大的到来，药杀水塞克人与希腊军队发生了战争。公元前329年春夏，亚历山大在征服索格底亚那的夏宫玛拉干达之后，向锡尔河畔进军，占领了锡尔河畔的七座城市，与锡尔河北岸的药杀水塞克人隔河相对。在此期间，他在锡尔河南岸修建了一个防御药杀水塞克人的据点，名为艾斯恰特亚历山大（Alexandria Eschate）城，意为"最远的亚历山大城"，地址在今忽毡城一带。亚历山大在与锡尔河对岸的药杀水塞克人相持不下的情况下，决定渡河出击。希腊军队依靠弓箭手、骑兵和皮筏冲破了药杀水塞克人的包围，渡过了锡尔河，全军登岸集合之后，亚历山大首先派雇佣军一个团和长矛手四个中队向药杀水塞克人发动进攻。在希腊人猛烈进攻之下，药杀水塞克人一边以小股骑兵牵制希腊军队，一边向荒漠中撤退。此役的地点可能在别哥瓦特。在此役中，药杀水塞克人大约千人阵亡，被俘者达150人。[①] 为了歼灭药杀水塞克人，亚历山大命令军队乘胜追至荒漠，天气异常炎热，又缺乏水源，亚历山大及其士兵们只能喝脏水，于是，军中疾病流行，亚历山大腹泻不止，被抬回营地。希腊军队不得不撤军返回。对此，希腊史家阿里安（Arrian，约96—180）评述说："如果不是因为亚历山大病倒，我相信西徐亚人（这里指塞克人）是会全军覆没的。"[②]

---

① 〔古希腊〕阿里安：《亚历山大远征记》，商务印书馆1979年版，第124页。
② 同上。

公元前 6 世纪 20 年代前后，牧地塞克人解体，原居地被康居人和贵霜（Kushan）人瓜分。锡尔河东岸与楚河下游之间的地区和卡拉套山两侧被康居人占据，形成了康居联盟，即古代史家所记的"水塞克"联盟中的朗克（Ranka）。在康居联盟中，西北地区的游牧民与锡尔河畔的马萨革泰人、萨尔马特人中的阿兰人融合并定居下来，在卡拉套山的一支则仍过着游牧生活，游牧地可能一直延伸到哈萨克草原中部，他们保存了塞克游牧民的文化。贵霜人则占据了费尔干纳盆地至帕米尔附近地区，这一地区的大多数人抛弃了原来的游牧文化，开始了定居农耕生活。

塞克人中还有一支生活在阿尔泰山一带，他们被称为阿里马斯普人。阿里马斯普人位于伊赛多涅斯人之东北，居住在斋桑湖（Zaisan Lake）附近的额尔齐斯河上游流域。阿里马斯普人就是中外史书中记载的"独目人"。据希罗多德记载，"阿里马"的意思是"一"，"斯普"的意思是"眼睛"，因此，阿里马斯普人是一只眼睛的人。据《独目人》的残篇诗句记载，阿里马斯普人毛发鬆鬆，面貌奇特，只在前额当中长着一只眼，故名独目人。中国先秦史籍《山海经》也曾提到，在遥远的北方有一个"一目国"，其民只有独眼，长在脸面的正中。[①] 东、西方文献对独目人的相同记载，不可能是巧合。据《独目人》残诗记载，阿里马斯普人人口众多，勇悍善战；畜牧业发达，羊马成群。

中国先秦史籍《穆天子传》对阿里马斯普人的居住地留下了记载。《穆天子传》出土于战国后期的墓中，随葬入墓的时间在公元前 3 世纪初，因此，它的成书应在公元前 3 世纪以前。根据书中的内容分析，该书是公元前 770 年以后的作品。书中叙述了公元前 10 世纪周穆王到西域的长途旅行路线。据该书记载，周穆王从阿尔泰山中段的东麓越过山口，经阿尔泰山西麓沿黑水（额尔齐斯河上游河流）

---

① "有人一目，当面中生"，参见任孚先、于友发译注：《山海经》，新世界出版社 2009 版，第420 页。

西进，来到了一处宜于放牧的平原，再往西经过一个山口，来到了西王母之国。西王母之国的瑶池可能指斋桑湖，周穆王一行在距瑶池不远的一个辽阔平原上举行了大规模的狩猎，这里有无数的大鸟在湖边换毛，周穆王装载这些珍贵的鸟羽达百车之多。斯基泰人也曾对希罗多德说起过鸟羽之事，斯基泰人说在伊赛多涅斯人和阿里马斯普人以北有一个酷寒的地方，空中密布羽毛，以致人们无法通过。希罗多德认为这是对雪花的比喻，指大雪而已。但对照《穆天子传》的记载，斯基泰人说的羽毛应该不错。东西方对斋桑湖漫天羽毛的记载不谋而合，而在描述此事之中，斯基泰人准确地指出了阿里马斯普人居地的位置，即在斋桑湖以南。

在斋桑湖以南奇里克提河谷发现了一处古墓地，苏联学者在第五号墓中发现了属于公元前7—前6世纪的一只青铜箭鞘，内装有青铜箭矢，外表由金质雄鹿雕像装饰。[1]这些物品属于阿里马斯普人。

阿里马斯普人东面的居民是守护黄金的部族，希腊人不知道他们的名称，只是神话般地把他们称为看守金子的狮身鹰头兽。斋桑湖以东的大山是阿尔泰山，此山确实以盛产黄金出名，可以肯定，这支以神兽为象征的部落生活在阿尔泰山脚下。阿里马斯普人为了夺取黄金经常与他们进行战争，并把他们描述成怪兽。

中国先秦史籍《穆天子传》和《山海经》对这一地区的地理和部落都有记载，其中最为重要的是《穆天子传》。书中记载周穆王从东周都城洛阳开始，向北经过山西北部，折而向西，到达河套地区。此后，出现了一段脱文。接着，便从昆仑山开始叙述。学界根据昆仑山的方位、文化遗存论证了昆仑山即今阿尔泰山。在汉籍中，阿尔泰山名为金山，盛产黄金。

从考古发掘中可以了解到守护黄金部落的情况。1929年，在阿尔泰山发现了巴泽雷克（Pazyryk）古墓群，有五座墓位于阿尔泰山

---

[1] 〔苏联〕弗鲁姆金：《哈萨克斯坦境内的考古发现》，转引自张志尧主编：《草原丝绸之路与中亚文明》，第217页。

乌拉干（Unaghan）河河畔，地处卡通（Katun）河河与比亚（Biya）河上游，其中，巴泽雷克1号、2号墓的时间最早，可能属于公元前6—前4世纪，学者们认为，它们可能就是以"狮身鹰头兽"为象征的部落首领或部落贵族的墓。由于气候条件，墓在建成之后不久被封冻在土中，经过两千多年，冻土没有融化，墓葬建筑、尸体及随葬品保存完好。

1947—1949年间，苏联学者对巴泽雷克古墓进行了发掘。墓中出土了大量青铜器，铁器也占有一定比重，此外，还有金器。这些器物反映了阿尔泰山区居民处于铁器时代。

巴泽雷克古墓的出土物反映了阿尔泰山居民的畜牧业和狩猎的情况。据学者们推断，从公元前9—前8世纪起，阿尔泰部落的经济发生了重大变化，已经从定居畜牧业逐渐过渡到随畜移徙的游牧和半游牧经济，其中养马占据了主导地位。以马殉葬的情况很普遍，在1号墓中发现了十套马骨，马具丰富，有马勒、马鞍和马面罩等，其中一个马勒上饰有金叶，一个马鞍的坐垫下塞满了鹿毛。在5号墓中发现了一辆马车，车由车厢和四个车轮组成，车厢内设有座位，座位上方的四角有四只毡制的天鹅。除马外，墓中发现了牛、羊的骨骼，可以推知，阿尔泰居民还饲养细毛羊、山羊和大角牲畜，包括犁牛。

从墓的建筑和随葬品来看，公元前5世纪的阿尔泰山居民中贫富差别已经很大，可能已经出现了阶级。从墓的规模来看，巴泽雷克1号墓高2.2米、直径47米，使用石块达1800立方米。吐爱克延1号墓的墓穴深8米，面积达50平方米，墓穴的南半部为墓室，墓室是用圆木建造，墓室面积达30平方米。靠近墓室南墙处，有一口或两口用木材雕凿成的木棺，木棺和棺盖上满饰着艺术雕饰，或粘贴着用皮革或白桦树皮剪成的各种动物形象。墓室的上面有顶板，下面有底板，有的顶板和底板为双层。墓室外的底板和墙上铺有毡毯。整个墓穴的上面有圆木铺成的椁顶板，椁顶板由三四对立柱支撑。墓穴的上半部填有数百根圆木，圆木上填有土石。墓穴上的封土，堆形不大，其上为直径达70米的石材砌成。

在当时的条件下，要建造如此巨大的墓冢，必须役使大批人以集体力量才能完成。由此推断，在阿尔泰山区的早期游牧者中已经产生权力集中的政权。

古墓反映出来的文化属于斯基泰游牧文化。墓中的尸体也像斯基泰部落的上层首领人物一样，经过香料涂敷。1949 年发掘的巴泽雷克 2 号墓为男女合墓，墓主人的后脑壳上有三处被尖锤击穿的痕迹，头皮已被剥去，与斯基泰人剥去死敌头皮的情况一样，身上绘有纹饰，手、胸、背和脚上都绘有动物形象。巴泽雷克 1 号墓的主人也是男女合葬，男女脸带黑色，颧骨稍高，男人文身，身上刺着像猫一样的动物，有翅。两具尸体皆保存在油膏中。

在巴泽雷克 4 号墓发现的一个马勒，其上挂着数件垂饰，垂饰上刻有大耳狮身鹰头兽像。在阿尔泰山古墓群发现的大量艺术品中，有一件为狮身鹰头兽袭击麇鹿的雕塑。这些出土文物说明，阿尔泰古墓群属于希腊人所说的"守护黄金的、以狮身鹰头兽为象征的部落"。这些部落的文化虽然属于典型的斯基泰文化，但他们的人种已经融入了蒙古利亚种的成分，他们是有黄种成分的白种人。

巴泽雷克古墓群出土物还有来自中国的丝绸、波斯的毯子等，这些物品反映出这一地区与东西方的交往。

第三章

绿洲农业古国

公元前 10 世纪以后，巴克特里亚、索格底亚那、花剌子模和帕提亚地区陆续出现了建造复杂、规模宏大的灌溉渠，它们的建造反映了上述绿洲存在着协调各部力量的某种形式的政权。公元前 1 千纪中叶，波斯帝国统治了中亚地区；公元前 4 世纪，希腊人也确立了在中亚的统治；波斯人和希腊人的统治加速了中亚地区独立国家的形成，出现了巴克特里亚王国、粟特国、花剌子模国和帕提亚王国。

第一节　早期的巴克特里亚政权

"巴克特里亚"一名是古希腊人对今兴都库什山以北的阿姆河中上游流域地区的称呼。从巴克特里亚地区的大型灌溉系统和筑有城堡的城市来看，在公元前 2 千纪最后 250 年和公元前 1 千纪初，这里可能存在着国家形式的政权。在公元前 6 世纪后期，巴克特里亚成为波斯帝国的一个行省，此后，希腊人在此建立了王朝，希腊王朝的统治持续到 1 世纪上半叶。

考古发现，在公元前 10—前 8 世纪前后，在巴克特里亚绿洲上出现了大型城堡建筑遗址，这些城堡建在巴克特里亚绿洲的一些大聚落内，大多数城堡建筑在生砖砌成的几米高的平台上，四周有围墙环绕，围墙内有密集建筑物。如法鲁哈巴德绿洲上的阿勒丁迪尔亚特佩，在该遗址上发现了带城墙和防御工事的巨大城堡。这些遗迹反映了巴克特里亚在波斯统治之前可能存在着政权较为集中的国家。在波斯帝国形成以前，巴克特里亚人与斯基泰人一起来到近东，参与了波斯人反对米底和亚述国的斗争，这些活动也反映了巴克特里亚人权力集中的情况。此外，据文献《阿维斯塔》记载，巴克特里亚国王维斯塔斯帕（Vištāspa）是琐罗亚斯德教的保护者，"国王"这一称号可以说明早期巴克特里亚王国的存在。

在波斯帝国征服中亚时期，巴克特里亚地区成为波斯帝国入侵和统治的巨大障碍，国王居鲁士二世亲自参与了征讨巴克特里亚的战争，据希罗多德记载："原来，他近旁有巴比伦阻碍着他，巴克妥利亚人（即巴克特里亚人）、塞克人和埃及人对他来说也是这样。因此他打算亲自去征讨这些民族，而把征服伊奥尼亚人的事情委托给他的一个将军去做了。"居鲁士二世在公元前545—前539年间攻下了巴克特里亚，随之，马尔吉亚那和粟特投降。于是，中亚大部分地区被纳入波斯帝国的行政管理体系。

波斯帝国对中亚的统治确立起来以后，巴克特里亚成为帝国治下的一大行省。在大流士一世统治时期，"从巴克特里亚人的地方直到埃格洛伊人（Aegli）的地方为第12区，他们所交税额为360塔兰特银币"①。波斯帝国派太守统治巴克特里亚，现在已知的巴克特里亚太守有大流士一世期间派出的达达尔什（Dadarshi）和亚历山大入侵时期统治巴克特里亚的柏萨斯（Bessus，另译比苏斯）。

在波斯人统治时期，巴克特里亚的首府是巴克特拉（Bactra）城，该城遗址在今阿富汗北部马扎里沙里夫城以西23公里的巴尔赫（沃济拉巴德）城附近。巴克特拉城建于公元前1千纪中期，最早的

---

① 贝希斯敦铭文第1栏第12—20行。

居住区建于公元前 6—前 4 世纪。巴克特拉城在中国史书中被译为监
氏、蓝氏、薄伕罗、缚喝罗等名，唐玄奘在《大唐西域记》中记为
小王舍城，城内居民语言属印欧语系伊朗语族，他们信仰琐罗亚斯
德教。

在公元前 4 世纪亚历山大东征中亚前夕，巴克特里亚摆脱了波
斯人的统治，波斯太守企图在此建立自治政权，然而，希腊人的征
服使他未能成功。对于这一时期的历史，古罗马地理和历史学家斯
特拉波和古希腊史家阿里安都有记载。斯特拉波曾在亚历山大图书
馆任职，他著述的《地理志》是根据随亚历山大远征将士的回忆写
成的，该书汇集了中亚至南亚地区人文地理历史的相关信息；阿里
安的《亚历山大远征记》吸收了亚历山大部将托勒密·索特的著作
《亚历山大的“起居注”》和亚历山大时期的军政文书资料。

公元前 334 年春，亚历山大开始东征。在三年的时间内（前
334—前 331），亚历山大通过格拉尼卡斯、伊萨斯和高加米拉三大战
役打败了波斯帝国大流士三世的军队。大流士三世一方面坚壁清野，
延缓亚历山大的东进；另一方面派人把他的女眷和财物、帐篷等送
到里海关口的一个地方①，准备东逃。公元前 330 年，大流士三世从
埃克巴坦纳（Ecbatana）经里海关口逃到里海东南部山区，在此准备
做最后的抵抗。据古希腊史家阿里安记载："有巴克特里亚边境上的
一些印度部族，加上索格底亚那和巴克特里亚人，以上这些部队由
巴克特里亚督办柏萨斯指挥。和这些人一起前来支援的，还有居住
在亚洲西徐亚人当中的一个叫萨卡的部族（塞克人）。他们所以来支
援，并不是因为他们附属于柏萨斯，而是因为他们和大流士结了盟。
这批部队是马上弓箭手，指挥官叫马那西斯。"②亚历山大追到里海关
口时，大流士三世一行又逃到巴克特里亚郡。在此，巴克特里亚郡
太守柏萨斯和波斯将领那巴赞斯等人废黜了大流士三世。据阿里安

---

① 〔古希腊〕阿里安：《亚历山大远征记》，第 105 页。
② 同上书，第 91 页。

记载说:"跟大流士一起逃跑的骑兵司令那巴赞斯、巴克特里亚督办（太守）柏萨斯、阿拉科提亚和德兰吉亚那（Drangiana，今锡斯坦一带）太守巴散提斯（Barsaentes）等人已经把大流士劫持起来。"[1]他还记载说:"政变是在他（指柏萨斯）的督办区内发生的。"[2]之后，柏萨斯自立为王，号阿塔薛西斯四世。"在当地了解到大流士确已被劫持，装在一辆篷车里带走。柏萨斯已顶替大流士掌握了大权。巴克特里亚骑兵和跟随大流士逃跑的那些波斯部队都尊他为领袖。"[3]

　　亚历山大在获悉这一情况之后，加速了东征步伐。在亚历山大的追逼之下，"柏萨斯和他的随从带着关在篷车里的大流士逃了一段路。但当亚历山大眼看就要追上他们的时候，那巴赞斯和巴散提斯就把大流士刺伤，丢下不管。他们自己带着六百骑兵逃脱。大流士不久因伤重而死。亚历山大未能见他一面"[4]。大流士三世的去世标志着历时两个多世纪的波斯帝国灭亡。此后，柏萨斯以最高首领的身份在巴克特里亚实施统治，在此，他组织力量抵抗亚历山大的入侵。

　　公元前329年初，亚历山大开始征伐巴克特里亚。他的进攻是沿着一条非常迂回的路线进行的。可能是为了绕开卡拉库姆（Kara-Kum）沙漠，亚历山大首先向南进军，经和椟城（今里海东南达姆甘附近）、赫拉特城、坎大哈城，来到喀布尔；然后，亚历山大北上翻越兴都库什山进入巴克特里亚。[5]柏萨斯在巴克特里亚组织抵抗，试图拦阻希腊军队的前进。粟特太守斯皮塔米尼斯也赶来支持。然而，柏萨斯对抵抗希腊军队毫无信心，在获悉希腊军队已经逼近之时，他组织部下烧毁了储存的粮食，破坏了道路、桥梁，然后，率军渡过奥克苏斯河（即阿姆河），放弃了巴克特里亚，逃往粟特的脑塔卡

① 〔古希腊〕阿里安:《亚历山大远征记》，第106页。
② 同上书，第106—107页。
③ 同上书，第107页。
④ 同上书，第108页。关于大流士之死，有一种说法是:"这一事件应归咎于巴散提斯和萨提巴尔扎尼斯。"参见〔匈牙利〕雅诺什·哈尔马塔主编:《中亚文明史》第2卷，第43页。
⑤ 王治来认为，亚历山大可能是取道恰里卡尔山隘翻越兴都库什山的。参见王治来:《中亚史纲》，第58页。

（Nautaca，今沙赫里夏勃兹）。

　　亚历山大不战而取巴克特里亚。在德拉普萨卡（Drapsaca，即今安德拉布）休整数日之后，亚历山大向当时巴克特里亚的最大城市阿尔诺斯（Aornos）和巴克特拉城推进。不久，希腊军队占领了这两座城市，随之，巴克特里亚地区的其他城市相继投降。亚历山大任命波斯人阿塔巴扎斯（Artbazus，另译阿尔塔巴祖斯）为巴克特里亚总督，然后率军继续北上，向奥克苏斯河进发，渡河进入粟特。关于亚历山大渡河的情况，阿里安记载详细："因为这条河有六斯台地宽，又特别深，跟宽度不成比例。河底是沙土，水流又很急。在河底打桩不牢固，水流很容易就把它们冲走，根本站不住。而且，附近又缺少木材。很明显，如果从远处把足够搭桥的木材运来，一定会耽误很多时间。于是他就让部队把盖帐篷用的兽皮集中起来，装上最干的谷糠，密密地缝起来做成不透水的皮筏。这些皮筏做成后，只用了五天的时间就顺利地把部队渡过河去。"[1]希腊军队迅速而顺利地进入粟特地区，在脑塔卡俘获了柏萨斯。亚历山大以弑逆罪将柏萨斯施以割除鼻、耳之刑，然后将其处死。对此，阿里安评述说："对柏萨斯采用这样过火的极刑，我是不同意的。我认为对犯人断肢斩首，处以极刑，是野蛮行为。"[2]

　　征服巴克特里亚和索格底亚那等地以后，亚历山大率领包括巴克特里亚人和粟特人在内的远征军南下，于公元前327年夏天开始征服印度河平原。然而，由于士兵的厌战情绪，亚历山大于公元前326年年底放弃了继续征战的企图，踏上了回国之路。在途经幼发拉底河下游沼泽地带时，亚历山大生病发烧，于公元前323年6月13日在尼布甲尼撒（Nebuchadrezzar）皇帝的宫殿去世，亚历山大东征结束了。亚历山大东征从公元前334年开始到公元前323年结束，前后经历九年的时间，在此短暂时期，他建立了一个东抵印度，南

---

① 〔古希腊〕阿里安：《亚历山大远征记》，第117页。
② 同上书，第128页。

及埃及和波斯湾，地跨欧亚非三洲的大帝国。

亚历山大死后，亚历山大帝国随之瓦解，亚历山大部将坡狄卡斯（Perdiccas）在帝国的亚洲地区摄政，各地方政权仍然由留驻各地的希腊将领和地方官共同统治，这些人不服从摄政王坡狄卡斯的统治，他们各自为政。

巴克特里亚和粟特的统治者是亚历山大部将阿明塔斯（Amintas），亚历山大去世以后，阿明塔斯控制不了局势，驻守两地的希腊人（两万步兵和三千骑兵）离开驻地，聚集起来准备返回遥远的故乡。摄政王坡狄卡斯认为此举将危及希腊人在中亚的统治，立刻派遣米底的希腊将领佩松（Persson）前去阻止。佩松按照坡狄卡斯的命令，解除了中亚希腊士兵的武装，将他们杀害，把他们的财产分配给自己的士兵。佩松还撤了阿明塔斯的职，撤换了由亚历山大任命的、本地贵族担任的总督，以一个名叫腊力普的马其顿人取而代之。腊力普在职一年后被调往帕提亚，斯塔萨诺尔接替了他的职务。

佩松在中亚的行为导致了地区统治者的反叛。公元前317年，巴克特里亚、阿里亚（Arius，赫里河中游右岸地区，今阿富汗西北部赫拉特城，古时称为阿里亚）、德兰吉亚那（赫尔曼德河下游）、阿拉霍西亚（今坎大哈一带）、帕罗帕米萨德（Paropamisades，阿姆河上游到印度河上游流域之间地区）和犍陀罗（Gandhara）等中亚和印度地区的将领联合组成了反佩松联盟，奥克夏特是这一联盟的主要首领。经过战争，他们终于保住了本地人在东方各省的统治权。奥克夏特和斯塔萨诺尔分而治之，奥克夏特统治着从兴都库什山到印度河之间的地区；斯塔萨诺尔统治着巴克特里亚和粟特。

公元前321年，亚洲摄政王坡狄卡斯被自己的部下刺杀身亡，希腊将领们开始了瓜分帝国的战争。在这场战争中，巴比伦总督塞琉古·尼卡托（Seleucus Nikator）于公元前312在西亚建立了塞琉古王朝（前312—前64）。公元前307年，塞琉古远征中亚。巴克特里亚的希腊殖民者和雇佣军没有抵抗就归顺了塞琉古。从此，巴克特里亚成了塞琉古王朝补充兵员和粮食的后方基地。公元前261年，巴克特里亚的希腊统治者摆脱塞琉古王朝的统治，建立了独立的希腊—巴克特里亚王国。

第二节　希腊—巴克特里亚王国

亚历山大征服索格底亚那以后，曾把当地贵族斯皮塔米尼斯的女儿阿帕马（Apama）嫁给他的部将塞琉古·尼卡托，他们生下了儿子安条克（Antiochus）。塞琉古在夺取亚历山大帝国东部各省的统治权之后，于公元前293年任命安条克为总督，管理塞琉古王国北部诸省，其中，阿姆河与锡尔河之间的河中地区和阿富汗地区也在他的管辖之下。巴克特里亚首府巴克特拉城的铸币厂曾经发行过铸有塞琉古父子联名的钱币，这些钱币可能就是在安条克统治巴克特里亚时期铸造的。

塞琉古于公元前280年去世，安条克继承了父位，史称安条克一世（前280—前261年在位）。安条克一世去世以后，他的儿子即位。是为安条克二世（Antiochus II，前261—前246年在位）。正是在安条克二世统治期间，巴克特里亚表现出强烈的独立倾向。

在塞琉古王朝统治期间，巴克特里亚的希腊移民和本地的巴克特里亚部族一起进行了反对塞琉古王朝统治的斗争。塞琉古王朝统治者在争夺亚历山大帝国统治权的斗争中，关心的只是西方事务，东方只被视为给西方战争提供人力和财力的基地而已，不堪掠夺的东部各地区开始表现出独立倾向。在安条克二世统治后期，塞琉古王朝频繁与埃及进行战争，放松了对东部各省的控制，在此有利的形势下，东部各省的独立倾向日趋明显。独立运动最初在巴克特里亚和粟特总督狄奥多塔斯（Diodotus，？—前245）的鼓动下发展起来，最早的迹象从考古发现的钱币上反映出来。在以安条克二世之名铸造的钱币上出现了狄奥多塔斯的肖像和纹章，这一变化最初并未引起塞琉古王朝中央政府的重视。安条克二世去世的公元前246

年，巴克特里亚和粟特两地完全分裂出来了。[①]此时，狄奥多塔斯已经以"国王"之名铸币。

以巴克特里亚为中心，在兴都库什山以北包括粟特在内的河中地区形成了一个希腊—巴克特里亚王国，中国史籍称之为"大夏"。希腊—巴克特里亚王国存在了100多年（前246—前135），立国之初，王国并未完全脱离塞琉古王朝，它承认了塞琉古王朝的宗主国地位。

国王狄奥多塔斯统治一年之后去世（前246—前245年在位），其子狄奥多塔斯继位，史称狄奥多塔斯二世。在他统治期间（前245—前230），希腊—巴克特里亚王国与帕提亚王国联盟，由此导致了国内希腊统治集团的不满。公元前230年，粟特总督攸提德谟斯（Euthydemus）发动政变，杀死狄奥多塔斯二世，立其子（或近亲）安提马库斯（Antimacus）为王。几年以后，攸提德谟斯废黜了安提马库斯，自己称王。在公元前225年左右，希腊—巴克特里亚王国的国王已经是攸提德谟斯了。可能正是在攸提德谟斯统治时期（前225—前190），希腊—巴克特里亚王国彻底摆脱了与塞琉古王朝的臣属关系。因此，有人把攸提德谟斯的统治看成是希腊—巴克特里亚王国的开始，如地理学家斯特拉波认为："头一个建立了巴克特里亚独立的乃是攸提德谟斯家族。"

希腊—巴克特里亚王国在公元前3世纪末至公元前2世纪初达到鼎盛，其间经历了攸提德谟斯一世近40年的长期统治。在他统治前期，塞琉古王朝的安条克三世（Antiochus III）于公元前209年率领大军攻打巴克特里亚，企图重新征服东部诸省。安条克三世的军队沿阿里亚河前进，趁巴克特里亚主力军夜间离开河口之机，骑兵和步兵渡河。此后，安条克军队与巴克特里亚的骑兵遭遇，经过激战，安条克三世击溃了攸提德谟斯的骑兵。接着，安条克三世本人

---

① 一说分裂活动是在公元前238年塞琉古二世时期（前246—前226年在位）才最终完成。参见〔匈牙利〕雅诺什·哈尔马塔主编：《中亚文明史》第2卷，第65页。

率军包围了巴克特拉城，攸提德谟斯被围在城中。巴克特拉城防卫坚固，安条克三世围城两年未能攻克，最后双方同意谈判。攸提德谟斯派儿子德米特里（Demetrius）出城与安条克三世谈判。

　　在谈判中，德米特里向塞琉古国王指出，锡尔河以北的塞克游牧民的活动威胁着希腊—巴克特里亚王国边境的安全，而希腊—巴克特里亚王国是希腊文明的前哨，它的安全直接与塞琉古王朝的安全息息相关。德米特里以唇亡齿寒的道理晓之，强调希腊—巴克特里亚王国的稳定和强大对塞琉古王朝的重要性，如果希腊—巴克特里亚国遭到削弱，北方游牧民将入侵塞琉古王朝。一席话让安条克三世认识到希腊—巴克特里亚王国的统一和稳定也是塞琉古王朝本身利益之所在。于是，安条克三世同意了希腊—巴克特里亚的独立，并于公元前206年与希腊—巴克特里亚王国订立了盟约。盟约规定：塞琉古王朝承认攸提德谟斯的国王称号，后者应当承担起保卫塞琉古王朝在北部边境安全的责任。德米特里在谈判中表现出来的才华得到了安条克三世的赏识，他把自己的女儿许配给他，以巩固盟约。希腊—巴克特里亚王国在政治上获得了独立。

　　安条克三世与希腊—巴克特里亚订立和约之后，攸提德谟斯怂恿安条克三世征讨兴都库什山以南的喀布尔。亚历山大去世以后，驻印度河上游流域的马其顿总督腓力浦被杀，整个北印度动荡不安。旃陀罗笈多（Chandragupta，即月护大王）在北印度自立为王，建立了孔雀王朝（The Mauryan Dynasty，前324或前321—前187）。[①]他攻下摩揭陀首都华氏城后驱逐了希腊驻军，以500头大象换得了兴都库什山以南及西北印度一带的领土，基本上统一了印度河和恒河两大流域。在塞琉古东征之时（前309），旃陀罗笈多不仅有效地

[①] 旃陀罗笈多是摩揭陀人，出身于低贱的首陀罗种姓，母亲是个养孔雀的。由于被难陀驱逐，从摩揭陀逃出，与一个名叫阇那伽的婆罗门到旁遮普来见亚历山大，并向马其顿人学习骑兵战术。亚历山大死后，他与阇那伽返回摩揭陀，号召人民起义，驱逐希腊人。公元前320年，旃陀罗笈多联合印度西北各邦，在婆罗门的支持下，推翻了难陀王朝，在华氏城自立为王，创立印度历史上著名的孔雀王朝。强盛时期的孔雀王朝版图北至兴都库什山、克什米尔，南至迈索尔。

抵抗了塞琉古王朝的入侵，还将势力扩展到东伊朗高原的一些地区。有关文献含糊地记载说，旃陀罗笈多与塞琉古缔结了条约，塞琉古似乎承认了旃陀罗笈多对旁遮普、伽德罗西亚（Gedrosia）[①]、帕罗帕米萨德，以及阿拉霍西亚（坎大哈地区）等地区的统治。为了维护在孔雀王朝境内希腊人的利益，条约中的某些条款明确了希腊人与当地伊朗妇女所生孩子的权力。在安条克三世南下攻喀布尔之时，孔雀王朝已经处于衰落之中。当时，在喀布尔的统治者名叫苏布哈迦色纳，在安条克三世率军逼近之时，苏布哈伽色纳不战而降，向塞琉古王国缴纳大象和赔款。双方重申了一百年前塞琉古一世与旃陀罗笈多签订的友好条约，条约确认了孔雀王朝对印度河和赫尔曼德河之间的地区拥有主权。此后，安条克三世取道坎大哈回国。

攸提德谟斯在希腊—巴克特里亚王国的统治稳定下来以后，开始向外扩张。公元前 206 年以后的数年，他在东方占据了费尔干纳，在南方，将其统治延伸到兴都库什山以南地区。

攸提德谟斯去世之后，其子德米特里继位（前 190—前 160 年在位）。是时，正值新兴的罗马帝国与塞琉古王国战争时期，战争以安条克三世的失败告终。罗马与塞琉古之间的战争有利于包括中亚在内的东部地区的独立。正是在此期间，德米特里继续向兴都库什山以南和古代的西北印度扩张，征服了喀布尔、犍陀罗、旁遮普、信德等地。德米特里在旁遮普建筑了攸提德谟城，即以后的奢羯罗城（今巴基斯坦的锡亚耳科特城），在阿拉霍西亚建筑了德米特里亚城（Demetrias），德兰吉亚那成了希腊—巴克特里亚的一部分。

在攸提德谟斯和德米特里父子执政时期，希腊—巴克特里亚王国达到了极盛，政治昌盛，经济和文化繁荣。立国之初，希腊—巴克特里亚王国的疆域只限于兴都库什山以北，经过两代国王的扩张，王国领土的北部包括了索格底亚那和费尔干纳，西北部延伸到穆尔加布河三角洲的马尔吉亚那，西部抵达阿里亚等地区，西南角的德

---

① 今伊朗和巴基斯坦交界处。

兰吉亚那已经是王国的一部分，王国的东北边境最远抵达了锡尔河，在南方，王国疆域抵达印度河流域的西北部。

这一时期的考古发现了许多银币和铜币，它们证实了希腊—巴克特里亚王国的繁荣昌盛。钱币的大部分是在攸提德谟斯时期发行的，钱币使用的范围广泛，在巴克特里亚、索格底亚那、帕罗帕米萨德、阿里亚、阿拉霍西亚、德兰吉亚那和马尔吉亚那等地区都有发现。当时，希腊—巴克特里亚王国统治者控制着塞琉古与印度的贸易，他们极其看重贸易带来的经济利益，曾出兵保护塔什库尔干以便商路的畅通。为了贸易，希腊—巴克特里亚统治者积极寻求出海口，据考察，他们的势力曾抵达阿拉伯海。

在征服了印度西北部的大片土地以后，德米特里便长期驻在那里，没有回到巴克特里亚，奢羯罗成了他的政治中心，也是兴都库什山以南、印度河以东地区的首府。德米特里把新征服的印度之地分成许多小领地，派遣自己家族的成员管理。德米特里长期居住在印度，放松了对巴克特里亚本土上的管理，于是，巴克特里亚本土发生了政变。

一位名叫攸克拉提德斯（Eucratides，另译欧克拉提德）的人起来反对德米特里。在历经了激烈的斗争之后，攸克拉提德斯大约在公元前171年[①]夺取了巴克特里亚的政权（约前171—前145年在位）。此后，他投靠塞琉古王朝以维持自己的统治，因此有人认为他与塞琉古朝皇室有亲族关系。

在他统治时期，希腊—巴克特里亚王国受到了来自多方面的威胁。首先是来自印度的攻击。为了复辟，德米特里多次从印度进军巴尔特拉等城，不过，都没有成功，攸克拉提德斯最终保住了他在巴克特里亚的统治，甚至夺取了德米特里在印度的一部分领土。德米特里在公元前160年左右被杀（或被废）。其次是来自帕提亚的

---

① 也有学者认为，攸克拉提德斯当权的时间可能在公元前174年至公元前156年间。参见王治来：《中亚史纲》，第78—79页。

威胁。帕提亚国王米斯拉提德斯一世在公元前170年即位之后，就以抵制巴克特里亚的势力作为首要任务，曾经出兵夺取属于希腊—巴克特里亚王国的两个省。此外，攸克拉提德斯还面临着北部边境地区游牧民的威胁，来自锡尔河以北的塞克人不断侵袭希腊—巴克特里亚王国，他们可能占据了巴克特里亚的北部地区，至少索格底亚那当时已经不在巴克特里亚的统治范围内了。据查士丁（Justin）说："以前曾是巴克特里亚一部分的索格底亚那这时很可能已在野蛮人的手中。"也有人说，索格底亚那地区当时并入了花剌子模。可以肯定，索格底亚那已经脱离了希腊—巴克特里亚王国。

尽管面临种种威胁，攸克拉提德斯统治时期的希腊—巴克特里亚王国仍然繁荣。这一点可以从发行的攸克拉提德斯纪年的钱币和当时建筑的宏伟的艾哈农城宫殿反映出来。

攸克拉提德斯在国内积极地推行希腊化政策，常以自己的希腊血统自傲，轻视巴克特里亚本地民族，这些政策在巴克特里亚统治集团内部引起了不满。公元前145年他被其子杀害。史书对这位弑父者没有记载，但有学者推断，史书所记的阿波洛多托斯（Apollodotus）就是他，此人在位时间很短，他的兄弟赫里奥克里斯（Heliocles，另译赫里克勒斯）替父报仇，杀死了弑父者，自己登上了王位。希腊—巴克特里亚王国在这些内乱中走向衰落，在赫里奥克里斯统治期间（约前145—前130），希腊—巴克特里亚王国灭亡。

公元前135年，在塞克人的一支，即吐火罗人的攻击之下，希腊—巴克特里亚王国的统治中心从巴克特里亚撤往犍陀罗地区。公元前85年前后，塞克人首领毛厄斯（Maues，佉卢文写作Moa或Moga）率领部众进入塔克西拉，摧毁了当地的希腊政权。犍陀罗的其他希腊领地也一个一个衰亡，有的希腊政权一直残存到公元5—10年，此后，希腊人在中亚的统治便结束了。

今阿富汗东北边境昆都士城东北的艾哈农城（Ay Khanum）遗址使我们了解到希腊化时期巴克特里亚王国的一些情况。艾哈农城建于大约公元前329年至公元前305年间，当时可能是希腊—巴克特里亚王国的东部首府。艾哈农城建在灌溉便利、农耕条件优越的两块平原上，其北郊和西郊各有一块长 27 公里、宽不少于 9 公里、面积大约 243 平方公里的小平原，法国学者称之为"艾哈农小平原"。法国学者戈丁（Gardin）对艾哈农小平原进行了勘查。考古队的第一次勘探活动证明，在过去的 5000 年中这一带气候没有太大变化，最迟从公元前 3000 年起，巴克特里亚就聚居着农耕人群。在希腊人征服以前，这块土地上就已经建筑了大面积的沟渠灌溉网；在希腊人统治时期，灌溉面积进一步扩大；在后希腊时代，这些灌溉渠仍然在发挥着作用。艾哈农城建在人口稠密的聚居区内，灌溉渠和陶瓷残片的分布情况反映了城中人口数量的变化。戈丁的同事根泰莱（Gentelle）于 1978 年发表了他的发掘报告。根泰莱的研究证明，聚落中的居民分散居住在大农庄内，从考古遗址来看，普通房屋是用土砖砌成的，通常一家有几间住房和储藏室。

艾哈农城建有坚固的城墙，墙体辅以矩形塔楼。城区分东、西两部分，目前，对东城区和西城区的一部分展开了发掘。东城区有高约 60 米的卫城，在此遗址上发现了墓地、兵器库和剧场的遗迹。西城区总面积大约 270 万平方米的居民区，有城墙环绕，西南部有面积大约 9000 平方米的宫殿区，估计是该城的行政管理中心，在此发现了广场、官署、宅邸等建筑的遗迹。在宫殿的东、南、北三面分别建筑了神庙、体育馆和贵族住宅区；在贵族住宅区内，有带庭院或花园的大房子。

在遗址中出土了具有希腊风格的陶器，外来器型的输入刺激了陶器的生产，这类陶器在质量和数量上都有提高，以致本地工匠很快放弃了传统的产品。这类陶器几乎完全取代了前一时期流行的陶器，它们遍及包括偏僻的小山村在内的各个地区，成了该地区的主要文化现象。

艾哈农城遗址的出土物表明巴克特里亚除了吸收希腊文化外，还与印度河文明有着密切的联系，这一点从寺院建筑上反映出来。

建于公元前 3 世纪的艾哈农城的寺院主塔在 700 年中历经了五次重建，不同时期的扩建不仅反映了各个时代的宗教观，还反映了受印度文明影响的犍陀罗式建筑风格、雕塑和装饰艺术。

艾哈农城在公元前 2 世纪中期开始衰落，其原因可能是塞克人入侵。城市遗址显示出遭到了袭击和焚烧。在紧靠北面的城墙上发现了五个箭镞和两个矛头。按照法国学者法兰克福特（H. P. Francfort）1984 年发表的考古报告，寺庙内发现的箭镞可能是塞克人留下的。不过，相同造型的箭簇在艾哈农的兵器库中也有发现，因此，也不能说这些箭镞肯定就是塞克人使用的，至今对该城的突然废弃还没有定论。

第三节　粟特

粟特一名最早出现在古波斯铭文中，在苏萨铭文中记为 Sugda，古希腊文转写为 Sogdi，在中国史书中根据音译，记为粟特或索格底亚那。粟特的地理位置大致是：阿姆河以北、锡尔河以南、费尔干纳以西、花剌子模以东之间的地区，其中，繁荣的地区是泽拉夫善河流域。

从考古发掘来看，粟特最早的城市建于公元前 7 世纪，有的城市带有防御措施。由此推知，粟特地区在公元前 7 世纪出现了某种形式的政权。公元前 6 世纪，粟特成为波斯帝国的属地，以后相继处于亚历山大帝国、塞琉古王朝和希腊—巴克特里亚王国统治之下。

据史料记载，波斯国王居鲁士二世在公元前 545—前 539 年间发动了对中亚的战争。在这场战争中，粟特没有遭到破坏，在居鲁士二世攻下巴克特里亚之后，粟特人投降，接着，波斯帝国的势力扩展到了锡尔河南岸。由于锡尔河北岸的塞克人对波斯人的入侵采取坚决的抵抗，居鲁士二世在锡尔河南岸的粟特境内建筑了一些带有城堡的边境据点，古代作家称之为城市。其中，居鲁士城

（Cyropolis，又名居洛波里斯城）^①就是这一时期建筑的。在大流士一世统治时期，粟特、花剌子模、帕提亚和阿列欧伊（Arii）四个郡组建成波斯帝国的第 16 区，该区居民每年向波斯帝国缴纳的贡税是 300 塔兰特银币。^②此后，粟特人参与了波斯帝国的一些对外战争，如公元前 480 年，粟特派人参加了波斯国王薛西斯一世对希腊城邦的第三次战争。波斯帝国的统治一直持续到亚历山大东征时期。

公元前 329 年，希腊军队夺取巴克特里亚以后，北渡阿姆河进入粟特境内。此时，统治着粟特的是本地人斯皮塔米尼斯。斯皮塔米尼斯积极组织力量抵抗亚历山大的军队。阿里安在其著作《亚历山大远征记》中对此有较为详细的记载。据阿里安记载，希腊军队在攻占巴克特里亚之后，大约于公元前 329 年春末夏初进入索格底亚那，开始进军其首府（兼夏宫）玛拉干达城，是年夏，希腊人攻占了玛拉干达城。斯皮塔米尼斯率部向粟特冬宫（即布哈拉城）撤退，并与波利提米塔斯（Polytimetus，今泽拉夫善河）河以西的游牧人结盟共同抵抗希腊入侵军。

亚历山大攻占玛拉干达城以后，没有继续向西夺取粟特地区的冬宫布哈拉城，而是向东北方进军。途中，希腊军队在苏对沙那遭到了大约 3 万居民的阻拦，发生了粟特人反希腊入侵者的一次大战。当地居民先消灭了前来征粮的希腊军队，然后，他们利用崎岖陡峭的地势与前来增援的希腊军队进行了殊死搏斗。在搏斗中，粟特人失利，大多数人跳崖自杀，苏对沙那原有的 3 万居民只剩下8000 人。^③亚历山大本人在此次战斗中受伤，他的腿骨被一箭射中，导致骨折。

攻占苏对沙那以后，亚历山大抵达了锡尔河河岸。以居鲁士城为首的锡尔河畔城居民迅速组织起来，抗击入侵者。据阿里安记

---

① 居鲁士城在今塔吉克斯坦北部城市苦盏城西南偏西约 64 公里，其东部为费尔干纳，1936 年前名为忽毡（Khojand）或俱战提。

② 〔古希腊〕希罗多德：《历史》，Ⅲ，93。

③ 〔古希腊〕阿里安：《亚历山大远征记》，第 119 页。

载："沿河一带的部族把驻守在他们城镇的马其顿部队都捉住杀掉了。为了保卫他们的安全，已开始空前加强城防工事。"[1]希腊军队用云梯和擂石器等工具攻占了其中的五座城市。最后，亚历山大率部进军居鲁士城，它是该地七个城市中最大的一座，抵抗也最为顽强。希腊军队通过城墙下的引水渠道攻入城内，对居民进行了大屠杀。阿里安记载说："按照亚历山大的命令，把敌人斩尽杀绝。把妇女、小孩和全部缴获都带走……对俘虏也如法处理。"[2]在这场屠杀中，粟特大约8000多名居民被杀。在保卫城市的战斗中，除了粟特人以外，还有逃亡到此的巴克特里亚人。

在征服锡尔河南岸诸城以后，希腊军队与锡尔河北岸的药杀水塞克人隔河相望。塞克人在锡尔河北岸集结起来，准备与希腊军队决战。正值此时，亚历山大得知斯皮塔米尼斯包围了玛拉干达城。于是，他调拨一支军队去解玛拉干达城之围。在希腊援军逼近之时，斯皮塔米尼斯佯装撤围逃走，诱敌深入沙漠，之后，斯皮塔米尼斯采取了反攻。"他们并不是消极等待敌人来攻，也不只是准备敌人来时冲他们一下；而是一见马其顿部队来了，就快马加鞭，围着步兵方阵兜圈子，不停地向他们猛射排箭。"[3]在斯皮塔米尼斯的反攻下，大部分希腊援军被歼灭，只有300多人突围逃走，斯皮塔米尼斯再次包围了玛拉干达城。

在与塞克人隔河对峙期间，亚历山大在锡尔河南岸建筑了一个据点，这就是艾斯恰特亚历山大城。以此城为基地，希腊军队渡过锡尔河，出击塞克人。在此，亚历山大染病，中止了对塞克人的进攻，返回艾斯恰特亚历山大城。他留下一支军队驻守该城，之后班师返回玛拉干达城。经过三天的急行军，亚历山大赶到了玛拉干达，斯皮塔米尼斯再次不战而撤，希腊军队追踪到了沙漠边缘。鉴于上次的教训，亚历山大不敢贸然深入沙漠。于是，他下令蹂躏泽拉夫

---

[1]　〔古希腊〕阿里安：《亚历山大远征记》，第120页。

[2]　同上书，第121页。

[3]　同上书，第125页。

善河流域地区，对居民进行杀戮①，给该地区带来了深重的灾难。

当冬季来临时，亚历山大放弃了对斯皮塔米尼斯的进攻，留下3000希腊军驻守玛拉干达，其余军队与他一起撤回巴克特拉城过冬。大概就在此时，亚历山大一面积极地从本土和西部诸省调集援兵；一面通过原巴克特里亚太守柏萨斯的老朋友西西科塔斯（Sisicottus）牵线，与咸海南部的科拉西尼亚（Chorasmians，即花剌子模）国王法拉斯马尼斯（Pharasmanes）会晤，商谈结盟之事，为再次进攻粟特做准备。

公元前328年春，亚历山大再次出征粟特，两万希腊军队分五路进军。粟特居民不畏强暴，利用设防的堡垒与希腊军队作战。希腊军队的扫荡使得粟特地区满目疮痍，他们不仅攻击那些进行抵抗的粟特人，还把前来归降的人也通通杀掉。当亚历山大向粟特进军之时，粟特最强有力的抵抗者联合塞克人开始向希腊人的后方巴克特里亚进军，他们占领了一个边防站，继而兵临巴克特里亚首府巴克特拉城下，在此，他们伏击希腊军队，击毙了希腊雇佣兵60余人。②

公元前328年冬，斯皮塔米尼斯率3000马萨革泰骑兵进攻希腊要塞巴伽（Baga）。巴伽地处粟特人与马萨革泰人之间的地区，具体位置仍不清楚。在此，他们与科那斯（Godomannus）率领的希腊救援部队相遇，双方发生激战，斯皮塔米尼斯在损兵800余人以后，再次退往沙漠地区。③据阿里安记载，此役之后，粟特人开始疏远斯皮塔米尼斯，可能是亚历山大对粟特贵族进行政治拉拢的结果。据说，军中的马萨革泰人杀死了他，并把他的头砍下来送给了亚历山大。④

斯皮塔米尼斯被杀以后，粟特的抵抗力量分散在一些易守难攻

---

① 〔古希腊〕阿里安：《亚历山大远征记》，第127页。
② 同上书，第140页。
③ 同上书，第141页。
④ 另有一说：斯皮塔米尼斯的妻子曾劝其夫投降亚历山大，在遭到拒绝后杀夫，并亲自将其首级送给亚历山大。

的山地岩寨，继续抵抗希腊人。到公元前327年，亚历山大陆续攻下一个个岩寨，基本完成了对粟特的征服。

亚历山大对粟特的征服是成功的。在征服中，他不仅采取了军事手段，还实施了拉拢当地贵族等政治外交措施。征服粟特以后，亚历山大任命当地贵族为督办，以缓解希腊人与粟特人之间的矛盾，取得当地贵族的支持，并通过他们实现了在中亚的统治。在公元前328年年末，奥克夏特岩寨投降，亚历山大迎娶该寨寨主奥克夏特之女罗克珊娜为妻，并将斯皮塔米尼斯之女阿帕马嫁给手下大将塞琉古·尼卡托。奥克夏特在亚历山大征服粟特其他岩寨的战争中，扮演了重要角色，促成了其他地区统治者的投降。后来，亚历山大任命他为帕罗帕米萨德总督。

亚历山大在征服粟特之后，对当地的制度和习俗采取了尊重的态度，并身体力行，"装出大王的姿态，并以东部的风俗礼仪装饰自己，在东方民众面前强作谦卑，采纳君王具有神性的教谕。他成了大流士的继承人"①尽管亚历山大的这些行为引起希腊贵族中保守派的反对，然而，正是通过这些手段，粟特贵族对希腊人的态度发生了转变，他们中的许多人转到了希腊人一边，使这些地区的抵抗运动平息下来。

亚历山大去世之后，粟特处于塞琉古王朝的统治之下。公元前3世纪中期，希腊—巴克特里亚王国建立以后，粟特又成为该国的一部分。以后，粟特太守攸提德谟斯夺取了巴克特里亚王位。在他与儿子德米特里统治的近70年（前225—前160）中，希腊—巴克特里亚王国达到了鼎盛。以后，德米特里的统治中心南移到印度河流域，尽管如此，粟特一直是希腊—巴克特里亚王国的属地，直到公元前2世纪中叶大批塞克人的南下和希腊—巴克特里亚王国的灭亡。

有关这一时期粟特人的经济生活，从中国史书《后汉书·西域

① 〔匈牙利〕雅诺什·哈尔马塔主编：《中亚文明史》第2卷，第45页。

传》中可以了解一些。该书记载说："（粟特）出名马牛羊，蒲萄众果，其土水美，故蒲萄酒特有名焉。"从考古发掘中，也可以知道这一时期粟特的社会发展水平。

考古发现了一些城市或城堡的建筑遗迹。在苏对沙那，最早的城市形成于公元前7—前5世纪之间，它们是波斯人统治之前的遗址。在苏对沙那和费尔干纳连接处的俱战提平原，发现了一座城市遗址，建于公元前6—前5世纪，最初以黄土筑造的堤墙保护，以后出现了未烧制的矩形砖块修建的城墙。城市的平面布局呈正方形，占地20公顷，由市区和城堡两部分组成。在城市遗址上出土了轮制和手制的陶器，器物大多是日常用具，如炊具、餐具和贮藏用具，其中，不乏精制品。一些学者推测，陶器制作技术可能借鉴了中亚南部地区和公元前7—前4世纪费尔干纳中部的埃拉坦文化（Eylatan Culture）。在此出土了石磨、石杵和赤陶纺锤。在俱战提山区，考古学家甚至发现了采矿的遗迹，开采的矿产是青金石和红玉髓。

粟特的大多数城市是在波斯人和希腊人统治时期建筑的。据斯特拉波记载，亚历山大在占领粟特之后，曾经在这里建造了一些城市，并组织希腊移民迁到这些城市中。其中，最著名的城市是艾斯恰特亚历山大城，它是在居鲁士城的基础上建造起来的。在塞琉古王朝统治时期，安条克一世曾在泽拉夫善河流域的玛拉干达城建筑了带有通道的防护墙。

据文献记载，粟特人已经拥有自己的文字，文字是以阿拉米文为基础创造的。粟特文字的创立时间可能是在公元前3世纪前后，在中国史书中，它被称为粟特文。在宗教方面，粟特人信奉琐罗亚斯德教。在希腊人统治时期，粟特文化受到了希腊文化的影响。

第四节　花剌子模国

　　花剌子模绿洲位于阿姆河下游流域及其向东延伸至咸海南岸之间的地区。希罗多德在其《历史》一书中记载道："在亚细亚，有一个四面被山环绕起来的平原，在这些山当中有五个峡谷。这个平原以前是属于花剌子模人的，它位于和花剌子模人本身、叙尔卡尼亚人、帕尔托伊人、萨朗伽伊人和塔玛奈欧伊人的土地交界的地方。"目前，我们对文中所提到的诸类居民的情况还不清楚。根据波斯铭文可以肯定的是：花剌子模绿洲东面是粟特；西南面是马尔吉亚那和帕提亚；西面是帕尔尼人和达赫人的牧地；东北面是马萨革泰人的牧地。

　　公元前1千纪初期，花剌子模绿洲出现了属于早期铁器时代文化的阿米拉巴德文化，它是在本地晚期青铜文化遗址塔扎巴格雅布的基础上发展起来的。从1937年起，苏联学者托尔斯托夫主持了花剌子模绿洲的考古工作。考古发现，公元前7世纪时，花剌子模农业文化比其前身阿米拉巴德文化有了极大的进步，在公元前8—前7世纪间修筑了一些技术含量很高、规模很大的灌溉系统。通过对它们的研究，有学者认为，花剌子模绿洲在阿黑门尼德王朝之前已经形成了国家，他们将其命名为花剌子模古国，并确定莫夫（Merv）和赫拉特是古国的两个中心。

　　然而，有考古学家认为，在公元前8—前7世纪，花剌子模绿洲既无众多的人口，又无先进的灌溉系统，花剌子模灌溉系统的大发展时期是在公元前6世纪左右，像卡拉里吉尔（Kalalî-gîr）这样的大定居点是在阿黑门尼德时期才出现的。基于这些理由，这些学者认为在波斯阿黑门尼德王朝以前，所谓的花剌子模古国并不存在，可能仅仅是一个部落联盟而已。

　　花剌子模绿洲在公元前8—前7世纪是否存在政权这一问题还有

待于进一步的考古发现。不过，在公元前 7—前 5 世纪，从花剌子模绿洲内出现的新建城镇和城堡推测，操伊朗语的定居部落和半定居部落已经联合组成了大的部落联盟，这是可以肯定的。城镇和城堡的建筑起码标志着，调动成批人力和管理公共设施的较为集中的政权存在。公元前 6 世纪，"花剌子模"一名在波斯铭文中出现，贝希斯敦铭文记为 Uvārazmi，在希腊语中被转写成 Chorasmians，汉语根据希腊语音译为科拉斯米亚或科拉西尼亚。史学界认为中国史籍《史记·大宛列传》中记载的宛西小国"驩潜"就是指花剌子模国。

公元前 6 世纪，波斯军队入侵花剌子模绿洲，花剌子模绿洲遂处于波斯帝国的统治之下。居鲁士二世去世以后，其子巴尔迪亚（Bardia）成为包括花剌子模在内的中亚各省的长官。公元前 522年，大流士一世夺取波斯帝国王位，帝国各地叛乱。据贝希斯敦铭文记载，在此叛乱期间，花剌子模人没有像中亚其他地方那样宣布脱离波斯国的统治。[①] 在以后大流士一世划分的 20 个郡中，花剌子模成为波斯帝国的一个郡，属于第 16 区，与粟特等四个郡每年向波斯帝国缴纳 300 塔兰特银币。

波斯帝国对花剌子模人的盘剥情况由希罗多德记录下来。除了规定每年应缴纳的税收外，波斯帝国通过封山、堵水等手段垄断资源以收取额外租税："自波斯人掌握了政权以来，它（花剌子模）就成了国王私人的土地。从这周边的诸山中，有一条称为阿开司的大河流出来。这条大河分成五个支流，在先前它们分别穿过五道峡谷而灌溉了上面所说的那些民族的土地；然而自从波斯的统治开始以来，这些人就倒霉了。国王封锁了山中的峡谷，并用一个闸门把每一个山路给封了起来，这样水就流不出来了，山中的平原就变成了一个湖，因为水流到平原上来而没有泄出去的地方。结果以前使用这个河的河水的人们不能再用了，因而处于十分困难的地位。因为

---

① 余太山：《塞种史研究》，第 2 页。

在冬天，他们和其他的人一样有雨降下来，但是夏天他们却需要水灌溉他们播种的小米和胡麻。因此只要没有水给他们，他们就和他们的女人到波斯去，在国王的宫殿门前高声哭号。国王终于下令把通向他们中间最需要水的人那里去的闸门放开，而当这块地方把水吸收足了的时候，闸门就关上了，于是国王下令再为其他那些最需要水的人开放另一个闸门，而据我所听到和知道的，在开放闸门的时候，他在租税之外，还要征收大量的金钱。"

在波斯人的统治结束之后，希腊人统治了中亚各郡，而花剌子模绿洲是一个例外，花剌子模人建立了自己的国家。公元前329年，亚历山大出兵占领了玛拉干达城，但由于粟特人的顽强抵抗，希腊人对粟特的占领是不稳固的。在公元前329年冬天，亚历山大退回巴克特里亚过冬。正是在此时，亚历山大开始与花剌子模国王接触，以期结盟。他们之间的会晤由古希腊学者阿里安记载下来："科拉西尼亚（即花剌子模）国王法拉斯马尼斯带领一千五百名骑兵也来了。他说他们住在科其亚（Colchis）和阿马宗（Amazons）女人国的边界上，如果亚历山大打算讨伐科其亚和阿马宗，把居住在攸克塞因海（黑海）附近一带的各部族征服的话，他愿意当向导，并为远征军筹备一切供应。……然后（亚历山大）向法拉斯马尼斯表示感谢，并和他友好结盟。"[①]这一时期，在花剌子模绿洲边缘游牧的是马萨革泰人。在马萨革泰人中，以妇女为首领或王的现象普遍存在，花剌子模人所说的"科其亚和阿马宗女人国"应该指马萨革泰人的政权。这支游牧民可能一直是花剌子模绿洲的威胁，因此，在波斯帝国灭亡之后，花剌子模人企图与希腊人结盟以对付这些游牧民。正是这一联盟的存在，希腊军队才没有进入花剌子模国。

花剌子模国保持了独立，在公元前4—前1世纪期间，它成为一个强大的国家，花剌子模绿洲的城市和定居地区得到了进一步的

---

① 〔古希腊〕阿里安：《亚历山大远征记》，第138—139页。

发展。

考古发现，花剌子模国水利灌溉系统高度发达，在东起阿克恰河三角洲，西至萨雷卡麦什低地之间形成了灌溉网。一些灌溉水渠的规模很大，长达 60 公里—70 公里，宽达 20 米—40 米。[①] 在花剌子模灌溉渠中，建于公元前 4—前 3 世纪的古尔都松（Guldursun）渠工程最具代表性，大的灌溉绿洲有阿克恰河三角洲以南的丁吉尔泽（Dingildzhe）绿洲。

花剌子模国居民主要从事灌溉农业。从考古遗迹中发现了粟、大麦、芝麻、胡麻、水果等农作物和经济作物的遗迹。目前已经发现，在花剌子模国山区和平原经营着牲畜饲养和园艺业，居民饲养的牲畜主要是牛、马、羊。考古发掘表明，花剌子模国的手工业有陶器制作、铜器制作、纺织、开矿等。在克尤泽利吉尔（Kyuzeli-gir）城发现了生产轮制陶器的加工场；在布坎套（Bukantau）山区南部克里切套（Kerichetau）山区发现了开采冶炼铜矿的铜渣堆，出土了古代矿工用于开采露天矿的绿岩锤子和重达 8 公斤的大石锄；在克孜尔库姆发现了开采绿松石矿石的遗迹。[②]

在此时期，花剌子模国出现了规模不等的城镇和设防城市。1938—1939 年，考古学者对建于公元前 5—前 4 世纪的设防城市克尤泽利吉尔城遗址进行了发掘。克尤泽利吉尔城位于阿姆河左岸的萨雷卡麦什地区，它建筑在一块天然的高地上，平面布局呈三角形，占地 25 公顷。城市四周有设防严密的围墙，城墙上筑有椭圆形的棱堡。城区内建了一排排密集的住房，房屋一般用未烧制的砖块建造。公元前 4—前 3 世纪，花剌子模带城墙的城市还建筑了护城河和城堡，其中最有名的是詹巴斯卡拉（Dzhanbas-kala）城和巴札尔卡拉（Bazar-kala）城。詹巴斯卡拉城位于阿姆河下游右岸，呈正方

---

① 〔匈牙利〕雅诺什·哈尔马塔主编：《中亚文明史》第 2 卷，第 357 页。
② 同上书，第 358—359 页。

形，面积约为 3.4 万平方米，城市被双层围墙围住，墙高 10 米—11 米，每层厚 1 米—1.3 米。外墙有一排密布的箭孔，每三孔一组，内墙也有箭孔。入城门后，要迂回曲折五次才能进入城中。一条大街将城区分成两部分，每部分约有房屋 200 间。哈札拉斯普（Hazarasp）城和津吉尔奔特（Dzhingirbent）城也是这一时期建筑的。

从花剌子模古城的分布、结构和功能来看，上述城市具有以下特点：城市一般建筑在农业区与草原邻近的地带，或者坐落在主要商道旁边；城市带有设防措施，有的城市在战略高地上或绿洲边缘地带建有城堡或堡垒，堡垒由多层楼堡护卫，俯视四方。此外，有的建筑也有防范措施，如建于公元前 4 世纪的廓克里甘卡拉（Koy-Krilgan-Kala）神祠，它的平面布局为圆形，直径约 90 米，由一座圆柱形大型建筑物构成，外边绕以围墙，围墙之上设置了九个棱堡以加强防御。[1] 甚至一些官宦之家或富裕的大户人家在建造住房时修建了防御设施。[2] 通过对卡拉里吉尔城的考古，发掘出一所带有许多房间的大型住宅，整个房屋由一堵厚达两米的外墙环绕，用未经烧制的矩形砖砌成。

花剌子模城是手工业、商业和文化的中心，同时也起着保护商道沿线农业区的作用。绿松石制品远销波斯、印度等周边地区，说明花剌子模与周边国家和地区的联系紧密。

公元前 3 世纪，花剌子模人开始使用阿拉米字母书写自己的语言，在此基础上，创造了花剌子模文，这些文字书写在羊皮或木片上，在陶罐等器物上也出现了花剌子模文。考古学家在花剌子模附近的科依克雷尔干卡拉城（Koy-Krîlgan-kala，即"死羊城"）发现了一个属于公元前 3 世纪的陶罐，上面的铭文可能就是用古花剌子模文书写的。[3] 另外，在巴比伦的西帕尔（Sippar）也发现了一些用

---

① 〔匈牙利〕雅诺什•哈尔马塔主编：《中亚文明史》第 2 卷，第 359—362 页。

② 同上书，第 361 页。

③ 王治来：《中亚史纲》，第 46 页。

花剌子模文书写的名字。①遗憾的是，古花剌子模文字至今尚未释读成功。

这一时期花剌子模绿洲的艺术受到了斯基泰文化、古希腊文化和犍陀罗文化的影响。陶器制作精美，绘有人头、动物、鹰头、狮身和斯基泰骑士等图案。在托普拉克卡拉（Toprak-kala）的宫殿壁龛中，塑有国王、妃妾及侍从的泥塑，这些泥塑形象生动、姿势逼真。在古城墙上还残留着精美的壁画。

花剌子模人最初崇拜日、月、星辰等自然物，廓克里甘卡拉神祠的建筑特征和该地出土的香炉、祭台、祭品反映了自然崇拜的关系。此后，花剌子模人信奉琐罗亚斯德教，许多学者甚至认为，花剌子模古国是最早开始传播琐罗亚斯德教的地方。虽然在花剌子模发现的墓葬仪式多种多样，但从盛放尸骨坛罐的摆放仪式和数量来看，琐罗亚斯德教葬俗最普遍。

花剌子模国的西北、正北和东北面都是游牧民。里海以东的马萨革泰人后裔帕尔尼人和达赫人分布在其西北，在更远的西方，即黑海北岸的斯基泰人和萨尔马特人先后与花剌子模人发生了联系。花剌子模人与斯基泰人原来关系紧张，为了缓和关系，斯基泰人曾经派遣使者与花剌子模人签订了友好协定，担任使臣的是花剌子模的近邻马萨革泰人。尽管花剌子模人与游牧民不断协调着关系，但总的来说，花剌子模国与周边的游牧政权关系紧张，冲突经常发生。这一点从建有严密围墙的花剌子模绿洲城市和筑有坚固防御工事的一些建筑物中反映出来，也可以从花剌子模国王与亚历山大结盟的盟约中反映出来。

---

① 〔匈牙利〕雅诺什·哈尔马塔主编：《中亚文明史》第2卷，第356页。

第五节　帕提亚王国

"帕提亚"一名指从里海东南岸到穆尔加布河三角洲（马尔吉亚那）之间的地区，可能得名于在此活动的帕尔尼人。

公元前 2 千纪末至公元前 1 千纪初，帕提亚地区出现了长达 50公里—60 公里的灌溉工程。除了庞大的灌溉网外，在公元前 10—前7 世纪间，该地区的定居聚落比青铜时代的聚落大，并且在聚落上建筑了城堡。从该遗址的遗迹推断，帕提亚在此时期存在着一定的政权，有的学者认为，在波斯帝国统治之前帕提亚地区已经形成了国家，而有的学者认为，在穆尔加河三角洲没有君主政治。

公元前 7 世纪，帕提亚先后臣属于亚述国和米底国。公元前 673年，亚述国王阿萨尔哈东向里海南岸出兵时，势力抵达帕提亚。米底人强大起来以后，帕提亚地区居民又向米底人纳贡。波斯帝国建立之后，国王居鲁士二世征服了帕提亚，任命波斯人维什塔斯帕担任帕提亚和希尔克尼亚（Hyrcania，里海南岸和东南岸一带，另译赫卡尼亚）的统治者。居鲁士二世死后，长子冈比西斯即位，称冈比西斯二世。冈比西斯的胞弟巴尔迪亚管辖着包括帕提亚在内的东部各省。维什塔斯帕之子大流士在夺取波斯帝国政权之后，仍然让其父维什塔斯帕统治帕提亚。在波斯帝国各地起义反大流士之时，帕提亚人起来反对维什塔斯帕的统治，大流士派兵增援其父，并于公元前 520 年 4 月在帕提亚的帕提格拉班纳（Patigrabana）平息了这场叛乱。以后，大流士将帕提亚与花剌子模等地划为一区，即第 16 区，派太守统治，规定该区要缴纳的赋税为 300 塔兰特银币。波斯帝国在帕提亚的统治持续了两个世纪。

波斯人的统治结束以后，帕提亚经历了希腊人的统治。亚历山大东征之时，先取阿姆河西岸希尔克尼亚地区的首府扎德拉卡塔（Zasracarta，今阿斯特拉巴德），波斯将领那巴赞斯、希尔克尼亚总督福拉塔弗尼斯投降希腊人。亚历山大进入帕提亚，然后南下进入阿里亚。阿里亚太守萨提巴赞斯（Satbarzanes）投降。但当亚历山大离开阿里亚向东进攻巴克特里亚之时，萨提巴赞斯杀死了留守阿里亚的希腊将领阿那克西普斯（Anaxippus）及其部。亚历山大回师镇压了阿里亚的叛乱。在平定叛乱之后，亚历山大任命波斯人阿萨米斯为阿里亚太守。接着，亚历山大南下攻德兰吉亚那。途中，希腊人建筑了一座新城，名为阿里亚的亚历山大城（Alexandria in Aria），即今天的赫拉特城。德兰吉亚那被亚历山大占领以后，德兰吉亚那和阿拉霍西亚两地的波斯太守巴散提斯向印度河流域逃亡。[①] 公元前329年，亚历山大离开德兰吉亚那首府费拉达（Frada）向巴克特里亚进发。

亚历山大去世之时，帕提亚的统治者是弗拉塔费涅斯（Phrataphernes）。摄政王坡狄卡斯在试图维持各征服地区的统一之时，被部下刺杀。摄政王死后，亚历山大将领们于公元前321年在叙利亚的特里帕拉狄索斯（Triparadisus）召开会议，讨论了重新划分势力范围的问题。当时驻守米底的希腊将领佩松派其弟攸达模斯（Eudamus）前往帕提亚取代了原总督弗拉塔费涅斯，以后，帕提亚成为亚历山大部将塞琉古的属地（前312—前250）。

公元前3世纪中叶，大约在希腊—巴克特里亚王国独立之时，帕提亚与希尔克尼亚总督安德拉戈拉斯也宣布脱离塞琉古王朝独立，建立了帕提亚王国。建国之初，帕提亚王国在东部和北部受到了游牧部族帕尔尼人的侵扰。帕尔尼人在今土库曼南部，遍布于农业绿洲的边缘地带。他们在首领阿尔萨西斯（Arsaces）的率领下对帕提亚发起频繁的攻击。帕提亚总督安德拉戈拉斯在抵抗帕尔尼人的战争中被杀，他的去世标志着希腊人在帕提亚的统治结束了。此后，

---

① 阿里安认为，巴散提斯来到印度河流域以后，当地人把他绑送给亚历山大处置，参见〔古希腊〕阿里安：《亚历山大远征记》，第113页；巴基斯坦学者 A. H. 丹尼认为巴散提斯来到阿拉霍西亚东部（即印度河流域），重新得到了"山地印度人"的支持，参见〔匈牙利〕雅诺什·哈尔马塔主编：《中亚文明史》第2卷，第44页。

政权落入了以阿尔萨西斯为代表的帕尔尼部贵族手中。

大约在公元前 248 年，阿尔萨西斯以尼萨（在今土库曼斯坦的阿什哈巴德西北）为中心建立起独立政权，即阿尔萨西斯王朝。该王朝自公元前 3 世纪中叶起，持续统治帕提亚近五百年（前 248—公元 224）。据学者研究，中国史书中提到的"安息"是 Arsaces（阿尔萨西斯）的汉语音译，因此，中国史书中的安息王朝就是帕提亚王国。

安息王朝已经不再是希腊人的政权，而是由说伊朗语的帕尔尼人建立的政权。一年后，安息王朝的创建者阿尔萨西斯在与巴克特里亚希腊人的战争中去世，他的兄弟提里塔特继位，史称阿尔萨西斯二世。提里塔特于公元前 247 年正式称王，因此，有学者认为安息王朝的第一位国王应该是提里塔特。

塞琉古王朝不能容忍帕提亚分裂出去，多次出兵讨伐安息王朝。公元前 247 年，塞琉古军队在托勒密尔盖特的率领下逼近帕提亚。在此危急的形势下，安息国王提里塔特与希腊—巴克特里亚国王狄奥多塔斯二世缔结盟约，两国合力共同抵抗塞琉古军队。结果，塞琉古军队被迫撤退，东部各省彻底获得了独立。安息王朝乘胜追击，兼并了希尔克尼亚。公元前 230—前 227 年间，塞琉古王朝再次组织军队征讨安息王朝，在战争初期取得了胜利。正值此时，塞琉古王朝的西部地区爆发叛乱，塞琉古军队返回，安息王朝迎来了巩固的时间。公元前 209 年，塞琉古国王安条克三世再次组织军队东征，他率领着十万步兵和两万骑兵打败了安息国王阿尔塔巴努斯（Artabanus）的军队，阿尔塔巴努斯被迫承认了塞琉古王朝的宗主权（前 209—前 192）。公元前 192 年，塞琉古王朝与罗马帝国发生战争，安息王朝利用这一机会重新获得了独立，并夺取了塞琉古王朝在里海南岸的诸省。

国王米思里代蒂兹（Mithradates）统治时期（前 171—前 139），安息王朝迎来了强盛时期。在巴克特里亚与塞琉古王朝这两个东、西强国的战争期间，安息王朝积极扩张领土。在东方，安息王朝夺取了巴克特里亚的一些领土；在西方，安息王朝攻取了塞琉古王朝的米底，为继续西进和南攻铺平了道路，将统治疆域扩展到整个伊朗高原、亚美尼亚、美索不达米亚的部分地区。随着西进战争的顺利，安息王朝的首都一再西迁。首都最初在今阿斯特拉巴德附近的尼萨城，以后迁到了位于今伊朗东北达姆甘西南附近的赫卡托姆皮洛斯城（Hecatompylos，意为"百门之城"），中国史书称之为和椟城。后来，安息王朝的都城又西迁到埃克巴坦纳，到公元前90年，幼发拉底河畔的泰西封（Ctesiphon）成为安息王朝的都城。

在经历了米思里代蒂兹统治的鼎盛时期以后，安息王朝经历了内外危机。在帕提亚国东部，公元前140—前130年，塞克人的迁徙不仅导致了希腊—巴克特里亚王国的覆灭，对安息王朝也造成了严重的影响。塞克人入侵了安息王朝东部地区，其中一些人甚至深入到美索不达米亚。公元前129年，安息国王弗拉阿特二世（Phraates Ⅱ，公元前138—前127年在位）在与塞克人的战斗中阵亡。安息王朝在抵抗无效的情况下，把一些游牧人从帕提亚本土迁移至阿拉霍西亚的哈蒙湖（Hamun Lake）周围和德兰吉亚那地区，此后，游牧人治理的一些小国接受了安息王朝的宗主权，成为属国。

在安息王朝的西部地区，希腊化城市居民们为了维护自己的权利，不服从安息王朝的统治起来造反。在随后的两百年中，安息王朝境内的这些希腊化城市成了反对安息王朝中央政权的主要力量。

在王朝内部，安息王朝的疆域虽然扩大了，但政权基础却未能扩大。安息王朝始终没有改变建国初期的政权结构，部落时代的贵族参议会在国家事务中仍然发挥着相当大的作用，国王的权力受到了影响。安息王朝的地方政权相当复杂，主要存在着两种形式，即直属于中央政权的总督区和附属小王国的半独立领地。

总督区由国王任命的总督统治。安息王朝总督区比波斯帝国的要小得多，在某些情况下，好几个总督区的权力集中在一人手中。从尼萨古城出土的贝壳等遗物中可以看到，安息王朝存在着庞大和发达的官僚体系。在总督区内，最基层的组织是由不多的几个村庄组成的迪兹（Diz，安息语，即希腊语，斯旦思莫斯），其首脑称为迪兹帕特（Dizpat），在迪兹内设置了小兵营。

安息王朝中央管辖的范围并不大，国内存在着许多独立领地，它们主要是在埃勒梅斯（Elymais）、马尔吉亚那、德兰吉亚那等地区。由于安息王朝政权的社会支持面过于狭窄，王室对这些小国家的分裂和独立采取了姑息政策，只满足于上缴赋税而已。

在安息社会中，东部地区受帕尔尼人的影响很深，社会可以划分成四个阶层。最上层的阿札特（Āzāt）是自由人，主要是帕尔尼人，他们中的贵族把持着国家权力，是安息王朝的统治阶级；第二阶层由军队主体构成，在此阶层中，装备良好的骑兵依附于帕尔尼贵族，为统治阶层服务；第三阶层由农村村民组成，他们拥有一定的财产，在村社中也享有一些权益，但他们没有完全的人身自由，集体依附于统治阶级，给统治者提供赋税；生活在社会最底层的是奴隶，他们在经济中的地位现在还不清楚。

安息王朝的西部地区受塞琉古王朝奴隶制的影响较深，在苏萨城发现的有关奴隶释放的文献反映了奴隶制较为流行。统治这些地区以后，帕提亚人继承了奴隶制度。不过，与东部地区相比，西部自由民的范围较广泛，其中，城镇的居民、宗教成员、帕提亚移民以及一部分农民都是自由民。在西部地区还存在着比东部地区繁杂得多的种种非奴隶性依附形式。

安息王朝的经济以农业为主，兼有畜牧业经济。大部分农业靠灌溉，在安息王朝时期，灌溉范围比以往得到了长足的发展。考古发现的一张王室领地的农田地籍总图，反映了安息王朝的一些财政情况。国家严格控制着税收，尼萨的考古材料提供了各种类型的税收项目，它们随着农田种类的不同而有所区别。其中，帕特巴兹（Patbāz）是专供国王使用的税收；还有一种类似于什一税的、专供宗教活动使用的税收。

安息王朝时期，手工业在全国得到了发展。在东部地区，马尔吉亚那制作铁器，如武器和盔甲，以及毯子都很有名。出土物表现出希腊风格，出土了陶器、玻璃器、铁兵器、盾牌的青铜护手、印章和铸有希腊文的钱币。

安息王朝的建筑业十分发达。据中国史书记载，"其属大小数百城，地方数千里，最为大国"（《史记·大宛列传》）。城市建筑的平面图几乎都呈圆形或椭圆形，具有军营传统的性质。早期的房屋建筑风格受希腊人的影响，采用平屋顶石柱，墙壁带壁龛；后期的建筑有了自己的风格，屋顶为拱穹结构，希腊式的柱子转变为柱壁。后期建筑的典型例子是桶形拱顶建筑，即具有拱穹屋顶，三面为柱壁，另一面是拱廊，这种建筑结构在以后的清真寺建筑中继承下来。在东部，神庙建筑多为方形，中央有四根柱子，这种形式源自古代的拜火神庙。

尼萨城、哈特拉（Hatra）城堡和弗拉斯帕城是安息王朝城市建筑的典范。1930—1936 年和 1946—1960 年间，苏联考古学家 A. A. 马鲁先科和马松先后对尼萨古城遗址进行了发掘。尼萨城遗址在今土库曼斯坦阿什哈巴德城西北 18 公里的巴吉尔村，遗址包括旧、新尼萨城区。旧尼萨城区是安息国王的住地，面积约 14 公顷，四周有土坯城墙，厚约 10 米。城内建筑可分南、北两部分，南部为宫殿和庙宇，有方形和圆形大殿各一座，方形大殿面积约 400 平方米，内有 4 根高达 12 米的四棱砖柱，沿墙则有半圆柱，其形式与多瑞安式、科林斯式和伊朗式的立柱相似。大殿的第二层也有圆柱，其间摆置着比真人还要高大的男女彩塑。圆形大殿的装饰和立柱与方殿相似。在城北，有一座由方形回廊改建的王室仓库，面积约 3600 平方米，此外还有若干王陵。

新尼萨城在旧城的南面，面积约 18 公顷，筑有土坯城墙，墙上建有望楼。城门开于东墙，城门附近有安息贵族的墓地。城南内耸立一座城堡，城堡外四面是房舍，有一道用草泥修建的外城墙，长 6 公里以上。

哈特拉城遗址在今伊拉克北部的摩苏尔（Mosul）西南约 64 公里处，此城建于公元前 2—公元 1 世纪间。哈特拉城的平面呈圆形，直径约 1.6 公里，有细方石筑成的两道城墙。遗址中央是一个长方形的圣区，它分为两个部分，每一部分以一个大厅为中心，附建一些小厅和拱穹结构的房屋。

弗拉斯帕城遗址在乌尔米亚湖的东南方，城市的平面呈椭圆形，城的中轴线自南向北依次有人工湖、神庙和塔楼等遗迹，两条南北走向的干道与中轴线并行，干道之间的中央部分是圣区。根据遗址判断，弗拉斯帕是经过统一规划设计的城市。

以上遗址反映，城市在国家统治中占据着重要地位。其中，希腊城市是在塞琉古王朝时期建立的，在安息国统治期间，它们的地位有所降低，但城市仍保留着自治权。在安息王朝时期，公共议会的重要性逐步丧失，城市政治向寡头政治发展，权力集中于参议会，参议会由少数富有的、大户家族的代表组成。

安息地处远东与地中海之间，安息王朝在东、西方贸易中起着中转作用，安息商人垄断了远东与地中海之间的贸易，他们通过陆上交通与莫夫、德兰吉亚那、坎大哈及北印度发生贸易。

1948 年，在尼萨宫殿遗址上出土了大量酒瓶碎片，其上有铭文。据研究，铭文的语言是公元前 2—前 1 世纪用阿拉米字母书写的安息语，这可能是迄今发现的最早的安息语文献。铭文内容反映了酿酒、贮酒、出纳、税收等情况，从中反映出安息王朝行政机构的某些特征及中亚葡萄种植业的历史。

考古材料表明，安息王朝的文化是希腊文化与本土文化融合形成的，具有混合的特征。它们表现在建筑、雕刻和绘画上。王朝初建时期，缔造者帕尔尼人仰慕希腊文化，向往希腊人的生活方式，他们模仿吸收了希腊文化的形式和传统，采用希腊的语言和艺术。在尼萨城的宫殿遗址上出土了希腊神阿芙罗狄特、赫拉克勒斯、赫拉的雕像饰品，在宫廷使用的酒杯上刻有希腊酒神的故事。

帕提亚出土的雕塑主要为岩石浮雕和圆雕。岩石浮雕以刻画人物正面像为特征，神态较呆板，内容大多数表现国王或神。圆雕的代表作是表现帕提亚诸神和希腊诸神的镀金或镀银像，以及尼萨宫廷的男女泥塑像。最能反映安息艺术水平的是在尼萨古城出土的有象牙雕刻的角杯，总共发现了 40 多件。角杯的上部雕刻着表现天神、诗神、酒神及希腊神话的场面，角杯底部雕刻着精致的人头牛身或鹰头蛇身的怪兽形象。除了雕刻外，角杯还以宝石镶嵌。钱币的铸造也反映了当时的雕刻技术，钱币正面雕刻的是国王头像，反面各不相同。在安息王朝初期，钱币反面雕刻的是手持弓箭、戎装的阿尔萨西斯像，后期雕刻的是已经神化的国王像。

安息王朝发行的钱币上有火坛的象征符号，似乎可以推测安息人的琐罗亚斯德教信仰，帕提亚除了使用塞琉古纪年外，还使用琐罗亚斯德历法。琐罗亚斯德教的教义深入安息王朝的官方意识形态之中，王室以宗教法规来证明自己的合法性。因此，有学者认为，安息可能已经以琐罗亚斯德教为国教。此外，安息王朝东部地区的居民开始信仰佛教，出现了一批佛教学者，他们曾远赴中国参与传教和译经工作。

在安息王朝时期，帕提亚与周围地区的联系加强。在对外关系中，安息王朝执行了与希腊—巴克特里亚联盟、放手向西扩张的政策。建国之初，在公元前 247 年，安息国王与希腊—巴克特里亚国王狄奥多塔斯二世结成反塞琉古的同盟。安息王朝的外交政策获得了极大成功，西进取得了胜利。战胜塞琉古王朝以后，安息王朝国力大增，成为希腊—巴克特里亚王国的威胁，据记载，安息王朝曾出兵侵占过属于希腊—巴克特里亚的领土。希腊—巴克特里亚国王狄奥多塔斯二世对与安息结盟一事感到后悔，国内的希腊统治集团对此事也极为不满，狄奥多塔斯二世因此招致杀身之祸。

在安息王朝后期的对外关系中，罗马帝国是一个主要因素。当时，安息王朝统治集团内形成了亲罗马和反罗马两派。亲罗马派主要由希腊人、美索不达米亚地方城市首脑和安息贵族组成，他们从罗马人的向东扩展和罗马军团对他们的许诺中看到了新的希望；反罗马派由伊朗地区贵族组成，他们与东部的游牧部族关系密切，他们期望在战争中获得财富，他们流行的口号是"光复阿黑门尼德王朝遗产"和"征服全亚洲"。安息王朝和罗马帝国之间的一系列战争正是在这种背景下发生的。战争一直进行到安息王朝被波斯本地政权萨珊王朝（Sassanids，226—651）灭亡为止。安息王朝对罗马帝国的战争阻止了罗马人的东进，使罗马人没能进入中亚腹地。

第四章

社会经济与政权形式

　　在早期文明时代，中亚地区居民以游牧与农耕混合型经济为生。北方牧民的经济是畜牧—农业混合型，或畜牧—渔猎混合型；南方居民的经济是农业—畜牧混合型。在中亚北方，以游牧经济为基础的游牧国家建立起来，国家的基层组织是氏族和部落；王族和部落首领构成了国家的统治阶层，氏族和部落中的普通牧民与奴隶构成了被统治阶层。波斯帝国统治时期，中亚游牧民向波斯帝国纳贡；希腊人入侵时期，中亚游牧民进行了顽强抵抗，没有臣属于希腊政权。在中亚南方，以农、牧经济为基础的定居农耕国家建立起来，国家的基层组织是以亲缘关系为基础的村社聚落；国王和部落贵族构成了国家的统治阶层，村落居民和奴隶构成了被统治阶层，村落居民向部落贵族或国王交纳租税，并承担国家或村落的劳役。波斯帝国统治时期，中亚南方成为波斯帝国的郡，由波斯帝国派太守统治；希腊人统治时期，中亚南方的一些地区由希腊人任命的本地贵族统治。

第一节 社会经济

在早期文明时代，中亚地区的主要经济类型是游牧与农耕，这是由中亚的自然地理条件决定的。在中亚，有两大游牧地带，一是中亚北方草原，它处于从黑海北岸向东延伸至蒙古草原的欧亚草原中段；二是山区游牧带，其中，主要游牧带从伊朗高原向中亚南部延伸到帕米尔山区的东段。

中亚北方草原的气候条件和牧场能够满足多畜种放牧的需求，属于多畜种放牧的复合畜养地带。在此，畜养的牲畜有马、羊、牛、骆驼等，其中，放牧的牲畜主要是马。中亚草原地带的巨大生产力和扩展力成为草原地带游牧政权的经济基础。

在草原游牧地带，除非出现战争和自然灾害，否则，游牧民东西方向的大迁徙并不是经常发生的，史书中记载的"逐水草而居"主要指牧民在一定的游牧范围内进行的小规模冬夏牧场的往返迁徙。一般而言，这种迁徙方向是夏季向北、冬季向南。具体情况大致是：在冬季营地上，他们建造了避寒住所，或者住在山洞内；到了春季，他们在过冬地周围可耕作的小块农地上播下谷物，然后赶着畜群离开过冬地，迁到夏季牧场；他们在夏季牧场搭建帐篷；到了秋末，他们又赶着畜群返回冬居地收割庄稼，并在此过冬。

山区游牧地带的气候和牧场适合于牧羊，因此，羊是山区游牧地带最为普遍的牲畜。一般来说，冬季牧场在山谷中，夏季牧场往往在高山坡上，牧民在此往返迁徙。如从西费尔干纳盆地向帕米尔·阿赖（Pamir-Alai）山的迁移；在阿拉套山（Ala-Tau），冬季的迁徙路线指向恰特喀尔（Chatkal）山谷、塔拉斯（Talas）、卡拉套和莫云库姆（Moyun Kum）沙漠，其中，莫云库姆是比较理想的冬季牧场。此外，在山区游牧带还有垂直方向的季节性迁徙。在塔吉克斯坦山区，夏季游牧民把牲畜赶到希萨尔、达尔瓦兹（Darvaz）和卡拉捷金地区的山麓，冬季回到瓦赫什河流域和卡菲尔尼甘河谷度冬。[①]

无论是中亚北方草原还是山区游牧地带，牧民们从事的不是单一的游牧经济，而是采取畜牧—农业混合的经济形式，普遍以农耕为辅助手段进行牲畜放养。实际上，不管放牧的程度如何专业化，在地理环境允许的条件下，绝大多数牧人也种植一些庄稼。草原地带可以种植的作物有春小麦、燕麦、黍等耐旱作物。虽然草原地区不乏肥沃的土壤、丰富的水资源，但湿度和生长期的不足限制了农业的发展，农耕仅仅是一种补充。

中亚南方在新石器时代已经出现了专门栽培植物的部落；到青铜时代，绿洲地区开始了灌溉农业。从灌溉工程的遗迹来看，中亚南方居民因地制宜，利用环境建造了合理利用水资源的灌溉工程。在阿姆河三角洲，人们一般先蓄积洪水，然后把水引入灌溉渠中。在巴克特里亚，灌溉渠通常建在主水道沿线，利用河床的自然高度，自上而下地沿缓坡灌溉大片农田。在山麓地带，居民使用冰雪融水，修筑隧道式灌溉渠，通过地下水道输送。据说，这种地下渠输水方式源于波斯，它们在波斯语中被称为坎儿井（Karez）。坎儿井是由竖井、地下渠道、地面渠道和涝坝（小型蓄水池）四部分组成。

在早期文明时代，花剌子模绿洲、费尔干纳平原、阿姆河三角洲以及锡尔河上中游地区的农业有了很大的发展，形成了大片的灌溉农业区。通过对科佩特山麓等地的考古发掘，可以确定帕提亚定居地的数量和规模、灌溉田地的范围都有了很大增长。在塞琉古王朝时期，泽拉夫善河流域和阿姆河河谷等地区由于灌溉农业的扩大而成为著名的粮仓，成为塞琉古王朝与其他希腊将军争夺西方地盘时的一个粮食基地。

中亚南方绿洲的粮食作物主要有大麦、小麦、粟，此外，还种植了芝麻、胡麻等经济作物（在帕提亚甚至出现了种植棉花[②]）和南

---

① 〔俄〕娜塔丽娅·Г.戈尔布诺娃：《游牧民族传统大迁徙和季节性流动对中亚地区古代商路形成的作用》，《西域研究》1996 年第 3 期。

② 〔匈牙利〕雅诺什·哈尔马塔主编：《中亚文明史》第 2 卷，第 99 页。

瓜、甜瓜、杏、桃、李、葡萄等蔬菜水果，其中，葡萄特别有名。希腊史书提到了马尔吉亚那的葡萄种植业。在波斯统治时期，原产于中国的桃和杏、印度的稻米传到中亚。

在早期文明时代，巴克特里亚、泽拉夫善河流域、费尔干纳盆地和马尔吉亚那等地形成了以农业为主、畜牧业为辅的混合型经济。在帕提亚绿洲农业地区内有许多从事牲畜饲养的游牧部落；在花剌子模绿洲的部民以灌溉农业为生，也从事牛、马、羊等牲畜的饲养。

在中亚南方，除了农牧业外，手工业在早期文明时代发展迅速。在传统的制陶业、青铜器制造业和纺织业继续发展的同时，铁器制造业开始出现，有一部分工具与武器已经用铁制造，甚至在北方草原地带都发现了铁刃铜柄的短剑。关于金属加工业的迅速发展，希罗多德提到了马萨革泰人马匹穿戴的防护胸甲，阿里安提到了中亚武士在投入战斗时的护身甲，即锁子甲。锁子甲是需要多种工艺才能完成的，它们反映了中亚金属制造业的水平。当然，这些制品虽然在中亚北方草原发现，但也有可能是中亚南方制作的，因为，游牧地区的手工业没有定居农业地区发达，而且，尚无考古资料证实游牧人自身生产了这些先进的器具。

在早期文明时代，中亚采矿业得到了发展。克齐尔库姆、努拉套山脉、费尔干纳盆地的瑙卡特（Naukat）低地、俱战提山区、库拉马（Kurama）、恰特喀尔山地、阿汗格兰（Ahangaran）谷地、阿尔马立克（Almalik）[①]以及卡拉套山区均开采金、铜、银、铁矿。如今在俱战提山区发现了采矿的遗迹；在凯腊克库姆（Kayrak Kum）见到了炉渣，它们的原料可能来自瑙卡特、乌奇克特利（Uchkatli）、济达伽米尔赛（Dzhidargamirsay）、科奇布拉克（Kochbulak），以及位于卡拉马札尔（Karamazar）的科尼曼苏尔（Koni Mansur）等地；在布坎套山区南部及里海附近的克里切套山麓地带发现了铜

---

① 阿尔马立克在天山与伊犁河之间，后来在此建城，元、明时期的中国史书分别称之为阿力麻里、阿力马力。

渣堆；在费尔干纳盆地西南部索克（Sokh）河流域的巴加希尼（Bagashiny），公元前1千纪中叶掌握了锑加工技术。除了金属矿外，还发现巴达克山（Badakshan）开采天青石，花剌子模绿洲和克孜勒库姆开采绿松石的遗迹。金属矿和宝石矿的开采促进了该地区金属冶炼和宝石加工等手工业的发展，粟特生产的宝石制品是青金石和红玉髓等。

在波斯和希腊人统治之前，中亚已经出现了城市，其中，玛拉干达城就是公元前7世纪建筑的，如今的故城遗址在今撒马尔罕以北的阿弗拉西雅甫（Afrasiab）高原上。花剌子模绿洲也建筑了居兹利克尔城，在丁吉尔泽农业绿洲发现了带有许多房间的大型住宅。巴克特里亚的大型聚落几乎都建筑了城堡，城堡内有密集的建筑物。从考古遗迹看，当时的建筑材料主要是土制生砖，房屋建筑一般是几间住房和一些储藏室。

希腊人统治时期，中亚城市经历了史无前例的飞速发展过程，"千城之国"的美名远播西方，这些城市一般以统治者的名字命名，如亚历山大城、塞琉古城和安条克城等。希腊时期的中亚城市有以下一些特点：第一，采取希腊式布局，将城市设计成直线形，成直角交叉的两条主要街道将城市分割成四个区，公共建筑集中在交叉路口附近。赫拉特城遗址反映了这种风格。第二，城市周围建筑了工程浩大的城墙和坚固的城堡。在莫夫绿洲，在亚历山大城的基础上扩建起来的乔尔卡拉（Gyaur-kala）城，面积大约达到1500平方米，呈方形，四个城门由两条在城中心相交的主干道连接起来。城市四周建筑了长达250公里的防护墙。安条克一世任东部各郡太守之时（前290），在玛拉干达城周围建筑了带有通道的防护墙，在阿里亚首府阿尔塔科那城（今赫拉特城）建筑了防御城墙，在巴克特里亚绿洲建筑的艾哈农城建筑了坚固的防御城墙，墙体辅以矩形塔楼，在城东南角建有一座城堡。

在不同的地理位置上建筑的城市有着不同的作用。建筑在波斯或希腊人统治边界上的一些城市是为了防御游牧的塞克人，如在锡尔河南岸建筑的六座（也有说是七座）城市，这些城市似乎没有存在多久，可能只不过是希腊军队防止塞克人入侵的营哨。这类城镇由希腊移民居住，以保卫帝国的东北边境。

建在商道上的城市最初可能也是为了军事上的需要，后来才发展成重要的商业中心。在马其顿军人东征之时，希腊商人追随其足印，进行贸易活动，他们与当地居民一道共同建设了这些城市。亚历山大在今喀布尔以北约 60 公里处建筑了亚历山大·迦毕试（Alexandria-Kapisu）城，该城处于中亚通往印度的商路上。印度恒河流域来的商队，从华氏城出发，经马土腊（Mathura）、呾叉始罗（Taxila），越开伯尔（Khyber）山口，来到该城。然后，继续向西可通波斯，向北可通往希腊—巴克特里亚。希腊—巴克特里亚国王德米特里征服犍陀罗、旁遮普和信德以后，在旁遮普建筑攸提德谟城（奢羯罗城），此城以后成为该地区的政治文化中心。

此外，波斯和希腊征服者在中亚兴建了一些殖民城市，如亚历山大在巴克特里亚和粟特建筑的城市，主要是为了安置希腊人、马其顿移民，以恢复和重建征服时期遭到破坏的经济。斯特拉波说亚历山大曾在粟特和巴克特里亚建立了八座城市，查士丁称巴克特里亚为"千城之国"。

希腊统治时期建筑的这些城市首先成为亚洲诸希腊王国之间贸易的主要场所，成了当地经济中心，因此，也是王国赋税收入的主要来源地；其次，这些城市以后成为传播希腊文化的中心，希腊移民的生活方式对中亚社会和文化产生了影响。

第二节　政权形式

对中亚北方草原出土物的研究证明，公元前 8—前 7 世纪，生活在中亚草原上的部落已经完成了从畜牧经济向游牧经济的转化，游牧经济的确立使中亚北方部落社会发生了重大变化。

　　游牧经济的优越性使牲畜的数量迅速增加，青铜时代已经存在的贫富差距进一步扩大，人们社会地位的悬殊日益明显。在游牧社会中，出现了可以区分的三个阶层：王及贵族统治阶层、普通牧民、奴隶。据文献记载，公元前 7 世纪的斯基泰社会的三个阶层：一是王族。斯基泰人形成了贵族首领阶层，核心是王族，王族是由军事贵族或祭司所属氏族产生，国王的继承是世袭的。二是普通牧民。2世纪罗马作家吕西安（Lucian，120—180 ？）称之为有"八条腿的人"，即驾着两头牛和一辆二轮车的牧人。[①]三是奴隶。斯基泰社会存在着使用奴隶劳动的现象，奴隶主要用于家庭和家族，奴隶制从未在游牧经济中占据主导地位。显然，这是奴隶制的一种不发达形式。此外，在游牧社会中，虽然妇女掌权的现象直到公元前 2 世纪依然存在，但男子的地位明显已经提高。一些学者把公元前 7—前 5 世纪的斯基泰社会看成是早期的阶级社会[②]；而另一些学者则坚持认为它尚处于迈入国家的阶级关系的门槛边[③]。

　　从发现的墓葬文化推断，游牧社会的基层组织仍然是氏族或部落。考古发现，中亚北部草原的墓通常被分隔成一个个墓群，一个墓群可能是一个氏族或部落的墓地，当时草原游牧者的基层社会组织可能仍然是氏族或部落，这些部落各有各的牧地和墓地，战时可能也是以氏族或部落为单位组织作战。如斯基泰王国由四大部族组成，每部族又分为若干部，各部首领负责断案、征税、向异族属国索贡等。放牧是分散的个体劳动，但游牧生活却不能单家独户地进行。牲畜的恋群性、牧场的共同占用以及人与畜在迁徙过程中所需

---

① 吕西安闻名于罗马文坛，曾游历希腊、意大利与高卢等地，后定居雅典。主要著作有《神的对话》与《冥间的对话》等，对当时宗教狂热和盛行的迷信以及某些人生前的虚荣做了讽刺和揭露。

② 参见〔苏联〕捷列诺日金：《关于斯基泰人的社会系统》（ Ob obshchestvennom stroe skifov ），哈扎诺夫（Khazanov）：《斯基泰人的社会史》（ Social'naja istorija skifov, 1975 ），均转引自 Denis Sinor, The Cambridge History of Early Inner Asia, Cambridge University Press, 1990, p.105。

③ 参见〔苏联〕格拉科夫：《斯基泰人》，〔苏联〕阿塔蒙诺夫：《可萨史》（ Istorija khazar ），均转引自 Denis Sinor, The Cambridge History of Early Inner Asia, Cambridge University Press, 1990, p.99。

要的互相帮助等因素，构成了游牧民的群体生活。群体生活需要的组织和管理机构随之出现。

游牧经济的集体行动，如群体放牧、草场分配、组织迁徙等，都需要权威者的协调，于是，游牧社会中产生了能够号令大批人力和物力的权威人物。公元前8—前7世纪，中亚北方游牧社会内存在着最早的政权，它的初期形式可能是部落联盟首领的统治，后来发展成游牧国家。这一点从中亚北方草原的墓葬文化反映出来。在阿尔泰山至南俄草原的广大地区内，不仅出现了如贝沙提尔之类建筑复杂的墓，还发现了殉葬的人和马匹。由此推断，中亚北部草原上已经存在着能够指挥和调动大批人力的集中的政权。

波斯帝国兴起以后，中亚北部的游牧民被纳入波斯帝国的统治范畴，他们向波斯人纳贡，但没有见到波斯向游牧地带派出太守的记载，波斯人对游牧地带的统治可能仅此而已。尽管波斯历任统治者与中亚塞克人都发生过战争，但是，在波斯帝国时期，中亚游牧民侵入中亚农耕地带和城市的记载并不多，波斯人也没有像希腊统治者那样到处建筑坚固的城堡。

在希腊人征服中亚时期，希腊人发动了征服中亚北部草原的战争，然而，在塞克人的顽强抵抗下，希腊人始终没能对塞克人实施过统治。在此期间，塞克游牧民犯边的现象频繁出现，这一点可以从塞琉古王朝加建围墙和加固城堡等措施反映出来。

随着大片绿洲的形成，中亚南方社会也迈入了阶级社会，在早期阶级社会中，明显可以区分的阶层有两个，即以国王为首的贵族构成了统治阶层，以及被统治的普通劳动者阶层，包括农民和手工业者。在中亚南方社会中可能存在着奴隶，他们为富人干活，参与建造和维修灌溉渠，或参加国王和部落贵族的私人武装。但奴隶只是作为贵族或统治阶层的附属，作为一个阶层则不明显。

规模巨大的灌溉工程和坚固城堡的遗迹，反映了在早期文明时代中亚南方已经存在着早期的国家。中亚早期国家的基层组织可能是以亲缘关系为基础形成的乡村聚落或城镇聚落，人们集体从事农业或家庭手工业，他们向国王或部落贵族交纳租税。此外，村社成员还承担着一些义务，如建造和维修灌溉渠，或参加国王和贵族的私人武装等。

公元前6世纪，中亚南方绿洲小国接受了波斯帝国的统治，被纳入波斯帝国的行政管理系统。波斯帝国有一套管理地方行省（郡）的制度，被征服地区被划分成20个郡，帝国中央政府向各地派遣太守，一般是一个郡派一位太守，也有一个太守管理多个郡的现象。太守以波斯人充任，大多数是王子或王室成员。太守集地方的军政大权于一身，是真正的封疆大吏。据贝希斯敦铭文记载，巴克特里亚的太守达达尔什曾经率军队镇压亚美尼亚、马尔古亚那等地的起义，可见，太守有兵权。中亚绿洲国家成为波斯帝国的地方政权，帝国中央对中亚各郡任命了太守，居鲁士二世的幼子巴尔迪亚曾管理花剌子模、巴克特里亚、帕提亚和克尔曼（Kerman）等郡。

在大流士一世统治时期，对地方政权进行了改革，重要内容之一是削弱太守的权力，将太守的兵权分离出来，对各郡增派了军事长官，并规定了郡太守和军事长官的职能。郡太守是行政长官，负责本地的行政管理、司法和经济，以及对地方官吏的监督和维持地方治安；军事长官统领军队，独立于郡太守，直接由国王任命并向中央政府负责。军政分立的局面没有延续多久，大流士一世去世以后，太守重新握有兵权，他们在所管辖地区如同独立的君主，当中央权力削弱之时，他们纷纷独立。

中亚被征服地区以进贡的形式向波斯帝国交纳赋税，最初，送礼的数额没有固定下来。在大流士一世统治期间，各郡承担的赋税数额被规定下来。税额的总量是根据该郡的耕地数量和肥沃程度，以及农作物种类和产量确定的。各郡的税款不仅由普通老百姓承担，郡内的富人也必须承担。从伪亚里士多德的《经济论》中反映了郡太守征税时的情况："当波斯王传令卡里亚的僭主马约索鲁斯输款纳贡时，马约索鲁斯把国内最富有的人召来告诉他们波斯王要求贡物，而他本人则可以免交。于是一些得到授意的人即刻答应纳贡，还当场呈报每人应付的数额。这样一来，那些富有的人部分碍于体面，部分出于惶惧，只得应承下来。结果实际献出的款项远大于应交数额。"①希罗多德叙述了每个郡应纳的货币税，从古希腊历史学家色诺芬（Xenophon，前427—前355）的记载可以了解到赋税的使用情况，波斯国王"给所有向他纳贡的国家领袖下命令，要他们提供维持一定数目的骑兵、弓箭手、投石手和轻步兵的经费……这些军队的经费都是由负有这种责任的地方长官供给的……"②

在波斯帝国的行省制度中，各郡有一些自治权，甚至在大流士改革之后，情况也是如此。各郡的社会组织继续存在着，并且保留了本部族的法律和传统。在大郡中，甚至还存在着若干比较小的国家，它们享有自治权。对于离波斯统治中心较远的边远地区，波斯帝国很少干预其内部事务，对它们的统治是通过当地的土著王公实现的，赋税也由土著王公负责替波斯人征收。

中亚各郡不仅在经济上为波斯帝国提供赋税，还参与了波斯帝国的战争。花剌子模、粟特、巴克特里亚居民及塞克人在阿黑门尼德王朝的经济和军事中发挥过作用。塞克部落曾为波斯帝国提供了大批马上弓箭手，直接参与的战争有马拉松之战、温泉关战役（Battle of Thermopylae，前480）和普拉塔亚战役（Battle of Plataea，前479）。在薛西斯一世征讨希腊时，塞克骑兵和花剌子模、粟特武士出现在他的精锐部队中。此外，中亚各郡还参与波斯帝国在各地的驻防，巴克特里亚曾向波斯军队提供了三万名骑兵；塞克人曾在埃及、巴比伦等地的波斯驻防部队中服务；花剌子模人曾出现在埃列芳庭岛（在努比亚边境）和孟斐斯（Memphis），在巴比伦的西帕尔也发现了花剌子模语和塞克语名字的痕迹。

---

① 伪亚里士多德（Pseudo-Aristotle）的《经济论》，作于大约公元前4世纪末亚历山大远征东方期间，真实作者不详，近代学者威尔卡克（Wilcken）、罗斯托夫采夫（M. Rostovtzeff）、安德里德斯（Andreades）等人的著作中都有讨论。参见巫宝三主编：《古代希腊、罗马经济思想资料选辑》，商务印书馆1990年版，第188—189页。

② 〔古希腊〕色诺芬：《经济论》，商务印书馆1981年版，第13页。

　　为了密切中央与地方的关系，波斯帝国修建了四通八达的御道，在宽阔大道上，每隔一天路程的地方设置驿站和修建旅馆，保证御道的畅通是太守的职责。驿站和旅馆的费用以及镇守关隘的兵士的费用，都由郡太守负责筹措。

　　行省制度巩固和加强了波斯帝国在中亚各地的统治，事实证明它是有效的，它的统治和剥削延续了好几个世纪，后来的亚历山大帝国、塞琉古王朝、帕提亚王朝和萨珊王朝继续实施了这种统治方式。

　　公元前5世纪前半叶，当波斯人在与希腊的战争中遭到一系列挫折之时，波斯帝国各郡纷纷起来反对波斯人的统治，在此过程中，花剌子模、粟特和塞克人结成了反波斯联盟。因此，亚历山大东征前夕，中亚一些地区已经摆脱了波斯帝国的统治。

　　公元前329年，希腊军队开始征服中亚南方地区，亚历山大在一些战略要地和交通要道上建立了以亚历山大命名的新城，他在这些新城安置了希腊长官、驻防军和希腊移民。最初，中亚人民爆发反希腊入侵的抵抗，亚历山大一方面动用军队镇压，一方面开始拉拢和利用中亚上层贵族，任命当地贵族为总督，通过他们实现希腊人在中亚的统治。希腊人统治时期，在帕提亚和巴克特里亚等希腊化地区可能实行双重土地所有制，最高土地所有者是国王，而耕种土地的半自由村民是次一级的土地所有者。除了王室土地外，还存在希腊城市管理的土地和圣堂，在中亚的其他地区，可能也存在着这三类土地。

　　亚历山大在中亚的统治是以武力为后盾的，据文献记载，亚历山大在巴克特里亚驻有希腊骑兵3500人，步兵1万人[1]；在阿拉霍西亚有4600名士兵[2]。随着被征服地区的扩大，这一数字还应加上那些被移居到新建城镇中去的雇佣军。屯垦、殖民而来的希腊人在一定

---

① 〔古希腊〕阿里安：《亚历山大远征记》，第165页。
② Quintus Curtius Rufus, *History of Alexander the Great of Macedonia*, VII, pp.3-4.

程度上推动了该地区城市经济的发展。

　　亚历山大在中亚的统治是短暂的，他去世以后，亚历山大帝国瓦解。接着统治中亚南方地区的是亚历山大的部将塞琉古建立的塞琉古王朝。塞琉古之子安条克成为中亚地区各郡总督，安条克的主要活动一是加强塞琉古王朝对帕提亚和巴克特里亚的控制，二是防御北方草原塞克人的入侵。他在兴都库什山以北的中亚地区建立了权威，对这些地区建立了希腊总督的统治，同时，也任命了一些地区首领。像亚历山大一样，塞琉古王朝也增建了一些定居村庄和城镇，并且积极屯垦、殖民，组织希腊人移居这些村庄和城镇，以保卫帝国的东北边境和加强对该辖区的殖民统治。

　　塞琉古王朝对中亚的统治并不长久，半个多世纪以后，巴克特里亚率先脱离塞琉古王朝独立。希腊—巴克特里亚王国脱胎于希腊塞琉古王朝，统治上层仍然是希腊人，因此它仍然是一个希腊王国。希腊—巴克特里亚王国的统治范围除了巴克特里亚地区外，还包括阿姆河以北的粟特和印度西北地区。希腊—巴克特里亚王国实行一种郡县制度，郡称为 Eparchy，县称为 Hypachy。县又分为若干驿亭（Stathros），亭各有长。由于驿亭制度与当时西汉的制度相同，近代中国学者杨宪益认为，这些政治措施都是向中国汉朝学来的。

　　紧随希腊—巴克特里亚王国，帕提亚王国也从塞琉古王朝的统治下独立出来。后来，游牧的帕尔尼人夺取国家政权，建立了安息王国，帕尔尼人成为安息王国的统治者。安息王国是东伊朗人建立的国家，国家的体制受到了三方面的影响：阿黑门尼德王朝、塞琉古王朝时期希腊政权和帕尔尼游牧政权的传统。尽管国王为一国之首，但帕尔尼贵族参议会起到了很大作用，它由国王的亲属组成，限制了国王的权力。

　　花剌子模于公元前 5 世纪脱离波斯帝国统治，在亚历山大征服粟特的战争时期，它企图借助希腊人的力量消灭周边游牧的塞克人。在亚历山大的短暂统治和塞琉古统治时期，花剌子模国一直是独立的。

在希腊人统治时期，由于希腊移民的到来，中亚原有的按照血缘关系组织起来的氏族部落、部落联盟遭到了破坏。亚历山大带头与中亚居民通婚，这一举措加强了希腊人与中亚当地居民之间的联系。希腊移民是希腊文化的载体，他们的到来给当地居民注入了新鲜的血液，带来了新的生产关系和技术，这促进了中亚生产力的发展。

第三节　商路与贸易

原始人类的交往很早就开始了。从考古资料可以了解到旧石器时代远古人类的交往；从文字资料可以考查到人类在公元前3000年至公元前2000年时期的交往，如对印度印章的研究可以了解两河流域与印度河流域在公元前3000年的贸易关系。实际上，在丝绸之路开通以前（公元前2世纪以前），欧亚大陆之间已经存在着一些固定的交通路线。

在欧亚大陆的中部，大约在北纬45度左右，横亘着连绵不断的高山，从东到西有兴安岭、阴山、祁连山、阿尔泰山—天山、札格罗斯山、高加索、托罗斯（Taurus）山、喀尔巴阡（Carpathians）山。这一连串的高山与其间的黑海、里海、咸海共同形成了一堵屏障，将欧亚大陆分成南、北两个部分。山链的北面是一片干旱草原和沙漠，大约在北纬50度附近形成了一条东西交通的大动脉，被称为草原之路；山链的南面是沙漠与绿洲，从一个绿洲到另一个绿洲也形成了一条东西交通的通道，它们在不同时期有不同的称谓，最早被称为天青石路，后来又被称为丝绸之路。

草原之路西起顿河入黑海的海口城市塔奈斯，然后溯顿河而上，经过希罗多德所记的一系列部落的住地，到达阿尔泰山支脉的石头平原。在马被驯化和役使之后，游牧民靠骑马驾车，几个月的时间就可跑上几千里。希罗多德对这条西起顿河口、东达阿尔泰山的道路深信不疑，因为在他生活的公元前 5 世纪，斯基泰人在这条路上非常活跃。阿尔泰山并不是这条草原之路的终点，它与中国内地西去的道路相连，这一段可以看成草原之路的东段。它起源于洛阳，经漠北草原，由鄂尔浑河地区向西沿着杭爱山之北，经科布多盆地至阿尔泰山南麓，然后，顺额尔齐斯河至斋桑湖。

中亚草原地处欧亚草原中段，在新石器时代就与欧亚草原东、西地段的文化有着联系。在草原之路上最早运输的主要产品是黄金，为了寻求黄金，斯基泰人奔走在这条路上，黄金作为斯基泰文化的载体，已经成为斯基泰文化的一个特征。黄金从阿尔泰山源源不断地流往黑海沿岸，再流向西方，希腊迈锡尼文化就以黄金著称。黄金被阿尔泰山的阿里马斯普人所控制，由伊赛多涅斯人、秃头人转卖给斯基泰人。

公元前 1 千纪中叶以前，华夏文明与西方的交往主要是通过草原之路，从西方输往中国内地的主要商品并非黄金而是玉石。自殷周以来，中原贵族社会内建立起一套礼制，玉石成为行礼时所用礼器的重要材料之一，需求量很大。就目前出土的考古资料来看，在公元前 6—前 5 世纪，游牧于中亚一带的斯基泰人已视中国丝绸为宝物，中国运往西方的产品主要有丝绸、漆器、铜镜等，这些商品都很受西方商人的珍视。据美国《全国地理》杂志报道[1]，德国考古学家在原联邦德国南部斯图加特的霍克杜夫村发掘了公元前 5 世纪的一座古墓，发现墓中遗骸上残存着中国丝绸的遗迹。

阿尔泰山乌拉干河畔巴泽雷克墓的发掘物可以反映公元前 5 世纪草原之路上商品交换和贸易的发达。在巴泽雷克墓发现的物品中有中国丝织品、来自米底或波斯的大毛毯。在五号墓中发现了白色金属制的中国镜一面，这些证实了中亚草原与东、西方的联系。美国学者赖斯认为：在公元前 5—前 4 世纪期间，巴泽雷克是东西方贸

---

[1] 即 1980 年 3 月号，转引自杜石然编：《中国科学技术史稿》上册，科学出版社 1982 年版，第 229 页。

易的中心。

在北纬 45 度山链以南，东、西之间的陆路交通主要是通过一个接一个的沙漠绿洲构成，大约在公元前 3000 年至公元前 2000 年这条交通已经形成。考古和文献资料证实，在此时期，从今阿富汗境内的巴达克山到地中海东岸和埃及之间的道路，它途经伊朗、美索不达米亚、叙利亚，然后南至埃及，北至安纳托利亚。

在这条路上，东去的商品主要是天青石，因此，此路又被称为天青石路。天青石是一种在特殊地质条件下形成的矿石，只有亚洲少数地区有这种地质条件，古代就得到开采的天青石矿只有巴达克山一处，而且世界上质量最好的天青石矿至今仍在此地。[①]两河流域的奴隶制国家以及北非埃及古国用天青石装饰神庙和王宫，需求量很大，因此，这条商路上的天青石贸易非常兴旺。有学者认为，从巴达克山西运的天青石分海、陆两路。海路是由巴达克山运到印度河，然后从印度河出海进入波斯湾后再经陆路运到伊朗和美索不达米亚等地。陆路是从巴达克山往西南到喀布尔，然后向西到赫拉特，再从赫拉特经里海南岸到伊朗高原、美索不达米亚等地。埃及人是从两河流域西北部的米底国获得天青石的。在这条路上，西来的商品主要有美索不达米亚的粮食、油类、羊毛、椰枣、芦苇、鱼类等物品，该地区以这些产品换取天青石、木材和一些金属。公元前 4世纪，亚历山大东征的路线基本上就是沿天青石陆路而来。

除了北方的草原之路和南方的天青石路两条东西交通大动脉外，南北之间的通道是游牧民与农耕定居民交往的路线。尽管山脉和湖泊阻横在欧亚大陆中部，但它们从未阻碍过人类的交往，更没有阻止欧亚大陆游牧民的南下。到公元前 3000—前 2000 年时，沿山隘和海岸形成了一些固定的南北交通路线。从西向东有：从黑海西岸南下到巴尔干半岛；从高加索山口通往安纳托利亚和两河流域；从里

---

① 〔法〕伯纳德：《阿富汗艾哈农地区的历史地理研究》，见《法国铭文与文学科学会报告》1981年版，第 108—120 页。

海东南南下到伊朗高原和呼罗珊地区；从咸海北岸南下到锡尔河中下游地区；从巴尔喀什湖沿岸到七河流域；从蒙古草原到中国的华北地区。进入青铜时代以后，生活在黑海、里海和咸海以北草原的游牧民分批从他们的故土向外迁徙，形成了一次次规模巨大的、世界性的民族迁徙浪潮。他们沿着以上路线先后来到了南欧、西亚、中亚和南亚，在这些地区建立了希腊、赫梯、米底、波斯、印度等国家。

公元前1千纪初期南下到伊朗高原的波斯人，后来在波斯湾北岸建立了一个横跨亚非欧的大帝国。中央集权的大帝国不仅保持了欧亚大陆上原有的交通，还修筑了四通八达的御道，形成了覆盖全国的驿道网。御道以波斯湾北面的苏萨城为起点，向西越过底格里斯河，经叙利亚和小亚细亚抵达爱琴海沿岸的以弗所（Ephesus），全长2683.2公里，沿途设有111个驿站，驿站备有换马。这条御道继续向西可至爱奥尼亚，与希腊各城邦相通，向西南方通埃及，向东南方通印度。通往印度的岔道很长，它从底格里斯河河谷出发，经伊朗高原东部进入喀布尔河河谷，向东南到达印度河流域，途中，另有一条岔道向北翻越兴都库什山到达巴克特里亚。

在公元前1千纪中叶，以巴克特里亚为中心，中亚地区东西南北交通的网络形成。其中，通往东部的道路从巴克特拉经瓦赫什河谷，越喀尔提锦与阿赖岭（今瓦罕走廊），到达喀什噶尔。以后，这条路构成了丝绸之路南道的中段。西去的道路从巴克特拉出发，经帕提亚、埃克巴坦纳，从埃克巴坦纳继续西行可至大马士革与腓尼基的推罗城，向南可以到苏萨城，在苏萨城走波斯帝国御道可到达小亚细亚的以弗所等城，此路后来成为丝绸之路的主干线，也可以说是丝绸之路中道。南下的道路从巴克特拉出发，越今阿富汗兴都库什山各山口，朝东南方向经开伯尔山口进入印度河流域，或者从巴克特拉到喀布尔后，向西南方到阿拉霍西亚（坎大哈），再抵达波斯城市波斯波利斯和帕萨尔加迪。北上的道路从巴克特拉出发，渡阿姆河，经粟特境，抵达锡尔河岸，渡锡尔河，从七河流域北上与北方草原之路相接，南下可到达中国中原各地。经此路，巴克特里亚可以获得西伯利亚的黄金，因此，北上之路被称为黄金路。公元前4—前3世纪，此路被匈奴垄断，输入巴克特里亚的黄金渐少，希腊—巴克特里亚国王不得不以白银或铅取代黄金铸造钱币。

在公元前1千纪上半叶，中亚本地与周边地区交流的商品有矿产，其中主要是宝石。花刺子模开采的绿松石和绿松石制品销往波斯、印度等周边地区，粟特开采和加工的天青石和红玉髓也销往中亚其他地区及周边地区。根据波斯铭文的记载，大流士一世在苏萨建造王宫时，从花刺子模运来了绿松石，从粟特运来了天青石和红玉髓。

除了中亚内部的商品交流外，经中亚转运的商品有中国的丝绸。波斯统治者把丝绸当作"皇帝宫廷中的稀世之珍"，公元前5世纪，波斯市场上就已经有中国的丝绸出售。中亚南部各绿洲在原始文化时代与西方的联系就已经开始，中亚绿洲成为东、西方经济和文化交流的桥梁是在公元前1000年左右，它与中国秦国的崛起有着密切的关系。

公元前1千纪初期，随着东方中国秦国的强大和经济的发展，西方开始了解中国；公元前5世纪，秦征服了西戎，向西北开疆拓土，发展贸易，中国的丝绸等商品开始经中亚南部绿洲输往西方，西方开始认识中国。在希腊—巴克特里亚国王攸提德谟斯和他的儿子德米特里统治时期，他们把自己的帝国扩张到了赛里斯（Seres）和弗林尼（Phryni）。经学者们考证，认为"赛里斯"即指中国。日本学者及川仪右卫在其所著的《东洋史》中说："Seres者原由中国丝字一音推演而成，即丝商人之意，于是常称中国人为Serica。"可见，在希腊化时代，西方关于中国的知识的最初来源之一，便与中国丝绸有关。除了丝绸外，通过中亚转手的还有阿尔泰山区的黄金、印度的香料和象牙等。当时，希腊人已经知道了来自东方的桃子和杏梅等水果，但他们以为桃子产自波斯，杏、梅出自亚美尼亚。劳费尔（Berthold Aufer）在《中国伊兰》一书中说希腊人错了，桃子原来出自中国，杏、梅原来也出自中国。这些产品也是通过中亚传到波斯帝国境内。

从此，中亚不再是西方与东方交往的终点，更多地成为西方到东方的交通要道，于是，中亚绿洲成为运输东、西方商品的中转站。在东西方经济交流中，波斯帝国时代确立的驿站制度有利于中亚桥梁作用的发挥。从公元前1千纪中叶起到新船路开辟的16世纪的两千多年的时间里，中亚一直是东、西方经济交流的必经之地，东、西方文化交流的融合之地。因此，中亚也就成为各派强大势力争夺的地区。

公元前1千纪中叶，在东、西方交通大动脉上形成了许多重要的贸易中心，它们是：巴克特拉、尼萨、埃克巴坦纳、苏萨、高加米拉、尼尼微、大马士革、推罗、以弗所，以及迦毕试、阿拉霍西亚、犍陀罗等。除了沿商道的大城市外，沿途还有一些简朴的小驿站，如在阿姆河北岸的帖尔穆兹（Termez）附近就有一个驿站，伊朗语名为 Pardagwi，它源自希腊词 Pandocheion，意为客栈。

贸易的繁荣还可以从这一时期的钱币上反映出来。为了商业流通的需要，波斯帝国铸造了钱币。大流士统治时期，波斯帝国统一铸造了称之为大流克的金币，每枚重达8.42克，它是帝国货币体系的基础。帝国内的贸易主要使用被称之为西克勒的银币，银币以国王的名义在小亚细亚诸郡铸造，每枚重达5.6克，含银量达95%以上。与此同时，各自治城市、附属王公和郡总督也可以制作银币。在波斯帝国时期，货币第一次被引入中亚，然而，根据考古资料判断，中亚地区铸币是在希腊人统治时期。

亚历山大东征之时，包括中亚地区在内的原波斯帝国境内继续使用波斯钱币大流克。塞琉古王朝统治时期，曾大量铸币，特别是在巴克特拉城和艾哈农城的造币厂。在希腊—巴克特里亚王国时期，攸提德谟斯发行了大量钱币，早期的希腊—巴克特里亚王国钱币仿照希腊铸币的形式，正面铸国王像，反面铸保护神之像。钱币采用希腊量制，即德拉克麦（Drachm，1德拉克麦相当于4.36克），钱币上国王的名字和称号采用希腊文。从德米特里起，铸币采用本地的量制，现在还不清楚本地量制的情况，铸币上除了希腊文外，出现了佉卢文（Kharosthī）[①]，佉卢文是当地通用的文字，它的使用是为了便于当地居民的辨认。目前，在巴克特里亚、粟特、帕罗帕米萨德、阿里亚、阿拉霍西亚、德兰吉亚那和马尔吉亚那等地区都发现了德米特里发行的钱币。

安息时期，帕提亚王朝发行了银币德拉克麦和铜币。王朝创建者阿尔萨西斯一世在位期间，开始发行钱币。面额为 4 德拉克麦的银币，正面通常饰有面部朝左的国王头像，反面周边铸希腊字母，正中有一坐像，手持弓箭，可能是身着游牧民服饰的阿尔萨西斯像。德拉克麦银币的形制各不相同。从公元前 170 年起，钱币的反面出现一组字母，据研究，它们是铸币厂名称的缩写，如莫夫铸币厂的钱币上有希腊字母 pi。自伏洛加塞斯一世（Vologases，51—78 在位）以后，银币上开始刻有帕提亚文字。

波斯人积极保护中亚的过境贸易，波斯帝国御道的修建，将中亚地区的商路与御道连接起来，有利于中亚地区的远程贸易。在希腊人统治时期，塞琉古王朝统治者积极保护和控制商路，塞琉古与印度统治者旃陀罗笈多签订的和约不仅保证了阿富汗斯坦的和平，也便利了中亚与印度的经济文化交往。在希腊—巴克特里亚王国时期，巴克特拉城发展成为中亚对外贸易的中心，希腊—巴克特里亚统治者在积极寻找出海口的同时，始终把控制中亚地区的商业贸易和保证商路的畅通作为重要的政策之一，为中亚地区经济和文化的发展做出了贡献。

---

① 佉卢文又称佉卢虱底文，起源于古代犍陀罗，最早在印度西北部和今巴基斯坦一带使用，是公元前 3 世纪印度孔雀王朝阿育王时期的文字。

第五章
宗教与文化

　　早期文明时代，中亚北方的游牧民开始有了原始宗教的意识，崇拜天地日月水火，特别崇拜太阳和火，并以马、火、血等祭神和盟誓；中亚南方接受了西亚传入的琐罗亚斯德教和希腊诸神崇拜，印度佛教也开始在兴都库什山以南传播。然而，中亚没有孕育出任何大的具有世界性的宗教，没有任何一种宗教赢得过本地之外其他居民的笃行，任何一种宗教都缺乏足够的书面资料，宗教信仰很难得到解释和说明。早期文明时代，中亚居民语言属印欧语系的东伊朗语，在北方的游牧民中没有文字的迹象，在南方出现了文字的迹象，在波斯帝国统治之后，以阿拉米文书写的官方文书、命令、政事日志与备忘录在中亚出现。在中亚北方，与游牧生产方式相适应的游牧文化形成，具有原创性的动物艺术是欧亚草原对世界文化的巨大贡献；在中亚南方，波斯、希腊和印度文明因素传入，以城堡为中心的多元文化开始发展起来。

第一节　宗教

在公元前 1 千纪初期，中亚北方的牧民已经萌发了原始宗教的意识。它主要从以下几个方面表现出来，对此，《历史》有详细记载。

第一，原始居民崇拜天地日月水火，其中特别崇拜太阳和火。斯基泰人在诸神中间只崇拜太阳，马萨革泰人也崇拜太阳神密特拉。他们献给太阳的牺牲是马，因为他们认为只有人间最快的马才能配得上诸神中间最快的太阳，马萨革泰人也实行马祭。

除了太阳外，火也是北方牧民崇拜的对象。目前，在里海东北的乌兹博伊高地上发现的巨石建筑反映了当地牧人对火的崇拜。建于公元前 5—前 2 世纪的巨石建筑呈长方形（1360 平方米），东、西南角是圆形角隅，建筑顶部有一个厚重而复杂的布局，炽热的火焰曾在那里长时间地燃烧。东、西面沿中央隆起部分横着几排平行的拱形直立板块，其间的空隙有灰烬填充；北面是一个成直角状的半封闭区域，有两个祭坛；此外，还有大炉床或祭坛，火持续燃烧的痕迹到处可见。

第二，牧民原始宗教意识的另一表现是相信灵魂不死，他们用人和牲畜殉葬。斯基泰人在其国王死后，"同时埋葬他的一个行觞官、厨夫、厩夫、侍臣、传信官；此外还有马匹、所有其他各物的初选品和黄金盏"。

第三，牧民们相信占卜。在斯基泰人中，卜者很多，占卜的方法是：卜者拿着大束的柳条，把它们放在地上松开。卜者一边把一根根的柳条分开摆，一边说出自己的卜辞。在说卜辞的同时，卜者又把柳条一根根地拾起来结为一束。

第四，牧民的原始宗教的仪式形成。斯基泰人相信誓言，起誓的方法是：把酒倾倒在一个陶制的大碗里面，然后缔约者用锥子或小刀在其身上刺一下或是割一下，流出的血滴到碗里面，然后他们把刀、箭、斧、枪浸到里面。此后，缔结者自己和他们随行人员当中最受尊敬的人在庄严的祈祷之后再饮碗中之酒。这种做法，在后来的匈奴和突厥人中也存在。

考古发掘表明，中亚农耕地区的居民在青铜时代早期已经萌发了宗教意识。在阿尔丁特佩居住遗迹上发现的一些建筑，其规模和结构与古埃及金字塔相当。据此，苏联考古学家们认为，这些建筑物是庙宇，在这些建筑遗址中，发现了一座12米阶梯形塔的遗迹，有学者认为该塔可能是宗教仪式时的祭塔。在早期铁器时代，中亚南方出现了对太阳和火的崇拜，这一推断可以从庙宇建筑中小祭坛遗存得到证实。对太阳与火的崇拜还可以从中亚的一些地名反映出来，如"花剌子模"，其意为太阳的土地（"花剌"为太阳，"子模"为土地），"粟特"是"火之地"的意思。

公元前1千纪初，中亚南方居民中出现琐罗亚斯德教信仰。大约在公元前1450—前1200年间，伊朗人的先知琐罗亚斯德曾在草原上生活和传教，以后，他的宗教被迁徙部落带到了南方，成了"伊朗人的宗教"[①]。琐罗亚斯德在改革原始雅利安宗教的基础上创立了自己的宗教，经书《阿维斯塔》描写了他的故乡及其最初活动的地区："那里威武的君王动员起（精兵强将）；那里有无数的高山峻岭和良好的牧场；那里有水面辽阔和深不可测的江河；那里适于航行的江河波浪翻滚，撞击悬崖峭壁，向马鲁（位于赫拉特）、粟特和花剌子模方向奔腾而去。"[②]有学者认为，他的出生地在巴克特里亚，而德国学者马迦特（Marquart）认为在花剌子模。琐罗亚斯德自称出身于河中地区显贵的斯皮达门家族，自幼受宗教意识的影响，20岁开始传教，30岁得到神主阿胡拉·马兹达的启示，领悟真谛，创立了琐罗亚斯德教。

---

① 参见〔英〕玛丽·博伊斯：《摩尼教帕提亚文赞美诗》，以及重要著作《摩尼教中古波斯文和帕提亚文读物》和《琐罗亚斯德教史》，转引自中国社会科学院欧亚史研究网站。

② 〔伊朗〕贾利尔·杜斯特哈赫选编：《阿维斯塔》，第168页。

在传教过程中，琐罗亚斯德创作了许多诗歌，这些诗歌世代口诵相传，后来收集起来，编入经典《阿维斯塔》的《伽萨》（Gāθās）中。琐罗亚斯德传教的诗歌是用巴克特里亚语传诵的，到《阿维斯塔》成书之时，这种古代语言已经消亡。《阿维斯塔》中的《亚思纳》（Ysanas），《文迪达德》（Vendidād）、《亚什特》（Yasht）、《维斯帕拉德》（Vispered）是后人所作。其中《文迪达德》为宗教礼仪书，成书时间最晚。

《伽萨》首次提出了善恶二元宇宙观。据称，世界延续 12000 年，善神阿胡拉·马兹达统治的最初 3000 年是黄金时代，当时没有寒冷、炎热、疾病、衰老或死亡，大地遍布绵羊、山羊和牛群；此后，恶神安格拉曼纽（Angra Mainyu）创造了饥饿、疾病和死亡。《伽萨》在二元宇宙观的基础上形成了善恶的宗教观，提倡抑恶扬善、善必胜恶的信条，即阿胡拉·马兹达将掌握天上和地下的权力，太阳将永远照耀，一切邪恶都将消亡。《伽萨》阐述了琐罗亚斯德的道德观，即以拯世救人为主旨的三善（善思、善言、善行）以及以农业和养畜业取代游牧业为纲领的社会观。琐罗亚斯德教崇拜火，因此，又被称为拜火教。

在波斯，琐罗亚斯德教的国教地位一直保持到公元前 6 世纪前后。在波斯帝国统治时期，琐罗亚斯德教在巴克特里亚和粟特拥有很多信仰者，在两地出土了许多物品；在安息王朝发行的钱币上刻有琐罗亚斯德教象征符号火坛，琐罗亚斯德教可能已经成为该国的国教。此外，巴克特里亚、帕提亚和花剌子模等地开始使用琐罗亚斯德历。不过，中亚各郡祭拜的地方神和多种崇拜也得到了波斯人的尊重，巴克特里亚居民信仰的神灵有地方神阿纳喜特（Anahid）和太阳神密特拉。这些情况反映了波斯帝国出于政治统治的考虑，对被征服地区的信仰采取宽容态度。

在希腊人统治时期，移居中亚的希腊人崇拜希腊神，在中亚仍然继续原有的宗教活动。考古发现的钱币表明，他们崇拜的希腊神有宙斯、波塞冬、阿波罗、赫利俄斯、赫拉克勒斯、狄俄尼索斯、狄俄斯库里兄弟、雅典娜、阿耳忒弥斯、赫卡忒、尼刻等。在此期间，纯粹以东方风格建造的神庙中开始供奉希腊神。位于巴克特拉绿洲的第尔伯金（Dilberjin）的一个神庙圣堂的门口就有狄俄斯库里兄弟的彩色神像；在巴克特里亚的卡尔查延（Khalchayan）也发现了一座用陶土制作的雅典娜女神像。在钱币中，当地的执政者将自己与希腊诸神联系起来。

在希腊统治时期，希腊人也不排斥中亚居民的信仰。塞琉古王朝在中亚新建的希腊神庙中，不仅供奉着希腊神，而且还供奉着地区崇拜的神，如巴克特里亚的地方神阿纳喜特。这种宗教宽容的态度为希腊宗教与地方信仰的融合创造了条件。在中亚，希腊神与中亚的地方神融合起来，宙斯被比定为阿胡拉·马兹达；赫拉克勒斯被比定为凡雷思拉格纳；阿波罗与赫利俄斯被比定为密特拉；阿耳忒弥斯被比定为那纳。

宗教融合的突出例子反映在塔克蒂桑金（Takht-i-Sangin）的阿姆河神庙中。在该神庙的石砌祭坛上刻着希腊铭文，而供奉的却是当地河神玛耳塞阿斯（Marsyas），刻画河神吹奏双管的手法与希腊人描绘米南德河（安纳托利亚的一条大河）的手法类似。此外，在塞琉古时代建造的艾哈农城遗址上也发现了宗教融合的遗物，其中，有一尊当地女神的赤陶像和一个骨雕像的正面图都具典型的东方色彩，女性特征十分夸张，她们不是纯粹的希腊神像，而是当地的丰育女神。在该城遗址中还出土了一块描绘希腊自然女神库柏勒和胜利女神的饰板，她们身着希腊服饰，胜利女神驾驭着一辆由狮子拖着的马车，库柏勒坐在马车上，车后有一位身着希腊传统长袍的人为库柏勒撑伞遮阴，另一位身着希腊传统长袍的祭司在有台阶的高祭台顶上焚香，太阳、月亮、星辰在空中闪耀，其中太阳被人格化为赫利俄斯半身像。这块镀银饰板所展示的图像表明了东、西方宗教信仰的融合，希腊人采用了东方的祭拜方式祭拜希腊神。

在此时期，来自印度的佛教对中亚居民的宗教观也产生了影响。公元前6世纪在印度创立的佛教到公元前4世纪时有很大发展。印度佛教原来是没有偶像的，自从希腊文明传入以后，佛教有了偶像，偶像的塑造也具有希腊色彩。在孔雀王朝统治时期，特别是第三代君主阿育王（Ashoka，又称无忧王）时期（约前304—前232），佛法得到极大发展，成为该国国教。在阿富汗坎大哈旧城出土了一件用希腊文和阿拉米文两种文字刻的铭文，铭文中谈到了阿育王皈依浮屠之事。为弘扬佛教，阿育王在公元前253年召集佛教僧侣在华氏城（Palibothri）举行第三次结集。在他的支持下，佛教从印度的恒河流域向外传播，据《善见律毗婆娑》记载，有18位高僧被派往9个地方传教，其中就包括印度西北部的克什米尔和犍陀罗等地。公元前3世纪，佛教已经渗入兴都库什山以南的希腊式城市，在希腊移民统治阶层中，可以感受到印度宗教对这些新主人的影响。在阿育王时期，佛教还传到了巴克特里亚和帕提亚地区，在巴克特里亚的希腊人中出现了佛教徒，在帕提亚东部，佛教的传播十分迅速，帕提亚的佛教学者还远赴中国参与传教工作。在佛教的传播中，印度商人与工匠起到了一定作用，他们到希腊—巴克特里亚王国诸城经商和做工，带去了佛教。佛教得以在中亚传播，与希腊人开放的宗教思想和宽容的宗教政策是分不开的。

希腊—巴克特里亚王国诸王在崇拜地区神之时，不仅吸收了希腊神的一些形式，还吸收了印度佛教的某些形式，如在希腊—巴克特里亚国王欧克拉提德的钱币上铸有的当地城市女神迦毗沙的神像，女神头戴塔形冠，与坐在王位上的宙斯像相似，而左面的大象和右面印度佛寺石窟杰作支提神殿的场景又体现了印度宗教的特色。

第二节　文化

从人种学上看，在早期文明时代，无论是中亚北方草原的牧人还是南方穴居的农耕居民都是欧罗巴人种的东支，古希腊与古波斯的文献并没有对中亚草原居民和绿洲居民进行区分。波斯波利斯和纳克希·鲁斯坦姆铭文上的浮雕可以提供人种的外表特征。从语言学的角度来看，在早期文明时代，中亚居民语言属印欧语系的东伊朗语。斯特拉波认为，花剌子模人属于马萨革泰人和塞克人的一部分，粟特人与巴克特里亚人在生活习俗上与游牧民很少有区别，米底人、波斯人、巴克特里亚人以及粟特人所说的语言都是一样的，很少有区别。在此时期，在中亚游牧民中没有发现有文字的遗存。

公元前9—前7世纪是欧亚草原游牧生产方式确立的时期，游牧生产方式的确立促进了牧民生活方式的转变。与游牧生产和生活方式相适应，游牧民的衣食住行的模式也逐渐固定下来。

游牧经济决定了牧民的饮食习惯，肉类、奶制品等蛋白质较高的动物产品成为他们的主要食品，谷物成为他们的主要辅食，如果牧民自己不能生产，就从农耕地区以各种方式获取。随着游牧生产方式的确立，公元前1千纪初，游牧民的服装是上衣下裤（穷裤）。这一点可以从波斯铭文的浮雕中塞克人的服饰上了解。在波斯波利斯铭文的戴尖顶帽的塞克人浮雕中，塞克人的服饰是：束腰齐膝的短外衣，一条腰带系住，腰带上挂着短剑，下身穿着紧身裤。上衣下裤的服装适于骑马作战，动作灵活方便，开弓射箭，运用自如，往来奔跑，迅速敏捷。中国在战国时期（前4世纪）开始采取游牧民的服饰，公元前302年，赵武灵王改革服装，采取游牧民的短衣、长裤服饰，改变了以往赵国官兵身穿长袍、甲胄笨重、骑马不便的状况。上衣下裤的服饰是游牧民对世界文化的贡献之一，如今，整个温带的服装几乎都采取了上衣下裤的式样，只有热带和部分亚热带地区仍然保留上衣下裳的古风。

游牧民对世界文明的交通做出了巨大贡献，东伊朗语族牧民以一种高轮式轻便车代步。随着对马的驯化，马可以骑乘之后，更为轻便的代步方式是骑马，在此过程中，牧民们不断发明和改良马具与骑马技术。随着畜牧向游牧过渡，草原牧民的居所由土制砖屋逐渐转变为移动的营帐，他们建造了易于安装和拆卸的蒙古包。蒙古包是一种以木为结构、以动物的皮或毛毡覆盖的轻便帐篷。

　　除了以上物质文化外，游牧文化还表现在精神文化方面。其中，最突出的是游牧民的尚武精神。在游牧社会中，为了拥有水草丰美的牧场和水源，抢劫与掠夺成为游牧民经常性的行为，因此"崇尚勇敢"成为游牧人伦理文化的特征。

　　宣扬勇敢的方式很多，据希罗多德记载，斯基泰人饮他在战场上杀死的第一个人的血，并将他在战场上杀死的所有人的首级送到国王处，这样，他可以分到一份掠获物，否则就不能得到。在波斯人统治时期，波斯郡太守每年都要在自己的管辖地区举行典礼，典礼上，他在酒钵中用水调酒，曾经杀死敌人的那些斯基泰人可以饮这里面的酒，未立战功的人则不许饮酒，而是很不光彩地坐在一旁。他们认为这是奇耻大辱。

　　尚武精神成为牧民的共同习俗，如把战俘的头颅做成饮器。希罗多德记载，具体做法是："把眉毛以下的各部锯去并把剩下的部分弄干净。如果这个人是一个穷人，那么他只是把外部包上生牛皮来使用；但如果他是个富人，则外面包上牛皮之后，里面还要镀上金，再把它当作杯子来使用。有人也用自己族人的头来做这样的杯子，但这必须是与他不合的族人并且是他在国王面前打死的族人。如果他所敬重的客人来访，他便用这些头颅做的饮器来款待客人，并告诉客人，他的这些死去的族人怎样曾向他挑战，又怎样被他打败。他们用这些东西来证明他们的勇武。"

　　此外，把敌人的皮肤做成手巾挂在马首也是炫耀战功的一种方式。具体做法是将首级"沿着两个耳朵在头上割一个圈，然后揪着头皮把头盖摇出来。随后他再用牛肋骨把头肉刮掉并用手把头皮揉软，把它做成手巾保存下来，并把它吊在他自己所骑的马的马勒上以示夸耀。拥有最多这种头皮制成的手巾的人，便被认为是最勇武的人物。许多斯奇提亚人把这些头皮像牧羊人的羊皮那样缝合在一起，当作外衣穿。许多人还从他们的敌人尸体的右手上剥下皮、指甲等，用来蒙覆他们的箭筒"。

　　以上这些习俗在欧亚草原地带，无论是草原西端还是东端，都能看到。在草原东端，据《资治通鉴》记载，公元前 403 年，（赵魏韩）"三家分智氏之田。赵襄子漆智伯之头，以为饮器"。这些习俗一直沿袭下来，在以后的匈奴、突厥等游牧民中还继续保持着。

游牧文化对世界文化的最大贡献是极富表达力的动物艺术。动物形象往往刻在牧民们使用的短剑、小牌、带钩、斧柄、刀柄、铜镜、饰牌、铜箭镞等工具上。常见的动物形象有狮子、奔鹿、狮身鹰头像、怪枭、猛禽、猫科动物等，在南塔吉斯肯和咸海地区的塞克人以狮和豹为母题。这些动物一般双眼突出，两耳竖起。在欧亚草原上，这一艺术是游牧民具有共性的艺术，被称为动物艺术。动物艺术的兴盛期在公元前 8—前 6 世纪之间，到公元前 3—前 2 世纪时开始衰落。游牧民艺术的另一特点是往往以带钩、柄、饰牌等装饰马具、武器、衣着和器皿，并且成为财富的标志。

中亚农耕地区在早期文明时代也形成了自己特有的农业文化，即灌溉农业和以城堡为中心的城市文化。在波斯人和希腊人的统治下，中亚农耕文化和城市文化在原有的基础上继续向前发展，在此过程中，吸收了波斯和希腊文化，表现了具有综合特征的文化特色。中亚地区文化的交流与融合在希腊—巴克特里亚王国时期达到高潮。

在波斯帝国统治之前，中亚南方居民说的是与古波斯语一样的东伊朗语方言，它们按地区称为粟特语、帕提亚语、巴克特里亚语等。在波斯帝国统治之前，中亚文字没有明显的发展，尽管在巴克特里亚和安诺文化考古遗址上曾经发现了刻有四个类似字母符号的石印章，但它们只是文字的一点迹象而已。真正文字在中亚的出现是在波斯帝国统治之后。

波斯人最早用楔形文字书写古波斯语，楔形文字局限于书写和记载国家大事和宫廷发布的国王诏令。波斯帝国建立以后，为了适应大帝国的需要，波斯人开始使用广泛流行于西亚的阿拉米文。阿拉米文由 22 个符号组成，简单易学。阿拉米文成为帝国的官方书面语以后，以它发布命令，书写政事日志与备忘录以及送往各省的外交公文和商业文书。据贝希斯敦铭文，大流士一世曾把铭文的抄件送到各行省去，这些抄件中包括阿拉米文抄件，如今，在埃及发现了贝希斯敦铭文的阿拉米文抄件片断。

各行省在收到阿拉米文的官方文件之后，一些懂得两种或更多语言的书记员将这些文件译为当地太守能够看懂的文字。于是，中亚地区出现了熟悉和使用阿拉米文的书记员。后来，帕提亚语、粟特语和花剌子模语等中亚语言也开始使用阿拉米文书写，如粟特文就是用阿拉米字母书写的；在花剌子模附近的科依克雷尔干卡拉发现了属于公元前3世纪的一个陶罐，其上的铭文据说是阿拉米文；巴克特里亚及印度西北部也采用阿拉米字母书写本地语言，在艾哈农发现了写有阿拉米文字的贝壳，上面记录着各种账款。1948年，在旧尼萨城发现了大批酒瓶碎片，其上有铭文，据研究，铭文的语言是公元前2—前1世纪用阿拉米文书写的帕提亚语。这是迄今发现的最古老的帕提亚语文献，这种文字也称为巴列维文（Pehlevi）。

在此时期，北印度的旁遮普一带使用的佉卢文也源于阿拉米字母。最初，印度人用阿拉米字母给地方语注音，后来逐渐发展成为文字。佉卢文的形成大约在公元前3世纪中叶，此时正是佛教的发展时期，因此有许多佛经是用佉卢文写的。此外，佉卢文也是官方文字，孔雀王朝的阿育王用它来写敕令，钱币上的铭文也用它书写。随着佛教的传播，佉卢文传入中亚，1—2世纪时，佉卢文在中亚地区广泛使用。随着贵霜王朝的灭亡，佉卢文于4世纪中叶逐渐被弃而不用。

波斯帝国幅员辽阔，其境内汇聚了印度文明、西亚文明、埃及文明和希腊文明，正是在这一时期，中国文明也被西方所知。几大文明的接触，促进了东、西方文化的空前发展。几乎同时，东、西方都出现了一批哲学家：中国的孔子、印度的佛陀、中亚的琐罗亚斯德，以及希腊的理性主义哲学家。这一时期的知识分子们开始思考宇宙及生命的起源与目的、理想政府的道德基础等问题。古代学者们对这些社会问题的思考促成了古典时代哲学、宗教和社会体系的构建。波斯大帝国的统治在客观上促进了当时几大文明的交往，中亚在这些交往中起到了桥梁作用。

亚历山大东征将希腊文明带到了中亚。亚历山大重视学术，随他一起东征的人中有自然科学家、测量学家、历史艺术家；在他从印度返回巴比伦之时，带走了 10 名印度哲学家，这些人曾经反对希腊人在印度的统治，亚历山大不但没有囚禁和处死这些哲人，还给他们送去许多礼物。亚历山大对文化的尊崇有利于文化的交流和繁荣。

在这种氛围中，希腊文化对中亚文化产生了影响，尤其是在造型艺术与建筑方面。公元前 5—前 4 世纪是希腊雕刻艺术的繁荣时期，出现了米隆（Milon）、菲狄亚斯（Phidias）等一批杰出的雕塑家。米隆的代表作《掷铁饼者》和菲狄亚斯的名作《命运三女神》都是举世瞩目的佳作。亚历山大东征将希腊的雕刻艺术带到了中亚。在此时期，中亚在造型艺术上表现出希腊特有的自然主义表现手法，如重视人体描绘，如象牙小雕像、石雕壁、泥塑像等艺术表现了希腊造型艺术的影响。在巴克特里亚铸币上，国王像的雕刻技术高超，线条逼真，形象生动，每一枚钱币都是一个精湛的艺术品。

在帕提亚，安息国的缔造者帕尔尼人和达赫人最初仰慕希腊文化，向往希腊人的生活方式，自称是"希腊迷"。他们在宫中上演希腊戏剧；在一些城市，如尼萨，修建希腊式神庙，在尼萨还出土了装饰着阿芙罗狄特、赫拉克勒斯、赫拉等希腊诸神的雕像。后来，随着安息王朝政治的稳定以及与罗马帝国的开战，安息统治者逐渐抛弃了纯希腊文化，开始提倡本族文化，在安息境内出现了本地文化与希腊文化融合的现象。这一点从建筑、雕刻和绘画上反映出来。尼萨古城出土了大理石雕像、赤陶塑像、鎏金银像和象牙雕刻等艺术品，它们既有希腊风格，也保留了东方艺术的成分，其中，最突出的是 40 多件象牙角杯，角杯的上部雕有表现天神、诗神、酒神等希腊诸神的场面；角杯的尖端又雕刻着马、鹿、狮身鹰头的怪兽、半人半马的带翼怪兽等游牧文化中的动物艺术。

在兴都库什山以南地区，希腊文化吸收了印度文化的成分，产生了综合性艺术。兴都库什山以南的希腊钱币采用双语铭文，除了希腊文外，还有用佉卢文字书写的俗语。在该地区的希腊钱币上，神祇虽然仍是希腊神，但是采用了印度的象征符号——法轮。它们是希腊艺术与印度文化融合的突出例子。

希腊—巴克特里亚王国兼收并蓄，产生了本地的天文学家、物理学家、数学家和哲学家。希腊移民对天文学的兴趣，在中亚和印度都产生了影响。亚历山大企图把希腊文化与中亚的地方文化融合起来，曾经采用波斯国王按朝代纪事的方法，并在这一基础上创造了新的纪年法。塞琉古王朝继承了亚历山大创立的纪年法，以公元前312年10月1日为始计年，后来，希腊—巴克特里亚采用塞琉古王朝的历法。在艾哈农城遗址上发现了精密复杂的日晷，在印度天文学中有巴比伦天文学观念，这些成就是希腊移民带来的。

在哲学方面，公元前275年前后，亚里士多德学派哲学家克利尔克斯（Clearchus）来到中亚，克利尔克斯在艾哈农城留下了德尔斐箴言的一份抄本。如今，刻有这些箴言的石碑已不复存在，但是，残存的石基上保留了克利尔克斯本人的题词，箴言的最后一部分也刻在碑基上，箴言如下："幼年时代，学习好行为；青年控制奔放热情；中年时代，努力实施公道；老年时代，诸事深思熟虑；去世之时，则无丝毫悔恨。"

中亚古代文化由于受到外来文化的影响，已经不再是公元前1千纪初期的状况，它接受了波斯、希腊和印度的成分，奠定了中亚地区多元文化的基础。

第三编 中亚塞种国家
（前3世纪—公元6世纪）

在公元前3世纪至公元6世纪的近一千年中，中亚地区出现了一系列国家。其中，游牧行国有：奄蔡、康居、月氏、乌孙和呿哒（Hephthalites）；定居农业国家有：大宛、罽宾、乌弋山离和贵霜帝国。[①] 这些国家是由语言属印欧语系东伊朗语族的人建立的，他们在波斯铭文中被称为塞克人，在中国史书中被称为塞种，因此，本编将他们建立的政权统称为塞种国家。在此期间，中亚北方的畜牧业表现出地区特色；中亚南方修复、扩建和新建了许多灌溉系统，由此农业得到了进一步的发展；建筑和采矿业在原来的基础上迅速发展起来。丝绸之路的开通加强了中亚与东、西方的贸易，贵霜帝国对印度的统治使中亚地区获得了出海口，海路贸易也随之发展起来，这是中亚地区此后不再有的情况。

---

① 要叙述突厥占领之前中亚的塞种城邦国家的历史是相当困难的，无疑，这些国家在公元前2世纪末期以前已经存在。但到1世纪中叶，人们发现他们之间处于战争状态。中国对他们的报道只是涉及中国政治和军事力量有关或变迁的历史。

第一章

北方行国

　　"行国"一名始见于中国史书《史记》，据此书的定义，"行国"指随牲畜迁移的游牧政权。在中亚正北方有奄蔡和康居两个行国，在中亚东北方有乌孙行国。三个行国都处于这一时期开通的丝绸之路的北道上，它们对东、西方经济和文化的交流做出了贡献。除奄蔡外，康居和乌孙游牧政权与中国西汉王朝确立了臣属关系，汉朝中央政府参与了这些国家的王位继承、政权更替等大事件。

第一节　奄蔡

　　奄蔡（Yen-ts'ai）是欧罗巴人种中语言属印欧语系的萨尔马特人建立的国家。[①] 在不同时期，中国史书对该政权有着不同的称谓。《史记·大宛列传》、《汉书·西域传》和《后汉书·西域传》称之为奄蔡；《三国志·魏略·西戎传》又名阿兰；《汉书解诂》一书认

---

① 对于奄蔡的族源，史学界有不同的观点，有印欧种萨尔马特人说，参见周一良、吴于廑主编：《世界通史》"上古部分"，人民出版社1973年版，第125页；也有蒙古东胡人说，参见〔美〕麦高文：《中亚古国史》，中华书局2004年版，第35—70页。本书采用印欧种萨尔马特人说。

为奄蔡就是阖苏。希腊、罗马文献称之为阿兰尼（Alani）、阿兰息（Alanorsi）。奄蔡是古音读法，阿兰、阿速、阖苏都是它的转音。

奄蔡国在公元前 2 世纪已经形成，统治者由西拉锡（Siraci）和阿息部两个氏族成员担任，据斯特拉波的《地理志》记载，公元前 2 世纪，在里海和顿河之间的草原上，在萨尔马特人中有以西拉锡部和阿息部为首的两个政权。据《史记》记载："奄蔡，在康居西北可二千里……临大泽，无崖，盖乃北海云。"康居国在咸海正北，奄蔡在康居西，由此推知，公元前 2 世纪时，奄蔡人游牧于咸海至里海北岸草原。[①]

在公元前 2 世纪末至公元前 1 世纪上半叶，奄蔡国强大起来，其国领土向西不仅抵达顿河流域，可能还南下占有了北高加索部分地区。奄蔡国的军队以骑兵为主，古希腊罗马史书和亚美尼亚（Armenia）、格鲁吉亚（Georgia）的编年史都提到过阿兰（奄蔡）的骑兵，说他们作战的武器是与其他萨尔马特人相似的长铁剑。据《史记》记载，奄蔡"控弦者十余万"，与当时"控弦者数万"的乌孙和"控弦者八九万人"的康居相比，奄蔡已经成为中亚北方的一个大国。斯特拉波在同一书中记载说，西拉锡王阿比喀斯（Abeacus）能够调动两万骑兵，阿息部王斯巴迪努斯（Spadinus）能指挥 20 万人马。

不过，与当时欧亚草原东段的匈奴政权相比，奄蔡国可能还是小国。据《汉书·陈汤传》记载："（匈奴）郅支单于自以大国，威名尊重，又乘胜骄……又遣使责阖苏（奄蔡）、大宛诸国岁遗，不敢不予。"由此可知奄蔡当时向匈奴人纳贡。

到 1 世纪，奄蔡国统治氏族不再是西拉锡氏和阿息部氏，而是阿兰氏。于是，奄蔡国被称为阿兰。《后汉书·西域传》说："奄蔡国，改名阿兰聊国。"罗马帝国后期的历史学家阿米亚努斯·玛尔塞

[①] 对于奄蔡的地理位置，史学界有不同的看法。有的认为在黑海东北，如丁谦的《西域传考证》；有的认为在里海北，魏源、徐继畬持此看法；有的认为在咸海周围，如苏北海先生；有的认为在咸海和里海北边草原地带，如日本学者松田寿男。

利努斯（Ammianus Marcellinus，330—390）在《晚期罗马帝国史》一书中说，在 1 至 3 世纪期间，阿兰人代表了一股强大的力量，频繁地威胁着罗马帝国在多瑙河沿岸和小亚细亚较为僻远的领地，还成功地深入到高加索地区，在公元初的两个世纪中，阿兰人屡次袭击南高加索和邻近地区。他们发动了对安息王朝的战争。在 72—74 年之间，阿兰攻入安息王朝领地南高加索和米太·阿特洛巴特那（Media-Arturopatna），以及亚美尼亚。大约在 136 年，一支两万人的安息国步兵落入阿兰人的圈套，经过浴血奋战才得以脱离险境。正是此时，阿兰东面的康居国强大起来，向西扩张，阿兰沦为康居的附庸。《后汉书·西域传》记载："奄蔡国……属康居。"直到 3 世纪，阿兰才从康居统治下独立出来。对此，《三国志·魏略·西戎传》说奄蔡国"故时羁属康居，今不属也"。

3 至 4 世纪，奄蔡再度兴盛，从咸海至顿河、从乌拉尔山至高加索的大片草原是他们的游牧地。在此，他们还经捷列克河谷与阿拉格瓦（Alagwa）河河谷之间的狭窄通道频繁袭击和掠夺高加索地区，这一通道原名萨尔马特门，但此时已经被称为阿兰（奄蔡）门。阿兰人对西方的骚扰最初是小规模的，以抢战利品为目的。3 世纪中叶以后，阿兰人大规模地西进。

4 世纪中叶（350—374），奄蔡国被西迁的北匈奴击败，其王被杀，阿兰氏统治的奄蔡国灭亡了，奄蔡国由匈奴统治。亡国后的阿兰人一部分迁到高加索，另一部分迁到欧洲。迁到高加索的阿兰人与当地部落融合，形成了以阿兰人为主体的联盟，史称阿兰尼亚（亚美尼亚）；迁到欧洲的阿兰人于 5 世纪初来到了伊比利亚半岛（Iberian Peninsula）西南部，与当地的西哥特人（Visigoth）融合。留在高加索的阿兰尼亚人后来臣属于突厥，接受了天主教，在 10 至 12 世纪期间，他们有了自己的文字，创作了长篇英雄史诗。在 1238—1239 年间，他们在蒙古西征中受到了沉重打击，残存者迁到高加索山区和南奥赛提亚（South Ossetia），有人认为，今高加索地区的奥塞特人（Ossete）是阿兰人的后裔。

奄蔡国地处水草丰茂的中亚草原，以游牧畜牧经济为主，奄蔡人放牧的牲畜有牛、羊、马、骆驼、骡、驴等。除了畜牧业外，奄蔡人兼营狩猎，据《三国志·魏略·西戎传》记载："奄蔡……其国多名貂，畜牧逐水草。"奄蔡国的貂皮在当时享有盛誉。奄蔡国的手工业以制革、酿酒著称，其中，酿酒业最有名，《史记正义》称引《括地志》："奄蔡，酒国也。"游牧的奄蔡人居住在半穴式房屋内，对此，《后汉书·西域传》记道："奄蔡国……居地城。"

奄蔡位于丝绸之路北道上，据《汉书·西域传》记载："（丝绸之路）北道西逾葱岭则出大宛、康居、奄蔡焉。"利用这一有利条件，奄蔡人东与康居、大宛等中亚国家乃至中国进行着频繁的贸易，西经亚美尼亚、高加索、小亚细亚与罗马进行贸易。据斯特拉波记载，奄蔡人与高加索地区诸政权建立了国际贸易联系，他们控制了黑海地区其他政权与阿姆河以北地区和中国的商道。此时，在罗马市场上出售的中国大黄被称为 rha-ponticum，意思是"黑海的大黄"。罗马人不知道奄蔡人向其出售的大黄是从中国贩卖过来的，还以为是奄蔡人生产的，所以称其为黑海的大黄。此外，奄蔡与南方的花剌子模、贵霜乃至印度发展贸易。据斯特拉波记，（奄蔡人）将骆驼组成商队，同印度与巴比伦进行贸易，他们与亚美尼亚人和米太人进行实物交换而获得货物。奄蔡国从这些贸易中获利，国家因此富庶。

奄蔡虽远离中国，但由于贸易关系，与中国有使者往来。在汉武帝开拓西域、经营西北边疆之时，中国曾派使者前往奄蔡。《史记·大宛列传》记载："汉始筑令居以西，初置酒泉郡以通西北国。因益发使抵安息、奄蔡、黎轩、条枝、身毒国。"

奄蔡人是语言属印欧语系东伊朗语族的欧罗巴种人，他们身材高大，头发颜色淡黄。在公元前 2 世纪后期，受月氏迁徙冲击的一些塞种人顺锡尔河而下，进入奄蔡国，因此奄蔡人的宗教文化与斯基泰人极为类似：以树枝占卜，插剑于地誓盟，崇尚武功。奄蔡人的习俗与康居人基本相同，据《史记·大宛列传》记载，奄蔡与康居大同俗；《后汉书·西域传》也说："奄蔡国……民俗衣服与康居同。"

在 8 世纪以后，在咸海至里海北岸游牧的奄蔡人与迁徙到中亚草原的突厥族佩彻涅格人（Pechenegs）混居，逐渐被他们突厥化。[1]

第二节　康居

康居（K'ang-chü）是马萨革泰人后裔康居人建立的国家。[2]《世说新语·排调篇》一书描述了一位于 326—342 年间来到中国的康居僧侣康僧渊的外貌特征，"目深而鼻高"。可以确定，康居人属欧罗巴人种。

在公元前 2 世纪，康居人在今哈萨克斯坦南部和锡尔河中、下游一带放牧。最迟在公元前 2 世纪后期，康居人建立了国家，都城卑阗城在今塔拉斯河畔。[3]张骞第一次出使西域时（前 138—前 126）到过康居国。据中国史书记载，康居国中央政权实行双王制，最高统治者有"康居王"和"康居副王"，如《汉书·陈汤传》记载："康居副王抱阗将数千骑，寇赤谷城东。"康居王位实行父子相传的世袭制。康居国是一个比较成熟的国家，除了王与副王外，在康居国统治阶层中还有一定的行政分工，出现了"康居太子"、"康居贵人"、"王子"和"翕侯"（Yabghus）等官职。其中，翕侯可能是部落贵族，地位尊贵，拥有实权，国家每遇大事，国王就与翕侯商议，据《汉书·匈奴传》记载："会康居王数为乌孙所困，与诸翕侯计。"

据《史记·大宛列传》记载，在公元前 2 世纪后期，康居人口不多，军队只有八九万人。与当时东方的匈奴国比起来，康居地小兵弱，只能算小国；与南边的大月氏（Yüeh-chih）的政权相比，康

---

[1]　Bosworth, C. E, *History of Civilizations of Central Asia*, Vol.4., UNESCO, 1998.

[2]　目前，还没有更多的资料将乌孙、康居民族纳入吐火罗人。

[3]　关于康居国都城卑阗城的所在地，日本学者藤田丰八认为在今塔什干；白鸟库吉认为在今奇姆肯特至土尔克斯坦一带；研究《大唐西域记》的英国学者瓦特尔斯（Watters）认为在今撒马尔罕；丁谦认为在今塔拉斯河畔。岑仲勉认为丁谦的看法是正确的。

居国力也赶不上。因此，康居"南羁事月氏，东羁事匈奴"。

到公元前后时，康居国达到了鼎盛，据《汉书·西域传》记载："康居国……户十二万，口六十万，胜兵十二万人。"在强盛之时，康居南边的大月氏政权处于分裂之中，而以贵霜为中心的帝国又尚未建立，于是，康居摆脱了对大月氏人的臣服，此时，《汉书·西域传》只提到康居"东羁事匈奴"。

康居国强大以后，向外扩张。当时，康居国西面和北面的奄蔡国和严国分别成了康居的属国。"严国，在奄蔡北，属康居。"在南方，康居还有五个附属小国，据《汉书·西域传》记载，这五个地方政权是：苏薤，治苏薤城（今撒马尔罕）；附墨，治附墨城（今布哈拉）；窳匿，治窳匿城（今塔什干）；罽，治罽城（今柯提，Kath）；奥鞬，治奥鞬城（今乌尔根奇）。① 康居国强盛时的疆域东起锡尔河以北，西至阿姆河以西地区的广大地区，河中地区和花剌子模绿洲都是它的臣属地，甚至有学者认为，康居国强盛时期，西边领土延伸到了里海和黑海以北的广大地区。

然而，在2世纪上半叶，在中亚南方兴起的贵霜帝国陆续夺取了康居的属国和属地，如粟特、花剌子模、奄蔡等先后都成了贵霜帝国的领土，康居国也沦为贵霜帝国的属国，这一点从考古资料中可以反映出来。考古学家在花剌子模、撒马尔罕、布哈拉等原康居属地上发现了仅仅在贵霜帝国内部流通的贵霜铜币。尽管如此，直到3世纪，康居国仍然是北方的强国，这一点从中国史书有关康居国朝贡和康居国与中原王朝的外交关系中可以看到。② 康居国在衰落

---

① 关于这五个小王国的地理位置，参见岑仲勉：《汉书西域传地里校释》，中华书局1981年版，第249—256页。

② 先秦时期开始有"朝贡"一词，"朝"意为谒见天子，"贡"意为向天子献上贡品和物产。《周礼·春官·大宗伯》记："春见曰朝，夏见曰宗，秋见曰觐，冬见曰遇。时见曰会，殷见曰同。"《汉书》记：周朝，"以时入贡，名曰荒服"。两汉时期，"朝贡"一词成为专门术语，《汉书》中有"来朝"、"来献"、"朝献"、"奉献"、"遣使"表述朝贡。《汉书·西域传》序文说："昭宣承业，都护是立，总督城郭，三十有六，修奉朝贡，各以其职。""朝贡"不再反映诸侯与天子的关系，而是藩属国与宗主国之间的关系。通过朝贡活动，朝贡双方结成一定的政治、经济关系。"朝贡"包括藩属国的"贡献"和"上表"（请封、请求内附、请援等）；宗主国对朝贡国往往有赏赐、册封。

中一直苟延到 4 世纪。

康居是以游牧经济为主的行国，据《史记·大宛列传》记载："康居在大宛西北可二千里，行国，与月氏大同俗。"《汉书·西域传》进一步记载说，"康居国，王冬治乐越匿地"，"夏所居蕃内"。由此可知康居人的冬牧地在"乐越匿"，夏牧地在"蕃内"。据岑仲勉先生考证，"乐越匿"在锡尔河下游一带，夏牧地"蕃内"在咸海、里海以北。[①] 两地相距数千里，康居人在此数千里之内游牧。康居人放牧的牲畜有骆驼、驴、马、牛、羊等。除了游牧经济外，康居在南方的属国大多数是以灌溉农业为主的地区。

康居国的城市主要有都城卑阗城和郅支城（Chih-chih）。郅支城是西匈奴郅支单于西奔康居时（前 44）建筑的，它建在赖水（今塔拉斯河）河畔，据《汉书·陈汤传》记载，郅支"发民作城，日作五百人，二岁乃已"。郅支城历时两年完工，城周筑有壕沟，城内分两层，内城为土建，称土城，土城外还有木城。郅支单于的宫殿在土城内，城上设有望楼，看来是一个军事堡垒。

康居国位于丝绸之路北道上，丝绸之路北道经大宛、康居、奄蔡，最后到达罗马。因此，与奄蔡国一样，康居国的过境贸易发达，中国产的丝绸、漆器、铁器、铜器、玉器、药材等沿丝路运抵康居后，由康居商人行销西方；西方各地的宝马、毛织品、毛皮、珠宝、药材、香料和珍禽异兽等通过康居再转运到中国各地。如今，在里海西岸发现了汉代铜镜，在高加索出土了汉代玉剑，在克里米亚半岛出土了汉代丝织物，它们是康居和奄蔡商人转手贸易的见证。康居国的特产是毛皮，境内盛产鼠皮、貂皮、白昆子皮、青昆子皮，康居的毛皮享誉东西方，因此，丝绸之路北道又被称为"毛皮路"。

由于长途贸易，康居国的运输业兴盛，骆驼、马、驴承担着长途运输的工作。为了保证贸易的安全，康居商人还组织了武装沿途保护。康居国对东、西方经济交流做出了贡献。

---

① 参见岑仲勉：《汉书西域传地里校释》，第 246—249 页。

在对外关系中，康居国与中国两汉王朝的关系密切。从《汉书·董仲舒》和《汉书·司马相如传》的记载来看，在张骞第一次出使西域还未归国之时（前126），中原地区就已经知道了康居国。董仲舒在对策中阐述天下一统重要性时说："夜郎、康居，殊方万里，说德归谊，此太平之致也。"司马相如在公元前133或公元前132年的告巴蜀民檄文中说："……康居西域，重译纳贡，稽首来享。"张骞第一次出使西域时曾亲临康居，第二次出使西域时曾派副使出使康居，这些事件是西汉王朝与康居国的最初接触，此后，康居国与中国中原王朝的官方交往不断。

在公元前2世纪晚期至4世纪晚期的五百多年中，康居国与中国的关系以3世纪为分界，可分为两个时期。在前期，康居国虽然与中国有使者往返，但恃强自傲阻止两汉王朝在西域的活动；在后期，康居国因国力衰退，朝贡不绝。

3世纪以前，康居使者往来中国的情况，汉籍记载很多。据《史记·大宛列传》记载，公元前113年左右，在中国派往康居的使者返国之时，康居曾派使者同行回访，来到西汉都城长安，了解了西汉的强大富庶。在汉成帝时期（前33—前7年在位），康居"遣子侍汉，贡献"。1世纪初，王莽当政之时，康居与中原王朝的联系中断。到东汉明帝班超出使西域之时（73—102），"……康居、月氏……复愿归附"。康居国还出兵协助东汉打击与匈奴勾结的姑墨。据《后汉书·班超传》说，78年（建初三年），班超"率疏勒、康居、于阗、拘弥兵一万攻姑墨石城"。

尽管如此，两汉时期的康居国始终是经营西域的一大障碍。据《史记·大宛列传》记载，公元前104—前101年间汉武帝派贰师将军李广利讨伐大宛，康居国出兵支援大宛。由于康居兵的阻挠，西汉未能攻占大宛都城，只好与大宛议和。在此期间，康居还为大宛郁成王提供庇护。由于康居国的敌对态度，西汉在西域设立西域都护府之时（前60），曾授意西域都护：督察康居等国的行为、动静，及时报告朝廷。

此后，康居国王又庇护被汉军追击的匈奴单于郅支。公元前58—前56年，匈奴内乱，五单于纷争，郅支单于与其弟呼韩邪单于对立。呼韩邪单于率部南迁，归附汉朝；而郅支单于则率部西迁徙，设王庭于坚昆（该部的活动在阿尔泰山）。在得知这一情况之后，康居国王派贵人带厚礼邀请郅支单于移至康居国。汉将陈汤向康居国王阐明中国立场并"谕以威信"，争取到康居国一部分贵族的支持，陈汤将郅支围困在郅支城内。但康居国王仍执迷不悟，遣兵支援："兵万余骑，分为十多余处，四面环城，亦与相应和。"最终，陈汤破城而入，康居军队才离去。

除了阻挠中国在西域的行动外，康居自恃是中亚北方的一大强国，对中国使者态度傲慢无礼，据《汉书·西域传》记载："康居骄黠，讫不肯拜使者。都护吏至其国，坐之乌孙诸使下，王及贵人先饮食已，乃饮啖都护吏，故为无所省以夸旁国。"汉朝官员对这种侮辱义愤不已，都护郭舜建议："归其侍子，绝勿复使，以章汉家不通无礼之国。"

尽管发生了以上一些不和谐的事件，但康居国始终没有与中国发生直接冲突，其中的原因据《汉书·西域传》推测，康居"何故遣子入侍？其欲贾市为好，辞之诈也"。康居国遣子纳贡，要求成为汉之属部，与西汉对属国和非属国的政策是不同的。西汉为了加强与属部的政治联系，规定属部不仅可派使者朝觐，还可以派朝贡使。与民间互市相比，朝贡贸易的利润巨大。朝贡者不必来到京师，他们在边郡缴纳贡物，由边郡回赐。只有属国和属部才有此优惠待遇，故康居国一直承认自己是西汉属国。

3世纪以后，中国处于战乱分裂状态，然而，康居国与中原王朝的使节往返没有中断。在曹魏政权之时（221—265），康居曾遣使纳贡。《三国志》卷三十《魏书·乌丸鲜卑东夷传》记："魏兴，西域虽不能尽至，其大国……康居……无岁不奉朝贡，略如汉氏故事。"西晋武帝时期（265—290），康居两次遣使来朝，267年，"康居王那鼻遣使上封事，并献善马"，287年，"南夷扶南、西域康居国各遣使来献"。中国史书对康居到中国贡献的最后一次记载为381年，当时，康居国是向前秦苻坚"遣使贡方物"。

康居国与中原王朝之间除了官方的使节往来外，还有民间往来。据《三国志》裴松之注引《诸葛亮集》载，后主刘禅建兴五年（227）三月诏曰："凉州诸国王各遣月支、康居胡侯支富、康植等二十余人诣受节度。"当时正值诸葛亮第一次北伐，驻节沔阳。诏书中提到的"康居胡侯支富、康植"就是当时聚居于河西的康居移民首领。据前秦《重修邓太尉祠》记载，362年，冯翊护军统辖"支胡、粟特、水杂户七千"[①]。这一记载反映了康居国的粟特居民移居中国，并在中国政府中当兵的情况。

康居国与中国的关系还表现在文化交流上。康居国佛僧到中国传播佛教。据《高僧传》、《开元释教录》、《大唐内典录》等书记载，从2世纪末到4世纪末，康居国佛僧在中国翻译佛经，其中著名者有康巨、康孟详、康僧会、康僧渊、康道和等人。他们在中国译了《问地狱事经》、《中本起》、《修行本起》、《阿难念弥陀经》、《镜面王》、《察微王》、《梵皇经》、《小品》、《六度集》、《杂譬喻》等佛经，并给《安般守意》、《法镜》、《道树》等佛经作注。其中，康僧会等人还在中国建筑寺庙。康居国佛僧建寺立庙，翻译佛经，弘扬佛法等活动有力地推动了佛教在中国的传播。

在对外关系中，康居国还注重与匈奴的关系。公元前2世纪匈奴强大起来，驱逐月氏，雄踞中国北方。在此期间，康居国开始臣属于匈奴。为了借用西匈奴郅支单于的力量，当郅支单于西迁中亚时，康居王派贵人携带几千驴马前去将他迎到康居国，并以女妻之。据《汉书》记载："康居王以女妻郅支，郅支亦以女予康居王。"但郅支单于自视大国国君，以残忍的态度对待康居国民，"怒杀康居王女及贵人、人民数百，或支解投都赖水中"。对此，康居国王不敢反抗。

---

① 参见吴山夫：《金石存》，转引自唐长孺：《魏晋南北朝史论丛》，生活·读书·新知三联书店1955年版，第394页。

除了与匈奴结好外，康居国与东邻乌孙国也关系密切。公元前2—前1世纪时，乌孙国势力比康居国强大，"康居王数为乌孙所困"。康居国借匈奴郅支单于之力企图改变这种状况，"康居王……与诸翕侯计，以为匈奴大国，乌孙素服属之，今郅支单于困厄在外，可迎置东边，使合兵取乌孙以立之，长无匈奴忧矣"。郅支单于移居康居国之后，多次深入乌孙国都赤谷城，暴掠乌孙。据《汉书·陈汤传》记载："郅支数借（康居）兵击乌孙，深入至赤谷城，杀略民人，驱畜产，乌孙不敢追，西边空虚，不居者且千里。"康居乘机掳掠，"康居副王抱阗将数千骑，寇赤谷城东，杀略大昆弥千余人，驱畜产甚多"。

康居与乌孙两国之间除了战争外，康居国还参与了乌孙国内的政争。在乌孙国内斗争失败的贵族大多数是逃到康居国避难，康居国为他们提供庇护和支持。大约公元前11年，"末振将弟卑爰疐本共谋杀大昆弥，将众八万余口北附康居，谋欲借兵兼并两昆弥"。

康居与乌孙两国之间除了敌对外，也互派使节访问。有一次，康居国王把乌孙国使者安排在中国使者之上就坐，表明康居对乌孙国的重视。此外，康居国是乌孙国的近邻，两国之间经济往来也很频繁。

4世纪，康居国明显衰落了。据《晋书》记载，381年，康居曾"遣使贡方物"，此后，中国史书再也没有康居国朝贡的记载。据以后的《魏书》记载，437年，来朝贡的是者舌国："者舌国，故康居国……太延三年（437），遣使朝贡，自是不绝。"由此推断，康居国的灭亡可能在381—437年间。

康居国灭亡的原因至今未有定论。有学者认为，康居国的灭亡与阿尔泰山南下的游牧民嚈哒人有关。据中国史书记载，嚈哒国国王之妻曾派康居国人康符真出使中国南部的梁朝贡献，这一记载表明，康居国已经役属于嚈哒国。康居国灭亡以后，它的属国和属地走上了独立发展的道路，中亚地区涌现出康国、安国等以昭武为姓的一系列国家。

第三节　月氏

最早记载月氏人的中国史书有《逸周书》、《穆天子传》、《管子》，它们对月氏有着不同的称谓：禺氏、禺知、月支。月氏人是语言属印欧语系的欧罗巴种人[1]，他们的外貌特征在《南州异物志》有记载，书中说大月氏国"人民赤白色"[2]。

据《穆天子传》记载，月氏人居中国中原王朝正北方，即"伊尹献命列禺氏于正北"；《逸周书·王会篇》记："正北……禺氏。"中国学者王贻樑考证，禺知人的居地在今山西平鲁、井坪一带，平鲁、井坪地处内蒙古草原南缘。《穆天子传》和《逸周书》是公元前5世纪以前的文献，也就是说，月氏人在公元前5世纪以前生活在中国内蒙古草原南缘一带。[3]

月氏人在此以狩猎为生："月氏……请令以橐驼、白玉、野马、駒騄、良弓为献。"駒騄是一种野生的骡马，月氏人的贡献是野马、駒騄、良弓，由此推知，狩猎是他们的主要经济来源。

---

[1] 月氏人的印欧种起源得到普遍接受，目前基本上一致认定月氏人就是吐火罗人。

[2] 三国时期吴国万震《南州异物志》已佚，分别被《隋书·经籍志》、《旧唐书·经籍志》、《新唐书·艺文志》所录。

[3] 有人假设月氏最初的家园在西方，以后迁移到中国边境，因此，他们在公元前2世纪的迁移实际上是向西方的一次回迁。参见蒲立本：《中国人与印欧种人》（Chinese and Indo-Europeans, 1966）。然而，考古学没有证实任何这类理论，新的发现似乎也倾向于削弱"要在欧洲寻找印欧种人家园"的这些理论。最近对古墓（Kurgan）文化的研究表明，印欧种人的家园在南俄草原方向。对安德罗诺沃文化及其与其他文化之间的关系仔细再审视，以及对墓地文物进行的古人类学分析，不排除印欧种人的家园在更东方的可能性。已经有人将吐火罗人认定为甘肃齐家文化，齐家文化在时间上与其东面的龙山文化形成期平行，但"可能有不同的族缘和独特的文化传统"。参见张光直：《古代中国考古》（Archaeology of Ancient China），耶鲁大学出版社1963年版，第138、235页；程昆：《中华文明的开始》（The Beginning of Chinese Civilization），耶鲁大学出版社1997年版。安德森（Anderson）认为事实上在公元前2500—前500年的两千年间，甘肃陶瓷艺术的发展有一个明显的连续性。参见安德森：《中国史前考古学研究》（Researches into the Pre-History of the Chinese, 1943），《远东古物博物馆学报》。

公元前 3 世纪，月氏人出现在河西走廊一带。[①]据司马迁的《史记》记载："始月氏居敦煌、祁连间。"此后，《后汉书·西羌传》又记："湟中月氏胡，其先大月氏之别也，旧在张掖、酒泉地。"可以说，在公元前 3 世纪，月氏人已经生活在武威到酒泉之间的地区了。当时，月氏人之西是乌孙人，乌孙在酒泉以西至敦煌一带；月氏人之东是匈奴，匈奴在内蒙古阴山一带游牧。

月氏从山西平鲁、井坪一带迁往河西走廊的原因，可能与公元前 7 世纪齐桓公和秦穆公在北方和西北方的征伐有关。来到地势平坦、水源充沛的祁连山间，月氏人开始了游牧业的生活。因地处河西走廊，他们也开始经营由西域输往中原的玉石贸易。《管子》一书中多处谈到了禺氏与玉的关系。其中，《国蓄篇》记载说："玉起于禺氏"，《揆度篇》记载说："北用禺氏之玉"、"玉起于禺氏之边山"，《轻重甲篇》记载说："禺氏不朝，请以白璧为币乎"，《轻重乙篇》记载说："玉出于禺氏之旁山。"不难看出，月氏人可能垄断了过境的玉石贸易。

来到河西走廊不久，在公元前 3 世纪中期，月氏人强盛起来。据《史记·大宛列传》记载："秦时……月氏盛。"月氏人的势力范围在西方抵达阿尔泰山区，他们的影响在东方到达了河套地区，整个河西走廊被月氏控制。据《水经注》记载："炖煌，古瓜州也。……瓜州之戎，并于月氏者也。"唐魏王泰著的《括地志》记："凉、甘、肃、瓜、沙等州，本月氏国。"月氏强盛起来之后，匈奴成为月氏的奴役部，匈奴单于送太子到月氏为人质。

不过，月氏的强盛并不长久。在公元前 3 世纪末，匈奴强盛起来。匈奴也是中国北方的一支游牧民族，先秦史籍将他们记为：荤粥、猃狁、獯鬻。公元前 209 年，匈奴单于冒顿统一了匈奴各部，

---

① 如果考虑到月氏一名的早期形式：Yü-chih, Yü-shih, Nu-shih (chih)，可以发现这些月氏人，即吐火罗人（Tokharians），在《逸周书》的一张部落表上提到了吐火罗人到达西周宫廷的时间大约在公元前 1000 年；这可能不真实，但它表明此名在前汉时期就为人所知。无疑，在公元前 3 世纪初以前，吐火罗人已经定居在祁连山和敦煌之间，一边以秦国为邻，另一边是匈奴。

改变了匈奴人东受东胡挤压、西受月氏侵凌的状况。匈奴统一起来之后，先攻东胡，继而开始西征月氏。公元前201年，匈奴首次向月氏发起攻击，初步遏制了月氏东进的势头。初战告捷之后，匈奴着手准备攻月氏的大规模战争。

匈奴与月氏的大规模战争发生在公元前177年或公元前176年。在此次战争中，匈奴打败了月氏，原来臣属于月氏的楼兰、乌孙和呼揭等国家转而臣属于匈奴。在冒顿单于于公元前176年呈给汉朝的书中说："以天之福，吏卒良，马强力，以夷灭月氏，尽斩杀降下之。定楼兰、乌孙、呼揭及其旁二十六国，皆以为匈奴。诸引弓之民，并为一家。"[①]

此战之后，月氏人开始了长途迁徙。以《汉书》的记载为基础，他们的迁徙可分为两个阶段，第一阶段从故地敦煌到达伊犁河上游，第二阶段从伊犁河上游到达大夏。第一阶段的运动是迫于匈奴。月氏放弃了"敦煌、祁连间"的故土，大部分人向西迁徙，他们以后被称为大月氏，留在"敦煌南山"的少数月氏人被称为小月氏。对此，《史记》记载说："余小众不能去者，保南山羌，号小月氏。"

大月氏的西迁引发了一连串的事件。最先受到影响的是乌孙人。大月氏人向西进入乌孙人的放牧地，即酒泉以西至敦煌一带，乌孙王难兜靡被月氏人所杀，他刚出生不久的儿子猎骄靡由乌孙残部携带投奔了匈奴，冒顿单于收养了他。大月氏沿天山以北地区西迁，冲击了伊犁河和楚河流域的塞种人。[②]

据《汉书·张骞传》记载，伊犁河和楚河流域是塞种人的居地："月氏已为匈奴所破，西击塞王，塞王南走远徙，月氏居其地。"

---

① 《史记·匈奴列传》：文帝前元四年（前176）冒顿单于遗汉书。
② 关于月氏西迁伊犁河流域的时间和路线，史学界争议颇多。其年代有两种说法，一说迁于匈奴冒顿单于时，一说迁于匈奴老上单于时。这里采用公元前177—前176年左右这种观点。关于月氏西迁的路线，一说是沿天山南麓西迁，一说是沿天山北麓西迁。这里采用后一种说法。参见余太山：《大夏和大月氏综考》，见《中亚学刊》第3辑，中华书局1990年版；苏北海：《大月氏的西迁及其活动》，《新疆大学学报》1989年第2期。

受大月氏西迁的影响，生活在伊犁河和楚河流域游牧的塞种人被迫离开故地，朝不同方向迁徙，后来，他们在新迁徙地建立了自己的政权。

首先，向西迁的塞种人一部分留在锡尔河北岸，融入康居国；一部分继续西迁，来到咸海和里海沿岸甚至更西的地方，融入奄蔡国。

其次，向西南迁徙的塞种人渡锡尔河来到了费尔干纳，有一部分人留了下来，他们与当地的印欧种土著人，即牧地塞克人，共同创建了大宛国。有一些塞种人继续南下，其中的一部分来到了阿姆河流域，消灭了这一地区的希腊—巴克特里亚王国，建立了大夏国；有一些迁徙到了帕米尔地区，在此建立了捐毒国和休循国；有一些向东进入塔里木盆地，建立了车师、焉耆、龟兹、姑师、伊循等国；还有一些继续南下，越过县度①到达犍陀罗地区建立了罽宾国。对此，中国史书记载说："昔匈奴破大月氏，大月氏西君大夏，而塞王南君罽宾。塞种分散，往往为数国。自疏勒以西北，休循、捐毒之属，皆故塞种也。"

大月氏西迁到伊犁河和楚河流域之后，匈奴仍然紧追不舍，双方在此发生了多次战争。在一次与匈奴老上单于（公元前174—前161年在位）的战争中，大月氏遭到了沉重打击，其王被杀，头颅被单于做成了饮酒的杯子。《史记·大宛列传》记载说："至匈奴老上单于，杀月氏王，以其头为饮器。"尽管如此，在公元前139年张骞第一次出使西域之时，月氏人仍然生活在伊犁河和楚河流域。张骞在过匈奴境时被拦截，单于知道张骞欲去大月氏，于是说："月氏在吾北，汉何以得往使？"由此观之，大月氏还在匈奴之北面的伊犁河和楚河流域。

大月氏离开伊犁河和楚河流域的第二阶段，迁徙的时间大约是

---

① 余太山认为县度位于达瑞尔（Darel）至 Gilgit（吉尔吉特）之间印度河上游河谷，参见余太山：《塞种史研究》，第145页。

公元前 130 年。① 再次西迁与乌孙的复国有关，乌孙得到了匈奴的鼓励和支持，乌孙王难兜靡之子猎骄靡在匈奴单于家中长大，成年以后，单于让他统率旧部，镇守酒泉以西至敦煌之间的原乌孙故地。在此期间，猎骄靡的势力逐渐壮大起来。据《史记·大宛列传》记载："昆莫既健，自请单于报父怨，遂西攻破大月氏，大月氏复西走大夏地。"后来，乌孙在匈奴的支持下打败了大月氏，在伊犁河和楚河流域重建了乌孙国。

经此失败，大月氏开始了第二次大迁徙。公元前 2 世纪中叶，大月氏途经大宛（费尔干纳）来到阿姆河以北的地区。当时，这一地区属大夏国管辖。大夏国是塞种人建立的国家，在月氏人第一次西迁中受到冲击的一支塞种人南下，灭亡了阿姆河流域的希腊—巴克特里亚王国，在此废墟上建立了自己的国家——大夏。大月氏第二次西迁来到阿姆河北岸流域之后，取代大夏国统治了这一地区。对此，《史记·大宛列传》记载说："过宛，西击大夏而臣之，遂都妫水（阿姆河）北，为王庭。"此时，月氏人还没有建都，他们以王庭为统治中心，王庭具体设在阿姆河北岸的什么地方，史书未有记载。

阿姆河北岸的大夏国被大月氏人灭亡以后，大夏国的一部分塞种人留在大月氏政权之下，大多数人向西南和南部迁徙。向西南方向迁徙的塞种人后来冲击了当时在帕提亚建立的安息王国，动摇了安息王国的统治，最后，他们建立了自己的国家乌弋山离。② 向南迁徙的塞种人冲击了印度西北地区，印度的巽迦王朝受到影响，这支塞种人后来建立了一些塞种人国家。

---

① 关于大月氏为乌孙所迫西迁阿姆河的时间，也有两种说法。一说始于老上单于时期，即公元前 174—前 161 年；一说始于军臣单于时期，即公元前 161—前 126 年。据西方史料记载，大约公元前 129 年，帕提亚国王弗拉特二世（前 139—前 128 年在位）西征塞琉古王朝的叙利亚王国，但因盘踞在粟特和巴克特里亚等地的阿色尼人和吐火罗人等塞克人从东北部大举入侵，不得不转而与塞克人作战。由此推知大月氏人南下的时间可能是公元前 130 年。这里采用后一种说法，参见余太山：《塞种史研究》，第 58 页。

② 关于建立乌弋山离国的塞种人的迁徙途径有两种说法，另一说是迁徙到阿姆河北岸的塞种人向西南迁徙，有的离开此地继续向西南方和南方迁徙。

阿姆河以南地区仍然归属于大夏国。据《史记·大宛列传》记载：“大月氏在大宛西可二三千里，居妫水北。其南则大夏，西则安息，北则康居。”公元前129年，张骞先抵达大月氏，后又到了大夏。由此可知，大月氏与大夏国是并存于中亚的两个政权。《史记·大宛列传》记载说：张骞第二次出使西域时，曾“分遣副使使……大月氏、大夏”。公元前113年（汉武帝元鼎四年），张骞派去大夏的副使返回长安，回访的大夏使者随行来到长安，即“骞所遣使通大夏之属者，皆颇与其人俱来”。可见，此时，阿姆河南岸仍是大夏国的领土。

来到阿姆河北岸的大月氏人继续以游牧为业。据《史记·大宛列传》记载：月氏“……行国也，随畜移徙，与匈奴同俗，控弦者可一二十万”。“控弦者可一二十万”说明当时大月氏的军事力量比较强大。从张骞在大月氏所观察到的大月氏人因“地肥沃”而“志安乐”的状况来看，他们生活的地区水草丰美，人民能够安居乐业。此后，大月氏逐渐壮大，他们南下阿姆河以南的巴克特里亚，将阿姆河南北地区统一起来。

第四节　乌孙

乌孙（Wu-sun）是生活在中国西北地区的一支古代民族，自称昆人（又译混夷）。乌孙人碧眼赤须、深目高鼻，属欧罗巴种的印欧种人。昆人最初居今宁夏的固原地区。固原地处六盘山脉，多山谷草场，宜于放牧。公元前11世纪（商末周初），昆人强大，据《诗经·大雅》记载：“混夷駾矣，维其喙矣。”《毛诗序》在谈到《诗经·小雅·采薇》的写作背景时说：“文王时，西有昆夷之患。”《史记》中《孟子·梁惠王章》记：“惟仁者为能以大事小，是故汤事葛、文王事昆夷。”这些记载反映了昆人的强大。

公元前4世纪后期，昆人被日益强大的秦国打败，西迁到河西走廊一带，与月氏为邻。据《汉书·张骞传》说："闻乌孙王号昆莫。昆莫父难兜靡本与大月氏俱在祁连、敦煌间，小国也。"昆人在酒泉以西至敦煌一带，月氏在酒泉以东至武威一带。此时的昆国弱小，臣属于月氏。

公元前177或者前176年，月氏被匈奴打败，向西迁徙，引发了一系列迁徙运动，首当其冲受到挤压的是昆人。月氏人西入昆人牧地，杀其王难兜靡，昆人的国家灭亡。留在原地者仍取"昆邪王"或"浑邪王"，意为昆人之王；离开河西走廊的昆人，改名为乌孙。

乌孙人携带难兜靡之婴儿猎骄靡投奔匈奴，匈奴冒顿单于（前209—前174年在位）收养了他。猎骄靡长大之后，在匈奴单于手下带兵，多次立下战功。匈奴让他统率旧部，镇守故地酒泉以西至敦煌一带，为匈奴驻守西界。

大约在公元前130年，在匈奴军臣单于（前161—前126年在位）的支持下，猎骄靡率军征大月氏，开始了复仇之战。乌孙在这些战争中获胜，失败的大月氏人再次西迁。乌孙迁至伊犁河流域，并在此复国。

复国之后，乌孙国一度成为中亚东北部的一个强大政权。据《汉书·西域传》记载："乌孙国……东与匈奴，西、北与康居，西与大宛，南与城郭诸国相接。"乌孙国疆域东与匈奴为界，抵达东部天山，西与大宛相邻，抵达今纳林河流域，北接康居，抵伊塞克湖畔，南临中亚河中地区的定居国家。在乌孙国内，除了乌孙人外，国民中还有留下来没有迁走的大月氏人和塞克人。据《史记·大宛列传》记载："乌孙昆莫击破大月氏，大月氏徙西臣大夏，而乌孙昆莫居之，故乌孙民有塞种、大月氏种云。"

猎骄靡羽翼丰满之后，不再臣属于匈奴。对内，他致力于建设独立的乌孙国；对外，他与匈奴和中国西汉王朝保持着友好关系。乌孙复国后不久，张骞向汉武帝建议采取"厚币络乌孙"的手段，使乌孙与"汉结昆弟"，联合对付匈奴。于是，汉武帝派张骞于公元前119年第二次出使西域。张骞到达乌孙以后，由于当时乌孙内部不和睦，权力一分为三，即昆莫猎骄靡、大禄和岑陬，加之"其大臣皆畏胡（匈奴）"，因此，昆莫猎骄靡未与汉朝联盟共击匈奴。在张骞于公元前115年回国之时，乌孙昆莫派使者几十人带着几十匹马回访。使者归国以后，报告了沿途见到的汉朝的富庶与强大，乌孙王开始看重汉朝，据《史记·大宛列传》记载："乌孙使既见汉人众富厚，归报其国，其国乃益重汉。"乌孙王派使者向汉朝献马表示友好，同时向汉朝求婚，细君公主远嫁乌孙王，成为猎骄靡的妻子。

　　然而，在此期间，乌孙国仍然惧怕匈奴，远嫁猎骄靡的细君公主只被封为右夫人。在李广利征伐大宛之时，汉武帝告之乌孙，请乌孙多派一些军队与汉军一起攻打大宛，但乌孙只出骑兵两千，并首鼠两端不肯向前。汉朝征伐大宛的胜利最终才使乌孙及西域诸国对汉朝臣服。

　　猎骄靡去世之后，其孙军须靡（即岑陬）继位（约前104—前93年在位），他继续推行祖父的内外政策，与汉朝和睦相处，并向汉朝公主求婚，汉嫁解忧公主。军须靡去世之时，其子尚幼，乌孙王位由军须靡的堂兄弟翁归靡（号肥王）继承（约前93—前60年在位）。依乌孙习俗，解忧公主又嫁给了翁归靡。

　　翁归靡继位以后，一改乌孙王亲匈奴的做法，与汉朝关系密切而疏远匈奴。翁归靡也娶了匈奴公主为妻，但是，并不看重她，而想立与汉朝公主所生的长子元贵靡为王位继承人。翁归靡的做法激怒了匈奴，匈奴对乌孙发动大规模的进攻，占领了两国交界处的乌孙领土车延和恶师，并将此地的乌孙人掳走为奴。匈奴派使者对翁归靡说，乌孙如果把汉朝公主交给他们并同汉朝断绝关系，匈奴就撤兵。公元前72年，匈奴联合车师后国再次对乌孙国大举进攻，解忧公主与翁归靡遣使上书，盼汉出兵以救乌孙，汉朝派出15万骑兵助乌孙作战。公元前71年，乌孙与汉军共击匈奴，俘虏匈奴3.9万多人，虏获马、牛、羊、驴、骆驼70余万头。[①]同年冬，匈奴单于率领几万骑兵攻乌孙，遇到天降大雪，一日深丈余，人、畜生还者十

---

① （汉）班固：《汉书·西域传》"乌孙国"。

不及一。公元前 70—前 69 年，丁零、乌桓、乌孙从北、东、西三面进
攻匈奴，匈奴死亡十分之三，畜产损失约一半，从此衰弱，属国纷纷
独立。

公元前 69 年，龟兹杀害汉朝校尉赖丹，常惠调发西域各国兵力
5 万多人征讨龟兹，乌孙派了 7000 人马前来襄助。这些战争一方面
打击了匈奴，另一方面也增强了乌孙的实力。乌孙虏获甚丰，经济
实力增加，在西域的威望空前大增，成为西域最大国。当时乌孙国
拥有 12 万户，人口 63 万，军队近 19 万人。[①]乌孙军队的数量比西域
所有国家的总和还多。汉朝和匈奴都把公主嫁给翁归靡以笼络之；
远在南道的莎车国"为欲得乌孙心"，将翁归靡的次子万年请去当国
王；龟兹国王降宾为靠拢乌孙，娶翁归靡的长女弟史为妻；车师王
乌贵在受到匈奴威胁之时也逃奔乌孙，请求庇护。

公元前 60 年，汉朝在西域设立西域都护，管辖西域事务。乌孙
成为汉朝的属国，是《汉书·西域传》所记五十个属国之一，此后，
汉朝参与了乌孙国的国事。

乌孙国实行以昆莫（又译昆弥、昆靡，意为国王）为首的专
制统治，国家实行双王制，国王分大、小昆莫，王位的继承基本
上是长子继承制，但也有兄终弟及的情况。辅佐国王的统治机构
有：大禄、左右大将、侯（即翕侯）、大将和都尉、大监、大吏、
舍中大和骑君八级。大禄相当于丞相，负责国家的民事和军事。
左右大将各一人，专司军事。侯负责地方或部落的军政事务。昆
莫、大禄、左右大将和侯这四级在乌孙国掌握实权。在乌孙国中，
还保留着氏族公社残余的贵族议事会议，在乌孙国内发挥着重要
的作用。据《汉书·西域传》记载，当翁归靡想由其长子元贵靡
继承王位之时，"乌孙贵人共从本约，立岑陬子泥靡代为昆靡，号
狂王"。乌孙贵人不顾国王的意见，可见氏族制残余在乌孙国中的
影响。

---

① （汉）班固：《汉书·西域传》"乌孙国"。

成为汉朝的属国之后，乌孙国大、小昆莫的继任要经过汉朝的
册立加以确认才为合法，大昆莫元贵靡、伊秩靡，小昆莫乌就屠、
安日、末振将的继任都得到了汉朝册立。除大、小昆莫外，乌孙国
的重要官员也由汉朝册封，汉朝给他们颁发印绶，表示权力的合
法性。此外，汉朝有权处置乌孙国内部发生的重大事件，如元贵
靡与乌就屠兄弟争权夺利之时，汉朝派军队驻屯乌孙，稳定乌孙
国局势。

翁归靡曾打算立他与汉朝公主所生的长子元贵靡为王位继承人，
为此他向汉朝上书："愿以汉外孙元贵靡为嗣，得令复尚汉公主，结
婚重亲，畔绝匈奴，愿聘马、骡各千匹。"然而，翁归靡死后，乌孙
国立军须靡与匈奴妻子所生之子泥靡（号狂王）为大昆莫（前60—
前53年在位）。依乌孙习俗，军须靡之妻解忧公主转嫁泥靡。泥靡
统治残暴，"暴恶失众"，解忧公主与之不和，乌孙统治层分为亲汉
派与亲匈奴派两派。在亲汉派的支持下，解忧公主企图杀死泥靡，
但没有成功。最后，翁归靡之子乌就屠袭杀了泥靡，自立为王。乌
就屠执行亲匈奴的政策，在乌孙国内打击亲汉派。为此，汉朝一方
面调兵遣将准备征讨乌孙，一方面派遣解忧公主的侍女冯嫽（即冯
夫人，为乌孙右大将夫人）劝说乌就屠。乌就屠害怕汉朝出兵，同
意放弃王位，于是，翁归靡与解忧公主所生长子元贵靡（前53—前
51年在位）即位，成为乌孙国的大昆莫，乌就屠（前53—前33年
在位）成为小昆莫。王位继承斗争最终使乌孙国分裂为大、小昆莫
两部分。

元贵靡继任大昆莫以后，小昆莫乌就屠控制着一部分乌孙民
众，势力很大。于是，汉朝派遣长罗侯常惠率领军队驻屯乌孙首都
赤谷城①，为大、小昆莫划分地界和民众。其中，大昆莫管辖6万多
户，小昆莫拥有4万多户。元贵靡在位三年之后病逝，其子星靡（前

---

① 赤谷城的确切位置有两种说法，一说在伊犁河支流特克斯河流域一带，一说在伊塞克湖东南、
纳林河上游。可能后者更为准确一些。

51—前 33 年在位）继任大昆莫位。星靡懦弱，由冯夫人辅佐，同时给乌孙国的大吏、大禄、大监赐予金印紫绶，希望他们尊重并尽心辅佐星靡。星靡实在怯弱无能，西域都护韩宣曾请求朝廷罢黜他，以他的叔叔大乐（翁归靡与解忧公主所生的幼子）代之，但朝廷没有采纳这一建议。

星靡逝世以后，其子雌栗靡继位（前 33—前 16 年在位）。雌栗靡决心改变乌孙内部争斗不断的局面，颁布法令："告民牧马畜，无使入牧。"这一法令严格规定了乌孙牧民在各自的牧区放牧，不得侵入他人牧区，不得抢掠。雌栗靡的统治在贵族中具有威慑力，民众归附，势力日盛。由于法令调整了各利益集团的关系，乌孙国内的矛盾得以缓解，乌孙社会相对安定，经济再度繁荣，出现了"国中大安如翁归靡时"的繁荣景象。

乌就屠之后的小昆莫是其子拊离（前 33—前 30 年在位），拊离即位不久就被其弟日贰所杀，汉朝派使臣段宗会到乌孙国立拊离之子安日为小昆莫（前 30—前 17 年在位），日贰逃亡康居，汉朝派西域戊己校尉驻屯姑墨，随时准备征讨他。安日派手下贵族姑莫匿诈降日贰，取得日贰信任，伺机杀死了日贰。然而，安日后来又被降民所杀，汉朝立其弟末振将（前 17—前 12 年在位）为小昆莫。大昆莫雌栗靡在国内的威信日增之时，小昆莫末振将认为雌栗靡的强大威胁到小昆莫的存在，于是，设计将雌栗靡杀害。而末振将本人不久也被大昆莫手下的人谋杀，安日之子安犁靡继任小昆莫（前 11—? 在位）。雌栗靡被杀之后，汉朝立翁归靡与解忧公主所生的第三个儿子大乐之子伊秩靡（前 16—? 在位）为大昆莫。

乌孙国力衰弱，备受在康居避难的拊离之子卑爰疐的侵凌，直到 1 世纪晚期，乌孙国势力方开始复苏，后来，成为拥兵 10 万的大国。

在此时期，乌孙国与东汉的联系多了起来。据《后汉书·耿恭传》记载，74 年，耿恭任戊己校尉以后，发檄文至乌孙国以彰显东汉的威德，见到檄文后，乌孙大昆莫及其以下官员都非常高兴，随即派遣使者向东汉献乌孙的名马，并表示愿意遣子入侍。班超在经营西域之时，建议朝廷联络乌孙，利用乌孙力量攻打龟兹，以达到重新控制西域的目的，据《后汉书·班超传》记载："超既破番辰，欲进攻龟兹。以乌孙兵强，宜因其力，乃上言：'乌孙大国，控弦十万……今可遣使招慰，与共合力。'"

83 年，东汉派李邑护送乌孙使者回国并赏赐给大、小昆莫及其以下官员大量锦帛，乌孙也遣侍子随李邑来到东汉朝廷。据《后汉书》记载，汉桓帝时（147—167 年在位），乌孙曾向度辽将军种暠表示服从。可以说，乌孙始终与东汉王朝保持着友好关系。

到 2 世纪后期，匈奴衰弱，鲜卑崛起，乌孙国东部边界遭到新兴鲜卑政权的侵扰，据《后汉书·鲜卑传》记载："鲜卑檀石槐者……因南抄缘边，北拒丁零，东却扶余，西击乌孙，尽据匈奴故地。"[①]乌孙国一度还处于鲜卑人的统治之下，据史书记载："檀石槐……自分其地为三部……从上谷以西至敦煌、乌孙二十余邑为西部，各置大人领之。"[②]直到 3 世纪，乌孙才摆脱对鲜卑的臣属地位。

4 世纪末至 5 世纪初，乌孙在西迁哝哒人的挤压下，开始向南迁徙到帕米尔高原，据《魏书·西域传》记载："乌孙国……数为蠕蠕（指哝哒）所侵，西徙葱岭（今帕米尔）山中。"迁徙之后，乌孙人仍与中原王朝保持联系。据《三国志·魏志》记载："魏兴，西域虽不能尽至，其大国……康居、乌孙……无岁不奉朝贡，略如汉氏故事。"据《魏书·世祖纪》记载，437 年 3 月，"龟兹、悦般……乌孙……诸国各遣使朝献"。这一年北魏使臣董婉等人出使西域，他们曾到达乌孙并向乌孙国王献上北魏朝廷的赏赐，乌孙国王接受了赏赐，非常高兴，说破洛那（费尔干纳）、者舌两国很想与北魏建立联系，于是，乌孙派向导送董婉等人到达这两国。

---

① 〔宋〕范晔：《后汉书》，中华书局 1965 年版，第 2989 页。

② 同上书，第 2990 页。

　　5世纪以后，伊犁河、楚河流域的悦般、高车等国取代了乌孙国。然而，乌孙人与中国一直有着断断续续的联系，辽朝时还曾遣使入贡。《辽史·太宗本纪》说："会同元年（938）……八月戊子，女真来贡。庚子，吐谷浑、乌孙、靺鞨皆来贡。"此后，乌孙逐渐融入其他民族之中，史书上不再有乌孙一名。

第二章

南方绿洲小国

在中国古籍中，与"行国"相对的是"居国"，居国指以农耕为业的定居国家。在大月氏人西迁的挤压下，在伊犁河和楚河流域游牧的一部分塞种人离开原居地南下，公元前 2 世纪—公元 6 世纪期间，他们在中亚地区建立起一些塞种国家。本章主要论述大宛、罽宾、乌弋山离三个小国。大宛国位处今费尔干纳盆地，它与中国汉王朝长期保持着联系；罽宾国是塞种人在兴都库什山以南的犍陀罗和呾叉始罗建立的政权，罽宾国与中国汉王朝一直保持着联系；乌弋山离国地处苏里曼山和兴都库什山以西，赫尔曼德河自东北向西南流经全境，形成一片肥沃的盆地，乌弋山离国在吸收安息的希腊文化和印度文化的基础上形成了特有的综合文化。三个塞种国家都处于丝绸之路上，对古代东、西方经济和文化的交流做出了贡献。

第一节　大宛

公元前 2 世纪，在大月氏迁徙浪潮的冲击下，原居伊犁河和楚河流域的一部分塞种人南下，来到了帕米尔西麓，即今费尔干纳盆地一带。费尔干纳盆地在公元前 7 世纪就有塞种人居住。公元前 6 世纪和公元前 4 世纪，统治着河中地区的波斯帝国和亚历山大帝国没有将统治延伸到费尔干纳。公元前 3 世纪建立起来的希腊—巴克特里亚王朝将费尔干纳地区纳入自己的统治①，并在此建筑了一些希腊式城堡。

来到费尔干纳的塞种人推翻了在当地统治的希腊人，与当地人一起建立了大宛国。公元前 2 世纪中叶，大宛国兴盛起来。西汉史官司马迁在写《史记》时，专门写了"大宛列传"一节。据此书记载："大宛及大夏、安息之属皆大国。"当时，大宛拥有 6 万户，人口 30 万，军队 6 万。强盛之时，大宛国的领土不仅仅包括费尔干纳盆地，北部的统治已经达到了今塔什干一带；在西方的势力发展到了贰师城（即苏对沙那）。大宛国的周围是游牧政权，西北有康居国，东北与乌孙国相邻，西面是大月氏的政权。

大宛国的强盛并不长久，在公元前 2 世纪末，大宛国与中国西汉王朝发生了战争，成为西汉属国，直到 1 世纪初，大宛国才获得了独立。半个世纪以后，1 世纪中叶，大宛国走向衰落，臣服于当时西域的强国莎车，向它交纳贡赋。莎车国国王贤认为大宛国交纳的贡税太少，率大军进攻大宛国。在莎车军逼近之时，大宛国国王延留向莎车投降，莎车国国王贤将延留带回莎车国，另立桥塞提为大宛国国王。此后，大宛国遭到西北方康居国的攻击，桥塞提无力抵抗逃走，莎车国国王让延留回国复位，大宛国继续臣服莎车国，向莎车国纳贡。

1 世纪后期，随着班超在西域经营的成功，东汉王朝在西域的影响扩大，莎车国在西域的霸权受到遏止，莎车国控制下的属国纷纷独立，大宛也在此时获得独立。2 世纪中期，中亚贵霜帝国强盛起来，大宛又沦为贵霜帝国的属国。3 世纪中期，贵霜帝国在新兴萨珊

---

① 有学者认为大宛从来就没有被希腊—巴克特里亚王朝统治过，虽然在这里发现了希腊—巴克特里亚王朝的钱币，但这可能只是商业贸易交往的结果。

王朝的打击下衰弱，大宛国重新获得独立。到 4 世纪末（或 5 世纪初），大宛国被嚈哒所灭。此后，大宛一名不再见于史册。在费尔干纳兴起的国家被称为破洛那（另译钹汗、钹汗那等），7 世纪，大宛国遗址上建立的国家又被称为宁远国。

大宛国以贵山城为都①，建立了较为完备的统治制度。国王是国家最高行政首领，负责国家的民政、军事、外交。中国文献中提到的大宛国国王有毋寡、昧蔡、蝉封、延留、桥塞提、蓝庚等人。据《汉书·西域传》记载，大宛国在国王之下，设立了副王、辅王各一人，以辅佐国王。不过，氏族制度残余和母系氏族的遗风在大宛国长期存在着，其中，贵族议事会不仅是咨询机构，而且享有很大权力，甚至拥有废立国王的权力。据《史记·大宛列传》记载，当中国西汉王朝将军李广利率军攻打大宛国之时，贵族议事会认为这次战争是由国王毋寡藏匿良马和杀西汉王朝使者引起的，会议决定杀国王以求和。会后，他们杀了国王毋寡，将其首级献给西汉王朝，以求和平。西汉王朝扶持昧蔡为大宛国国王，后来，昧蔡又被贵族议事会成员杀死，另立国王蝉封。这些事件反映了贵族议事会握有操纵国家政权的权力。

在大宛国内，母系氏族的遗风保留下来。妇女的地位仍然很高，大小事务一般都由女子做决定，男子只是遵从女子的决定："大宛国……俗贵女子，女子所言而丈夫乃决正。"公元前 1 世纪，大宛国与中国西汉王朝交往增多，母系氏族的遗风开始发生变化，到 3 世纪，妇女的地位降低，男子的地位升高了，据《晋书·西戎传》记载："大宛……其俗娶妇先以金同心指环为娉……不男者绝婚。奸淫有子，皆卑其母。"

大宛国内可能还没有成文法律，断事按习惯法的规定。如提供给他人的马匹，如果马匹没有训练好以致将骑乘者跌下来坠死，马

---

① 大宛都城贵山，有学者认为贵山城是位于锡尔河上游支流的卡散（Kasan），另有学者认为是今俱战提。

的主人要为死者提供棺材作为赔偿。

大宛国是定居农业国，经济以农业为主、畜牧业为辅。据考古发掘，早在公元前10—前8世纪，农耕定居的生产生活方式已经在费尔干纳确立起来。公元前7—前5世纪期间，费尔干纳地区涌现出一批城镇，纳林河与卡拉河之间的埃拉坦文化是典型的农业文化。

费尔干纳的粮食作物主要有水稻和麦子，经济作物有葡萄，此外，大量种植马饲料苜蓿。大宛国在山区发展畜牧业，牲畜种类有马、牛、羊等，其中尤以马闻名于世，特别是产于贰师城的汗血马。汗血马因疾速奔跑之后脖颈部位浸出像血一样的汗水而得名，中国史书称之为"天马"。这种马具有速度快、耐力足、易驯养、体形好的特点，大宛以此为宝，不轻易送人。西汉王朝通过两次战争使大宛国臣服，此后，大宛国在向中国朝献的贡品中都有汗血马。

大宛国内发展起多种手工业，其中，以酿葡萄酒最为有名，酿出的酒几十年都不会变质。有记载说："宛左右以蒲陶（即葡萄）为酒，富人藏酒至万余石，久者数十岁不败。"除此之外，大宛国的金、银器加工业也是重要的部门，据《史记·大宛列传》记载，大宛通过与汉朝的贸易获得的黄金白银不是用来加工货币，而是制作装饰品，如同心指环等。

大宛国与周边国家和地区展开频繁的贸易。大宛国周边几乎都是以游牧业为主的行国，如乌孙、康居、捐毒、休循等，这些行国以畜产品与大宛国交换它们的农业产品。除地区贸易外，大宛国因地处丝绸之路上，过境贸易和转手贸易兴盛。正是由于这一原因，大宛国内兴起了一些商贸城镇，其中比较重要的除了都城贵山城外，还有贰师城、赭时（Chach，今塔什干）、俱战提。大宛国人擅长做生意，据《史记·大宛列传》记载："自大宛以西至安息……善市贾，争分铢。"在公元前2—公元1世纪期间，大宛国的贸易仍然停留在以物易物阶段，没有以货币为媒介的贸易；直到2世纪，大宛国成为贵霜帝国的属地之后，国内才出现了以货币为媒介的商业贸易，开始使用贵霜帝国铸造的钱币。

在对外关系中，匈奴和中国汉朝是大宛国外交的重点。在公元前2世纪匈奴强盛之时，大宛国周边国家和地区，如康居、乌孙等国在不同程度上臣属于匈奴，此时大宛可能也臣属于匈奴。有记载说，在匈奴使者途经大宛国之时，大宛国要为他们提供一切所需。甚至在匈奴被汉朝打败之后，匈奴郅支单于还向大宛国索取贡赋，大宛国不敢不给，此事发生在公元前1世纪中叶。

公元前2世纪后期，大宛国与西汉王朝发生了初次接触。公元前128年，张骞出使西域经过大宛，大宛派向导和翻译将他送到康居；张骞在第二次出使西域期间（前119—前115）曾派副使访问大宛。之后两年（前113），大宛国派使者回访中国，双方使者往来不绝。

尽管如此，由于大宛国与汉朝统治中心相隔遥远，大宛国在处理与中国汉朝和匈奴的关系中，采取了亲匈奴而远汉朝的政策。大宛国统治者曾经杀汉朝派往西域的使者，并且在汉朝统一西域的过程中起到了阻碍作用。在此背景之下，汉武帝两伐大宛，战争爆发的直接原因是为了获取大宛国的汗血马。汉武帝派使者到大宛国，愿以重金购买汗血马，以改良中原马种，而大宛国拒绝出售，并杀害使者，夺取财物，挑起了战争。战争之初，汉军失利，只有几千人马生还，于是，汉朝再次组织军队和粮草征伐大宛，这次攻克了大宛首都贵山城，获得了汗血马，并在大宛国另立亲汉的国王。此战之后，汉朝派出十几个外交使团前往大宛以西各国，告之汉朝伐大宛之事，宣扬汉朝的威德。于是，西域各国改变了亲匈奴远汉朝的倾向，确立了对汉朝的隶属关系，向汉朝贡献和遣子为质，为汉朝统治西域奠定了基础。

1世纪后期，大宛不再臣属于汉朝，但双方使者往来仍然密切。据《后汉书·顺帝纪》记载，130年，大宛国向东汉王朝奉使贡献。从2世纪中叶到5世纪后期，大宛国贡献汗血马等宝物不断。大宛与中国之间的交往，促进了两国政治、经济、文化的发展。大宛国通过与中国的交往，不仅获得了本国所没有的物品，如丝绸、漆器等，而且还学到了中国的冶铁技术、铸造兵器技术、凿井技术等，据《史记·大宛列传》记载："大宛……其地皆无丝漆，不知铸钱器。及汉使亡卒降，教铸作他兵器。"中国从大宛引进了一些物种，如汗血马、葡萄、苜蓿等。汉武帝在皇宫中大面积种植葡萄和苜蓿，据《史记·大宛列传》所说："汉使取其实来，于是天子始种苜蓿、蒲陶肥饶地。及天马多，外国使来众，则离宫别观旁尽种蒲陶、苜蓿极望。"

第二节　罽宾

罽宾（Ki-pin）是在大月氏迁徙浪潮中被迫南迁的一支塞种人在兴都库什山以南建立的国家。这支塞种人原居天山北麓的伊犁河上游至伊塞克湖畔，大约在公元前176年，西迁的大月氏占据了他们的家园，他们越过帕米尔高原、喀喇昆仑山、喜马拉雅山，通过悬度天险，历经艰难险阻和磨难，来到了兴都库什山以南的犍陀罗和呾叉始罗，在此安顿下来、繁衍生息。

当时，统治这一地区的是希腊—印度王国。塞种人来到犍陀罗和呾叉始罗以后，先以被统治者身份居住下来。在公元前1世纪初的25年期间，塞种人在其王毛厄斯的率领下推翻了希腊—印度王国，使希腊—印度王国国王退居帕罗帕米萨德（中国史书称之为高附）的迦毕试（Kapisa）城。塞种人在此建立了自己的国家，在中国史书中，该政权被称为罽宾国。

罽宾国东与乌秅国相接，东北与难兜国相邻，西北与大月氏接界，西南与乌弋山离接壤。后来，难兜成为它的附属国。罽宾国都城循鲜，今名塔克西拉城，在《法显传》中名为竺刹尸罗，在《大唐西域记》中名为呾叉始罗，遗址在今拉瓦尔品第新城西北约20英里的地方。罽宾国统治地区控制着巴克特里亚和喀布尔通往克什米尔的道路，交通和战略位置都十分重要。

在塔克西拉出土了帕提卡（Patika）"78 年铜盘铭文"①以及大量钱币，它们证实了罽宾国开国之主毛厄斯的存在。在他统治时期，罽宾国不仅拥有犍陀罗和呾叉始罗城，还占领过南边旁遮普的部分地区，在旁遮普已经出土了他的钱币和佉卢文铭文。在毛厄斯之后，其子继任罽宾国国王，正是在此期间，公元前 48—前 33 年间，退居迦毕试城的希腊—印度王国国王阿波罗多特二世（Apollodotua II，另译"阴末赴"）卷土重来，重新确立了希腊人在罽宾国的统治。阿波罗多特二世之后的罽宾王赫波斯特拉土斯（Hippostratus）也是希腊人，他在位的时间较长，考古发掘出不少属于他的钱币。

重新确立塞种人在罽宾国的统治地位的是阿泽斯（Azes）家族。阿泽斯一世本是乌弋山离的国王，在向东的扩张中，他打败希腊人赫波斯特拉土斯，成了罽宾国国王。为了纪念此事，他创立了自己的纪元，史称"阿泽斯纪元"，阿泽斯被称为阿泽斯一世。在塔克西拉出土的银瓶铭文中提到了"阿泽斯时代"，在一些佉卢文铭文中也记录了"阿泽斯时代"，这些考古资料表明，阿泽斯纪元确实存在。阿泽斯一世成为罽宾国国王以后，继续向印度挺进，在印度河中游地区发现了属于他的大量钱币，它们主要是在犍陀罗的华氏城、塔克西拉和印度河中游某地铸造的。

在阿泽斯一世之后，成为罽宾国国王的是阿济利塞斯（Azilises）。在今莫满德（Mohmand）、巴基斯坦的北部和克什米尔都发现了阿济利塞斯的钱币窖藏，阿济利塞斯钱币铸造地与阿泽斯一世铸币地相同。此后，罽宾国国王是阿泽斯二世，他在位时期，继续扩张领土，今阿富汗贾拉拉巴德（Jalalabad）和加德兹也并入罽宾国版图，在这些地区发现了他的铜币以及他的银币窖藏。从钱币来看，质量不如以前，初期的银币是用劣质的银铸造的，后来的银币是铜银合金，

---

① "78 年"应该是哪一年，学术界有许多看法，包括公元前 155 年说、公元前 150 年说、公元前 129 年说、公元前 58 年说等。无论哪一种，学者们一致同意这是塞种人的纪元，纪年时期在公元前 1 世纪的第一个 25 年中，可能始于被大月氏人逐出家园的公元前 177 年，也可能始于他们来到罽宾之年。

银的含量大约只占五分之一。正是在此时期，钱币出现了混乱现象，甚至出现仿制现象。

在阿泽斯二世统治晚期，罽宾国经济衰败，政局混乱，希腊人赫尔玛尤斯（Hermaeus）夺取了罽宾国王位。在呾叉始罗出土了他与大月氏的贵霜翕侯丘就却（Kujula Kadphises，？—75年在位）共同发行的钱币，钱币正面为头戴王冠的赫尔玛尤斯的头像和希腊文铭文"伟大的君王赫尔玛尤斯"，反面是佉卢文铭文"虔诚的贵霜翕侯丘就却"。

赫尔玛尤斯统治时期，罽宾国一度强盛，统治范围抵达兴都库什山以北的巴达克山区和喀布尔河上游河谷的帕罗帕米萨德，在这些地区发现了属于他的大量钱币。公元30年左右，赫尔玛尤斯被乌弋山离国国王冈德法内斯（Gondophares）打败，罽宾国开始了冈德法内斯家族的统治。公元46年左右，冈德法内斯去世，他的家族成员继续统治着罽宾。在公元50—60年间，罽宾国被贵霜翕侯丘就却打败，相继失去了帕罗帕米萨德、犍陀罗和呾叉始罗，最终，整个国家并入贵霜帝国版图，直至贵霜帝国灭亡。

罽宾国在政治上采用"双王制"，这一点可以从阿泽斯与阿济利塞斯、冈德法内斯与萨山等人的联合铸币反映出来。王位实行世袭制，或父死子继，或兄终弟及。在地方政权中，罽宾国实行总督制。总督由国王任免并对国王负责，总督在辖区内可能拥有行政、军事、司法、征税等权力，但没有铸造和发行自己钱币的权力。据塔克西拉的帕提卡"78年铜盘铭文"，查奇（Chach）大平原上楚赫萨的总督先后是利耶卡·库苏拉卡、吉霍尼卡（Jihonika）。在贾拉拉巴德出土的一篇铭文中，提到了一位名叫提拉夫哈那（Tiravharna）的总督，从希瓦塞那（Sivasena）出土的一枚印章来看，他是今杰卢姆河与奇纳布（Chenab）河之间阿卜希萨拉地区的总督。

在中央政权遭到削弱和地方离心倾向增大之时，总督开始铸造和发行印有自己头像和名字的钱币，如楚赫萨总督吉霍尼卡发行过自己的 4 德拉克麦银币和铜币。除总督外，在罽宾国地方政权中，可能还有管理军队的将军（Strategos）。将军一职可能是从希腊—印度王国承袭下来的，相当于印度的军队统帅（Senapati），据出土钱币，在阿泽斯二世时期，有将军头衔的人有因特拉瓦马（Indravarma）及其子阿希帕瓦马（Aspavarma），他们曾仿阿泽斯二世的钱币发行过自己的钱币。

罽宾国是农业定居国家，国内地势平坦，气候温和，兴都库什山的许多河流贯穿其境，丰富的水资源提供了灌溉的便利，罽宾国农业很发达，种植水稻等五谷，也种植蔬菜和葡萄等水果，通晓施肥以促进作物的生长，据《汉书·西域传》记载："罽宾……种五谷、蒲陶诸果，粪治园田。"考古出土的农具有耘锄、草铲、刀刃以及或直或弯的镰刀等。

罽宾国内生长着各种珍贵树种，其中，檀树、槐树、梓树有名，此外，还有竹子和漆树。罽宾国内生长着优良牧草苜蓿，饲养马、牛、羊等牲畜，此外还出产封牛（即瘤牛，一种脖子上有隆起物的牛）、水牛等。

罽宾国内的冶金业和金属铸造业比较发达，用银、铜制作钱币，用银制作银盘，用青铜制作容器等各种日常用品，用铁制作武器和护具，如剑、匕首、矛、标枪、铠甲、头盔、盾等，用金、银、青铜等制作各种装饰品，如耳环、别针、手镯、垂饰等。考古学家在塔克西拉出土了大量的遗物，有金银珠宝、用凸纹术制作的希腊狄俄尼索斯神银质头像、埃及儿童神哈尔波克剌特斯（Harpocrates）的青铜铸像、私人使用的装饰品、家具，以及用陶土制作的一个浅黄色赤陶女性头像。此外，罽宾出产的珍稀物品有珠玑、珊瑚、虎魄、璧流离等。

罽宾国地处丝绸之路南道，国内贸易和过境贸易都十分繁荣。与东方的贸易主要是与中国的过境贸易。据《汉书·西域传》记载，早在汉武帝时期，罽宾国与西汉王朝就有了往来。汉朝沿丝绸之路南道到皮山，再转向西南经乌秅和印度河上游吉尔吉特（Gilgit）一带的悬度，最后抵达罽宾国。这条道路经过了崇山峻岭，行者往往会产生高原反应，据《汉书·西域传》记载："又历大头痛、小头痛之山，赤土、身热之阪，令人身热无色，头痛呕吐，驴畜尽然。"这条路路面宽度仅半米左右，路的一边是深不可测的悬崖峭壁，充满了艰险。

如今，在皮山至罽宾之间的沙提尔（Shatial）、奇拉（Chilas）、吉尔吉特、洪扎（Hunza）等地发现了塞种人的岩画，在奇拉和洪扎岩画中，描绘着野山羊，以及佛塔和塞种骑兵的形象。在洪扎岩画中还发现了罽宾国国王的佉卢文铭文，铭文中有塞种人君主之名。这些画像和铭文不仅证实了塞种人是经过难以逾越的悬度到达犍陀罗和呾叉始罗的，还证实了罽宾国与中亚北部诸国和中国的交往也是经此条道路进行的。这条道路一直沿用至今，今天从中国新疆至巴基斯坦的喀喇昆仑（Karakoram）公路基本上就是沿此古道修建的。

罽宾与西方的贸易是经西邻乌弋山离国，因此，西行之路当时被称为"罽宾—乌弋山离道"。从罽宾国的塔克西拉出发，经迦毕试、巴克特拉和阿息部人地区，或经帕罗帕米萨德、穆尔加布河谷、莫夫，然后，两条道沿里海北岸到达黑海地区。[①]

罽宾国境内的窖藏钱币反映了罽宾国与西方国家的贸易情况。在莫满德的钱币窖藏中，与阿泽斯一世、阿泽斯二世等罽宾国国王的钱币一起出土了安息国国王俄罗德斯二世（Orodes II）的钱币；在塔克西拉的达马拉吉卡（Dharmarrājika）4号佛塔中，与罽宾国国王阿济利塞斯的钱币一起发现了罗马奥古斯都的钱币。此外，在塔克西拉城出土的金首饰，与薄薄的希腊、罗马首饰不同，它们是用沉甸甸的纯金制作的，与黑海地区同类物品极为相似，这些文物可以说明罽宾国与黑海地区的经贸联系。

在对外关系中，罽宾国重视与中国汉朝的关系，罽宾国多次派使者出使汉朝，希望与汉朝建立友好交往。最初，罽宾统治者对那

---

① 〔英〕约翰·马歇尔：《塔克西拉》第1卷，云南人民出版社2002年版。

些携带丰富贵重物品通过罽宾—乌弋山离道出使西方的汉朝使者实行抢掠甚至杀害,据《汉书·西域传》记载:"自以绝远,汉兵不能至,其王乌头劳(即毛厄斯)数剽杀汉使。"在毛厄斯之子统治时期,罽宾国主动与汉朝交好,派使者携带地方特产访问汉朝。于是,汉朝派关都尉文忠携带贵重物品与罽宾使者同行,回访罽宾国。文忠到达罽宾以后,与被赶下王位的原罽宾国国王阴末赴(阿波罗多特二世)联合,打败并杀死了毛厄斯之子,阴末赴复位为罽宾国国王,汉朝授予印绶。此事发生在汉元帝时期。阴末赴为汉朝所立,与汉朝关系良好。不过,良好的关系没有维持多久,当以赵德为首的汉朝使团出使罽宾国时,阴末赴将赵德监禁,杀死使团的其他成员。《汉书·西域传》记载此事之时说,阴末赴"所以不报恩,不惧诛者,自知绝远,兵不至也"。事后,阴末赴后悔,派使者前往汉朝谢罪,汉元帝考虑再三,决定拒绝接受罽宾的悔罪。从此,罽宾国与汉朝的关系中断,汉朝之丝绸不经罽宾国境,罽宾国失去了极大的经济利益。

赫波斯特拉土斯统治时期,曾派一使团到汉朝谢罪,使团中大多数是商人。此时汉朝皇帝为汉成帝,他接受了罽宾国的悔罪,并准备派使者回访。大臣杜钦知道此事以后,对大将军王凤说:"罽宾对我国有所欲求时就奴颜婢膝,没有欲求时就傲慢不服。罽宾归附我国,对我国安定西域没有什么作用,罽宾不归附我国,对我国也没有威胁。这次在罽宾派遣的使团中,没有国王的亲属,也没有当朝的达官贵人,主要是一些商人,可见罽宾使团前来的意图是想与我国进行贸易,只不过借朝献之名而已,罽宾路途遥远且险阻,耗费大量的人力物力财力与罽宾进行交往不是长久之计,既然皇上已下令派人送罽宾使者返国,送到皮山就行了。"王凤采纳了杜钦的建议,汉朝使者送罽宾使者至皮山就返回了,自此以后,汉朝再也没有正式派使者到罽宾国。而罽宾国却不时地派使者前来朝献,实际上是为了进行贸易,一般为几年一次,汉朝也不再派人护送罽宾使者归国。

　　罽宾国的大多数居民信仰佛教，统治者也推崇佛教，毛厄斯曾建造了一座释迦牟尼舍利塔和一座佛塔，在塔克西拉城遗址上发现了许多属于这一时期的佛塔和寺庙。在达摩卡吉卡的大佛塔周围环绕着 13 座小佛塔。尽管如此，塞种人对境内的琐罗亚斯德教、婆罗门教等宗教也采取宽容的态度。

　　兴都库什山以南最初是印度人统治的地区，后来被希腊人占领，塞种人在此建立国家以后，接受了该地区希腊和印度文化的成分，因此，罽宾国文化呈现出多种文化融合的特征。这一点首先可以从罽宾国历代国王的铸币反映出来。在这些铸币上既有希腊文，也有印度佉卢文。在塞种国王（如毛厄斯）的钱币上，除了刻有宙斯、阿波罗、波塞冬、赫尔墨斯、尼刻等希腊神祇和印度教的湿婆形象外，还刻有安息国王的称号"王中之王"。

　　其次，从保存下来的浮雕和壁画上也可以看到希腊、印度和塞种游牧文化的融合。在斯瓦特建造的佛教舍利塔中，有一幅九人饮酒的壁画，画中央是一位男子，男子身着希腊式短上衣或希腊长袍，画中的女子也身着希腊式长上衣或长袍。在今白沙瓦博物馆保存的罽宾浮雕中，主要人物身着当地服装，手拿印度佛教的莲花，摆着希腊式的形态姿势，浮雕周围框架是希腊式的哥林多式壁柱。

　　再次，罽宾国的建筑也反映了多种文化的融合。塔克西拉城在城市规划方面采用了希腊的棋盘式格局，盥洗盆沿用希腊人形制的石盆，但石盆的背景图案则是印度的母题，诸如莲花之类。该城的双头鹰佛塔的壁龛形式，有的是仿制希腊神庙的山形墙，有的则建成印度的 S 形或印度式四道门（Toranas），其壁柱为希腊哥林多式。詹迪阿尔（Jandiāl）的塞种式神庙的结构是希腊式的，并装饰着希腊古典式的花边和爱奥尼克式（Ionic）的立柱。

第三节　乌弋山离

乌弋山离国建于大约公元前 177 年或公元前 176 年，地处今阿富汗南部，统治中心分别在今锡斯坦和坎大哈。汉籍《史记》对乌弋山离国没有记载，由此推知，在张骞出使西域之时，乌弋山离国可能还不存在或者还处于安息帝国的宗主权下。首次对乌弋山离国有记载的史书是写于 1 世纪后半期的《汉书》，此时的乌弋山离国是一个较大的国家，此后的史书，即《后汉书》和《魏略》对此国都有记载，名为山离乌弋。

乌弋山离国是塞种人建立的国家。大月氏人在西迁之时，占据了尖顶帽塞克人的居地伊犁河和楚河流域，一部分塞克人南下来到阿姆河以北地区。大约在公元前 130 年左右，大月氏人在第二次迁徙时，灭亡了阿姆河以北的政权大夏国，于是，一部分塞种人向西南迁移，来到了安息王国边境，在此，他们与安息国边境居民发生了战争。

大约在公元前 127 年左右，安息国国王弗拉阿特二世率领军队与这些塞种人作战，结果，战败被杀死。之后，塞种人占领了莫夫绿洲，沿着莫夫和赫拉特的大道南下，攻占了安息王国的德兰吉亚那和阿拉霍西亚两个省。至此，安息国的整个东部地区，即呼罗珊地区，处于塞种人的势力之下。继弗拉阿特二世为安息国王的阿塔巴努二世（Artabanus II，前 127—前 124 年在位），在与塞种人的交战中阵亡。

公元前 124 年，安息国伟大的政治家和军事家密特里达提二世（Mithradates II）登上安息国国王之位，在他统治时期（前 124—前 88），安息国彻底打败了这些塞种人。大约在公元前 115 年左右，塞种人先后丧失了莫夫和赫拉特附近地区，退守德兰吉亚那和阿拉霍西亚。此后，塞种人的首领苏林接受了安息国的招安，被封为贵族，享有统领塞种人的世袭权力。于是，这些塞种人在德兰吉亚那繁衍生息，该地区也因此被称为塞吉斯坦（Segistan，今译锡斯坦），意为塞种人之居地。

苏林在名义上替安息国管理锡斯坦，实际上，他及其后继者在此实施独立统治。直到沃诺内斯（Vonones）时期，塞种人才彻底摆脱了安息国，建立了独立国家。密特里达提二世去世以后，安息国经历了内忧外患，沃诺内斯乘机独立，建立了塞种国家，他将安息国王的尊号加在自己的头衔上，号称"王中之王"。据《汉书·西域传》记："乌弋山离国……东与罽宾、北与扑挑（即巴克特里亚）、西与犁靬（即罗马帝国东部）、条支（位于波斯湾沿岸）接。"具体来说，乌弋山离国东界是苏里曼山和兴都库什山，东北与罽宾国相邻，北越阿里厄斯（Arius）河、玛尔葛斯（Margus）河和兴都库什山与巴克特里亚接壤，西部的克尔曼沙漠成为它与安息国的边界。

在沃诺内斯统治时期（约前58—前18）[1]，乌弋山离国以锡斯坦为统治中心，并逐渐向东发展，阿拉霍西亚（今坎大哈）和喀布尔河谷被纳入乌弋山离国。统治地区扩大以后，沃诺内斯将东部地区交给兄弟斯帕立里斯（Spalyris）统治，确立了双王制统治。在此期间发行的钱币中，沃诺内斯的像铸在钱币的正面，名号用希腊文书写；斯帕立里斯的像在钱币反面，名号用佉卢文书写。

沃诺内斯去世以后，其弟斯帕立里斯继承了王位，与斯帕立里斯共同执政的是其子斯帕拉卡达姆斯（Spalagadames）。考古发现了他们两人的联合铸币，钱币为银币，正面是右手盖住头顶、左手拿着棍和狮子皮的大力神，铸有斯帕立里斯的名字；反面是一位向左侧面、手持矛和盾的希腊雅典娜女神，铸有斯帕拉卡达姆斯的名字。在斯帕拉卡达姆斯继承父位之后，与他共同统治的是斯帕立瑞沙，在斯帕拉卡达姆斯与斯帕立瑞沙的联合铸币中，斯帕立瑞沙的名号是"王者之弟"。此后，斯帕立瑞沙继承了王位，考古发现了一些斯帕立瑞沙的钱币，他在钱币上的称号是"王中之王"。在斯帕立瑞沙

---

[1]　R. C. Majumdar, *The Age of Imperial Unity, the History and Culture of the Indian People*, p.125.

之后，继位者可能是阿泽斯，从斯帕立瑞沙与阿泽斯的联合铸币分析，他们是父子关系。在铸币上，斯帕立瑞沙出现在钱币的正面，名号用希腊文书写；阿泽斯出现在钱币的反面，名号用佉卢文书写，两人均称"大王"。

大约在公元前 58 年，阿泽斯正式成为乌弋山离的国王，自称"王中之王"，史称阿泽斯一世。也就是在这一年，他可能建立了自己的纪年，史称"阿泽斯纪年"。在位期间，他向东扩张领土，占领了罽宾国的部分地区，最终成了罽宾国国王。

由于阿泽斯将注意力集中在向东的扩张，放松了对统治中心锡斯坦和阿拉霍西亚的统治，安息人俄塔格勒斯（Orthagnes）发动政变夺取了上述两地的统治权。乌弋山离国从塞种人手中转到了安息人手中，据《后汉书·西域传》记载："自皮山西南……行至乌弋山离国，地方数千里，时改名排持。"中国史书将俄塔格勒斯建立的王朝称为安息小王朝。俄塔格勒斯统治后期，阿拉霍西亚总督冈德法内斯起兵夺取了乌弋山离国国王的位置。

冈德法内斯是乌弋山离国历史上杰出的国王，在他统治时期（约 19—46），乌弋山离国达到了极盛。冈德法内斯在扩张战争中打败了罽宾国王赫尔玛尤斯，占领了包括帕罗帕米萨德、犍陀罗和呾叉始罗在内的整个罽宾；在向南的战争中，他将印度河河口直抵马土腊的广大地区纳入自己的版图。在他统治时期，乌弋山离国版图西起阿里亚和锡斯坦，东至马土腊，北起喀布尔和犍陀罗，南至印度河流域。《汉书·西域传》记载说，乌弋山离国"户口胜兵，大国也"。在白沙瓦地区米安瓦利（Mianwali）附近发现了塔赫蒂巴希铭文（Takht-i-Bahi），据铭文记载，当时统治该地的是"冈德法内斯大王"。[1] 考古学家在冈德法内斯统治地区发现了他的钱币。菲洛斯特拉托斯（Philostratus）在写于 217 年前后的《提阿纳人阿波罗尼奥斯传》一书中，描述了阿波罗纽斯于 43—44 年间出访呾叉始罗的情况，

---

[1]　黄靖：《贵霜帝国的年代体系》，见《中亚学刊》第 2 辑，中华书局 1987 年版，第 21 页。

书中说冈德法内斯独立于安息，强大到足以成为印度河总督和犍陀罗总督的宗主，他能讲流利的希腊语，并能讨论哲学。

冈德法内斯去世以后，乌弋山离国经历了奥托克拉托（Otto Krato）、阿卜达加塞斯（Abdagases）、帕科勒斯（Parkoles）、萨纳巴勒斯（Sanabules）、冈德法内斯二世（Gondophares II）的统治。[1] 在以上国王中，无人具备冈德法内斯的才能，帕罗帕米萨德、犍陀罗和呾叉始罗相继被贵霜帝国吞并；阿拉霍西亚被贵霜国王索特·麦加斯（Sōter Mêgas）[2]占领；印度河河口直抵马土腊的广阔领土也被贵霜帝国占领；在贵霜王迦腻色迦（Kanishka）统治时期，乌弋山离国沦为贵霜帝国附庸，局促于锡斯坦一带，3世纪中期又被新兴的波斯萨珊王朝征服。

乌弋山离国的首都是普洛夫达西亚·亚历山大城（Alexandria-Prophthasia）。从考古发掘的联合铸币的形制来看，乌弋山离国实行"双王"统治制度，这种制度一直保留到乌弋山离国统治后期。除了早期的联合铸币外，后期的联合铸币有：俄塔格勒斯与冈德法内斯、冈德法内斯与萨山。在铸币中，执政国王占据正面，储君（或联合执政者）在铸币的反面。在位国王去世以后，储君或联合执政者继任。从联合铸币上反映，乌弋山离国的王位是世袭的，实行父子或兄弟继承制，其中，斯帕立里斯、斯帕立瑞沙都是兄终弟及者，在他们的钱币上均铸有"王者之弟"的说明。

乌弋山离国的地方政权实行总督制，分大总督（Mahaksatrapa）和总督（Ksatrapa）两级，大总督和总督都由国王任命，向国王负责。总督从属于大总督，是大总督的助手，在大总督去世以后，总

---

① 〔英〕麦道克尔（Mac Dowall）有不同的看法，他认为王位序列应该是冈德法内斯、阿卜达加塞斯、俄塔格勒斯、帕科勒斯、冈德法内斯二世、萨佩丹尼斯、萨塔瓦斯特拉和阿尔达密特拉。MacDowall, "The Danasty of the Latter Indo-Parthians", published in "the Numismatic Chronicle", London (The British Museum), 1965, pp.137-148. 在乌弋山离的诸王的钱币未得到充分研究之前，对此问题难以下结论。

② 南开大学杨巨平先生认为，索特·麦加斯不是贵霜帝国国王，参见《"Soter Megas"考辨》，《历史研究》2009年第4期。

督继任为大总督。在今阿富汗贾拉拉巴德发现的"83 年铭文"中提到了名为提拉夫哈那的总督；在马土腊的狮形柱头铭文中提到了拉朱拉（Rajula）和肖达萨（Sodasa）曾先后担任总督和大总督，铭文还说，肖达萨在当总督之时，曾向大总督库苏卢卡帕提卡致敬。

乌弋山离国东靠苏里曼山和兴都库什山，发源于兴都库什山的赫尔曼德河自东北向西南流入哈木（Hamun）湖，横贯全境，形成一片肥沃的盆地，因此，乌弋山离国的农业和畜牧业都比较发达，据《汉书·西域传》记载："乌戈地暑热莽平，其草木、畜产、五谷、果菜、食饮、宫室、市列、钱货、兵器、金珠之属皆与罽宾同。"乌弋山离国种植水稻等五谷，出产葡萄等水果，牲畜有马、牛、羊等，手工业有建筑业、铸币业、冶铁业、兵器加工业、金银加工业和金银装饰业等，与邻国罽宾类似，与罽宾国不同的是，乌弋山离国还出产狮子、犀牛等动物。

乌弋山离国向西之路，先向北至安息国的赫拉特、莫夫，然后经安息国至欧洲的罗马；乌弋山离国往东北，经坎大哈—亚历山大城和加兹尼—亚历山大城可至罽宾国；乌弋山离国往东南，越过苏里曼山的木拉山口可达印度。因此，乌弋山离国的商贸很发达，历代国王发行的各种面值的货币证明了贸易兴旺的情况。

乌弋山离国处于丝绸之路南道上，是南道的终点，据《后汉书·西域传》记载："自皮山西南经乌秅，涉悬度，历罽宾，六十余日行至乌弋山离国，南道极矣。"乌弋山离国与中国汉朝相距甚远，因此，汉朝使者很少到此。据《汉书·西域传》说，乌弋山离国"绝远，汉使希至"。尽管如此，还是有汉朝使者到过乌弋山离国。由于地处丝绸之路南道的终点，汉朝使者来到此国之后，不再往西走了，在此打道回国："前世汉使皆自乌弋以还，莫有至条支者也。"只有汉使甘英过乌弋山离国继续西行，抵达了波斯湾。

乌弋山离国的宗教、文化呈现出综合特征。乌弋山离国所在地区曾经接受过希腊人的统治，受到了希腊文化的影响，冈德法内斯铸币就是仿照希腊—巴克特里亚的钱币，铸币反面还有希腊胜利女神像。乌弋山离国西邻安息国，受到了安息文化的影响，冈德法内斯发行的 4 德拉克麦铜币就是仿照安息的钱币，正面为国王的头像，反面是国王的坐像，安息国王的尊贵头衔"王中之王"也出现在他的钱币上。乌弋山离国统治者们采取宗教宽容的政策，允许臣民宗教信仰自由，塞种的原始宗教、安息的琐罗亚斯德教、印度的佛教和崇拜湿婆神的印度教，以及对希腊诸神的崇拜，它们同时并存于乌弋山离国，在此互相影响、融合。

第三章
贵霜帝国

贵霜是中国古代游牧民大月氏人西迁中亚河中地区以后建立的政权，在众多塞种国家中，贵霜脱颖而出，成为与当时的中国汉王朝、西亚安息王朝和欧洲的罗马帝国并列的四大帝国之一。鼎盛时期，贵霜帝国的疆域包括了中亚南部、伊朗高原和北印度地区。

第一节　贵霜帝国

大月氏灭亡阿姆河以北地区的大夏国以后，势力逐渐强大起来。大约在公元前 1 世纪，大月氏开始南下入侵阿姆河以南的大夏国。当时，大夏国没有统一的首领，部落各有领地，各自为政，力量分散，《史记·大宛列传》记载了当时大夏国的情况："大夏在大宛西南二千余里，妫水南。……无大君长，往往城邑置小长。其兵弱，畏战。"

大月氏在大夏国很快建立起自己的统治，于是，阿姆河北岸的大月氏王庭迁到阿姆河南岸原大夏国都城蓝氏城。据《汉书·西域传》记："大月氏国治监氏城。"史学界认为蓝氏城即是监氏城，即以后的巴克特拉城。此时，大月氏国疆域扩大了：北以铁门为界与康居接壤；东北以卡拉捷金为界与大宛相邻；南达兴都库什山和喀布尔河流域，与罽宾相接；西临莫夫，与安息王国接壤；东至小帕米尔和吉尔吉特河流域，与无雷国和难兜国接界。无雷国，据考证是指今小帕米尔阿克苏河河谷地区；难兜国，据考证是指吉尔吉特河下游地区。

大月氏在阿姆河以南地区采取分部统治的方式，在原大夏国设置了五个翕侯。《汉书·西域传》记载了五翕侯的名称及各自的方位和地盘。[1]据考证，五翕侯所在地分别是：休密翕侯在今瓦罕（Wakhan）谷地的萨里克·高盘（Sarik-Caupan）一带；双靡翕侯在今奇特拉尔（Chitral）和马斯图季（Mastuj）之间；贵霜翕侯在今瓦罕西部喷赤河（Ab-i-Panja）左岸；肸顿翕侯在今巴达克山；高附翕侯在今库克查（Kokcha）河流域。[2]大月氏设置的五翕侯统治改变了大夏国以往"小长"林立的局面，使这一地区的政权相对集中起来。

五翕侯名义上服从大月氏的命令，而实际上，他们在自己的管辖区内享有很大的独立性，他们往往不听从中央的命令，自行其是。目前，在阿姆河流域和泽拉夫善河流域出土了属于公元前2世纪至公元前1世纪时期的钱币，它们反映了翕侯独立管辖的一些情况。在不同的翕侯领地，出土的钱币有仿希腊—巴克特里亚王欧克拉提德的，有仿希腊—巴克特里亚王攸提腾的，有仿安条克一世的，有

---

① 《汉书》和《后汉书》对五翕侯的名称有不相同的记载，前者记为：休密、双靡、贵霜、肸顿和高附五翕侯；后者以都密取代了高附。有学者推测，可能是在《后汉书》撰写之时，五翕侯已经发生了变化，高附部可能摆脱了大月氏的统治。参见王欣：《吐火罗史研究》，中国社会科学出版社2002年版，第114页。

② 印度学者A. K. 纳拉因认为，都密翕侯控制着今天的帖尔穆兹一带，休密、贵霜和肸顿三翕侯在今法扎巴德（Faizabad）、卡拉查延（Khalachayan）等地的周边地区，双靡翕侯的驻地则可能在瓦罕的门户伊斯卡什米（Iskashim）周围。也有学者认为，高附位于现在的喀布尔地区。参见余太山：《塞种史研究》，第30—32页；王欣：《吐火罗史研究》，第115页；〔英〕约翰·马歇尔：《塔克西拉》第1卷，第81页。

仿赫利奥克勒的，各式各样。

公元前后，五翕侯之一的贵霜翕侯强大起来。大约在公元24—25年，贵霜翕侯丘就却开始了兼并其他翕侯领地的战争。大约在公元44年，丘就却灭亡其他四个翕侯，统一了大月氏国。公元44年，丘就却不再称翕侯，采取"大王、王中之王"或"最高王中之王"的称号，此举标志着贵霜王朝的建立。①

贵霜王朝建立之初，丘就却在公元50年左右开始了一系列的扩张战争。首先，他把领土扩展到兴都库什山以南，占领了犍陀罗和咀叉始罗。然后，他从安息国手中夺回了原大月氏的翕侯领地高附，夺取濮达（Puskalāvatī），此地可能指兴都库什山南的帕罗帕米萨德和罽宾。②到公元65年左右，丘就却的扩张战争结束，贵霜王朝成为中亚的一大帝国。

贵霜帝国在中亚的统治从公元44年起一直延续到5世纪中叶，在此四百年内，帝国经历了三个王朝的统治。第一王朝（约44—140）的国王属于卡德斐塞斯（Kadphises）王族，经历了丘就却、无名王和阎膏珍（Vima Kadphises，也译为维马·卡德斐塞斯）诸王的统治；第二王朝（约140—234）的国王属于迦腻色迦王族，经历了迦腻色迦一世（140—163）、婆什色迦（Vasiska, Vasishka，163—167年在位）、胡韦色迦（Huvishka，167—199年在位）、迦腻色迦二世（199—223年在位）、波调（Vāsudeva，223—234年在位）和姓名不详者等诸王③；第三王朝即后贵霜时期（约3世纪中期—5世纪中期）。

丘就却大约在公元75年去世，享年八十余岁。在他去世之后的两年中，贵霜帝国经历了内乱。公元78年，索特·麦加斯登上贵霜

① "贵霜帝国国王世系表"见附录一。
② 关于濮达的地理位置，孙毓棠认为是指巴达克山；王治来认为指兴都库什山以南的帕罗帕米萨德；也有学者认为是巴克特拉的对译，原指大夏西部地区。
③ 以上是根据迦腻色迦纪年推算的。迦腻色迦一世（1—23），婆什色迦（24—28），胡韦色迦（28—60），迦腻色迦二世（60—74），波调（74—94）。

帝国王位，内乱局面才结束。^①塔赫蒂巴希铭文、潘季塔尔（Panjtar）石铭和塔克西拉的银卷铭文都证实了索特·麦加斯的统治。在塔克西拉公元 78 年的银册铭文中，索特·麦加斯的称号是"大王、王中之王、贵霜天子"，由于王号之后未具姓名，所以他被称为"无名王"。^②如今，他发行的钱币在坎大哈、喀布尔河谷和旁遮普等地出土，钱币上有讹误的希腊文铭文，铭文称呼他为"伟大的救世主"（Besileus Besileuou Sôter Mêgas）。在他发行的钱币上铸有骑士图像，这一点似乎说明索特·麦加斯可能出身于月氏游牧王族。他在位时期，与行国康居联姻结盟。同时，贵霜帝国也与中国东汉王朝保持友好交往，曾协助班超平定疏勒、击败莎车。公元 90 年，他恃功向东汉王朝提出和亲要求，遭到了班超的拒绝。此后，他派副王谢领兵 7 万前往西域攻打班超，被班超用计击败。从此，他向东汉王朝"岁奉贡献"。可能受中国文化的影响，他在采用古印度和波斯帝王称号"大王"的同时，把中国皇帝"天子"的称号也加在自己头上。他在位期间统一了贵霜货币。他的统治大约结束于 104 年。

在他之后，丘就却之子阎膏珍继位为贵霜帝国国王。在阎膏珍发行的早期铜币上题有"虔诚的丘就却之子（Kujula Karadhrama thidasa）"、"大王、王中之王虔诚的丘就却之子（maharajasa rajatirajasa Kujula kara Kadphises Sacadhrama thitasa）"等字。^③一再强调自己的身份是要证明自己王位的正统性，同时也反映了他的统治还不稳固，

---

① 1993 年在阿富汗巴格兰省普利库姆以北 25 英里的罗巴塔克地区发现了贵霜王迦腻色迦时期的大夏语石碑，据南开大学学者杨巨平的研究，丘就却之子阎膏珍直接继承了父位，于是，杨文将 Vima Taktu 认定为《后汉书·西域传》中的阎膏珍，而从碑铭和钱币中的名字推断，丘就却（Kujula Kadphises）之子阎膏珍应该与 Vima Kadphises 对应，编者认为 Vima Taktu 不是阎膏珍，杨巨平先生在文中主要论述了 Soter Megas 不是继承丘就却的 Vima Taktu，至于将 Vima Taktu 认定为阎膏珍的证据并不充分。在此，本文仍采用《中亚文明史》第 2 卷的世系论述，参见〔匈牙利〕雅诺什·哈尔马塔主编：《中亚文明史》第 2 卷，第 194 页。

② 有学者认为"无名王"之所以无名，可能出于两个方面的原因：原因一，当时贵霜境内还有其他的王位竞争者，而无名王仅仅把持了朝政，国王的地位未得到承认；原因二，"由于某种原因，如继位的贵霜新主尚年幼，由索特·麦加斯得以某种名义（如托孤等）实际上行使贵霜王的权力。参见黄靖：《贵霜帝国的年代体系》，见《中亚学刊》第 2 辑。

③ 黄靖：《贵霜帝国的年代体系》，见《中亚学刊》第 2 辑，第 29—30 页。

必须依靠其父的威望才能维持。

阎膏珍在位 35 年（105—140）。^①在位期间，阎膏珍对内锐意整顿经济，实行了币制改革，他利用与罗马贸易获得的大量黄金发行了四种金币，开创了贵霜发行金币之先河，以金铜复本位制取代了以前的银铜复本位制。阎膏珍时期铸造的金币重量与当时流通的一种罗马金币的标准重量相同，此外，这些金币以罗马奥古斯都时代的"戴纳里乌斯"银币和"阿乌里乌斯"金币面值为基础；在计量方面，他用古罗马银币的重量单位取代了以往的贵霜钱币阿蒂克。他创制了一种新的、为后来铸币者所沿袭的贵霜式钱币版式：钱币正面图像为站在祭坛前的一位君王，反面为某个神像。以后的贵霜诸王，在登基之后都发行铸有本人图像的钱币。这种铸币方式一直沿袭到贵霜帝国灭亡。

对外，阎膏珍进行扩张战争。第尔伯金铭文（DNIII）记录了阎膏珍出征的一些情况。学者们借助婆罗米文、和田塞克语和古巴克特里亚语，破译了第二至九行："瞧！［我们］王中之王，尊贵而伟大的贵霜王 Katvisa，现于此树立史诗般的敕文以求福祉：他［Katvisa］登上山冈，越过高地，附察迦毕试。［他］援助行进中的仆佣并使部队挺进。打了一仗，越过此地，捕获了被击败的 Sana 人［阿吠斯陀语作 Sāini-］，消灭了［他们］。他仁慈地让仆佣休息，并给他们每个人礼物。他为神举行庆祝宴会，虔诚而殷勤。然后他设宴款待官兵。他下令把他免除赋税及神［殿］的贡献这件盛事镌刻上石。"^②这篇铭文是阎膏珍进军达希迪沃作战的重要记载。阎膏珍征战胜利之后，对随行仆人进行了赏赐，并祭祀了神灵。^③

在他执政期间，贵霜帝国属国罽宾反叛，阎膏珍出兵镇压，接

① 王治来认为阎膏珍在位的时间，相当于罗马皇帝图拉真和哈德里安时期，即 98—138 年，参见王治来：《中亚史纲》，第 129 页；英国学者马歇尔认为，阎膏珍在位的时间大约是 78—125 年，参见〔英〕约翰·马歇尔：《塔克西拉》第 1 卷，第 83 页；黄靖认为是在 105—140 年，参见黄靖：《贵霜帝国的年代体系》，见《中亚学刊》第 2 辑。
② 〔匈牙利〕雅诺什·哈尔马塔主编：《中亚文明史》第 2 卷，第 337—338 页。
③ 同上书，第 338 页。

着乘胜进攻印度，一直抵达旁遮普、印度河流域以至贝拿勒斯。贵霜势力所到之处，塞种人建立的小国家悉数被吞并。据《后汉书·西域传》记："丘就却年八十余死，子阎膏珍代为王，复灭天竺，置将一人监领之。月氏自此之后最为富盛。"在巴克特里亚、喀布尔、旁遮普以及中印度的阿拉哈巴德（Allahabad）和贾巴耳普尔（Jabalpur）出土了阎膏珍的钱币。

丘就却、无名王和阎膏珍这三位王统治的贵霜被称为第一贵霜王朝。在阎膏珍之后，统治权从卡德斐塞斯家族转到迦腻色迦家族，贵霜帝国开始了迦腻色迦家族的统治。

阎膏珍去世以后，握有兵权的迦腻色迦拥兵自立为王（约140—163年在位）。[①]他在前几位贵霜国王治理的基础上，使贵霜帝国达到了极盛。迦腻色迦夺取王位不久，开始扩张，控制了整个克什米尔地区，该地区至今还有一座以他的名字命名的城市迦腻色迦普罗（Kaniskapru）。接着，他向印度中部和南部进军，占领了印度南部的马尔瓦（Malwa）地区。他派其子婆什色迦担任该地总督，据《后汉书·天竺国传》说："身毒有别城数百，国置王。……其时皆属月氏。月氏杀其王而置将，令统其人。"印度人迦罗那（Kalhana）写于12世纪的《诸王流派》（Rājataranginī）一书也有类似的记载。在印度马土腊出土了迦腻色迦的雕像，他身着游牧人的服装，手持宝剑，非常英武。迦腻色迦的权威一度达到恒河流域，今比哈尔邦（Bihar State）地区也被纳入贵霜帝国的版图。

迦腻色迦征服印度之后，北上讨伐花剌子模、大宛等国，这些国家也先后纳入了贵霜帝国版图。当时，"四海之内，三方已定，惟有东方，未有归附"。晚年，迦腻色迦利用东汉与西域关系断绝之机入侵西域，曾把和田、莎车、疏勒等西域小国并入贵霜帝国版图。[②]

---

① 黄靖：《贵霜帝国的年代体系》，见《中亚学刊》第2辑。
② 〔苏联〕苏联科学院主编：《世界通史》第2卷下册，第941页。中国学者对此有不同看法，有人认为迦腻色迦没有占领这些国家，参见莫任南：《东汉和贵霜关系史上的两个问题》，《世界历史》1981年第2期。

《大唐西域记》"迦毕试"条云:"……闻之耆旧曰:昔犍陀罗国迦腻
色迦王威被邻国,化洽远方,治兵广地至葱岭东,河西蕃维,畏威
送质。"迦腻色迦强盛时期,贵霜帝国的疆域北达咸海、里海海滨,
南达中印度的文迪亚山,东至葱岭,西抵伊朗高原。为了加强对印
度地区的统治,迦腻色迦把贵霜帝国的首都从蓝氏城(巴克特拉城)
迁到富楼沙(今白沙瓦)。

苏赫科特尔(Surkh Kotal)纪念墙题铭可以视为迦腻色迦时期
的遗物,全篇铭文仅保存了五分之一。铭文介绍了要塞的建筑情
况:"要塞完工时,他还建造了正面建筑和通向那里的阶梯。另外水
渠全部用石块加固,以便向诸神的住处供应渠中的纯净水。他这样
守护着神殿。"

扩张战争结束以后,迦腻色迦以佛教为统一帝国思想的工具,
加强了帝国的中央集权统治。迦腻色迦早年并不信佛,在他早期发
行的钱币上刻的是希腊神、波斯神、印度神像,没有佛像。晚年他
皈依佛教,在他晚年发行的钱币上出现了佛陀像,为了统一信仰,
他授意佛教界领袖胁尊者主持了佛教结集。

迦腻色迦建立了丰功伟业,为了颂扬功业,他把当时中国、印
度、波斯、罗马的帝王的称号,即"天子"、"大王"、"诸王之王"、
"恺撒"集于一身。他在位时,设立了纪年,该纪年一直保持了99
年。纪年始于他统治的当年,即公元140年。[①]他在位时期的纪年是
1—23年,约相当于公元140—163年。这位在佛经、《法显传》和
《大唐西域记》等书中都有记载的国王,在中国正史书中却不见记
载,这事还是一个谜。

据《诸王流派》记,迦腻色迦之后经历了"三王"共治时期,

---

① 对迦腻色迦纪年元年的时间学界存在争论。以马朱达(Majumdar)、巴沙(Basham)为代
  表的学者们认为迦腻色迦纪元元年在公元78年;弗利特(Fleet)和肯尼迪(Kennedy)认
  为在公元前58年;班达卡(Bhandarkar)和马俊达认为在公元278年;维·埃·冯·维吉克
  (W. E.Van Wijk)认为在公元128年;黄靖认为在公元140年。本书采用黄靖的观点。参见
  〔英〕约翰·马歇尔:《塔克西拉》第1卷,第85页;罗碧云:《"迦腻色迦纪元"和贵霜王系
  考》;黄靖:《贵霜帝国的年代体系》,见《中亚学刊》第2辑。

三王是婆什色迦、胡韦色迦、迦腻色迦二世。迦腻色迦一世去世之后，其子婆什色迦继承王位，胡韦色迦任副王；婆什色迦死后，胡韦色迦继任为国王，而婆什色迦之子迦腻色迦二世为副王；胡韦色迦死后，迦腻色迦二世继任为国王。[①]

　　在"三王"共治时期，贵霜帝国失去了印度西北部的领地和塔里木盆地的诸国。从这一时期铭文的分布来看，贵霜帝国的统治中心逐渐从印度西北向印度东南迁移，直至迁到了马土腊才安定下来。统治中心的一再迁徙，反映了贵霜帝国面临着由北向南的威胁。统治中心的转移使贵霜帝国中的印度因素加重。从胡韦色迦发行的金币及其分布范围推测，在胡韦色迦统治时期，贵霜帝国一度重现政治稳定、经济繁荣的局面。这一时期的金币始终保持着标准重量和高纯度。

　　迦腻色迦二世之后，波调登上了王位。[②]他是贵霜帝国的伟大的君主之一，据《魏略·西戎传》记载，3世纪早期，"罽宾国、大夏国、高附国、天竺国，皆并属大月氏"。这一记载表明，波调重新征服了"三王"共治时期丧失的印度西北部领土。从考古发掘来看，在塔克西拉、花剌子模等地发现了波调时期发行的钱币，其中在花剌子模出土的他的钱币是阎膏珍和迦腻色迦钱币的两倍之多。不过，在波调统治后期，由于波斯萨珊王朝的兴起和扩张，贵霜帝国受到了巨大威胁。为了遏制萨珊王朝的强劲扩张势头，波调与萨珊王朝西北边境上的亚美尼亚国王库斯鲁斯一世结盟，企图从西面牵

---

① 关于迦腻色迦之后贵霜诸王婆什色迦、胡韦色迦和迦腻色迦二世在位的顺序还有以下几种说法：一说迦腻色迦随着年龄的增长以及来自中亚的军事压力，遂命其子婆什色迦出任印度的副王，由于婆什色迦先其父而死，故由其兄弟胡韦色迦继承此位，后迦腻色迦二世继立；一说在"41年"是另一个"迦腻色迦"统治着贵霜帝国的西部，而可能是胡韦色迦的一个兄弟与其共享政权，或王室旁系的一员曾在一段时间内篡夺了帝国西部的政权；一说迦腻色迦死后，贵霜帝国由婆什色迦和胡韦色迦兄弟俩分治，以后其中一人之子也名"迦腻色迦"继承了王位；等等。这里采用黄靖的说法。参见黄靖：《贵霜帝国的年代体系》，见《中亚学刊》第2辑；〔匈牙利〕雅诺什·哈尔马塔主编：《中亚文明史》第2卷，第193页。

② 波调指瓦苏提婆，古音为Po-dien，可与"波调"之音相对。参见〔日〕羽溪了谛：《西域之佛教》，商务印书馆1999年版，第60—61页。

制萨珊王朝。可能在233—234年间，萨珊王朝的建立者阿尔达希尔一世（Ardashir I Bābegān，226—240年在位）在占领亚美尼亚以后进军贵霜帝国，萨珊军队横扫莫夫、巴尔赫、花剌子模，贵霜帝国的呼罗珊行省普遍遭到蹂躏。此外，萨珊王朝还夺取了贵霜的帕罗帕米萨德和犍陀罗，兵锋远至东旁遮普，在杰卢姆河发现了阿尔达希尔一世的钱币，但没有证据表明塔克西拉或兴都库什山南部的贵霜帝国领土受到了萨珊王朝的控制。阿尔达希尔一世在占领巴尔赫以后，在此建立了一个总督府，治理被征服地区，总督称"贵霜沙"（Kushanshāh），贵霜沙由萨珊统治家族的沙普尔王子担任。波调无力抵抗萨珊王朝的勇猛态势，于是，派使团到阿尔达希尔一世宫廷求和，条件是，波调向萨珊王朝称臣纳贡，以后不再组织反萨珊王朝的同盟。

贵霜帝国在抵抗萨珊王朝的战争中遭到严重削弱。帝国境内的六座城镇或寺院被毁。此后，贵霜帝国在粟特、巴克特里亚及高附一带的统治松弛，势力退到印度河以东地区。229年，贵霜王波调向中国曹魏王朝贡献，并接受了"亲魏大月氏王"的封号，波调此次遣使中国，可能有联络中国抵抗萨珊王朝的意图。这一时期，贵霜帝国与中国王朝之间的官方往来频繁，据《魏略·西戎传》记："魏兴，西域虽不能尽至，其大国龟兹、于阗、康居、乌孙、疏勒、月氏、鄯善、车师之属，无岁不奉朝贡，略如汉氏故事。"

3世纪中期以后，贵霜帝国在外敌入侵中趋于瓦解，仅以"贵霜"之名存在一些地区割据政权，这些政权被称为"后贵霜王朝"。[①]从钱币上可以了解到波调之后继任为贵霜王的统治者有三位，他们是喀内什科（Kaneshko，迦腻色迦三世？）、瓦苏（Vasu，波调二世？）和另一位名为波调的人。

在贵霜帝国走向衰落之时，萨珊国王沙普尔一世（Shapur I）于245—248年间对贵霜帝国发起攻击。在这次战争中，贵霜帝国丧失

---

① 王炳华：《丝绸之路考古研究》，第414页。

了花剌子模、信德以及直抵富楼沙的领土，帝国统治者被迫向萨珊王朝称臣纳贡，接受沙普尔一世的统治，对此，沙普尔一世的铭文说："我……景仰马兹达的我。统治者沙普尔，……我……伊朗王国的主人，我统治着诸王国：波斯、……贵霜王国……所有上列大小侯国和地区的统治者……他们全都向我纳贡，受我支配。"考古发现，花剌子模3世纪后期开始发行自己的铜币，在此还发现了沙普尔一世的铸币，没有发现贵霜的钱币。这一现象似乎表明至少在3世纪末至4世纪初，花剌子模已摆脱了贵霜而处于萨珊王朝的统治之下。接着，贵霜帝国失去了喀布尔地区，波斯356年石刻说："塞流古，喀布尔最高统治者。"至此，贵霜帝国的粟特、巴克特里亚、犍陀罗和喀布尔都已归附于萨珊王朝。贵霜帝国趁萨珊王朝沙普尔二世年幼和萨珊王朝内部斗争之时机，一度摆脱萨珊王朝独立，并收回了部分失地。但这一成果未能巩固下来，沙普尔二世成年以后，贵霜帝国受到了决定性打击，再次承认了萨珊王朝的宗主国地位。

4世纪上半叶，在贵霜帝国东部领地上兴起的印度笈多王朝（Gupta，约320—540）对贵霜帝国也造成了威胁。笈多王朝最初占据了贵霜的卡乌萨姆比、萨尔纳特赫和贝拿勒斯，以后又占据了马特胡拉和德里（Delhi）地区。402年，当中国高僧法显来到印度北部之时，这一地区已经属于笈多王朝。5世纪初，贵霜帝国的南部领土只剩下旁遮普和印度河上游地区。与此同时，在贵霜帝国的北方，新兴的柔然汗国也在不断蚕食贵霜领土，贵霜被迫迁都薄罗（Bahlo），据《魏书·西域传》记，大月氏国"北与蠕蠕（柔然）接，数为所侵，遂西徙都薄罗城"。

处于四面楚歌之中的贵霜帝国疆域日益缩小。5世纪初，贵霜国王寄多罗（Kidara）有过复兴贵霜帝国的迹象，他兴兵越过兴都库什山向南扩张，吐火罗人之居地（以后名为吐火罗斯坦①）和犍陀罗以北地区重新归属于贵霜帝国。据《魏书·西域传》记载："大月

---

① "吐火罗斯坦"指泽拉夫善河流域以南至兴都库什山以北地区，月氏人曾在此实施过统治，西方将月氏人称为吐火罗人，所以这一地区被称为吐火罗斯坦。

氏国，都卢监城……其王寄多罗勇武，遂兴师越大山，南侵北天竺，自乾陀罗（即犍陀罗）以北五国尽役属之。"

但复兴是短暂的，5 世纪 30 年代，从北部草原南下的游牧民嚈哒人抵达阿姆河流域，他们打败了贵霜国王寄多罗，寄多罗任命其子留守富楼沙，自己率部向兴都库什山以南迁徙。在富楼沙的这些贵霜人建立的政权在中国史籍中被称为小月氏国："小月氏国，都富楼沙城。其王本大月氏王寄多罗子也。寄多罗为匈奴（指嚈哒）所逐，西徙后令其子守此城，因号小月氏焉。"5 世纪 70 年代末，偏居在犍陀罗等地的贵霜残余势力被嚈哒人灭亡，贵霜帝国终结。

第二节　政治统治

大月氏人迁到阿姆河以北地区时，仍以游牧为业，以王庭为统治中心。在迁到阿姆河南岸的古代农业中心巴克特里亚之后，大月氏人对农业采取保护和鼓励的措施。他们不仅没有破坏这一地区的灌溉系统，而且还修复、扩建和新建了一些灌溉渠，使农业进一步发展，在此过程中，有一部分月氏人开始从事农业，他们栽种粟、大麦、小麦等农作物，种植葡萄等瓜果。

据《南州异物志》[①]一书记载："在天竺北可七千里（即贵霜）……国中骑乘常数十万匹，城郭宫殿与大秦国同。人民赤白色，便习弓马。土地所出，及奇伟珍物，被服鲜好，天竺不及也。"可见，大月氏人统治阿姆河流域以后，既有游牧的习俗，也注重农耕，农产品丰富。在丘就却统治时期，贵霜王朝富强，据《水经注》记，大月氏"土地和平，无所不有，金银珍宝，异畜奇物，踰于中夏，大国也"。

作为大国的贵霜帝国不再以王庭为中心实施统治，而是以都城

---

① 《南州异物志》是三国东吴丹阳太守万震著，此书已散佚，今有《万震南州异物志辑稿》。

蓝氏城实施统治。贵霜帝国实行的是专制统治制度，国王是国家的最高统治者，控制着国家的政治、军事、经济、宗教等大权。

国王的王位为终身制。国王有权任命中央和地方的高级官吏，据《后汉书·西域传》记载："阎膏珍代为王，复灭天竺，置将一人监领之。"中央或地方长官对国王负责。

国王拥有军权。军队由国王统帅，听从国王的调遣。丘就却、阎膏珍、迦腻色迦一世等国王在扩张战争中，亲自率领军队，最早记录阎膏珍的达希迪纳沃（Dasht-i Nawur）铭文说："王中之王，尊贵，伟大的阎膏珍，被月〔神〕保护，……阎膏珍王从安德足和被他征服的萨纳那里来到此地。"①

国王拥有财政大权。国王有权征收或罢免赋税，如前引第尔伯金铭文记载说："他（阎膏珍）下令把他免除赋税……这件盛事镌刻上石。"②对所征赋税，国王有权任意处理，大量用于装备军队、供应军需、赏赐臣子。

贵霜帝国司法方面的情况不太清楚，从苏赫科特尔铭文中了解到贵霜帝国在处理民事纠纷时还是有法可依的。铭文的第 1—3 行记："子下令道：程序已办完，可以移交未毁坏的财产：壁炉架、甲衣、甲胄、火红〔色〕的护身服、良种赛马、谷物、羊，你可以马上运走！马给那个人〔或给 Dahu〕。"③这是一篇离婚案分割财物或遗产的判决书，诉讼的一方拥有动产，即记录中所列举的物品，另一方拥有不动产，即房屋等。④

国王是最高宗教首领，王权高于教权。宗教界的高级祭司是由国王任命的，据用巴克特里亚语写的第一篇第尔伯金铭文记载："王中之王、尊贵伟大的阎膏珍贵霜王……他命令城堡祭司……须看护

---

① 〔匈牙利〕雅诺什·哈尔马塔主编：《中亚文明史》第 2 卷，第 341 页。
② 同上。
③ 同上。
④ 同上。

神庙，并根据教仪举行礼拜。"[1]第二篇第尔伯金铭文说，阎膏珍修建了第尔伯金堡和神庙，"Toxmodani 被委任为祭司。这样正是我们的国王在进行管理并保护我们"[2]。不难看出，王权凌驾于教权之上，国王在宗教界有至高的权力。

国王利用君权神授思想进行统治。国王是神灵的化身，他的权力是神赐予的，他代表着神灵统治人间。这一点从考古发掘的贵霜王朝钱币和贵霜时期建造的神庙中可以反映出来。贵霜王朝发行的钱币都刻有庇护神，一般是正面为统治者的侧面头像，反面为一神像，并有一段题铭。这些钱币上的神像作为国王的庇护神，既赐予国王统治的权力，也给国王的统治权力以保护和维持。

王权神化的结果使王权与宗教结合起来。从考古发掘和研究的结果来看，贵霜王朝的钱币上的神像，一般都反映了其辽阔疆域内各地不同的宗教信仰。该王朝的缔造者丘就却把"坚信真法"的字样铸刻在钱币上，在马特铭文中胡韦色迦也称自己"坚信真法"。更有记载说，由于胡韦色迦祖父的祈祷，萨婆（Sarva，湿婆神的异名）、旃陀毗罗（Candavira，与月亮相关的神）将王国授予了他。

从钱币和铭文来看，贵霜帝国的专制制度极力模仿罗马帝国。在贵霜帝国的早期钱币上，刻有奥古斯都（Augustus）、提比留斯（Tiberrius）和其他罗马皇帝的图像。[3]丘就却在自己的铜币上，将自己的正面头像刻得与罗马皇帝奥古斯都相似，刻画的宝座也曾经在罗马皇帝克劳底乌斯（Claudius）钱币的反面出现过。丘就却后期还发行了一种版式、大小与奥古斯都皇帝相仿的钱币。在阿拉（Ara）铭文中，迦腻色迦拥有"Kaisara"的称号，这一称号相当于罗马皇帝使用的"恺撒"（Caesar）。

贵霜帝国实行王位世袭制，视父子相传为正统，如丘就却与阎膏珍、迦腻色迦一世与婆什色迦就是父子相传的。其间，出现过兄

---

① 〔匈牙利〕雅诺什·哈尔马塔主编:《中亚文明史》第 2 卷，第 342 页。
② 同上书，第 343 页。
③ 同上书，第 197 页。

终弟及的情况，如婆什色迦的继位者是其弟胡韦色迦，但胡韦色迦在去世之时，还位给婆什色迦之子，即迦腻色迦二世。

贵霜帝国实行中央集权制，除了边远地区仍让原统治者继续统治之外，其余地区都由国王派遣官员统治，地方官员向中央负责。这一制度渊源于波斯帝国阿赫门尼德王朝和希腊—巴克特里亚王国，两个王朝的地方政权都采用中央集权制下的总督制。贵霜帝国也沿袭了这一制度。在大月氏统一阿姆河以南地区初期，实行分封制，它们被分为五个翕侯区，翕侯在自己管辖的范围内拥有很大的独立性和自主权。当大月氏王强大和翕侯弱小之时，翕侯可能还尊重中央、服从中央的命令。当翕侯强大起来以后，他们不再尊敬大月氏王，而是各自为政，互相攻伐，兼并地盘。在这些混战中，贵霜翕侯丘就却获得了胜利，统一了其他四翕侯，建立了贵霜王朝。长达一个世纪左右的混战使国家政治混乱、经济凋敝、民不聊生，饱受战争之苦。丘就却统一各部以后，为更好地治理国家，开始实行中央集权制。

从贵霜帝国境内大型农业灌溉工程的建筑和维修可以推知贵霜帝国的集权程度。如果没有中央集权的管理和分配，一些大规模的建设工程是难以完成的。此外，贵霜帝国发行的钱币也反映了中央集权的情况，原本混乱而种类繁多的钱币在贵霜帝国时期获得了规范和统一，这些都是贵霜帝国实施中央集权的证明。

贵霜帝国幅员辽阔，从咸海延伸到印度中部的马尔瓦地区，从克什米尔延伸至伊朗高原。丘就却将全国划分为若干省区，省区长官的权力被分割。行政长官总督（Kshatrapa）或大总督（Mahakshatrapa）负责各省区的民事统治。他们由国王任命，并对国王负责。在目前发现的铭文中，提供了一些地区的总督之名：瓦那斯帕拉（Vanaspara，任职地不详）、贝拿勒斯的总督哈拉帕拉纳（Kharapallana）；马土腊的总督南达（Namda）、维斯泊西（Varanasi）、拉拉（Lala，贵霜王族后裔）、利耶卡（Liaka）；迦毕试的总督格兰纳夫里耶卡（Granavhryaka）；马哈施特拉邦总督（Mahakshatra）、鲁德拉达曼（Rudradaman）。在纳西克（Nasik）、卡勒（Karle）和朱纳尔（Junnar）铭文中，鲁德拉达曼最初称总督，后来称大总督，吉尔那（Girnar）铭文记载说他获得了大总督的称号。铭文显示，有些总督职务是世袭的，或父子相传，或兄终弟及。

除总督外，贵霜政权还任命了一些被称为元帅（Dandanayaka）或大元帅（Mahadandanayaka）的地方军事官员，授予他们在各地区的军事权，这些军事官员可能还与总督互相制约。[①]其中，元帅一名的含义是"棍棒挥舞者"，据此推测，他们兼管地区的治安和司法。元帅或者大元帅由国王任命，并对国王负责。

贵霜帝国的地方政权实行省和村两级管理体制，在各省区之下，中央还设置了更小的地方行政机构"村"。例如，有铭文提到村一级官职 Grāmika 和 Padrapāla，意为"村长"。村长的职责是为国王征收赋税，并负责维持辖区的治安。国家的主要文武官员可能是由原先部落首领转化过来的，当地上层人物也被吸收到管理层中。

贵霜帝国内的一些城市也实行总督负责制。由于灌溉农业的发展，手工业的兴盛，国内国际贸易的繁荣，城市在国家生活中的重要性增强，城市不仅是政治中心，也成为经济和文化中心。贵霜帝国时期，对旧城进行扩建的同时还沿商路兴建了许多城市。为了管理城市，贵霜帝国在每个城市派出总督，总督下属三名推事。在有的城市还设置了由五位成员组成的委员会，成员各司其职。据印度的《本生经》记载，城里有专门负责早晨开启城门、夜晚关闭城门的官员，同时他们还负责给外乡人指路。

城市因纵横交错的街道而分割为许多区，区内设有巡视员负责10—40家不等的管理工作，他们对自己辖区内的每一个居民的姓名、年龄、职业、收支状况等都了如指掌。城市手工业者按行业划分成专区，同一行业的人工作、居住在一个街区，不可混住。《本生经》

---

① 〔印度〕A. K. 纳拉因：《贵霜王朝初探》，见中外关系史学会编：《中外关系史译丛》第 2 辑，上海译文出版社 1985 年，第 159—174 页。

中提到的专区有：毯工村、陶工村、织工村、牙雕街、石器打磨匠村等。城内还建筑了供市民进行宗教活动的建筑，内设神职人员负责居民的精神生活。

除了由国王直接派遣总督和元帅进行管理的直辖地以外，贵霜帝国境内还存在着一些承认贵霜帝国宗主权的属国和属地。大月氏人在阿姆河以北地区确立统治以后，势力不断扩大，北方的游牧政权康居一度成为他们的属国。五翕侯时期和贵霜帝国建立之初，由于内部征战不已，大月氏人无暇顾及他们的北方属国；以后，大月氏统治中心南移，对河中地区的控制减弱，康居乘机摆脱了对月氏人的臣属，还占据了大月氏的泽拉夫善河流域。贵霜帝国巩固之后，康居国再次沦为贵霜的属国。后来成为贵霜属地的还有大宛国、花剌子模、奄蔡国、布哈拉绿洲、撒马尔罕、赭时、印度河流域的塞种人居地、马尔吉亚那。

贵霜帝国主要以武力维系着对属国和属地的统治，此外，与属国和属地统治者联姻也是贵霜帝国加强对它们统治的一种方式。据《后汉书·班超传》记载：公元84年，东汉班超平叛西域疏勒和莎车叛乱时，班超与贵霜王取得联系，希望其劝康居国不要支持敌方，"是时月氏新与康居婚，相亲，超乃使使多赍锦帛遗月氏王，令晓示康居王，康居王乃罢兵，执忠以归其国，乌即城遂降于超"。

这些属国和属地承认贵霜帝国国王的最高权威。在政治上，属国国王的继位要得到贵霜国王的册封，并向国王宣誓效忠；在经济上，属国和属地必须向贵霜帝国交纳一定数额的贡赋。除此之外，属国和属地首领们在自己辖区内享有很大的自治权，可以发行自己的钱币，如花剌子模地区发行了本地的铜币，铜币正面是一位骑在马上、全副武装的半身骑士像，反面是一组花剌子模文铭文。贵霜帝国都城迁到印度西北部的富楼沙以后，把注意力集中在印度和西方，放松了对北方属国或属地的控制。在贵霜帝国走向衰落之时，北方属国和属地逐渐摆脱了贵霜帝国的控制。

需要指出的是，无论政治上的臣属关系是否存在，贵霜帝国与属国和属地的经济、文化联系是密切的。商人们在北印度到巴克特里亚、粟特的撒马尔罕和布哈拉城，以及更北方的康居和奄蔡都畅通无阻，有关史料显示贵霜人信奉的佛教传到了康居，当时许多康居贵族信奉佛教。

为了维护统治和对外扩张的需要，贵霜帝国拥有庞大的军队。在中央统治集团中，设置了一个名叫"Senānī"的官职，它的意思是司令官，负责军事事务。军队分为中央军和地方军，中央军驻防都城并随国王南征北战；地方军驻防各省，在具有战略地位的地区和大城市都驻地方军。各省的地方军由元帅或大元帅率领，城市和要塞由总督负责当地的防务。地方军一般只管当地的防务，但国王有权调遣，在国王需要之时随同中央军征战。军队的兵种主要是骑兵，军队常用的武器是双刃剑、短剑、罗马剑、长矛、战斧、投石器等，常用的武器还有呈五角形的组合弓箭，这种弓箭以射程之远和命中率之高而著称。

第三节　贵霜帝国与东西方国家的关系

贵霜帝国外交关系的重点在东方是中国，在西方是萨珊帝国。贵霜帝国与中国之间基本上保持着友好关系，与萨珊帝国则一直处于敌对关系。

在建国之前，大月氏人就与中国西汉王朝发生了接触。西汉皇帝汉武帝派遣张骞出使大月氏，企图与之联合出兵夹击匈奴，此事虽然未果，但相互之间有了初步的了解。此后，大月氏人与中国汉朝之间保持着一定的联系，张骞在第二次出使西域之时，派遣副使出访大月氏，大月氏也派使者回访。

建国以后，贵霜国王曾出兵协助中国东汉王朝打击匈奴以保障丝绸之路的畅通。据《后汉书·班超传》记载，公元78年，班超上疏说："今拘弥、莎车、疏勒、月氏（指贵霜）、乌孙、康居，复愿归附，欲共并力破灭龟兹，平通汉道。"公元 84 年，疏勒王在莎车"重利"的诱惑下反叛汉朝，班超出兵讨伐。北方康居支持疏勒和莎车的反叛活动，汉军久攻不下，班超求助贵霜王，请他向康居国阐明利害，不要支持疏勒和莎车。最后，班超在贵霜国王的帮助下成功平叛。在班超派人回都城洛阳报告战果之时，贵霜帝国也派使者向东汉王朝贡献珍宝、扶拔（骡子）和狮子。① 据《后汉书·班梁列传》记载，由于协助汉军破莎车有功，贵霜国王向东汉王朝提出和亲要求，但被东汉王朝拒绝。贵霜国王心生怨恨，出兵攻西域。公元 90 年，贵霜副王谢率 7 万人马向西域发起进攻，班超在兵力仅有两三千人的情况下，以智取胜。贵霜副王谢求和，得到班超的宽恕，据《后汉书》记载，此战之后，"月氏由是大震，岁奉贡献"。

　　3 世纪上半叶，曹魏政权统治下的中原地区与西域的关系疏远，但贵霜帝国与曹魏政权保持了汉朝时期形成的友好关系，据《魏略·西戎传》记："魏兴，西域虽不能尽至，其大国龟兹、于阗、康居、乌孙、疏勒、月氏、鄯善、车师之属，无岁不奉朝贡，略如汉氏故事。"同书还记，229 年，贵霜国王波调遣使向魏明帝奉献，被封为"亲魏大月氏王"。

　　除了政治上的交往外，贵霜帝国与中国中原王朝在经济和文化上的交流也十分频繁。中国的丝绸、软玉、漆器、兽皮、铁和镍等输送到中亚，经贵霜商人运往安息、罗马等西方国家。据古代罗马史学家普林尼记："赛里斯送来的铁最优秀。"在经济交流中，中国的先进技术传入了贵霜帝国，如铸铁技术，据《汉书》记："自宛以西至安息……不知铸铁器，及汉使亡卒降，教铸作它兵器。"② 通过贵霜商人，罗马帝国的琉璃、宝石等装饰品和奢侈品也传入中国。

　　大约在 2 世纪末至 3 世纪初，一些贵霜人到中国西域绿洲定居，他们的首领被封侯，据《三国志》裴松之注引《诸葛亮集》记，227

---

① 这一史实是根据《后汉书·章帝纪》的记载，但《后汉书·西域传》记载的献贡者是安息，未提贵霜进献之事，因此，有学者认为，进献扶拔、狮子的是安息而非贵霜。

② 《史记·大宛列传》是："不知铸钱器"，《汉书》改为："不知铸铁器"。

年，蜀国后主刘禅下诏说："凉州诸国王各遣月支、康居胡侯支富、康植等二十余人诣受节度。"在新疆出土的大量佉卢文文书也记"贵霜军"的情况，其中一份佉卢文文献说："威德宏大、伟大之国王陛下敕谕，致奥古侯贵霜军及州长黎贝耶谕令如下……"从"贵霜军"一名的出现和他们的首领被封侯的事实来看，进入西域的贵霜人可能不少。贵霜人带来了他们的文化，佉卢文在西域诸小国广为流行。考古发现，当佉卢文在贵霜人中日益荒疏不用之时，2 世纪以后，佉卢文却成了西域于阗、鄯善、疏勒、龟兹王国使用的主要文字。①

　　佛教的传播是贵霜帝国与中国文化交流中最引人注目的事件。佛教传入中国中原地区大约在东汉时期。据《后汉书》记："世传明帝梦见金人，长大，顶有光明，以问群臣。或曰：'西方有神曰佛，其形长丈六尺而黄金色。'帝于是遣使天竺，问道佛法，遂于中国图画形象焉。"据现存藏文本《于阗国授记》记，佛教在公元前86—前76 年间已经从贵霜帝国传入中国西域于阗国。东汉初期，已经有贵霜人在中国内地传经的记录。以后，西域各国开始有了用本国语言书写的佛经。②无疑，贵霜人对于佛教在西域和中国内地的传播做出了重要贡献，许多佛经是贵霜著名高僧翻译的。在中国的月氏人以"支"为姓，当时从贵霜来到中国的高僧有支娄迦谶（又译支谶）、支谦、支曜、支亮、支施仑和祖籍月氏的竺法护。据《高僧传》记，支娄迦谶在 147 年来到了洛阳，他在此译大乘佛经。由他译出的梵文佛经达 15 部 30 篇之多，阿弥陀佛就是由他介绍到中国的，他译的《般若三昧经》对中国佛教产生了很大影响。另一位著名的贵霜人高僧是支谦。支谦在洛阳出生，自幼学习汉书，深受中国文化的熏陶，他曾受业于支娄迦谶的弟子支亮，在 222 年至 254 年的 32 年中，翻译佛经 36 部 48 卷。据《出三藏记集》记，西晋著名佛经翻译家竺法护在 266 年至 308 年间共翻译佛经 154 部 309 卷。由此可见，

---

① 王炳华：《丝绸之路考古研究》，第 415 页。

② 热扎克买提尼牙孜主编：《西域翻译史》，新疆大学出版社 1994 年版，第 50—52 页。

佛教在中国的传播过程中，贵霜人做出了巨大的贡献。

随着佛教的传入，中国的建筑、雕刻和绘画都受到了佛教的影响。据《魏书》记载："自洛中构白马寺，盛饰佛图，画迹甚妙，为四方式。凡宫塔制度，犹依天竺旧状而重构之……"正是在贵霜佛教艺术的影响下，366年，闻名中外的敦煌莫高窟开始雕凿，麦积山石窟也是在4世纪所凿。随着佛教的传入，壁绘和绣佛像等艺术形式不断涌现，产生了著名画家曹不兴、卫协和顾恺之等一批佛画大师。

贵霜帝国与西方的安息王朝和萨珊王朝一直处于敌对之中。公元前124年，大月氏进攻大夏之时，安息王朝曾出兵大夏国，其王亚尔达班（Artabanus）在战争中受伤而死。①丘就却在统一贵霜的过程中，与当时在阿富汗南部割据的安息小王朝冈德法内斯国王建立友好关系，以解除他的后顾之忧。此事在白沙瓦附近发现的塔赫蒂巴希铭文中有记载（第五行），铭文说，在冈德法内斯在位的第26年（45），丘就却副王（铭文为Erjhana Kapsha，erjhana意思是"副王"、"王子"，Kapsha可能是Kadphises的讹误）对他表示友好。②在丘就却统一大业完成之后不久，冈德法内斯去世，继承者帕科雷斯（Pacores）无力维持统治，一些地方宣布独立，安息小王朝衰落。丘就却乘机发起进攻，从冈德法内斯王朝手中夺取了迦毕试和喀布尔，以及包括塔克西拉、富楼沙在内的印度河流域。

在迦腻色迦统治时期，贵霜与安息两国之间发生过一场大战。战争的起因可能是安息国王试图收复被贵霜帝国侵占的领土。迦腻色迦在战争中获胜，安息国进一步遭到削弱。

3世纪中叶，阿尔达希尔推翻了安息国，在其废墟上建立了萨珊王朝。新兴的萨珊王朝对贵霜帝国造成了极大的威胁，贵霜国王波调与波斯西部的亚美尼亚政权结成反萨珊同盟。阿尔达希尔先出

---

① 阎宗临：《贵霜王朝的形成》，《山西师范学院学报》1960年第1期。
② 黄靖：《贵霜帝国的年代体系》，见《中亚学刊》第2辑。

兵亚美尼亚，在打败西方敌对势力以后，大约于245—248年间向贵霜帝国发起进攻。波调战败，马尔吉亚那、卡尔马尼亚（Carmania）和锡斯坦等贵霜属地被阿尔达希尔占领。伊斯兰教著名学者、历史学家塔巴里（Tabari，838—923）描写此战说，阿尔达希尔"离开沙瓦德（Sawād）前赴伊斯塔赫尔（Istakhr），在此先抵锡斯坦，再至古尔干、阿巴沙（Abarshahr）、木鹿（莫夫）、巴里黑和花剌子模，直达呼罗珊边境，由此再返回木鹿。他杀死了许多人，并把他们的头颅悬挂在阿娜希德祭火神庙中。他从木鹿返回法尔斯，驻跸于此。贵霜王、图兰王和莫克兰（Mukran）王均派来使臣，表示臣服"①。

在阿尔达希尔继承者沙普尔一世统治时期，贵霜帝国又丧失了花剌子模、信德，以及直抵富楼沙的领土，此时，贵霜帝国承认了萨珊王朝的宗主权。此事在波斯铭文"琐罗亚斯德之卡贝"中，在列举包括贵霜省在内的诸行省之前，有"我拥有"之词句。②萨珊王朝在巴拉姆二世（Bahram II，274—293年在位）统治之时，萨珊国王之弟、锡斯坦副王企图篡权，萨珊王朝东部诸省出现了叛乱，贵霜国王暗中支持锡斯坦副王。巴拉姆二世在平定了叛乱和惩处了兄弟之后，对贵霜帝国进行了报复攻击。

贵霜帝国与萨珊王朝的敌对关系一直延续到萨珊国王霍尔米兹德二世（Hormizd II，302—310年在位）。霍尔米兹德二世娶了贵霜帝国公主，两国关系出现了和平。霍尔米兹德二世死后，尚未成年的沙普尔二世即位。萨珊王朝国内发生争权夺利的内乱，贵霜帝国趁机发动战争，夺回了许多失地。沙普尔二世成年之后，对贵霜帝国发起大规模战争，贵霜帝国遭到决定性的失败，自此以后，贵霜帝国承认了萨珊王朝的宗主国地位。

贵霜帝国与萨珊王朝之间虽然进行着战争，但两国之间经济上的往来一直没有中断。陆路贸易从贵霜的印度次大陆出发，经加兹

---

① 〔匈牙利〕雅诺什·哈尔马塔主编：《中亚文明史》第2卷，第383—384页。

② 同上书，第387页。

尼城、阿拉霍西亚、锡斯坦、德兰吉亚那和阿里亚，然后转向北，经莫夫、东伊朗高原，穿越美索不达米亚，到达幼发拉底河的泽格玛（Zeugma）。海上贸易通过阿拉伯海和波斯湾进行，在贵霜统治时期，斯巴西奴·卡拉赫成为双方贸易最频繁的港口。

贵霜帝国与萨珊王朝之间的战争也没有阻碍两国的文化交流。在月氏人来到阿姆河流域之时，统治中亚西部的安息王朝已经存在了两百年，其上居民的文化程度高于初到中亚的月氏人。以后，贵霜帝国历任国王都采用了安息王朝国王"王中之王"的称号。贵霜帝国发行的钱币也仿照安息钱币的式样。据《汉书》记载："大月氏国（贵霜）……钱货，与安息同。"在宗教信仰上，安息国国教琐罗亚斯德教是初期贵霜国王信仰的宗教，在阎膏珍的钱币上就有安息人信仰的圣牛难提（Nandi）神像。

从考古和有关文献来看，贵霜帝国与罗马帝国保持着较为密切的接触。据弗洛鲁斯（Florus）记，106年，图拉真（Trajan）在战胜达契亚人之后，前来参加罗马城庆典的宾客中有贵霜王朝的使节。大约在71—75年间，埃及人戴奥·克鲁索斯脱莫斯（Dio Chrysostomus）说，他在亚历山大城观看戏剧演出时，眼前不仅看到希腊人，还有巴克特里亚人（贵霜）、斯基泰人、波斯人和一些印度人。

贵霜帝国与罗马帝国之间的经济往来频繁。贵霜帝国利用地处丝绸之路这一地理优势，积极发展中转贸易。贵霜商人把中国的丝绸、瓷器等货物经伊朗运抵罗马；罗马的宝石、珍珠等装饰品也从贵霜国境远运中国中原王朝。

贵霜帝国与罗马帝国之间的商贸活动还通过海路进行，尤其是罗马帝国属地埃及与贵霜帝国有直接的海上贸易。据《厄立特里亚航海记》记载，早在公元前2世纪晚期，南亚季风的规律就已被人们掌握和利用，埃及和印度港口的定期往返成为可能。斯特拉波于公元前1世纪20年代在埃及旅行，他在《地理志》一书中多次提到从非洲经霍尔木兹海峡到印度港口的海路："得知约120艘船只完成了从霍尔木兹海峡至印度的航行","今天的商人们从埃及经尼罗河和阿拉伯湾航行到印度"。古罗马历史学家普林尼的《自然史》一书也谈到了 1 世纪时罗马人利用季风在印度洋航行的情况,埃及人的船只携带着特定货物从非洲的港口前往印度的港口,大的船只一般还配有武装卫兵。为了方便与罗马帝国的贸易,贵霜帝国在印度境内设立了专门的贸易站,其中最著名的是阿里卡迈都(Arikamedu)贸易站。在埃及境内的"北非港口"出土了贵霜时期印度制作的陶器和用婆罗米字母书写的泰米尔(Tamil)铭文的陶片。在贵霜帝国境内出土了罗马剑及其他器物。贵霜帝国从与罗马的贸易中获利丰厚。普林尼的《自然史》说:"(贵霜)印度每年从我们国家吞没的财富不少于 5500 万塞斯特斯。"

总的来看,贵霜帝国与中国中原王朝基本上保持了友好关系,与波斯萨珊帝国在大部分时期处于敌对状态,尽管如此,贵霜商人与波斯人之间的经济往来并未中断,从贵霜西去的道路仍然畅通,贸易繁荣。

第四章

嚈哒汗国

　　嚈哒是中国古代的一支游牧民。4 世纪 70 年代以前，嚈哒在阿尔泰山一带放牧；此后，离开故居开始向南迁徙，占据了中亚河中地区的泽拉夫善河流域；5 世纪 30 年代，嚈哒继续南下夺取了巴克特里亚，组建了自己的政权；5 世纪末至 6 世纪初，嚈哒国处于极盛，继续向外扩张，疆域进一步扩大；6 世纪中叶，阿尔泰山南坡的突厥人强大起来，建立了突厥汗国，嚈哒国在突厥汗国和波斯萨珊帝国的夹击下溃亡。此后，嚈哒人散布在中亚、南亚次大陆和北亚地区，与当地居民融合，嚈哒一名不再见于史书。

第一节　嚈哒

　　嚈哒一名最早在中国和希腊史书中出现，是嚈哒汗国王族之姓厌带夷栗陀（Ephthalites）的简称，"厌带夷栗陀"在布哈拉语中意为"强人"，在和田塞克语中意为"勇敢、骁勇"。中国史书对嚈哒人的称谓很多，《梁书》称"滑"①，《周书》称"献哒"，《隋

① 有学者认为嚈哒指阿瓦尔人，是阿瓦尔人的国名。阿瓦尔的两种读音 Avar、Var 在汉文中转写为"滑"。

书》和《新唐书》称"挹怛",《洛阳伽蓝记》称"嚈哒",《续高僧传》称"厌怛"。在中亚粟特文书中写作 Hetalit,在中古波斯语文献中记为 Heftal(在新古波斯语中记为 Hētal),在阿拉伯史书中记为 Haital(或 Hayātila),被拜占庭史家普洛科庇乌斯(Procopius)记为 Ephthalitai,在亚美尼亚文献中记为 Hep't'al,在印度古文献《摩诃婆罗多》中记为 Hūna(匈人),在叙利亚文献中记作 Abdel(或 Hunnāye/ Kūnānāye)。

尽管有学者认为嚈哒人是阿瓦尔人[①],但从以上西方史书的记载来看,嚈哒人基本上被看成匈奴,原因主要是嚈哒人迁到中亚之时,曾以雄踞北方的匈奴自称。然而,实际上,嚈哒人并不是匈奴,也不是匈奴人的一支,考古资料和文献的记载肯定了他们的欧罗巴人属性。

关于嚈哒人外貌特征,在出土钱币上,嚈哒国国王头像具有垂直扁平的枕骨,面部的鼻子又高又长,眼睛大而有些外突;在今撒马尔罕北部阿弗拉西雅甫遗址的壁画中也画有嚈哒人的外貌特征:高鼻深目,留着上髭,没有下髯,头发卷曲。据拜占庭历史学家普洛科庇乌斯记:"嚈哒人是匈人中唯一肤色较白、面貌亦不甚丑陋的一支。"[②]于是,西方史书又将他们称为白匈奴。[③]

嚈哒人是一支游牧民族,据《魏书》记载,他们最初在阿尔泰山游牧,力量很弱,受漠北游牧政权柔然汗国的役使。在 366—376 年间,嚈哒人离开阿尔泰山故地,南迁到中亚河中地区。当时,在河中地区实施统治的是贵霜帝国瓦解之后形成的一些小国,这些小

---

① 尽管还不能认定,嚈哒就是阿瓦尔人,但有学者认为,在嚈哒国内至少某部分居民在此一时或彼一时中使用了嚈哒、阿瓦尔、瓦尔、匈人这些族名,参见 Denis Sinor, *The Cambridge History of Early Inner Asia*, Cambridge University Press, 1990, p.301。

② Procopius, *History of the Wars*, p.15.

③ 日本学者榎一雄《白匈奴或嚈哒的起源》(1955)、《论嚈哒的民族性》(1959)认为:一些中国史书将嚈哒看成月氏人,因为在早期月氏人和嚈哒诸王的钱币毁坏的头形中可以看到十分类似的情况。但学术共识是,当把他们囊括在吐火罗的月氏人之时,他们与伊朗种人的联系必须认真考虑,即使在他们中不可否认地存在阿尔泰人或匈奴成分。

国人少、力量薄弱，呶哒人将其赶走，在河中地区站住脚，并逐渐强大起来。呶哒人南迁的路线还不太清楚，有学者认为他们是经锡尔河以北草原来到河中地区的。[1]

呶哒人以武力夺取阿姆河流域的情况可以从考古遗址上反映出来。呶哒人沿途留下了征战的痕迹，考古发现，4世纪晚期至5世纪初，阿姆河流域许多城镇被毁、绿洲荒废。如在今杜尚别以西40公里的沙赫里瑙（Shahr-i Nau）城遗址、希萨尔谷地的居民点，以及铁器时代的达尔弗津特佩等城在此时期被毁，比什凯特（Bishkent）绿洲和沙赫（Shah）绿洲被废弃，帖尔穆兹的佛教中心被毁。

来到河中地区以后，呶哒人不仅控制了一些富裕地区。据中国史书（包括目击者宋云和惠生的报道）记载，呶哒人无城郭，自由游荡和居住在帐篷中。但凯撒里亚的普罗科匹厄斯和护国公米南德（Menander Protector）两人都谈到是以后崛起的突厥人夺走了呶哒人的城市。

呶哒人在控制了东、西方陆上交通要道之后，改善了经济，增强了实力。5世纪初，呶哒人在河中地区建立了自己的政权，史称呶哒人汗国（5世纪初—567）。[2]此后，呶哒人开始对外扩张。向西侵犯波斯萨珊王朝，向南征服贵霜人的寄多罗王朝（Kidarites）。[3]

据塔巴里的记载，萨珊王巴赫拉姆五世（Bahram V）在位期间（420—438），呶哒人攻入萨珊王朝东部边境地区。巴赫拉姆五世曾佯装前往阿塞拜疆打野驴，暗中在东部边境上集结军队，出其不意地在今莫夫的库斯梅罕（Kusmehan）打败了呶哒，呶哒国王被杀，

---

① 有关呶哒人的迁徙路线，麦高文在《中亚古国史》一书中说，呶哒是经塔里木盆地到达河中地区的；苏北海认为呶哒人不可能通过塔里木盆地进入中亚，因为当时控制这里的柔然势力非常强大，因此，呶哒可能从康居进入河中地区。现采用后一种观点。苏北海：《呶哒国在中亚的统治》，《西北史地》1985年第3期。

② “呶哒汗国世系表”见附录一。

③ 寄多罗王朝是一个短暂的地区政权，5世纪20或30年代，寄多罗人把曾经是贵霜的领土占为己有。当呶哒获得权力之时，吐火罗斯坦和犍陀罗处于寄多罗王朝的统治之下。此后，在呶哒的压力下，寄多罗人向西迁移，与帕提亚人和萨珊人发生冲突。

王后被俘。巴赫拉姆五世乘胜进军河中地区，迫使哒人与之签订合约，接受了以巴尔赫西400公里的塔里罕为界的和约。据波斯人菲尔多西（Firdausi）写的《列王纪》一书描述，战争结束以后，巴赫拉姆五世在塔里罕建了一座界塔，在界塔的一根圆柱上刻着"谁也别想用任何方法越过这道疆界，或者渡过这条河"①。

5世纪末期，哒人南下攻占了当时由贵霜国王寄多罗统治的巴克特里亚，在吐火罗斯坦确立了统治。寄多罗退往兴都库什山以南。②哒人获取巴克特里亚之后，实力进一步增强，可能正是在此时期，哒人摆脱了对柔然汗国的臣属。此后，哒人继续向兴都库什山以南地区扩张，该地区的一些小国家陆续臣属于哒汗国。

哒人继续南下，与印度的笈多王朝发生了战争，当时，刚即位不久的笈多国王塞建陀笈多（Skand-gupta，约454—467年在位）对哒人的入侵进行了顽强抵抗。在哒汗国国王阿赫雄瓦（Akhshunvar）统治时期（5世纪下半叶），哒人南进印度受挫，转而东进犍陀罗，大约在5世纪60或70年代，消灭了犍陀罗等地的寄多罗贵霜残余势力，任命本族人的特勤统治这一地区。据《洛阳伽蓝记》记载，宋云"正光元年（520）四月中旬，入乾陀罗国，土地亦与乌场国相似，本名业波罗国，为哒所灭，遂立敕勤（即特勤）为王，治国以来，已经二世"③。

---

① Firdausi: *Shahnama*, Warner, Arthur and Edmond Warner, (translators) *The Shahnama of Firdausi*, 9 vols, London: Keegan Paul, 1905-1925, pp.164, 165. 哒进入吐火罗斯坦的起始时间由437年访问过这一地区的魏朝使者提供，据《剑桥早期内亚史》，哒曾在伊朗边境建立统治，故必然被纳入波斯王朝，波斯王卑路斯曾逃到他们中寻求联盟，联盟一经达成便夺回了自己的王位。此后，卑路斯与哒人反目，484年，卑路斯在与之战争中丧生。参见 Denis Sinor, *The Cambridge History of Early Inner Asia*, Cambridge University Press, 1990。

② 必须修正普遍接受的以下观点，即将寄多罗置于4世纪下半叶，以及这些月氏人被哒驱逐的时间在400年，因为这一观点是基于对法显记录的错误理解。据董琬的报道，董琬于437年被派到西部诸国，437年作为寄多罗家族统治的终点是可以接受的。以法显、鸠摩罗什的记载，其最后年限可能在412年以后。于是，在寄多罗统治下兴都库什山南北的统一必定发生在412—437年间。到5世纪最后25年和6世纪上半叶，哒人在河中地区才成为一股强大势力。

③ （北魏）杨衒之：《洛阳伽蓝记校注》，范祥雍校注，上海古籍出版社1958年版，第317—318页。

在阿赫雄瓦统治时期，哌哒人利用萨珊王朝的内部斗争操纵萨珊王位继承，成功地削弱了萨珊王朝的势力，最终使萨珊王向哌哒汗国纳贡称臣。在哌哒汗国境内发现了铸有哌哒印记的一些萨珊王朝钱币，有学者认为，这些钱币可能是萨珊王朝向哌哒人缴纳的贡赋。除了缴纳贡赋外，在萨珊王居和多（即卡瓦德一世，Kavad I）统治期间（488—496），为了感谢哌哒人扶持他登上王位，他将萨珊王朝的部分领土划给哌哒国。

也许是由于西部边境的稳固，在头罗曼（Torman）任哌哒国王的5世纪末至6世纪初，哌哒汗国向东北扩张影响。头罗曼沿丝绸之路南北两道向东进入塔里木盆地，哌哒势力在北道抵达焉耆以东，在南道，于阗、疏勒、姑墨、龟兹、钵和、渴盘陀等国向哌哒汗国表示臣服。在向塔里木盆地扩张的同时，在493—508年间，他们发动了两次反高车人的战役，争夺准噶尔盆地。可能在6世纪初，哌哒人杀死了高车副伏罗部的储君穷奇，掳走了其子弥俄突（Mieh-tu）。几年之后，高车国发生叛乱，国王阿伏至罗因推行暴政，招致国人不满，众叛亲离，被部人所杀，高车国另立宗人跋利延（Baliyan）为国王。哌哒人趁机派大军护送弥俄突回国即位。在哌哒军队的威慑下，高车人杀跋利延，拥戴弥俄突为高车国王，此事大约发生在507年。

弥俄突是哌哒人的傀儡，哌哒人利用他抵制柔然人。516年左右，弥俄突被柔然所杀，部众逃入哌哒汗国中。哌哒人又把弥俄突的弟弟伊匐（Yīfú）送回高车国，立为国王，伊匐在高车国实施了有效的统治，曾打败过柔然。

头罗曼时期，印度被纳入哌哒汗国的版图。印度佛陀笈多（Budha-gupta）统治时期（约477—500），统治层内部发生了争权夺利的战争，地方统治者趁机割据，国家分裂。头罗曼率哌哒军队从犍陀罗入侵印度，向南一直推进至埃兰（Eran），即在今印度的中央邦（Madhya Pradesh）一带，向东一直打到恒河流域的华氏城。据埃兰铭文记载，当地的头领昙尼耶毗湿奴（Dhanyavisnu）已经向头罗曼表示效忠，称头罗曼为"王中之王"，颂扬他"坚实的嘴巴吹口气，就能使群山战栗"。如今，在恒河流域的俱赏弥（Kausambi）出土了两枚头罗曼的印章。据钱币资料反映，北印度处于头罗曼的统治之下，中印度也在其势力范围之内。

至此，嚈哒汗国的疆域东北至天山，东达葱岭，西界波斯萨珊，北及锡尔河以北草原，南及中印度，超过之前大月氏建立的贵霜王朝的版图。据《北史》记载："西域康居、于阗、沙勒（即疏勒）、安息（指萨珊）及诸小国三十许，皆役属之（指嚈哒），号为大国。"[①]《洛阳伽蓝记》记载："嚈哒……受诸国贡献，南至牒罗（今铁尔胡忒，Tirnut）、北尽敕勒、东被于阗、西及波斯，四十余国皆来朝贡……四夷之中，最为强大。"[②]印度的一座碑铭记载说："著名的头罗曼，闻名遐迩的大地的统治者。"[③]

据成书于 8 世纪的《文殊师利根本仪轨经》记，头罗曼在向南扩张的时候，汗国后方的犍陀罗与罽宾可能发生纠纷，头罗曼引兵西归，在抵达迦尸（Kāśī）时病逝。临终之前，他指定儿子摩酰逻矩罗（Mihirakula，约 517—533 年在位）继承王位。登上嚈哒王位之后，摩酰逻矩罗一边控制高车，继续利用其遏制柔然；一边向印度扩张。大约在 6 世纪 20 至 30 年代，嚈哒军队占领了瓜廖尔（Gwālior），目前发现了摩酰逻矩罗在位第 15 年在瓜廖尔的铭文，据它记载："有一位建功立业的大地的统治者，他以头罗曼之名而为人所知，他以真正的英雄气概公正地统治着大地。因为他的业绩，他的家族名声大振，他的儿子是力量无敌的大地之主，以摩酰逻矩罗之名而为人所知。"

摩酰逻矩罗在印度的统治是不稳固的，曾被马尔瓦的耶输陀曼（Yaśodharmān）击败，撤至印度河以西。据 532 或 533 年的曼

---

① 苏北海认为布哈拉之西约 35 公里处的品治肯特就是嚈哒故都的废墟，参见苏北海：《嚈哒国在中亚的统治》，《西北史地》1985 年第 3 期。

② （北魏）杨衒之：《洛阳伽蓝记校注》，范祥雍校注，第 288 页。

③ 〔俄〕李特文斯基主编：《中亚文明史》第 3 卷，中国对外翻译出版公司 2003 年版，第 113 页。

达索尔（Mandasor）铭文记载："耶输陀曼统治了世界征服者笈多诸王从未获得的土地。他不承认诸王均听从其敕令的匈奴首领的宗主权……除了湿婆外从未向任何神祇低头的著名君王摩酰逻矩罗也俯伏在他的足前、向他致敬。"

摩酰逻矩罗统治后期，哑哒汗国的属国摩揭陀的婆罗阿迭多王（Baladitya）起兵反叛，摩酰逻矩罗前往镇压，被俘，王位由其弟继承。摩酰逻矩罗被释放以后投靠了克什米尔（当时为伽湿弥罗国）统治者，在此受到礼遇。几年以后，摩酰逻矩罗挑动当地居民反叛并杀死了其国国王，夺取政权。此后，他向西进兵攻打犍陀罗，杀犍陀罗国王及王室成员和大臣，摧毁了当地的许多佛教寺庙。

542年，摩酰逻矩罗去世，他死后，哑哒汗国迅速衰落。545年，萨珊王朝不仅不再向哑哒汗国纳贡，而且还联合东北方的突厥人共同对付哑哒汗国。554年，萨珊王朝与突厥人建立了军事联盟；562年，两国分别从西南方和东北方出兵夹击哑哒，哑哒国王可能在这场战斗中阵亡，法甘尼什（Faganish）或阿弗甘尼什（Afganish）即位为哑哒国王。新继任者已经无力抵御萨珊王朝和突厥人，哑哒汗国灭亡，领土被萨珊王朝和突厥汗国瓜分。哑哒残余势力四处逃亡，散在中亚、南亚次大陆和北亚，逐渐融入当地各族之中。史书不再提到哑哒一名。

第二节　政治统治及外交关系

哑哒汗国是游牧民族建立的国家。哑哒人来到中亚以后，在很长时间内依然过着以游牧为业的生活，在水草丰美的地方进行季节性放牧。放牧的牲畜以羊、骆驼和马匹为多，盛产良马。他们居住在由毡制成的帐篷里，当中国北魏僧统[①]宋云于519年到达哑哒之时，

———————

① 僧统即中国管理僧人的官员。

哒人仍保留着"居无城郭，游军而治。以毡为屋，随逐水草，夏则随凉，冬则就温"的游牧生活。他们的国王"居大毡帐，方四十步，周回以氍毹为壁"①。

来到泽拉夫善河流域以后，特别是占领巴克特里亚及印度河流域以后，哒人在当地农业的影响下，开始种植稻麦等农作物，据《梁书》记载："滑国（即哒）……土地温暖，多山川树木，有五谷。国人以麨及羊肉为粮。"对此，普洛科庇乌斯也有记载："哒……他们不是像其他匈人那样的游牧民族，已经很长时期定居在肥沃的土地上。"随着农耕的进行，哒人渐渐定居下来，建筑城市。国王不再以其毡帐为统治中心，而是住在都城里，都城成了汗国的统治中心。据《周书》和《北史》记载，哒"其王治拔底延城②，盖王舍城也。其城方十余里"。

虽然哒人的物质文化发生了很大改变，但游牧民族的许多习俗在迅速崛起的哒汗国内长期保留下来，特别是统治制度方面。在哒汗国，哒国王称可汗，其妻子称可敦。哒国王的权力很大，国王拥有亲自指挥军队和任免军队将领的权力。国王拥有宣战、媾和、与他国签约的外交权。国王拥有任命地方长官的权力，如占领巴克特里亚以后，哒国王阿赫雄瓦任命自己的儿子库希那瓦（Khušnavaz）为镇守官；在占领犍陀罗以后，国王任命特勤为驻守地方的诸侯。此外，国王还有制定宗教政策和处理宗教事务的权力，国王摩酰逻矩罗对印度佛教采取打击压制的政策，没收上层佛教僧侣的财物、地产，赏赐印度婆罗门教宗教人士等。

哒汗国的王位是终身制，王位的继承没有实行严格的世袭制。据《魏书》记载："哒……王位不必传子，子弟堪任，死便授之。"由此观之，王位不一定传给国王之子，只要国王的兄弟和侄子胜任者，便能获得王位。哒汗国的法律简略，据《魏书》记载，哒

---

① （北魏）杨衒之：《洛阳伽蓝记校注》，范祥雍校注，第288页。
② 都城拔底延的位置，目前最有影响的说法是巴里黑城和活国（Warwaliz）两种观点，前者以日本学者藤田丰八为代表，后者以日本学者内田吟风为代表。

"用刑严急，偷盗无多少，皆腰斩，盗一责十"。

从出土钱币可知，嚈哒官号有特勤（Tagino）、叶护（Zaboxo）、吐屯（Tadono）和达千①（Tarxano）等，这些官职的权限目前还不清楚。可以肯定的是，嚈哒汗国中央的权力是不集中的。嚈哒人来到中亚时人数很少，仅仅"众可十万"②。以少数人统治如此辽阔的领土，对于文化比较落后的嚈哒人来说是一件困难的事情，于是，嚈哒汗国的地方行政基本上采取了委托本地贵族统治的方式。嚈哒国王一方面任命一些嚈哒要人为地方统治者镇守，如巴克特里亚、犍陀罗等重要地区；另一方面，嚈哒国王继续保留那些归顺他的地方统治者，如印度、塔里木盆地、帕米尔高原等地的诸小国，前提是这些小国要奉嚈哒汗国为宗主国，向嚈哒国王表示效忠和纳贡。于是，嚈哒汗国内是小国林立。据《魏书》记载，在原来大月氏五翕侯之地出现了伽倍国、折薛莫孙国、钳敦国、弗敌沙国、阎浮谒国；在原康居国故地出现了粟特、者至拔国、迷密国、悉万斤国、忸密国、者舌国等。这些属国有自己的国君，他们独立管辖着自己的领地，并有独立的外交权力。据中国史书《魏书》、《梁书》、《周书》记载，嚈哒汗国的一些属国曾经派遣使者来中国朝贡，有的多达十次，如悉万斤国。

为了防止地方反叛，嚈哒国王经常带着军队巡视各地，"游军而治"③，大概就是派军队巡视，威慑各国。据《魏书》记："嚈哒……分其诸妻，各在别所，相去或二百、三百里。其王巡历而行，每月一处。"嚈哒国王每月一处，不仅仅是为了与诸妻相会，更重要的可能是监察各地。

嚈哒汗国最初拥有一支强大的军队。嚈哒人最初以游牧为生，据《梁书》记，嚈哒"人皆善射"。嚈哒军队是机动灵活的马上弓箭手，男女老幼都擅长于骑射。从嚈哒人发行的钱币来看，嚈哒骑兵

---

① 疑是达干，现仍按音译为达千。

② （北齐）魏收：《魏书》，中华书局1974年版，第2279页。

③ （北魏）杨衒之：《洛阳伽蓝记校注》，范祥雍校注，第181页。

身穿铠甲。依靠这支骑兵，哋哒汗国得以在中亚纵横驰骋、开疆扩土，据《周书》和《北史》记载，"其人凶悍，能战斗"。哋哒人在征服拥有象兵的中亚南部，尤其是征服北印度之后，开始拥有象兵。一只大象上一般有十个士兵，士兵手上都拿着安有长长手柄的大刀，可以居高临下杀敌，大象的鼻子上也绑缚利刃以杀敌。据《洛阳伽蓝记》记载，哋哒"王有斗象七百头，一负十人，手持刀槊，象鼻缚刀，与敌相击"。拜占庭人科斯马斯·印狄科帕留斯脱斯（Cosmas Indicopleustes）在游访印度的行记中说："哋哒族国王（Gollas，可能就是摩酰逻矩罗）为印度之共主，他向印度人勒索赋税，并有两千匹战象和一大队骑兵助他为所欲为。"①哋哒人的主要武器装备是弓箭、大刀、剑、粗短棍棒、铠甲。

哋哒在中亚兴起以后，有力地遏止了柔然势力的西进。5 世纪末6 世纪初，柔然汗国在中国北魏王朝（386—534）和高车国的打击下衰微。此时，哋哒强盛起来，开始向东扩展，原臣属于柔然汗国的西域绿洲城郭国家于阗、疏勒、姑墨、龟兹、钵和、渴盘陀等国转而臣属于哋哒汗国。521 年，高车部伊匐大败柔然可汗婆罗门（P'o-lo-men），婆罗门率部逃到哋哒汗国内，哋哒国王不仅收留了他，还娶他的三个姐妹为妻。

在对外关系中，哋哒汗国与中国北方王朝北魏、西魏（535—557）、北周（557—581）和北齐（550—577）发生了联系，在西方与萨珊波斯王朝，在南方与印度笈多王朝广泛交往。哋哒与中国北方政权的交往始于 5 世纪中叶，在 6 世纪上半叶最为密切。在头罗曼统治时期，哋哒控制了丝绸之路的南北两道，便利了与中国诸王朝的交往。据《魏书》记载，哋哒使者 14 次向北魏朝贡，北魏出使哋哒 3 次：在 512—515 年和 518—520 年间，高徽以员外散骑常侍和平西将军的身份出使哋哒汗国，此外，宋云与惠生在 518—522 年间前往印度取经时也途经哋哒汗国。北魏灭亡以后，哋哒继续向中

---

① 〔美〕麦高文：《中亚古国史》，第 258—259 页。

国北朝西魏和北周派遣使臣，据《周书》记载，哒哒汗国使者于546年、553年和558年三次来朝，甚至还与中国南方王朝建立了联系。哒哒派往南方王朝的使者是通过西域南道到达鄯善，然后穿越柴达木盆地，绕过青海，从岷山道南下到达四川，再顺长江而下直抵建康（今南京）的。《梁书》记载说，哒哒从516年至541年间，五次来朝。哒哒朝献的物品主要是当地的物产，如白色大象、黄色狮子、白色的貂裘、波斯锦等。除了哒哒汗国的使者外，哒哒的属国也以本国之名与中国交往。哒哒及其属国的朝献加强了双方的政治联系，更主要的是促进了双方的商贸活动。

哒哒汗国与西方大国萨珊王朝一直处于敌对关系。哒哒人来到中亚之时，萨珊王朝已经存在了两百年多年。哒哒人南下占领巴克特里亚以后，以此为基地不断对萨珊王朝发起进攻。据5世纪亚美尼亚史学家埃里塞（Elishe Vardaper）记，从442年起，萨珊国王伊嗣俟二世（Yazdgird II，438—457年在位）遭到哒哒人的不断攻击，形势严峻，以致他在很长时期一直驻扎在东部边境上。尽管如此，哒哒人还是夺取了萨珊王朝东部的一些领土。

伊嗣俟二世去世以后，萨珊王朝陷入内乱，他的两个儿子争夺王位，最终次子霍尔穆兹（Hurmazd，457—459年在位）夺得了王位，驻守锡斯坦的长子卑路斯（Pērōz，459—484年在位）仓惶逃往哒哒国，请求避难。哒哒汗国趁机插手萨珊王朝内政，从中获得了很大利益。哒哒人为卑路斯提供庇护，在卑路斯答应割让土地的条件下，又出兵帮助他夺取王位。卑路斯登上王位以后，背信弃义，不愿割地。据说，卑路斯用50头大象和300个士兵把先世巴赫拉姆在塔里罕建的界塔向前推移了，以表明波斯军队仍在自己的国境内。哒哒人不能容忍这种背叛行为，双方发生了多次战争。在战争中，哒哒打败并俘虏了卑路斯。萨珊王朝支付了一大笔赎金，卑路斯才得以回国。回国之后，卑路斯向拜占庭帝国求援，准备再次与哒哒汗国开战。拜占庭以大量黄金支持卑路斯与哒哒汗国的战争，拜占庭使者也随同一起观战。然而，卑路斯再次战败被俘。卑路斯写下不再侵犯呋哒的保证书，并答应支付 30 头骡驮白银的赎金，但萨珊王朝无力支付这笔赎金，卑路斯之子居和多到呋哒汗国为人质，卑路斯得以回国。484 年，卑路斯撕毁和约，入侵呋哒。呋哒国王阿赫雄瓦面对来势汹汹的波斯军队，采取了诱敌深入的战略，在道路上挖壕沟，在壕沟上铺上薄薄的木板，然后在木板上铺上一层泥土。战斗开始以后，阿赫雄瓦佯装失败，沿着特意留好的退路迂回后撤，卑路斯趋兵追杀，波斯军队中的大多数人掉入壕沟，卑路斯本人被杀，其女儿和许多随员被俘，呋哒汗国大获全胜。

卑路斯死后，其弟弟沃洛盖斯（Vologases，484—488 年在位）成为萨珊帝国国王。即位之后，他派锡斯坦总督与呋哒人谈判，答应向呋哒称臣纳贡，呋哒释放了卑路斯之子居和多。居和多回国以后，与叔叔展开了争夺王位的斗争。在呋哒人的积极支持下，居和多于 488 年登上了萨珊帝国王位（488—496 年、498—531 年在位）。496 年，居和多因支持马资达克（Mazdak）运动遭到波斯贵族的废黜，逃到呋哒汗国避难。呋哒汗国收留了他，与之联姻，并派军队支持他，使他于 498 年成功复位。作为回报，居和多把赤鄂衍那（中国史籍称石汗那）割让给呋哒汗国。

萨珊王朝向呋哒汗国称臣纳贡达半个多世纪，给萨珊波斯人造成的恐惧在帕普（P'arp）的拉扎尔（Lazar）的记载中表现出来："即使在和平时期，听到或看到一个呋哒人就会使人魂飞魄散，没有人敢公开与呋哒人战斗，因为每个人都清楚地记得呋哒人使雅利安人的国王和波斯人蒙受的灾难和失败。"[①]到萨珊帝国国王库思老一世（Khosrau I，531—578 或 579）统治时期，这种形势发生了变化，库思老一世联合中亚东北部的突厥人，最终灭亡了呋哒汗国。

呋哒汗国和萨珊帝国之间的战争对西方产生了影响。萨珊帝国立国之初曾与罗马帝国争夺亚美尼亚，呋哒人在东方起到了牵制作

---

① 〔俄〕李特文斯基主编：《中亚文明史》第 3 卷，第 111 页。

用，使萨珊帝国面临东、西两面作战的局面，不能专注于亚美尼亚事务。在卑路斯统治末期，亚美尼亚的基督徒趁萨珊与哒哒战争之机，发动了反对萨珊统治的武装暴动。亚美尼亚人驱逐了萨珊帝国派驻的总督，建立起了自己的政权。以后，萨珊国王沃洛盖斯不得不与亚美尼亚和谈，做出让步，拆除了该地区的琐罗亚斯德教拜火祭台，承认了亚美尼亚人有信仰基督教的自由，对基督教堂进行了修缮和扩建。

哒哒统治巴克特里亚以后，与印度笈多王朝发生了联系。当时的笈多王朝国王是即位不久的塞建陀笈多，哒哒汗国的进攻遭到了他的抵抗。残缺的比泰里（Bhitari）石柱反映了这些战争的激烈，第10行记载，在战争时，塞建陀笈多"躺在野地里过夜"；457或458年的朱纳格尔（Junāgarh）石刻铭文也记载了塞建陀笈多对哒哒人的战争。塞建陀笈多虽然阻止了哒哒人的南进势头，但国力耗尽，自此以后铸造的金币要比以前少得多，而且粗糙，质量差。后来，头罗曼的进攻加速了笈多王朝的分裂。一般认为，佛陀笈多从即位起，其权力和声望已经大不如前，可以说，他是笈多王朝名义上能够行使最高权力的最后一位皇帝。此后，笈多王朝境内出现了许多割据势力，割据诸王在抗击哒哒的进攻中扩展了地盘，增强了实力，强盛一时的笈多王朝于6世纪后期灭亡。哒哒汗国后期，印度河以东的诸小国起兵反抗哒哒人的统治，并获得独立。

与此同时，萨珊王朝也在积极酝酿摆脱哒哒汗国的宗主权。库思老一世登上萨珊王位以后，励精图治，在土地制度、赋税、军事和财政等方面进行了一系列的改革，使萨珊帝国国势蒸蒸日上。545年，他停止向哒哒汗国纳贡，并开始与哒哒东北的突厥人建立了军事联盟，两国出兵哒哒。哒哒调集全国军队主力在布哈拉地区与突厥进行了历时八天的激战，结果战败，主力被摧毁。562年，在萨珊波斯军队与突厥军队的夹击下，历时一个多世纪的哒哒汗国灭亡了。

严格来说，哌哒是一个由不同部落和部族组成的不牢固的集合体，它的政权只有处在不断的迁徙或军事行动中才能维持，一旦行动停顿，国家便趋于涣散。哌哒人控制了中亚广阔地区之后，依靠军事力量统治了这些地区，但中央力量弱小，无力采取有效的行政措施统治这片辽阔土地上语言、宗教、习俗千差万别的居民。这正是哌哒汗国未能长久统治的原因。

第五章

社会经济

公元前 3 世纪至公元 6 世纪上半叶，游牧已经成为中亚北方牧民的主要经济形态；农耕仍然是南方居民的主要经济形态。北方的畜牧业在迅速发展的基础上形成了区域性的特征：乌孙人放牧的畜类主要是马和羊，大月氏人放牧马、牛、羊，哒哒人放牧的主要畜种是羊、骆驼和马匹。中亚南方在贵霜帝国时期扩建和新建了一些灌溉渠，形成了大片绿洲，农业进入较快发展时期；手工业在采矿、制陶、纺织业、金属加工，特别是武器制造方面，取得了长足发展；丝绸之路的开通促使东、西方贸易繁荣起来，成为过境贸易中的桥梁，并获得了到印度洋的出海口。

第一节　北方的游牧经济

游牧经济是以游牧性畜牧业为主的经济形态。下文以乌孙国和哒哒汗国的经济为例，阐述这一时期北方游牧经济的情况。

伊犁河和楚河流域，尤其是伊犁河至天山之间的草原及天山山脉的高山草场，都是优良牧场。这片草原草场辽阔、水草丰美，加之气候湿润、雨水较多，适合畜牧业的发展。山中背风向阳的低凹处被俗称为"冬窝子"，冬天只有小雪或基本无雪，牧草不会被雪覆盖，完全可满足畜群的需要；高山上的夏季牧场，地势较高，气温凉爽，畜群在此避开了酷热；广阔的山前地带是春秋季牧场。这片草原先后成为乌孙、月氏、哒哒的放牧地，据《史记》记载："乌孙在大宛东北可二千里，行国，随畜，与匈奴同俗。"乌孙人的游牧的方式是：当一片草场被畜群吃得差不多之后，转到另一片草场放牧，几个月在草长起来之后，他们又把畜群赶回来。因此，乌孙人的游牧并非远距离的迁徙运动，是在较固定的区域内游牧。

　　文献的记载和考古发掘可知，乌孙人放牧的畜类主要有马、羊、牛、骆驼、驴，在乌孙墓葬中发现了马、羊、狗的骨骼，其中尤以马骨和羊骨最多。据《史记》记载："乌孙多马，其富人至有四五千匹马。"同书又记："乌孙以千匹马聘汉女（指细君公主）。"乌孙马不仅数量多，而且马种优良，马形健美，善走，奔跑，仅次于大宛的汗血马，在汉代被誉为"天马"。在大宛汗血马引进中国中原地区以后，乌孙马被更名为"西极马"。据《史记》说："初，天子发书易，云'神马当从西北来'。得乌孙马好，名曰'天马'。及得大宛汗血马，益壮，更名乌孙马曰'西极'。"羊也是乌孙人放牧的主要畜种，它们是乌孙牧民的基本生活资料，食物、衣裘、制毡都离不开羊。

　　大月氏人的畜牧业以养马、牛、羊和骆驼为主。据唐司马贞的《史记索隐》引康泰所著《外国传》说："外国称天下有三众：中国人众，大秦宝众，月氏马众。"大月氏人的"大尾羊如驴尾，即羬羊也"。此外，大月氏人养的牛是优良品种，据《玄中记》记载："大月氏又有牛名曰及，今日取其肉，明日疮愈。"大月氏人养的骆驼是单峰骆驼："大月氏国……出一封橐驼。"

　　哒哒人在阿尔泰山地带时以游牧为业，牲畜是经济的主要支柱。迁到河中地区以后，在很长时间内仍然过着以游牧为业的生活，放牧的牲畜以羊、骆驼和马匹为多，盛产良马。

　　乌孙虽然是一个以游牧为主的国家，但在一些地势较低、气温高、日照长、水量足的宜农地带，也有少量农业，如在楚河、塔拉斯河谷，伊犁河南的哈苏（Hassu）地区，纳伦（Naryn）河下游流域和伊犁河北岸的潘菲洛夫以南地区。据考古发掘，发现了乌孙农业生产的直接材料，如在乌孙人的居地上出土了收割农作物的工具青铜镰刀，粮食加工工具石磨、石碾，还发现了谷物的遗迹。[①] 在昭苏县的一座乌孙墓葬中，出土了一件中部鼓凸呈扁圆体、边缘扁平、重达 3 公斤的舌形铁铧，它与当时汉代关中地区的铁铧形制大小几乎完全一样。据《汉书》记载："汉复遣长罗侯惠将三校屯赤谷。"常惠在乌孙首都赤谷屯田，说明乌孙国内确实存在着农业生产。汉朝的屯田给乌孙人带来了先进的生产技术、工具和耕种方法，促进了乌孙农业的发展。

　　北方牧民也从事一些简单的手工业。据考古发掘，手工业种类主要有金属冶炼、制陶、毛纺织、建筑。在乌孙的早期墓葬中，出土了小铁刀、小铁锥之类的工具，器物种类不多，质地粗糙。在中期以后的墓葬中，这种情况发生了明显的改变，出土器物的种类增多，制作技术也有长足的进步。其中，铁器除了小铁刀、小铁锥外，还有环首铁刀、铁剑、铁铧；铜器有青铜锥、小铜饰、铜碗；金器有金戒指、金耳环、金箔饰件等。

　　乌孙人最初制作的陶器为手制，制作粗糙，器形较小，种类主要是壶、钵、碟等日常生活用品；中期制作的陶器虽然还是手制，但有了慢轮加工，陶器较紧实致密，陶质较细，器形较规整；后期制作的陶器均为轮制，形体规整，陶质细，火候高，有的有匀称的弦纹。

　　毛纺织业是乌孙牧民家庭的重要手工业。牧民们将毛绒搓捻成线，然后编织成各种带子和纺织品，带子是搬迁和骑乘中必不可少

---

① 〔苏联〕阿基耶夫：《1954 年伊犁考古考察团工作报告》，见《历史、考古和民族研究著作集》第 1 卷，阿拉木图 1956 年版，第 29 页；〔苏联〕阿基耶夫、库沙耶夫：《伊犁河谷塞克与乌孙的古代文化》，阿拉木图 1963 年版。均转引自王明哲、王炳华：《乌孙研究》，新疆人民出版社 1983 年版，第 18 页。

的，乌孙牧民的衣料主要是毛纺织物。乌孙人还用毛绒制毡，加工过程是：先将洗净的羊毛、羊绒平铺在草席上，然后用力捶打、擀压，在擀压过程中不断添羊毛、羊绒和水，以增加毛、绒的黏附力，最后压实成毡。

从哓哒人以毡为屋的记载来看，哓哒人很早就有制毡业。《梁书》《北史》《洛阳伽蓝记》分别记载了哓哒人金制品的情况，即女人头上戴的木角"以金银饰之"；拔底延城"多寺塔，皆饰以金"；哓哒国王和王妃都坐金床。这些记载表明哓哒人的金银首饰业很发达。考古发掘出土了表明个人身份的哓哒印章，上面刻着人名、族徽，在官衔印章上还刻有称衔，此外，有的印章上刻画的人物细致逼真，栩栩如生。它们反映了哓哒人娴熟的镂刻技艺。据《洛阳伽蓝记》记载，宋云见到哓哒国王坐榻的几只脚被雕成凤凰，哓哒王妃的雕成狮子，凤凰和狮子形象活灵活现，展示了当时哓哒工匠的高超雕刻水平。

乌孙牧民的建筑业状况可以从他们的墓葬遗迹反映出来。乌孙墓葬一般采用木椁造型，墓室四壁均用圆木叠砌成墙，接头处互相楔卯以保持牢固，墓室顶部也由木覆盖。墓室四壁挂有毡毯，有的毡毯外还钉附有米字形细木条。由此推知，乌孙人的住房四壁、顶部和地板均用圆木砌成，毡房的四壁挂有毡毯，毡房的屋顶呈圆形，状似穹庐。有关文献证实了这种推断，细君公主在她充满哀怨的《黄鹄歌》中说"穹庐为室兮旃为墙"。这种毡木结构的房子不仅结实耐用、御寒性能好，而且便于撤卸和携带，至今仍是牧民们喜爱的居住形式。除毡房外，牧民们还建造了半定居住所，有的建在石基上，有的没有地基，直接建在地上，房屋一般用泥砖建造。

哓哒人在中亚地区建筑了一些城市，对它们的发掘还不充分。目前，已经发掘的有赤鄂衍那（Chaganiyan）首府布德拉奇城（Budrach）遗址和瓦赫什地区首府卡菲尔卡拉（Kafry-kala）遗址。布德拉奇城遗址在贵霜时期面积在 20 公顷左右，哓哒时期，城区扩大到了 50 多公顷，城区之外的大郊区，有农庄、堡垒和宗教性建筑。

卡菲尔卡拉城遗址由一道城墙围绕，城墙上有塔楼；城墙外有一道宽50米—60米、深5米的壕沟环绕。城区有一大广场，广场周围建筑了功能各异的建筑物。在遗址的东北角，有一个边长为70米的正方形要塞，它由内、外两道城墙环绕。城墙的角落上有坚固的长方形塔楼，城墙当中有凸出的半圆形塔楼，塔楼之间是带有伪装的射箭孔，连护墙的通道也有防御功能。在要塞内有宫殿建筑，宫殿以一座面积为200平方米的长方形大厅为中心，大厅周围有小厅和住房，大厅的门向东开。要塞的东南角是一座正方形佛教寺院，墙上装饰着彩色壁画。建筑材料主要是一种用黏土和切细的麦秸制成的土坯，很少使用烧制的砖，用木料做屋柱。兴都库什山以南的地区，像迦毕试和犍陀罗，主要建筑材料是石头。

这一时期，中亚南、北之间以及东、西方贸易都得到了前所未有的发展。南、北方之间的贸易，主要是畜牧产品与农产品之间的交换，活跃起来。这一贸易沿锡尔河流域的商道进行，费尔干纳北部与锡尔河中、下游地区和咸海地区联系在一起。运往北方牧区的产品有谷物、瓜果、陶器、手工艺品和武器；输入南方的商品主要有牧区生产的毛、皮革、肉、乳制品、牲畜等。由于南、北方贸易的兴盛，锡尔河沿线涌现出许多便于商贸的城镇。

中国西汉王朝建立西域都护府之后，匈奴势力北撤，减少了对东、西方交往的丝绸之路的干扰。在此时期，丝绸之路成了东、西方政治、经济、文化交流的重要通道。经乌孙国的路线是：从阳关往西，沿着天山，经过伊吾、车师前部、车师后部，到达乌孙，过乌孙赤谷城，然后与丝绸之路北道的主干汇合，再经康居、奄蔡，最后到达罗马。于是，乌孙东与中国中原地区，西与南高加索地区有往来。

乌孙国以朝贡的形式与中国汉王朝进行着官方交往。乌孙国向汉朝贡献马、牛、羊，尤以马为最多，如猎骄靡聘细君公主就用马1000匹，翁归靡为元贵靡求婚的聘礼是马、骡各1000匹。乌孙从汉朝输入的商品有手工业品、丝织品、贵重金属，以加工成品为多。

在考古发掘中，出土了汉朝的丝织品、龙纹汉镜等。除官方贸易外，中亚游牧民与汉朝进行民间贸易。汉朝实行铜铁禁运的政策，防止他国用之制造武器，但仍有部分流入乌孙，这可能是通过民间贸易实现的。通过联姻，乌孙与汉朝加强了经济上的往来。中国汉朝先进的生产技术、工具、文化等流入乌孙国，促进了乌孙经济的发展。在与汉朝的经济交往中，乌孙国内的物资交换基本上停留在以物易物的阶段，文献没有提到乌孙用货币进行买卖的记载，考古也没有发掘出乌孙钱币。

　　乌孙国与西方的贸易情况从考古资料中反映出来。当时南高加索以宝石著称，在乌孙国境内的夏台地区曾出土一枚嵌宝石的戒指，与南高加索公元初的德莫泽夫恰尔遗址出土的戒指一模一样，只是宝石的颜色不同而已。

　　哒人在夺取中亚河中地区和巴克特里亚以后，控制了贯穿其境的丝绸之路中段，掌握了此地的过境贸易。拜占庭史学家塞奥凡尼斯（Theophanes）曾谈道："突厥人占有了许多赛里斯人时常出入的市场和港口，这些市场和港口在哒国王厌带夷栗陀战胜卑路斯之时，曾被哒人所夺取。"哒人从这一贸易中得利不少。从出土的萨珊银币来看，哒商人常到中国境内贸易。如今，在中国境内出土了分布范围很广的萨珊王朝银币，从河北的定县到广东的曲江都有发现。考古发现，许多萨珊银币上打着哒印记，在河北定县塔基发现的钱币中就有一枚这样的钱币，在萨珊伊嗣俟二世时期的银币边缘压印了一行哒文字的铭文。[①] 因此，有学者认为，它们中有一部分应该是哒商人用来购买中国物品的。哒人在萨珊银币上加印本国符号作为本国货币使用。不过，哒国也发行过本国货币，考古发现了头罗曼、摩酰逻矩罗发行的银币和铜币。

　　总的来说，公元前3世纪至公元6世纪上半叶，游牧已经成为中亚北方的主要经济形态，北方的畜牧业在迅速发展的基础上形成

---

① 夏鼐：《综述中国出土的波斯萨珊朝银币》，《考古学报》1974年第1期。

了区域性的特征。在此时期，中亚南北贸易有了进一步的发展，北方牧民在与中亚南方的交换中获得了一些生活必需品。

第二节　南方的农耕经济

公元前 3 世纪至公元 6 世纪上半叶的一千年间，中亚农业在原来的基础上有了长足的发展，这一点从阿姆河上、下游，锡尔河流域，泽拉夫善河流域上修复、扩建和新建的灌溉工程和大片绿洲的形成上反映出来。

在阿姆河上游，以瓦赫什河、卡菲尔尼甘河和苏尔汉河流域为中心，修复和新建了一些灌溉渠。波斯帝国时期建筑的引瓦赫什河水的灌溉工程博尔代渠一度被废弃，贵霜帝国时期得到修复并扩建。在 2 世纪或 3 世纪，贵霜统治者在瓦赫什河上新建了祖伊巴尔（Dzhuibar）渠，将河水引入库尔干·秋别（Kurgan-Tyube）地区，在此又建了卡拉兰格（Karalang）和拉格曼（Laghman）两条支渠，灌溉科尔霍扎巴德（Colhozabad）和乌尔塔博兹（Urtaboz）高地以西的土地。此外，在博尔代渠与祖伊巴尔渠之间新建了卡翁渠和扎尔加尔渠。如今，在乌尔塔博兹仍然可以看到一条宽 18 米、高 2.5 米、长 12 公里的堤岸。这些灌溉渠的修建使瓦赫什河下游地区成为灌溉农业区，逐渐发展成一片大绿洲。

在卡菲尔尼甘河中游修建的灌溉渠使吉萨尔、杜当别、伊剌克（Ilak）成为中游的三个灌溉区。其中，有一条水渠将水引入米干支山村，西米干支峡谷成了灌溉农业区；在卡菲尔尼甘河下游建筑的灌溉渠形成了科巴迪安那和萨尔杜兹农业区。在卡菲尔尼甘河下游与比什肯特河谷连接的狭窄地段，考古学家发现了一条长达 3 公里的暗渠，它用来调节两河的水资源，主要是将卡菲尔尼甘河河水调入比什肯特河，以补充比什肯特河的灌溉用水。

在苏尔汉河上，以往修建的特尔米兹和卡拉塔克灌溉渠在此时期得到了扩建。在此时期，新建了名为章（Zang）的大灌溉渠，章渠灌溉范围很广，形成了一片新绿洲"安戈尔"（Angor），并兴起了新的城镇札尔特佩（Zar-tepe）。苏尔汉河灌溉渠的扩建和新建促进了苏尔汉河流域农业的发展，使这一地区成为中亚最富饶的地区之一，是中亚地区重要的粮食基地。

在阿姆河下游，建于公元前4或公元前3世纪的古尔都松渠在这一时期得到扩建，加齐耶巴德·奇尔门亚卜（Gaziabad-Chermenyab）渠得到修复和加固，使旧城堡坎东卡拉（Kandum-kala）和卡达兰哈斯（Kardarankhas）得以复兴，还出现了一些新兴城堡和城镇，如札马赫沙（Zamakhshar，即 Izmukshir）、希瓦（Khiva）、德夫克斯坎（Devkeskan）。这一时期，花剌子模绿洲上新建了大灌溉渠，如高霍拉（Gaukhora）、托普拉克卡拉、海汉尼克（Khaikhanik）、瓦达克（Vadak）、布瓦（Buva）。在这些主渠下又建了支渠，如托普拉克卡拉渠上的一支渠灌溉了苏丹韦兹达格（Sultan-Uizdag）山麓地带。阿姆河下游成为中亚灌溉系统最发达的地区，据统计，这一地区的灌溉面积达35000平方公里—38000平方公里，大约相当于今天该地区灌溉面积的四倍。

这一时期，在锡尔河上游建造了一些灌溉工程。1世纪左右，锡尔河上游流经的费尔干纳盆地出现了一系列灌溉渠，它们建造在伊斯法拉（Isfara）、索赫（Sokh）、阿拉凡（Aravan）和沙马丹（Shahimardan，即马格兰）等地。当时，在每条灌溉渠的源头还建有城堡，严格控制灌区水流的分配，如在索赫河系的源头建筑了萨里库尔甘（Sarikurgan）城堡。随着灌溉工程的修建，费尔干纳盆地的灌溉面积迅速扩大，出现了一大批定居点。

在泽拉夫善河上新建的灌溉工程有：河右岸的布隆古尔（Bulungur）渠和帕雅里克（Payarik）渠；河左岸的达尔贡（Dargom）渠和纳尔佩（Narpai）渠。在米安卡拉（Miyan-kala）境内，建造了伊什迪汗（Ishtikhan）渠和瑙金斯克（Naukinsk）灌溉网；在布哈拉地区修建了大渠沙赫鲁德（Shah Rud），此外，还有卡尼梅赫（Kanimekh）

渠、哈尔甘鲁德（Kharkan Rud）渠、赞达那（Zandana）渠和拉米坦鲁德（Ramitan Rud）渠。泽拉夫善河流域灌溉网的建造，使大片土地获得供水，撒马尔罕和布哈拉两大灌溉农业区形成。据统计，1世纪至4世纪期间，泽拉夫善河下游地区有大约3400平方公里—3500平方公里的土地得到灌溉，灌溉区向西发展，一直延伸到今布哈拉绿洲以外的数十公里。

除了修复、扩建和新建灌溉渠外，在此时期建造的灌溉渠比上一时期有明显的改善。首先，主渠式样的改变，由原来的宽浅式（宽达20米—40米）改建成窄深式（宽10米—11米）；其次，灌溉渠的长度比以往增加，往往延绵几公里，甚至数十公里，最长的灌溉渠是花剌子模绿洲的基尔克孜（Kîrkkîz）渠，长达90公里；最后，灌溉渠的引水口一直在向上游推进。灌溉渠的输水模式是：主河道—灌渠源头—主渠—支渠—入田渠—农田。

在这一时期，中亚山区的灌溉农业也比以往有所发展。由于山区峡谷的溪流水量小，单纯依靠它们供水显然不够，于是，人们根据地势，把地下水、泉水以及山上的融雪，以贮水池、坎儿井等形式贮存起来。山区的考古发现了一个长方形的大贮水池，长50米，宽40米，池壁高2米，宽1米—2米，贮水池在地势高的那面池壁上开设小口，接纳水源，在地势较低的池壁上开设小口排水。贮水池的灌溉形成了梯田，常见于泽拉夫善河上游和努拉套（Nuratau）山区的山麓地带。考古证明，中亚山区居民在1世纪开始使用贮水池灌溉梯田。

在没有地表水的山谷中，居民们建筑坎儿井对地下水加以利用。在科佩特达格和巴巴达格地区以及瓦赫什河流域和泽拉夫善河上游流域，发现了利用地下水的地下通道。由于坎儿井的利用，努拉套山麓地带出现了大面积的农耕地；克齐尔沙漠边缘形成了小面积的农耕地；泽拉夫善河上游山区也因坎儿井的利用而出现了星罗棋布的农耕地。

这一时期，中亚在农具上有革新，在耕作技术上有改进。铁器已经广泛运用于农业生产，诸如铁铧犁等新式农具取代了以往的铁锄，铁铧犁的使用提高了土地的耕作效率。这一时期，中亚居民根据不同的地形和灌溉条件采用不同的耕作方式，他们在水源充足的绿洲开辟水田，在水源不足的山区或山麓地带开辟旱田。

农作物的栽培种类增加，除原有的粟、大麦和小麦外，波斯帝国时期引进的水稻已经成为常见的谷物品种；经济作物除芝麻外，上一时期只在帕提亚发现的棉花在中亚各地普遍种植。此外，在布哈拉绿洲，属于晚期贵霜的克济尔基尔（Kazilkir）居地发现了罂粟籽。在瓜果种植中，葡萄成为特色产品，在布哈拉绿洲、费尔干纳盆地、马尔吉亚那谷地和花剌子模等地广泛种植。考古学家在花剌子模的詹巴斯卡拉以西发掘出了一个葡萄园，其地面被划分为宽（4米左右）、窄（1.5米左右）相间的地带。

这一时期，畜牧业仍然是中亚南方的重要经济产业。绿洲地区的居民圈养牲畜；草原和山麓地带的居民以放牧形式发展畜牧业。这一时期，南方的畜牧业也呈现出地区性特色，大宛国所在的费尔干纳盆地主要产马；巴克特里亚盛产双峰骆驼；花剌子模绿洲盛产牛和马；布哈拉养绵羊、山羊和骆驼；塔什干以羊最多。中亚南方，羊被认为是一种高贵的动物，日常陶器的手柄制作成公羊形状，甚至琐罗亚斯德教神祇之一的"法尔恩"（Farn）也被描绘成公羊状。在苏尔汉河流域的札尔特佩遗址发掘出来的动物骨殖中，绵羊和山羊的遗骸占61.6%，驴占8.6%，猪占4%，马占2.6%，骆驼占2%。

中亚南方的主要手工业有采矿业、金属加工业、纺织业和建筑业。这一时期，以上行业继续发展。

采矿业在中亚南方的发展迅速。在费尔干纳和粟特的山中开采金、银、铁和软玉；在巴克特里亚开采青金石；在阿姆河上游的巴达克山开采红宝石；在卡拉马扎尔开采铜矿。在中亚本地已经可以冶炼和加工这些矿石。据《魏书》记载："世祖时，其国（大月氏国）人商贩京师，自云能铸石为五色琉璃，于是采矿山中，于京师铸之。既成，光泽乃美于西方来者……光色映彻，观者见之，莫不惊骇，以为神明所作。"由此可知，当时中亚地区已经能够制作玻璃。

这一时期，中亚纺织业的发展可以从纺织大作坊的遗址反映出来。据文献记载，在沙赫里斯坦和布哈拉城之间有纺织棉布、围巾和帐幕的大作坊。在遗址中，还出土了棉纺织品残片。[①]

从布哈拉和希萨尔等古墓中出土的器物来看，金属加工业，特别是武器加工在中亚很发达。制作的武器有短剑、长矛、战斧等，其中最常见的是双刃剑，这种剑长达 1.2 米，剑柄长且呈圆形。此外，还有呈五角形的组合弓，箭杆用木料或芦苇制成，箭头呈三棱形，部件用狭长的骨条或动物角固紧在一起，这种箭以射程远和命中率高而著称。

中亚的建筑技术在这一时期也达到了一定水准。中亚城市建筑与以往建筑相比有以下特点：第一，扩建老城，老城的建筑物增加；第二，兴建新城；第三，由要塞、城区和郊区三部分组成的城市模式逐渐定型；第四，在防御功能加强的同时，随着手工业和商业以及宗教生活的发展，城市成了地区经济和文化的中心。

达尔弗津特佩城位于乌兹别克斯坦南部，面积为 3.25 万平方米，平面呈矩形。城市有城墙环绕，城墙每相隔 30 米—40 米设有一座塔楼。城墙之外建筑了防护水渠和壕沟。城内道路纵横，将城市分为若干区，各城区都建筑了密集的房屋和贮水库。富者居市中心，贫者的房屋位于边缘，城南发现了陶窑和一块陶器加工场，工场附近是工匠的住房。达尔弗津特佩住宅有一个共同特征：建有祈祷专用的房间，室内设有一个壁龛，上置圣火。

公元前 4 世纪亚历山大东侵之时，被希腊人称之为"马拉干达"的撒马尔罕只是一个城堡，当时是粟特地区的皇城。亚历山大占领马拉干达之后，留下一部分部队驻守城堡。据史书记载，当地人斯皮塔米尼斯率部反攻，包围了在马拉干达城堡的马其顿部队，并打败了亚历山大派来的援军。亚历山大亲自率部队报复，把整个

---

① 〔匈牙利〕雅诺什·哈尔马塔主编：《中亚文明史》第 2 卷，第 214 页。

地区彻底破坏。亚历山大对马拉干达城的毁坏十分严重，以至于他本人没有住在马拉干达城。后来，亚历山大派赫菲斯提昂重新修复了粟特地区各城镇，马拉干达城也得到修复。据阿拉伯地理学家伊斯塔赫里（al-Istakhri）的记载，撒马尔罕城至少有一部分是亚历山大军队建筑的。根据考古发掘，当时的马拉干达城主要是城堡，城堡周围有土筑的泥墙，厚约 20 英尺，长度不详。城内房屋用土坯、草泥建筑。

公元前 4—前 2 世纪，马拉干达城的居住区得到扩展，据考古认定，今考古遗址阿弗拉西阿卜是原马拉干达城址，面积大约有 219 公顷，可以说是粟特地区最大的政治、经济中心。据罗马历史学家昆图斯说，撒马尔罕外城周长 70 斯泰迪阿（约合 13 公里）。[1] 到了大约 4 世纪，撒马尔罕古城又建造了一道城墙，在此道城墙之内的城市面积为 66 公顷，据说，当时没有足够的人力防御 6 公里的古城墙。[2] 此时，城内居民的房屋是分开建筑，房屋由夯实的黏土（黄土）或泥砖建成，屋顶是用泥砖砌成的拱形圆顶或木结构，在其上面抹上一层黏土。

花剌子模绿洲的托普拉克卡拉城建于 2—3 世纪，城市布局为矩形，面积 2.5 平方公里，城市四周有高达 10 米的城墙环绕，城墙上建有塔楼，东北角建有大城堡。城内一条南北方向的大道与其他街道垂直，把城区分隔成匀称的十个街区。主干道宽 10 米，一般街道宽 4.5 米，每个街区为 4000 平方米。在外围街区中发现了以两三所房子为一组的小建筑群，其中有些是手工艺人的住宅。处于城堡中的王宫有一围墙环绕，宫殿里有许多房间，考古发掘的底层房间就有 100 多间，二楼的残迹表明也有许多房间。王宫内藏有大量工艺品，如绘画、雕刻、雕塑等。

贝格拉姆（Begram）城位于喀布尔北面，在潘季希尔（Panjshir）

---

① 〔俄〕巴托尔德：《蒙古入侵时期的突厥斯坦》，上海古籍出版社 2007 年版，第 99 页。

② 〔俄〕李特文斯基主编：《中亚文明史》第 3 卷，第 196 页。

河和果尔班德（Ghorband）河的交汇处，在中国史籍中被称为迦毕试城。迦毕试城布局为矩形，南北长 800 米，东西宽 450 米，城市由城墙围住，城墙下部有石基，上用方形土坯建造，每间隔 17 米建有方形塔楼一座，城墙外有壕沟围绕。城内有两条相互垂直的中央大道穿城而过，将城市分为四个部分，城东北设有城堡，在位于城南的宫殿，城市中拥有发达的地下排水系统。宫殿内建有许多贮藏室，发现了中国汉朝的小巧玲珑的黑漆小碗和来自罗马帝国东部的带装饰画的玻璃器皿，以及精美的希腊青铜塑像和数百件印度象牙制品。

这一时期，中亚城市中的公共建筑高大，一般用正方形的陶土砖或砖坯建造，烧焙砖很少，柱座和柱头等负载物用石料。普通住宅房屋有窗户，注意采光，房屋一般以石雕、雪花石膏雕塑、木刻、绘画等装饰，屋外建有阳台和花园。据铭文记载，建筑师在当时享有较高的社会地位，他们把自己的名字刻在自己建造的建筑物上。

在此时期，中亚除了南、北方的地区贸易外，显著特征是东、西方贸易极大发展起来。在经营东、西方的转口贸易中，中亚地区继续发挥桥梁作用。首先，丝绸之路的开通，使中亚与中国的贸易频繁起来，并从中获得丰厚的商业利润。其次，由于贵霜帝国统治了印度，印度港口成为中亚地区海上贸易的进出口岸。通过海路，中亚与周边地区或国家进行贸易。据《汉书·地理志》记载，贵霜与汉朝之间有一条海上通道，从贵霜统治下的印度出发，经过印度洋、孟加拉湾，穿过马六甲海峡，绕过东南亚诸国，到达中国的合浦（今广西合浦）或徐闻（今广东徐闻）。据希腊商人的《厄立特里亚海航海记》（写于 1 世纪）和斯特拉波的《地理志》记载，由于掌握了季风规律，在公元前 1 世纪后期，贵霜统治下的印度与罗马属地埃及之间的海路贸易活跃起来。这条海路从印度河下游港口巴尔巴里康，或纳巴达（Narbada）河的巴里伽札（Barygaza）出发，经波斯湾和阿拉伯海，贵霜与安息王朝进行海上贸易。西去的海路再往前经阿拉伯海和红海，贵霜与埃及贸易。每当陆路交通受到安息或萨珊王朝阻隔之时，中亚商队就向南转移，把货物从巴克特里亚运到印度河三角洲，再从这里起航，通过海路到达罗马属地埃及。

这一时期中亚出口的商品主要有：香料有胡椒、姜、番红花和蒟酱等；熏香和药材有檀香油、甘松香、麝香、肉桂、芦荟和树胶等；植物油有麻油和椰子油等；染料有靛青、蓝靛和朱砂等；珍贵木材有柚木、檀木和乌木等；宝石和半宝石有钻石、蓝宝石、红宝石、玛瑙、青金石、绿松石和碧玉等；衣料有棉织品、毛布、毛毡、毛毯、鼠皮、貂皮、皮革等；动物有汗血马、骆驼等珍禽野兽；植物有石榴、葡萄、苜蓿、芝麻、胡桃等；以及珍珠、象牙、甘松脂、树脂、漆、大米、糖、奴隶等。中亚进口的物品主要有金、银、铜、锡、铅、锑等金属，以及丝绸、瓷器、皮革、毛织品、紫色染料、珊瑚、黄玉、音乐和舞蹈艺人、艺术性的陶器和玻璃器皿等。

中亚这一时期的贸易情况可以从贵霜铸币反映出来。在贵霜铸币中，铜币的发行量占有很大比例，这一点反映了中亚地区境内贸易十分繁荣。由于对外贸易的需要，贵霜发行了金币。撒马尔罕发行的银币反映了中亚的普遍情况。1世纪或2世纪，撒马尔罕开始制作银币，银币上的铭文最初兼有粟特文和希腊文，后来，希腊文逐渐少用，最后彻底被粟特文取代。银币的重量呈减轻趋势，由4克减至1克，这种情况在布哈拉和花剌子模都出现了，似乎可以解释为随着中亚境内贸易的发展，银币逐渐成为中亚境内流通货币，银的需求量增加导致银币重量减轻。

从出土钱币的分布来看，当时中亚地区的经济发展是不平衡的。巴克特里亚是贸易最发达的地区；其次是泽拉夫善河流域、花剌子模以及锡尔河北岸的赭时；在费尔干纳等一些地区，还未发现本地铸的钱币，这些地区的贸易可能尚处于物物交换阶段。

第六章

宗教与文化

在塞种国家时期（前3至公元6世纪上半叶），中亚地区的宗教信仰呈多元化，除了原有的琐罗亚斯德教、希腊诸神崇拜和已经传到兴都库什山以南地区的佛教外，印度教、摩尼教、景教开始传入中亚。贵霜和哒哒人对各种宗教信仰采取的兼容并包政策使中亚地区出现了不同宗教共存和互相影响的局面。在此时期，中亚语言、文字和艺术的特征是：居民的主要语言有阿拉米语各种方言、希腊语、南塞人语、印度语；中亚居民创造了自己的文字，即帕提亚文、粟特文和花剌子模文；中亚艺术呈现出宗教特征，产生了著名的犍陀罗佛教艺术和马土腊佛教艺术。

第一节　宗教

公元前3世纪以前，中亚居民在信仰原始宗教的同时，接受了琐罗亚斯德教（拜火教）和希腊诸神的崇拜；贵霜的佛教开始在大兴都库什山以南地区流传，2世纪中叶，佛教在中亚地区取得了优势地位；在贵霜统治者的提倡下，印度教的湿婆和毗湿奴崇拜获得了较大成功；与此同时，摩尼教、景教开始传入中亚。

（1）贵霜帝国时期，希腊神的信仰扩大到阿姆河上游地区。在苏尔汉河流域的一些遗址中，发现了希腊尼刻（Nike）、雅典娜女神、希腊—贵霜式的宙斯—阿胡拉·马兹达。这些遗物反映了阿姆河下游的贵霜人受到了巴克特里亚的希腊神崇拜的影响。此后，贵霜君主丘就却的钱币正面仍有希腊神赫尔缪斯之名。

（2）公元前 3 世纪以后，佛教从兴都库什山南部向北传播，到公元前 1 世纪中叶已经传到了巴克特里亚。在帝国建立者丘就却的支持下，佛教在中亚获得了优势地位。丘就却本人是否是佛教徒仍存争议，从他在位时期发行的钱币来看，他有佛教倾向，钱币上的铭文是"Sachadharmathida"，意为"正法保护者"。[①] 据此，有学者认为他是佛教徒，但对此仍有人提出了质疑。[②]1995 年，在原大夏遗址上出土了一批用犍陀罗语写的三藏经，它们存放在一罐中，罐上的佉卢文铭文提到了两个人，据贵霜碑铭核实，这批三藏经写于丘就却时代，信仰者皆是王室阶层人物。[③] 其中的一本残卷的经序（Colophon）中提到了犍陀罗的一位名叫吉霍尼的州长[④]，他可能是丘就却兄弟之子。此外，据中国史书记载，月氏人摄摩腾、竺法兰于公元 58—75 年到中国传播佛教，此时是丘就却任贵霜王时期，有学者认为，1 世纪佛教在中亚十分兴盛，最高统治者的丘就却可能已经信仰佛教，起码也是支持佛教。

除上述迹象外，从当时犍陀罗地区佛教的盛况也可以推知丘就却的宗教倾向。大乘《道行般若经》记载说："……国名犍陀越（即犍陀罗），王治处其国丰熟，炽盛富乐而人民众多。……其国中

---

① B. N. Puri, *Buddhism in Central Asia*, Motilal Banarsidass, Delhi, 1987, p.100；耿世民：《古代新疆和突厥、回鹘人中的佛教》，《新疆大学学报》1978 年第 2 期。

② 哈尔马塔教授认为丘就却是湿婆的崇拜者，不信佛教。参见〔匈牙利〕雅诺什·哈尔马塔主编：《中亚文明史》第 2 卷，第 248 页。

③ 林梅村：《汉唐西域与中国文明》，文物出版社 1998 年版，第 116 页。

④ E. Errington & J. Cribb, The Ancient India and Iran Trust, In: *The Crossroads of Asia*, Cambridge, 1992, p.83.

有菩萨，名昙无竭（Bodhisattva Dharmodgata），在众菩萨中最高尊……犍陀越常共恭敬昙无竭。为于国中央施高座……昙无竭菩萨常于高座上为诸菩萨说般若波罗蜜；中有听者，中有书者，中有学者，中有讽者，中有守者。"①此段经文描述了犍陀罗的僧众倾听昙无竭菩萨说法，并且与之讨论的情况，反映了佛教生活的繁荣，说明当时犍陀罗和巴克特里亚等地已经是佛教中心。据中国台湾学者古正美考证，此经写于公元60年至78年间②，此时统治犍陀罗的正是丘就却。

丘就却的佛教倾向还从当时的建筑上反映出来。从20世纪60年代起，苏联考古队多次在贵霜帝国帖尔穆兹地区的卡拉特佩遗址上发掘，发现了山岩间的佛窟、佛塔等遗物，建筑时间大致处于1—2世纪。

丘就却时期以小乘佛教为主，当时，小乘佛教说一切有部（Sarvāstivāda）学说在以犍陀罗为中心的西北印度势力很大。因此，丘就却支持的也应该是说一切有部学说。不过，大乘佛教的思想已经开始在下层民众中传播。

丘就却之子阎膏珍继位之后，不崇尚佛法，佛教处于低迷状态。在阎膏珍之后继承王位的迦腻色迦王时期佛教再度兴盛。迦腻色迦早年"不信罪福，轻毁佛法"③，而在晚年，他皈依了佛教。据《杂宝藏经》记载："前后征伐，杀三亿余人，自知将来罪重，必受无疑。心生怖惧，便即忏悔"，于是"修坛持戒，造立僧房，供养众僧，四事不乏，修诸功德，精勤不倦"。④迦腻色迦皈依佛教之后，大力扶持佛教。1908年在今巴基斯坦的白沙瓦发掘出了著名的迦腻色迦金棺，金棺上刻有佉卢文的铭文。据铭文记载，金棺是迦腻色迦大王

① 《道行般若经》卷9，见《大藏经》（大正新修）第8卷，台湾财团法人佛陀教育基金会1990年版，第471页c栏—472页a栏。
② 古正美：《贵霜佛教政治传统与大乘佛教》，台北允晨文化事业公司1993年版，第44页。
③ （唐）玄奘：《大唐西域记》卷2，章巽校点，上海人民出版社1977版，第48页。
④ （北魏）吉伽夜：《杂宝藏经》，花城出版社1998年版，第305页。

送给他在迦腻色迦布逻城寺庙的礼物。①迦腻色迦之后的"三王"继续崇尚佛教。不过，由于统治中心东迁，佛教中心由犍陀罗转移到了马土腊以及中亚的帖尔穆兹等地。

这一时期佛教的发展首先从迦腻色迦及"三王"的铸币上反映出来。在迦腻色迦的钱币中，许多铸有佛陀（Buddha）像。有学者认为，迦腻色迦是将佛陀拟人化地刻画在铜币和金币上的第一人。②钱币中的佛陀造型分为立佛和坐佛两种。立佛一般身披袈裟，左手持佛钵，右手在身前做说法状；坐佛一般右手置于身前做祈祷状。③有些钱币上的坐佛造型是双手合十置于胸前，似乎手里还转着法轮。④金币上的立佛和坐佛造型与铜币有一些差异，一般带有佛光。其中，在阿富汗阿亨波什发现的一枚迦腻色迦时期的金币，背面是立佛，佛陀有头光和背光，身穿袈裟，右手施无畏印，左手握衣襟。⑤大英博物馆现藏的一枚金币，背面也是坐佛，右手置于胸前做辩论状，左手持宝瓶，整个身子环绕着佛光。⑥

这一时期的佛教信仰从当时的建筑反映出来。在迦腻色迦和"三王"时期，贵霜帝国建筑了许多佛塔（亦称窣堵波或浮屠，Stupas）和佛寺。

佛塔的建筑一般呈覆钵型，台基呈方形，四周侧面有浮雕纹饰，台基上建有圆柱形塔身，塔身向上是覆钵丘。初期的覆钵丘低矮，后则逐渐升高。这种佛塔在西北印度和中亚都有。其中，最宏伟的是白沙瓦的雀离，它是迦腻色迦将都城从蓝氏城迁到富楼沙后兴建的，号称百丈浮屠。6世纪初，宋云出使西域时曾见过此塔，他描

① 原载 B. N. Mukherjee, *Shah-ji-ki-Dheri Casket inscription: British Museum Quarterly*, XXVIII, pp.39-46, 转引自〔英〕加文·汉布里：《中亚史纲要》，商务印书馆1994年版，第68页。
② K. Manoj, *Thakur, India in the Age of Kanishka*, p.136.
③ Ibid..
④ B. Chattopadhyay, *The Age of the Kushanas—A Numismatic Study*, Calcutta, Reprinted, 1979, pp.182-183.
⑤ 原载 *The Kushana Numismatics*，转引自刘志华：《贵霜帝国钱币概述》，《丝绸之路》2001年增刊第1期。
⑥ B. Chattopadhyay, *The Age of the Kushanas—A Numismatic Study*, pp.182-183.

述说:"复西南行六十里,至乾陀罗城。东南七里有雀离浮图。……上有铁柱,高三百尺,金盘十三重,合去地七百尺。塔内佛事,悉是金玉,千变万化,难得而称。"[①]其他佛塔的形式与雀离类似,如雀离塔旁的两个小塔,"一高三尺,一高五尺,规模形状如大窣堵波"[②]。迦腻色迦在中亚地区建的佛塔与犍陀罗地区的相似,在帖尔穆兹城的覆钵型塔是用大石块砌成的,高约10米。

为了传教的需要,在城镇和偏僻山区也都建有佛寺,其中,山区佛寺是为出家信徒修习而建。寺院一般由塔院、中庭和僧院构成,塔院和僧院在两侧隔中庭相望。塔院一般建在地势较高处。迦腻色迦建的佛寺宏大,其中在雀离塔旁建筑的迦腻色迦王佛寺"重阁累榭,层台洞户,旌召高僧,式昭景福。虽则已毁,尚曰奇工"[③]。当时,帖尔穆兹是贵霜帝国主要佛教中心,建在卡拉特佩山丘的佛教寺群被称为"国王的维哈拉(即寺院)"[④]。这些建筑大部分建于1—2世纪,分为地上寺院和洞穴寺院两类,有不少是迦腻色迦时期建造的。如在帖尔穆兹城北部的法雅斯特佩(Fayas-tepe)发现了一座佛寺,寺院平面为长方形,从西北斜向东南,面积很大,从西北向东南分隔为三部分。每一部分都有一个大院落,分别是僧院、佛堂和食堂院。[⑤]迦腻色迦时期,佛寺内供养的僧众是很多的,据记载,迦腻色迦"于四方建造了四大伽蓝,供养三万大小乘比丘众"[⑥]。

"三王"时代是大建佛寺的时期。在马土腊有15座佛寺、3座佛教圣堂以及无数窣堵波。除考古遗迹外,还有文献记载,在一篇

---

① (北魏)杨衒之:《洛阳伽蓝记校注》,范祥雍校注,第327—328页。
② (唐)玄奘:《大唐西域记》卷2,第49页。
③ 同上书,第50页。
④ 〔俄〕札巴罗夫等:《中亚宗教概述》,兰州大学出版社2002年版,第104页。
⑤ 晁华山:《从古代遗存看贵霜王朝佛教放射状外传的四重环带——兼论中国早期佛教遗存》,见四川联合大学西藏考古与历史文化研究中心等编:《西藏考古》第1辑,四川大学出版社1994年版,第170页。
⑥ 王治来:《中亚史纲》,第142页。

铭文上写着"大王，诸王之王，天子，胡韦色迦之佛寺"[1]。在帖尔穆兹佛教中心的卡拉特佩发现了一座可以认定处于"三王"执政末期，即 2 世纪末至 3 世纪初的佛寺。寺院沿山坡建成，南北总长 50 米，包括山坡上的房屋、山体内的洞窟，以及窟前院落。整个寺院由南向北分为三进院落，北院是塔院，中院是佛龛院，院西侧连接洞窟佛堂。南院的南北墙建有佛堂，西侧也连接一个洞窟佛堂。中院洞窟之上的山坡上建有僧房。[2]

　　佛教兴盛最突出的表现是迦腻色迦召集了第四次佛教大会，即第四次结集。由于佛教的兴盛，佛教内部各派思想活跃起来。迦腻色迦认为有必要召开一次佛教大会以统一佛教各派思想，解决彼此之间的矛盾。说一切有部的小乘佛教也想重新树立自己的正统地位，于是迦腻色迦便授意小乘佛教首领胁尊者出面召集高僧，在今克什米尔举行了佛教历史上的第四次大结集。

　　《大唐西域记》和《婆薮槃豆法师传》对此次结集都有记载，尽管二者之间存在着一些差别。据《大唐西域记》记载，迦腻色迦"日请一僧入宫说法，而诸异议部执不同。王用深疑，无以去惑。时胁尊者曰：'如来去世，岁月逾邈，弟子部执，师资异论，各据闻见，共为矛盾。'时王闻已，甚用感伤，悲叹良久。谓尊者曰：'猥以余福，聿遵前绪，去圣虽远，犹为有幸，敢忘庸鄙，绍隆法教，随其部执，具释三藏。'胁尊者曰：'大王宿殖善本，多资福佑，留情佛法，是所愿也。'王乃宣令远近，召集圣哲。于是四方辐辏，万里星驰，英贤毕萃，睿圣咸集……"[3]。

　　世亲的《婆薮槃豆法师传》对此次结集的记载和玄奘的基本相似。世亲记载这次结集的发起人是迦旃延子（Kātyāyana），马鸣因

---

① H. Lüders, *Mathurā Inscriptions*, Göttingen, 1961, p.68.
② 原载〔苏联〕斯塔维斯基、塞尔戈耶娃：《帖尔穆兹地区卡拉特佩的考古新发现》（*Ставиский. Б. Я., Сергеева. П. К Новые находки на Кара-тепе в старом Термезе*），转引自晁华山：《从古代遗存看贵霜王朝佛教放射状外传的四重环带——兼论中国早期佛教遗存》，见四川联合大学西藏考古与历史文化研究中心等编：《西藏考古》第 1 辑，第 169 页。
③ （唐）玄奘：《大唐西域记》卷 3。

文笔出众，也被邀请参加了结集，并参加了造论的工作。[1]据日本学者小野玄妙等人考证，迦旃延子和胁尊者为同一人，羽溪了谛虽然不赞同这一说法，但也认为此次结集的指导者是胁尊者。[2]

　　这次结集由世友为上座，胁尊者为指导，邀请了包括马鸣在内的五百位高僧参加。目的是为了统一僧众的思想，解决彼此的矛盾；主要任务是对经、律、论三藏进行详细的解释，其中一项重要任务就是对有部的《发智论》（Jñānaprasthānam）进行解释。这次结集的成果是："先造十万颂《邬波第铄论》，释素呾缆藏。次造十万颂《毗奈耶毗婆沙论》，释毗奈那藏。后造十万颂《阿毗达磨毗婆沙论》，释阿毗达磨藏。凡三十万颂，九百六十万言，备释三藏，悬诸千古，莫不穷其枝叶，究其浅深，大义重明，微言再显，广宣流布，后进赖焉。"[3]

　　集会结束之时，迦腻色迦王"遂以赤铜为鍱，镂写论文，石函缄封，建窣堵波，藏于其中。命药叉神周卫其国，不令异学持此论出。欲求习学，就中受业"。这次佛教会议以后，迦腻色迦派僧侣四处弘扬佛教。一时间佛教在中亚地区迅速发展起来，并对中国的佛教也产生了很大的影响。[4]

　　（3）印度教的兴起与丘就却之子阎膏珍有很大关系。阎膏珍继承王位之后，贵霜帝国将领土扩展到旁遮普和印度河流域地区，并对北印度实施了统治。从此，阎膏珍的政治和社会生活受到印度宗教的影响，湿婆（Śiva）崇拜的倾向明显起来。[5]

　　湿婆崇拜首先从阎膏珍的钱币反映出来。他的钱币背面是湿婆

---

① （陈）真谛译：《婆薮槃豆法师传》，收于《大正新修大藏经》第50卷，第189页，台北新文丰出版公司1975年版。

② 〔日〕羽溪了谛：《西域之佛教》，第223—224页。

③ （唐）玄奘：《大唐西域记》卷3"迦湿弥罗国"条。

④ 关于贵霜帝国佛教部分，参见吴耀：《论贵霜国王宗教信仰的变化及其原因》，贵州师范大学硕士学位论文，2008年。

⑤ 以下有关贵霜帝国的湿婆崇拜，参见同上文。

的各种形象，或手持三叉戟，或骑着圣牛。^①这一点自始至终没有变化。钱币上也有反映湿婆的头衔，即"maheśvara"。其次，在建筑上也有反映，他在位时期建造了不少湿婆神庙，并将第尔伯金的一座希腊神庙改建成湿婆神庙，墙上饰以湿婆和其配偶雪山神女的画像。

根据达希迪纳沃 1 号铭文记载："［纪元］279 年 Gorpiaios［月］15 日。王中之王，尊贵伟大的阎膏珍，贵霜王，被月［神］保护，正直的陛下制作了此碑铭，他是赐福者。阎膏珍王从安德足和被他征服的萨纳人那里来到此地。他下令道：安德足将永远向神殿和战神付税。因此他是他们召唤至此。"^②不难看出，安德足所征之税是用于修建湿婆神庙和战神庙。

随着湿婆神庙的大规模建设，贵霜帝国境内出现了湿婆崇拜中心，如马土腊、贝拿勒斯。如今在马土腊出土了许多湿婆神像，有湿婆及其配偶雪山神女的组合像（Ardhanārīśvara）。雕像右半通常为一头卷发的男子，第三只眼睛是竖立的，左半则为女子，戴着耳环和手镯，相当漂亮。贝拿勒斯当时被称为迦尸或湿婆城，有名言说"迦尸的每个石子都是湿婆神"^③，由此可见湿婆崇拜的盛况。

在第尔伯金发现的两篇铭文残片记载了阎膏珍的宗教活动。铭文的一篇（至少有 10 行）被释读如下："某年某月某日，王中之王，尊贵而伟大的阎膏珍贵霜王，正直的陛下制作此雕像献给湿婆（Oēso）神。他命令城堡祭司和猎人主管，须看护神庙，并根据教仪举行礼拜。"^④该铭文发现于第尔伯金堡东北角的神庙中，并饰有表示湿婆和帕婆提（Parvati）的壁画。

第尔伯金的第二篇铭文，即令人瞩目的巴克特里亚语碑铭，全文 24 行记载道："某年某月某日，王中之王，尊贵而伟大的贵霜王

---

①　C. J. Brown, *Coins of India*, Oxford University Press, London, 1922, p.35.

②　Ibid., p.341.

③　刘国楠、王树英：《印度各邦历史文化》，中国社会科学出版社 1982 年版，第 104 页。

④　〔匈牙利〕雅诺什·哈尔马塔主编：《中亚文明史》第 2 卷，第 342 页。

被月神保护。君主阁膏珍将此神殿献给湿婆神……宇宙永恒的主宰……众生之主。当要塞完工时，没有纯净而丰沛的水供饮用。于是，湿婆神想离开这座无水的要塞。为了从旧水源向神殿引水，于是将乌贾因（Ujjayini）的工人和技师带到这里。当时国王阁膏珍派托末丹尼做这里的主管，他便在棱堡内掘了一口井，并将流水从旧水源引进要塞，以使要塞中有充足的净水，不致干涸。这样湿婆神就不会离开神殿。即使无水流经时，井中纯净而充足的水也可供应那里的神殿。但正直的国王阁膏珍得悉旧水源的净水已经缺乏，于是他派李亚苟（Liiago）去那里管理。他受权监护水井和水源。那么，要塞的仆役们必须保护饮用水便是他的决定。然后李亚苟还受命继续看管库贝瑞人（Kuberean）的房舍。接着国王阁膏珍下达口谕：'永远不得在我的领土上开水渠！因为不这样永远成不了一条水流。'然后托末丹尼被委任为祭司。这样正是我们的国王在进行管理并保护我们。随后分配房屋，当国王阁膏珍成为商人们（？）的监护人时，他们有义务贡献一份礼物。他们获得了特权，而他们的义务则是保证永生永世崇拜。作为湿婆神的选民，他是我们的国王，是战无不胜的。"①

这篇铭文详细地介绍了当时第尔伯金堡和神庙的情况，铭文中记录了第尔伯金堡和神殿的供水情况，最初似乎是从墙外的一处水源供水，之后在那里修建了一条水渠，当水源开始枯竭时，在大门侧翼的棱堡内挖了一口井，其用水受到了严格的控制。这些措施显然是阁膏珍下令实施的。尽管该铭文已颇为残缺，但反映了阁膏珍的宗教政策和组织工作。

波调继任贵霜帝国国王时，贵霜国力的衰败影响到了宗教，这一时期的宗教生活比较萧条，神祇的数量大为减少，再也没有了往日的繁荣与辉煌。在波调发行的钱币背面，除了极少数有吉祥天女

---

① 〔匈牙利〕雅诺什·哈尔马塔主编：《中亚文明史》第2卷，第3433—3444页。

形象外，几乎都刻绘着湿婆和公牛。[1]不过，神像的制作工艺和以前相比，显得非常粗陋。钱币上湿婆的眼睛突出，胸腹特别宽，有时特别平，胸肌也属于罕见的风格。[2]

（4）贵霜帝国之后的嚈哒人早期信仰自然崇拜。头罗曼统治期间，在木尔坦修筑了一座太阳神庙，并给儿子起名为 Mihirakula（意为"太阳花"）。[3]有一套发现范围很广的嚈哒铜币，从旁遮普向东直到朱木拿河都有发现，铜币的正面为国王头像，反面为一象征太阳的图案，图案下面是头罗曼的名字，表现了嚈哒人最初自然崇拜的宗教意识。

在河中地区，嚈哒人接受了琐罗亚斯德教。[4]考古发现了头罗曼时期发行的几种钱币，一种银币的正面是国王的头像，面前是一根王杖，反面为拜火祭坛，铭文为婆罗米文；在头罗曼之后的摩酰逻矩罗开始信仰琐罗亚斯德教。在塔克西拉出土的属于摩酰逻矩罗的钱币上，正面是面朝右的国王头像，戴锥形小帽，有用巴克特里亚文书写的头衔和名字，反面是火神坛，火焰中有人物像，左右护卫献上武器，整个图案由珠子圈起来。除考古资料外，文献资料也反映了嚈哒人的琐罗亚斯德教信仰。最早对此有记载的是 5 世纪中叶根据北魏使者董琬、高明在中亚的见闻材料写成的《魏书》，在中国，琐罗亚斯德教被称为拜火教或祆教。据《梁书》记载，嚈哒人"事天神、火神，每日则出户祀神而后食"。

嚈哒人统治中亚以后，对境内的宗教基本上采取宽容的政策。

---

① C. J. Brown, *Coins of India*, 1922, p.37.

② 刘志华：《贵霜帝国钱币概述》，《丝绸之路》2001 年增刊 1 期。不过，根据〔英〕约翰·马歇尔：《塔克西拉》第 1 卷，第 86 页，在塔克西拉发掘出的 831 枚属于瓦苏提婆的钱币中，有 785 枚出自佛教遗址；马歇尔根据其在佛教遗址多年发掘得出的经验，认为瓦苏提婆在位期间是佛教史上发展最快的时期之一。

③ U. Thakur, *The Hunas in India*, p.262.

④ 对嚈哒人的宗教，参考资料相当不一致。宋云和惠生报道说他们不信佛教，尽管大量的考古资料证明在嚈哒人控制的疆域内信仰佛教；据《梁书》记载，嚈哒人崇拜天，崇拜火（信仰琐罗亚斯德教的证明），然而，据报道，在处理尸体中棺葬普遍，这在琐罗亚斯德教中是难以想象的习俗；有迹象表明，聂斯脱里派基督教在嚈哒帝国也广泛传播。

闻名世界的阿富汗的巴米延（Bamiyan）佛教洞窟寺虽然在贵霜时期就开始开凿了，但一些大佛像可能是哌哒时期开凿的。刻在石崖上的两座大佛像，一座高 38 米，一座高 53 米，当玄奘前来膜拜这些佛像时，也为其巨大而震惊。宋云在途经哌哒役属的地方时发现，于阗、朱驹波等地的习俗风尚中有明显的佛教信仰痕迹，如"死者以火焚烧，收骨葬之，上起浮图"[①]他还记载说，白沙瓦"城内外凡有古寺，名僧德众，道行高奇。城北一里有白象宫，寺内佛事，皆是佛像，装严极丽，头数甚多，通身金箔，眩耀人目"。迦腻色迦建立的雀离浮图："塔内佛事，悉是金玉，千变万化，难得而称。旭日始开，则金盘晃朗；微风渐发，则宝铎和鸣。西域浮图，最为第一。"[②]据《魏书》记载，当时已役属于哌哒的朱居、渴磐陀、乌苌等国依然"事佛"。可见，在哌哒人统治时期，中亚的佛教依然流行。不过，据《大唐西域记》记载，摩酰逻矩罗曾对犍陀罗地区的佛教进行过打击，下令灭佛。5 世纪初法显达到塔克西拉城之时，这里是佛教寺庙中心；7 世纪玄奘到达时，该城已经一片荒凉，此后再未见诸史料。

　　哌哒人占领印度大片领土以后，逐渐接受了印度的婆罗门教和湿婆崇拜。头罗曼发行过一种图案为孔雀的铜币，表明他已经受到了婆罗门教的影响，因为孔雀是湿婆神之子、战神迦提凯耶（Karttikeya）的坐骑。摩酰逻矩罗对湿婆更为崇拜，他的钱币上印有湿婆的坐骑圣牛难提，并附有"祝牛旗战无不胜"（Jayatu Vrishadhwaj）的铭文，曼达索尔铭文也说他"除了湿婆外从未向任何神祇低头"，可见他对婆罗门教的崇拜。

　　摩酰逻矩罗发行了仿贵霜钱币的铸币，铸币上铭文是"祝摩酰逻矩罗战无不胜"（Jayatu Mihirakula），牛旗的旗杆顶端有一只伏卧着的公牛，表明他对湿婆神的崇拜。仿贵霜的钱币正面为国王的立

---

① （北魏）杨衒之：《洛阳伽蓝记校注》，范祥雍校注，第 271 页。
② 同上书，第 328 页。

像和名字，反面为一坐着的女神。在东旁遮普和拉贾斯坦还发现了他发行的小额铜币，一面铸有其头像和名字，另一面为一头公牛，铭文为"祝牛旗常胜"（Jayatu Vrisha）。

（5）3世纪中叶，摩尼教传入中亚。摩尼教为波斯人摩尼所创，波斯本土迫害该教教徒，摩尼本人被处死，教徒逃亡。摩尼教在3至6世纪时传遍中亚。

（6）5世纪，景教开始在中亚流行。景教是基督教的一个教派，即聂斯脱里教（Nestorianism，或译涅斯多留教派），聂斯脱里为东罗马君士坦丁堡主教，他的学说被东罗马认为是异端，受到迫害，一部分追随者逃至波斯，并在此发展起来，与祆教、摩尼教共同成为波斯的三大宗教。景教在呋哒汗国统治中亚时期繁荣起来，拜占庭作家科斯马斯·印狄科帕留斯脱斯在547—550年写成的《基督教世界地理志》（Christian Topography）一书中说，在呋哒境内有许多基督教教堂。《马尔·阿巴传》（Mar Aba）一书也记载说，549年，在呋哒国王和呋哒基督教徒的要求下，马尔·阿巴主教任命他们中的一位牧师为呋哒汗国的主教。

这一时期，贵霜帝国和呋哒汗国统治者不断选择适合于自己的宗教和崇拜形式，因此，在不同时期，佛教与印度教在中亚都得到了发展。

第二节　文化

塞种国家统治时期，中亚居民说的语言可能有以下几种：阿拉米语各种方言、希腊语、吐火罗语、印度语。阿拉米语的方言有巴克特里亚语、帕提亚语、粟特语和花剌子模语。

贵霜帝国的官方用语最初可能是古巴克特里亚语（大夏语），统治印度地区以后，印度语开始传入中亚，特别是犍陀罗方言和犍陀罗俗语。此后贵霜帝国的官方用语可能是印度语犍陀罗方言。泽拉夫善河流域至少在公元前 6 世纪已经流行粟特语。吐火罗语当时有 A、B 两种方言。A 种吐火罗语是在地处东面的吐鲁番和喀拉沙尔（焉耆）发现的写本中知道的，很可能是一种只在寺庙内使用的死语言；B 种吐火罗语是在地处西面的龟兹发现的，很可能是用于商业及宗教的一种方言。吐火罗成分（语言和种族的）在公元第 1000 年的整个时期在中亚流行。①

对嚈哒人的语言还没有取得一致，尽管大多数学者认为它似乎是伊朗语。《北史》清楚表明嚈哒语与高车语、柔然语和诸胡语言不同，"诸胡"可能是对某些伊朗民族的含糊不清的一种提法。有一些史书谈到，嚈哒在与阿瓦尔人谈判之时使用吐谷浑译员的必要性。

塞种国家统治时期，中亚北方牧民中还没有发现文字的迹象。中亚南方居民已经创造了自己的文字，其中，帕提亚语、粟特语和花剌子模语开始采用阿拉米文书写。其中，粟特文是在波斯帝国官方文字阿拉米文草书的基础上创造的，在创造过程中，考虑了粟特语的发音特点。

希腊语使用希腊文，希腊字母在中亚地区使用广泛，不仅书写希腊语，而且贵霜帝国的官方语古巴克特里亚语也用希腊字母书写。一些语言学家对现存巴克特里亚石刻铭文，如苏赫科特尔铭文、第尔伯金铭文、壁画题铭、钱币题铭和印章铭文的研究表明，当时的希腊字母改变了音值以适应巴克特里亚语的语音系统。这种

---

① 关于吐火罗语的详细研究，参见贝勒（Bailey）:《吐火罗考》（Ttaugara），1937；贝勒:《关于吐火罗人的近期研究》（Recent Works on Tokharian），1947；伯罗（Burrow）:《中国新疆出土文书中的吐火罗语成分》（Tokharian Elements in the Kharosthī Documents from Chinese Turkistan），1935；亨宁（Henning）:《焉耆与吐火罗人》（Argi and the "Tokharians"），1938；克劳泽（Krause）:《东方学手册"吐火罗"》（"Tocharisch" Handbuch der Orientalistik），1955；美国研究吐火罗语专家蓝恩（Lane）:《吐火罗语研究现状》（The Present State of Tocharian Studies），1958，此文对吐火罗研究做了很好的概述；蓝恩:《论吐火罗对印欧语系的意义》（On the Significance of Tocharian for Indo-European Linguistics），1964；蓝恩:《吐火罗语:印欧语和非印欧语的关系》（Tocharian: Indo-European and Non-Indo-European Relationships），1970；法国汉学家伯希和:《吐火罗语与库车语》（Tokharien et Koutcheen），1934。

文字在贵霜帝国时期使用时间较长，直到阎膏珍以后还在使用。

统治印度以后，贵霜帝国官方使用的印度语犍陀罗方言是用佉卢文书写的，从钱币铭文反映，佉卢文采用的也是阿拉米字母文字。佉卢文使用也十分广泛，从巴克特里亚北部一直到中国古代新疆的于阗、鄯善等地，在鄯善（楼兰）王国已经发现了200—320年间用佉卢文书写犍陀罗方言的行政文献。2世纪中叶以后，梵文开始在中亚使用。据说，迦腻色迦一世在克什米尔召集的佛教第四次结集会上，委任当时著名的高僧马鸣重写佛经，马鸣使用的是标准的梵文书写。梵文是在婆罗米文基础上发展起来的，婆罗米文属于塞姆字母。这次结集之后，梵文或婆罗米文逐渐为佛教僧侣接受。婆罗米文随着这些佛教僧侣进入巴克特里亚，如今，在此地区发现了婆罗米文铭文，如第尔伯金铭文。此后，在中亚各地都发现了梵文写的贝叶经。随着婆罗米文的使用，佉卢文开始衰落。

对哒哒人使用的文字，史书记载互相矛盾。根据520年访问哒哒的佛僧宋云和惠生记载，他们没有文字。《梁书》记，他们没有字母，而是用木棍记事。与此同时，一些钱币铭文表明哒哒人使用了改造过的希腊字母。

随着宗教的发展，贵霜帝国的艺术也呈现出宗教特征，其中，以犍陀罗艺术和马土腊艺术最为著名。犍陀罗艺术在迦腻色迦统治之前已初步形成。犍陀罗人很早就开始用希腊和印度文化表现佛教，希望"在此基础上创造出一种适应佛教需要的、新式的、综合的宗教艺术"[1]。贵霜帝国初期，用艺术形象表现佛教的浮雕作品《给孤独长者奉献祇园图》就是这种尝试，它是"我们迄今所知最早的一件由犍陀罗派艺术家雕刻的出现佛陀形象的作品"[2]。到迦腻色迦时期，佛像的雕刻技术和雕刻家的艺术修养都达到了很高的水平。这一时期的佛像雕刻融合了希腊和印度风格，佛像面相椭圆

---

① 〔英〕约翰·马歇尔：《犍陀罗佛教艺术》，甘肃教育出版社1989年版，第43页。
② 同上书，第95页。

形，波浪型发式，高额，眉目修长且距离较近，眼窝略凹，鼻梁高且直，鼻翼较窄，小嘴薄唇，嘴角深陷，具有典型的希腊风格特点。佛像身披的衣料厚重、衣褶流畅深切的袈裟也近似希腊长袍，但佛像头顶上的肉髻、头后的圆光以及赤足则具有印度佛像的特征。除了佛像外，菩萨（Bodhisattva）像的数量也相当多，从形象上看有两种，一种是持净水瓶的，这就是弥勒菩萨，其余是泛指的菩萨。菩萨面相庄严，有胡须，高鼻梁，上身未着衣，下身着裙，肩部和臂腕部有天衣缠绕。发式复杂多样，冠式也有多种，冠上有多种装饰，颈部和胸部也佩戴有多重链饰，手腕还戴有手镯。多数菩萨像有头光。

犍陀罗艺术的影响遍及北印度和中亚，尤其是阿姆河以南的巴克特里亚地区。在帖尔穆兹和阿伊尔塔姆的大大小小的佛塔、寺庙和洞窟寺，在巴拉特特佩、卡拉吾尔特佩、阿克特佩出土的陶俑小佛像都受到了犍陀罗艺术的影响。[①] 此外，在花剌子模地区，犍陀罗艺术的影响在某些城市的艺术发展中也可以见到。[②]

"三王"时期，马土腊的佛教艺术得到迅速发展。与犍陀罗艺术不同，马土腊佛教造像艺术更多地受到了印度的影响。在迦腻色迦时期，马土腊佛像是偏袒右肩型的，显示出初期佛像的特征。它们轮廓凸浮，身躯肥硕，头顶盘成蜗牛状发髻，头顶周围有扇形佛光。与同时期的犍陀罗佛像相比，它们的外表原始而古朴，充满力量，洋溢着生命感。在萨尔拉特（Sānāth）出土的迦腻色迦时期造的立佛像是其代表作。在胡韦色迦时期，马土腊佛教艺术发生了革命性的变化，这一变化是由于犍陀罗佛教艺术的引入而引起的。[③] 这一时期出现了以僧衣覆盖双肩但肉体隐约可见的佛像。它们脸呈圆形，面带微笑，头发形式上呈波浪形，肉髻单纯隆起，头光呈单纯的圆形。双肩缠满较厚的僧衣，并在胸前绣出一排排"U"字形线，右颈部

① 〔苏联〕普加钦科娃、列穆佩：《中亚古代艺术》，新疆美术摄影出版社1994年版，第31页。
② 〔苏联〕弗鲁姆金：《苏联中亚考古》，新疆维吾尔自治区博物馆1981年版，第44页。
③ 〔荷〕J. E. 范·洛惠泽恩-德·黎乌：《斯基泰时期》，云南人民出版社2002年版，第159页。

反转，右手举起，施无畏印，左手紧握胸前的衣端，衣缘下垂，两肘向外张开。这类佛像的制作手法娴熟，技艺精湛，制作数量较多，在马土腊、杰玛普尔（Jamāl Pur）等地区都有发现。马土腊佛教艺术经过"三王"时期的发展，吸收了犍陀罗艺术的若干特色，最终成为与犍陀罗艺术齐名的贵霜佛教艺术，并且后来对犍陀罗艺术亦有影响。

　　来到中亚之前，哎哒人没有自己的文字，据《梁书》记载，哎哒"无文字，以木为契"。《洛阳伽蓝记》记其"乡土不识文字。礼教俱阙。阴阳运转，莫知其度。年无盈闰，月无大小，用十二月为一岁"[1]。来到中亚以后，哎哒人在与周边国家交流时借用了中亚使用的文字，"与旁国通，则使旁国胡为胡书，羊皮为纸"。从考古出土的哎哒国钱币和铭文可以了解到，哎哒人主要使用巴克特里亚文和婆罗米文。其中，巴克特里亚文可能是哎哒的官方用语，在中亚地区，甚至在今巴基斯坦和中国新疆都发现了用此文字书写的文书。哎哒时期的巴克特里亚文与贵霜时期有些不同，是半草体或草体，目前，还很难释读或不能释读，要勾勒哎哒历史的全貌还有待哎哒文字的释读。

　　哎哒人的大量艺术遗存在今巴尔赫、阿富汗等地都有发掘。佛教洞窟内一般都有绚丽的壁画和引人瞩目的高浮雕等艺术珍品。壁画主要是佛教主题。第尔伯金也发现了一些属于哎哒的壁画，有一幅画面描绘在一次宴会上人们或坐或半躺，手持高脚杯。一幅画面描绘一列男子用脚尖站立着，穿着长袖紧身右衽长衫，腰部束带，有的佩带短剑。

　　中亚牧民崇尚武功。乌孙国尊重年青、健壮的人，瞧不起年迈、体弱者，只有年青健壮者可以品尝美食，年老体弱者只能吃他们剩下的。哎哒人也崇尚武功，哎哒女子和男子一样上阵杀敌，因此，妇女的社会地位较高。可敦与国王一起接见外国使者，据《梁书》

---

① （北魏）杨衒之:《洛阳伽蓝记校注》，范祥雍校注，第288页。

记载，哽哒"其王坐金床，随太岁转，与妻并坐接客"。可敦还有外交大权，可派遣使者出访他国，在《梁职贡图》的题记上说，520年，哽哒"王妻□□亦遣使康符真，同贡物"。

中亚牧民的婚俗。乌孙牧民实行一夫一妻制，这一点从墓葬中的男女合墓反映出来。乌孙国盛行收继婚制，妻子同牲畜等财物一样，被视为是家长的私有财产，可以转让，父亲死后，儿子妻其后母（亲生母亲除外），兄弟死后，其兄弟尽妻其妻。哽哒社会中保留有一妻多夫的习俗。哽哒人声称一妻多夫制，因此，哽哒统治者同时娶了婆罗门的三个女儿的婚姻令人相当吃惊。

中亚牧民的葬俗。乌孙国实行土葬，死者头西脚东放置。乌孙国推崇左，以左为尊位。在哽哒人的葬礼过程中，亲友还实施劈面、截耳等。据《梁书》记载："父母死，其子截一耳，葬讫即吉。"哽哒富裕者葬入石砌的大陵墓，有随葬品；贫穷者则挖一个坑，将死者和死者随身物品掩埋。《魏书·西域传》记载说："死者，富者累石为藏，贫者掘地而埋，随身诸物，皆置冢内。"在哽哒人中保持着殉葬习俗，普洛科庇乌斯记载说，哽哒贵族"为自己招罗一些伙友，其数约二十人或更多，这些人遂成为该贵族的永久性食客，且可分享其财富，但当这位贵人去世后，所有这些人均应按惯例殉葬"[1]。

中亚地区的娱乐活动丰富多彩。从壁画中可以知道，竞技运动有赛马、赛战车、射箭、拳击、摔跤和斗兽。犍陀罗的浮雕上刻画了身穿短裤或只缠腰带的摔跤手。在米林达彭霍著的文学作品《挖壕沟的人》一书中，描述了摔跤训练和比赛的情况。[2] 在犍陀罗的浮雕上还可看到拔河比赛和杂技表演的场面。在一幅浮雕上，两个杂技艺人支着一根柱子，其中一位用头顶着柱子。在斯瓦特出土的一个属于哽哒时期的银碗上刻画着打猎场景：猎手骑在马上追逐猎物，猎手、马、猎物都处于动态之中，有相当的立体感，将打猎场面表

---

① Procopius, *History of the Wars*, p.15.
② 〔印度〕释迦牟尼·拉什迈·马尼：《贵霜人的娱乐活动》，转引自张志尧主编：《草原丝绸之路与中亚文明》，第351页。

现得栩栩如生。

　　中亚地区的音乐和舞蹈。在奇尔克（Chilek）发现的一只属于嚈哒时期的银碗，上面刻画了王家宴会的场景：中心是国王的半身像，周围是一些舞女，舞女的长头巾一直披到大腿。据《洛阳伽蓝记》记载，嚈哒没有音乐，但从巴米延壁画上的女音乐师来看，嚈哒国内是有音乐的。嚈哒也有舞蹈，如银碗上的舞女也是很好的证明。然而，嚈哒的音乐和舞蹈都没有流传下来。

第四编 西突厥汗国

（6 世纪中叶—7 世纪中叶）

    6 世纪以前，说印欧语的欧罗巴种人构成了中亚居民的主体；5 世纪后期，说阿尔泰语的蒙古利亚种的铁勒人由东向西陆续迁到中亚北方草原[①]；到 6 世纪中叶，铁勒人中的突厥部强大起来，建立了自己的政权——突厥汗国。突厥汗国在世界古代史上占有重要地位，突厥人将自己部落之名——突厥给予了与他们说同样语言的所有铁勒人，他们是至今发现最早创制自己文字的游牧民族。6 世纪后期，突厥汗国以阿尔泰山为界分裂为东、西两个汗国，东突厥汗国统治着蒙古草原，西突厥汗国统治着天山草原和哈萨克草原。西突厥人统治时期，中亚商路上的东、西方贸易十分活跃，东、西方政治、经济和文化的联系频繁。

[①] 西方有学者认为，突厥人来到黑海—里海草原是很早的事，是匈人向欧洲的迁移将新的种族成分带到了这些地区，这些突厥人后来成为此地区的主要种族语言体，参见 Denis Sinor, *The Cambridge History of Early Inner Asia*, Cambridge University Press, 1990, p.256。甚至有人提出，有少许证据表明，在匈人跨越伏尔加河之前，突厥族牧民就出现在这一地区。

第一章
突厥人和西突厥汗国

突厥人原居叶尼塞河上游，6世纪初期来到阿尔泰山西南坡，在此开始了游牧生活，并发展壮大起来；到6世纪中叶，建立了自己的政权——突厥汗国。突厥汗国强盛时期的疆域：东至大兴安岭，西抵西海（里海），北越贝加尔湖，南至兴都库什山以北。然而，由于游牧经济的分散性，草原局势的不稳定，各部落联盟的瓦解和重组瞬息万变。突厥政权的统一不能持久，突厥汗国很快分裂成东西两部分。严重的内乱和中原王朝的压力导致了东、西突厥帝国的日趋崩溃，先后被中原的唐王朝灭亡。

第一节　突厥人

中国史书所记的铁勒在不同时期有着不同的称谓。[①]秦汉时期称

---

① 在西方史书中，中国史籍中的铁勒部落被称为乌古尔人（Oghur），他们是大突厥部落群体的一支；乌古尔一词意为"同族部落群，即部落联盟"，在民族名称的图表中还有"十姓"乌古尔人、萨拉古尔人（Shara Oghur，可能是"白乌古尔"或"黄乌古尔"），他们的语言与一般突厥语不同，如今只幸存于楚瓦什人中；西方学者认为在匈人向欧洲进发之时，他们占据了哈萨克草原。

丁零，魏晋南北朝时期称敕勒，隋唐时期开始称铁勒。到 4 世纪，铁勒已经成为部落众多，人强马壮的大部族，分布在东起贝加尔湖，西至巴尔喀什湖之间的地区内。其中，在蒙古草原北部的一支铁勒部落因建造的轮车高大而被称为高车。4 世纪末，高车部被东面的柔然部征服，487 年，柔然可汗豆仑邀高车部攻打中原的北魏王朝，高车副伏罗部首领阿伏至罗不从，并劝阻之。豆仑不听，于是，阿伏至罗与其弟穷奇率所属十余万落（户）西迁，他们是最早进入中亚草原的铁勒人。

此后，铁勒族陆续西迁，到 6 世纪时，铁勒人已经遍布于里海以北草原。据《隋书》记载，铁勒人"种类最多，自西海之东依山据谷，往往不绝。……金山西南，有薛延陀、咥勒儿、十盘、达契等，一万余兵。康国北，傍阿得水，则有诃咥、曷嶻、拨忽、比干、具海、曷比悉、何嵯苏、拔也末渴达等，有三万许兵。得嶷海东西，有苏路羯、三索咽、蔑促、隆忽等诸姓，八千余。拂菻东，则有恩屈、阿兰、北褥、九离、伏嗢昏等，近二万人。……虽姓氏各别，总谓为铁勒"。金山即今阿尔泰山，阿得水依日本学者白鸟库吉考证为今俄境伏尔加河；[①]据近代学者洪钧（1839—1893）考证，得嶷海为今里海[②]，拂菻指东罗马帝国。由此可见，铁勒人已经迁到了里海以北的中亚大草原上。

突厥是铁勒的一支。"突厥"在突厥碑文中写作 Türk，因此，Türk 是他们的自称。关于"Türk"一名的词意有两种完全不同的解释。据《周书》记载，突厥人所居的金山"形似兜鍪，其俗谓兜鍪为'突厥'，遂因以为号焉"；而西方大多数学者认为，"突厥"是一个统治家族的名称，意思是"强大"、"刚毅"。美国学者加文·汉布里认为 Türk 是"人"和"创造者"的意思；巴托尔德认为 Türk 与表示法律、法规、法制的"türn"有关；而在成书于 11 世纪的《突厥语大词典》中，Türk 意为"成熟"、"旺盛"。对于 Türk 一名的含义，至今

---

① 〔日〕白鸟库吉:《塞外史地论文译丛》第 1 辑，商务印书馆 1940 年版，第 319—321 页。
② （清）洪钧:《元史译文证补》卷 27 下，商务印书馆 1936 年版，第 448 页。

未有统一的意见，不过，从突厥游牧民崇尚"勇敢"精神这一角度考虑，Türk 很可能含有强大等赞美之意。

中文"突厥"是 Türk 一词复数形式 Türküt 的对音。"突厥"一名始见于 6 世纪中叶的《周书》。大约公元前 3—前 1 世纪期间，突厥居匈奴之北。《周书》记："突厥之先出于索国，在匈奴之北。"中国史书又说，突厥部与契骨部为邻。当时契骨部居叶尼塞河上游，因此，突厥人最早的居地应该在今蒙古高原西北部叶尼塞河上游一带。这一时期，突厥人处于原始狩猎阶段。1 世纪左右，突厥因与邻近部落发生战争而向南迁徙，来到了高昌北山（今新疆吐鲁番北博格达山）。突厥人生活在"平壤茂草，周回数百里，四面俱山"①的山谷中。由于山谷水草丰美，突厥人逐渐开始了以畜牧为业的生活。随着畜牧经济的发展，突厥人子孙繁衍，"渐至数百家"②。5 世纪初，柔然人以蒙古草原为中心建立了汗国，突厥人与大多数铁勒人一样成了柔然汗国的属部。柔然统治者将突厥人迁到阿尔泰山西南部，在此为柔然奴隶主锻铁，成为他们的"锻奴"。5 世纪后期，被奴役的铁勒人不断反抗柔然汗国的统治，突厥人在此过程中发展壮大起来，6 世纪初，突厥社会出现了"国大马繁、牛羊遍野"的景象。

据《周书》记载，在每年冬季河水结冰之时，突厥人就来到中原西魏王朝的边境地区寇掠。542 年，突厥人的寇掠行动受到西魏将军宇文测的挫败，"自是突厥不敢复至。测因请置戍兵以备之"。以后，突厥部酋长阿史那土门派人到西魏边境互市。545 年，突厥与西魏朝廷之间开始了官方接触，西魏丞相宇文泰派酒泉胡人安诺槃陀出使突厥。突厥人兴奋不已，互相庆贺说："今大国使至，我国将兴也。"第二年，土门遣使向西魏王朝献方物。

是年，铁勒高车部密谋反抗柔然汗国的起义，突厥酋长阿史那土门将此谋反行为密告柔然，随之率部族 5 万余众帮助击败了高车部，占据了原高车部所在的天山与阿尔泰山之间的准噶尔

① （唐）李延寿:《北史》，中华书局 1974 年版，第 3285 页。
② 同上。

（Dzungar）盆地，统治了高车部民，突厥势力强大起来。

灭高车部以后，土门自恃有功于柔然汗国，向柔然统治者求婚。柔然主阿拉璅认为这是无礼的要求，怒言辱骂道："尔是我锻奴，何敢发是言也？"[1]土门心怀不满，愤而转向西魏王朝求婚。551年6月，西魏将长乐公主嫁给土门。这一联姻使突厥人大为振奋，他们认为有大国相助，定能摆脱柔然人的统治。在突厥与西魏联姻的第二年，即552年，突厥人在土门的率领下起义反抗柔然汗国。

在这次战争中，突厥人打败了柔然可汗阿拉璅，阿拉璅在绝望中自杀，余部由阿拉璅之子奄罗辰率领逃到中原的北齐王朝避难。是年，土门称伊利可汗（Il Qaghan，意为盟主或国王），突厥汗国（552—630）建立起来。553年，土门死，其子科罗[2]和燕都先后继位。科罗在位时间极短，新兴的突厥汗国主要依靠科罗之弟燕都巩固下来。燕都号木杆可汗（或木汗可汗），在位近20年（553—572）。

木杆可汗"勇而多智"，彻底打败柔然汗国，取代柔然人统治了蒙古大草原，建汗庭于鄂尔浑河上游的郁督军山（Ütüken，另译乌德鞬山或于都斤山，今杭爱山的北山）。以后，木杆可汗又发动了攻打吐谷浑之战和征服西域诸国之战，确立了突厥人在漠北和天山南北的地位。可以说，木杆可汗是突厥汗国的真正建立者。557—562年间，木杆又与萨珊波斯王朝结盟共击嚈哒汗国。[3]

---

[1]　（唐）令狐德棻等：《周书》，中华书局1971年版，第908页。

[2]　又有"土门之弟"之说。

[3]　关于灭嚈哒汗国的统帅，东、西方史料有不同记载。《周书·突厥传》和《北史·突厥传》记为："俟斤（木杆）又西破嚈哒"；《隋书·突厥传》记："木杆可汗勇而多智，遂击茹茹，灭之，又西破挹怛（指汗国）"；西方史书《陀拔（Tabari）纪年》："可汗（Sindjibou）为最勇健之突厥可汗，统军最众，败嚈哒而杀其王者，即为其人。"此处Sindjibou为室点密可汗，参见〔法〕沙畹：《西突厥史料》，第200页。弥南德（Menandre）《希腊史》（残卷）记载："Silziboul可汗与嚈哒之战事甫终"，"Dizaboul可汗之使者，于568年来告嚈哒已灭"。Silziboul和Dizaboul可汗都指室点密，参见〔法〕沙畹：《西突厥史料》，第200页。对于东、西方记载的不同，沙畹认为："木杆为东突厥可汗，又为西突厥之最高可汗，则得以其在位之胜利属之，而不必为木杆本人。"参见〔法〕沙畹：《西突厥史料》，第200—201页。在考察了木杆可汗的活动以后，笔者认为，与萨珊波斯结盟共灭嚈哒的可汗应该是木杆。参见蓝琪：《试述西突厥汗国初期的几个问题》，《中亚研究》1988年第4期。

木杆可汗的大举扩张使突厥汗国领土迅速扩大，据突厥碑文记载，突厥疆域"东到大小肯特山；西到河中地区的铁门"①。木杆临终之时，舍子而立其弟佗钵（Tabar）为汗（572—581 年在位）。佗钵在位时期控弦数十万，与中原的北齐、北周王朝相抗衡。为了掠夺奴隶和财富，突厥贵族经常出兵袭击中原地区，北齐和北周王朝的统治者们为了利用突厥贵族的军事力量以打击对方，对突厥人的骚扰不仅不加抵御，反而争先恐后地贿赂突厥贵族。北周高祖宇文邕曾遣使到突厥汗国求亲，突厥嫁女与之结盟，并派兵配合北周进攻北齐；北齐王朝也与突厥人和亲结盟。为了拉拢突厥人，北周每年给突厥"锦缎十万匹"，北齐也"倾府藏以给之"。这种局面直到隋朝时期才得以改变。

581 年，隋朝建立，不久统一了中原，结束了西晋以来中国三百多年的战乱。与此同时，突厥汗国却发生了分裂。隋朝建立的当年（581），突厥佗钵可汗去世，突厥汗国发生了诸小可汗争夺大可汗之位的战争，最终，尔伏（尔拔）胜出，称沙钵略可汗（581—587 年在位）。新兴的隋朝不再采用北齐和北周王朝厚输财物，以博突厥人欢心的对外政策，因此，沙钵略可汗认为隋朝"待之甚薄"，心生怨恨，与隋朝为敌。加之，沙钵略可汗之妻是原北周王朝的千金公主，她煽动沙钵略可汗反隋，一心要报北周之亡及隋的杀父之仇。

582 年，沙钵略可汗征发突厥各部兵 40 万向隋朝发起进攻。在突厥人的强大攻势面前，隋文帝采纳了长孙晟"远交近攻，离强合弱"的策略，分化离间突厥各部，使他们相互攻杀。583 年，隋军分八路出塞反击。在此关键时刻，突厥部分裂，甚至有部落撤出战斗，沙钵略战败。战败以后，沙钵略迁怒于撤出抵抗隋军的小可汗阿波，突袭其部，杀害其母。阿波可汗逃向西方，与西部的突厥人结盟，与大可汗沙钵略对峙，突厥汗国内战爆发。在内战中，突厥汗国分裂成几支割据势力，这些势力兼并的结果，最终形成了东、西两个

———————

① 岑仲勉：《突厥集史》下册，第 880—892 页。

突厥汗国。

585 年，东突厥接受了隋朝统辖，部分突厥人南迁到漠南一带。隋末，东突厥重新强大起来，对隋朝边境地区发动多次进攻。618 年，唐朝建立。突厥统治者趁唐朝初建、国力还不十分强大之时，连年进扰内地，掠夺人口和财产。东突厥颉利可汗曾率大军 15 万入攻并州，掳男女 5000 余口；又率骑兵 10 余万大掠朔州，进袭太原。626 年，唐太宗李世民刚刚即位，颉利可汗率兵 20 万直逼唐朝首都长安，兵至距长安城 40 里的渭水北岸。唐太宗设疑兵之计，并亲自率领将士来到渭水河畔，隔渭水与颉利对话。颉利见唐军军容威严，在太宗予以金帛财物的许诺下，突厥与唐朝结盟后撤兵，这就是史书记载的"渭水之盟"。以后，唐太宗与突厥属部薛延陀、回纥、拔曳固等铁勒族人联合，出兵攻东突厥汗国。628 年，薛延陀在漠北建立了独立政权，唐太宗立薛延陀夷男为真珠毗伽可汗。629 年，唐朝派李靖与张公谨领军北上，与薛延陀部夹击突厥，次年俘虏颉利可汗，东突厥汗国余部或走薛延陀，或入西域，降唐者十余万，东突厥汗国灭亡（630）。

唐朝将东突厥汗国的漠南地区分为 6 个州，派突厥贵族担任都督进行统治。半个世纪以后，即 679 年，东突厥人反抗唐朝，重建独立政权，该政权被称为后突厥汗国，或第二突厥汗国（682—744）。后突厥汗国于 745 年被铁勒族回纥部灭亡。

突厥汗国（包括东、西突厥和后突厥）立国近 200 年（552—744），突厥人对欧亚中部地区的历史产生了重大影响。首先，突厥人在政治上第一次实现了对中亚草原、西域城郭国家、蒙古草原的统一，他们将自己部落之名——突厥给予了与他们说同样语言的所有铁勒人，以后，在东北亚—蒙古大草原—中亚—小亚细亚的广大地区内，凡是讲突厥语的人都被西方人称为"突厥"。其次，突厥人创造了自己的文字——突厥文，他们是至今发现最早创制自己文字的游牧民族，欧亚草原的游牧民第一次开始以本族的文字记录自己的历史，留下了包括著名的《阙特勤碑》、《毗伽可汗碑》、《暾欲谷碑》在内的许多突厥文碑铭，它们成为目前研究突厥历史的珍贵资料。

第二节　西突厥汗国

552年，突厥部酋长阿史那土门率部众打败宗主柔然汗国的统治者，自己称伊利可汗，突厥汗国建立起来，但突厥可汗的权威是有限的。汗国建立之初，可汗采取各小可汗分而治之的形式实施统治。

据突厥铭文《阙特勤碑》记载，在土门反柔然汗国的斗争中，其弟室点密（Istami）与他共同战斗，为突厥汗国的创立立下了汗马功劳。该碑东面第一行说："……我祖先布民可汗（伊利可汗）和室点密可汗。他们即位后，创建了突厥人民的国家和法制。"

土门去世之后，室点密又跟随突厥汗国大可汗木杆征战各地。当木杆可汗率领突厥人夺取蒙古草原和征服天山以南地区的战争之时，室点密也统领十万突厥人跟随木杆出战。木杆可汗将阿尔泰山以西地区交给其叔室点密统治。据《旧唐书》记载："初，室点密从单于统领十大首领，有兵十万众，往平西域诸胡国，自为可汗，号十姓部落，世统其众。"单于是匈奴的称号，此处指木杆可汗。以上记载反映，战争结束以后，木杆将西部领土交给其叔室点密统治，自己返回蒙古草原，入主突厥汗国汗庭。

室点密在阿尔泰山以西地区自立为可汗（约558—576年在位），在突厥汗国西部形成了一个半独立的政权，西突厥所领地区以后由室点密的子孙们世袭统治。室点密在焉耆西北300公里的鹰娑川（今新疆库车县西北的小裕勒都斯河）建立了自己的汗庭，室点密统领的这十万突厥人史称西突厥。西突厥内有十大部落，被称为十姓部落。十部首领各持西突厥可汗所赐的箭，因此十部又称"十箭"。在7世纪上半叶，10个部落的划分逐渐明显，据记载，10个部落分左、右两厢。左厢为五咄陆部，即处木昆屈律部、胡禄屋阙部、摄舍提暾部、突骑施贺逻施部和鼠尼施处半部。五咄陆部分布在碎叶（今中亚托克马克附近）以东地区，各部酋长的官号为啜。右厢为五弩失毕部，即阿悉结阙部、哥舒阙部、拔塞干暾沙钵部、阿悉结泥孰部、哥舒处半部。五弩失毕部分布在楚河西至里海北的地区，弩失毕部酋长的官号为俟斤。除突厥十部外，铁勒族葛逻禄、处月、处密等游牧部落，以及龟兹、焉耆等定居绿洲小国也都归属西突厥政权管辖。

562 年，突厥人与萨珊波斯联合灭亡了哒哒汗国，将领土扩张到阿姆河以北地区。西突厥人强大之时，位于今阿富汗喀布尔北的迦毕试国，喀布尔南的漕矩吒国（首都加兹尼），都是西突厥汗国的属国。

尽管西突厥人在阿尔泰山以西地区建立了自己的政权，但直到室点密在世之时，西突厥人一直奉蒙古草原大汗为最高统治者，突厥汗国保持着名义上的统一。576 年，室点密去世，其子阿史那玷厥继位，号达头可汗（Touxanth/ Tardu/ Tateu，576—603 年在位，《隋书》作达度可汗）。达头可汗继位之初仍尊东突厥可汗为突厥汗国的最高统治者。581 年，突厥大可汗佗钵去世，诸小可汗起而争夺大可汗之位。大可汗、小可汗之间对立的激化，加之 581 至 583 年间蒙古草原遭遇了大风雪灾荒，导致突厥汗国的正式分裂。582 年，西突厥达头可汗不再承认东部大可汗的最高统治权，突厥汗国名义上的统一不复存在，西突厥成为一个独立的汗国。6 世纪后期，西突厥人将汗庭西移到吉尔吉斯山以北的千泉地区（今托克马克以西 130 多公里处），有人将此视为西突厥汗国形成的标志。

沙钵略可汗夺取东突厥政权以后，582 年，联合西突厥达头进犯中原隋王朝。当时，达头可汗在突厥汗国内的地位是"兵强而位下"，他与沙钵略之间的关系是"外名相属，内隙已彰"。在进犯隋朝的战争中，达头中途撤军离开战斗，致使沙钵略为隋军所败。沙钵略可汗迁怒于东突厥西部小可汗阿波，达头乘机与阿波联合反沙钵略可汗，不再奉他为最高可汗，西突厥汗国正式形成。东、西突厥汗国以阿尔泰山为界，分疆而治，阿尔泰山以东为东突厥汗国领地，阿尔泰山以西为西突厥汗国领地。[①]

达头在位期间致力于中亚地区的扩张。590 年，西突厥汗国之疆域越过了阿姆河，抵达吐火罗地区，他曾为保卫这些新的征服地而出兵。不过，夺取突厥汗国大汗位仍然是他的主要目标，在他统治后期，他的活动基本上在东方，一直在与蒙古草原大汗争夺汗位。583 年，达头可汗出兵支持阿波可汗攻沙钵略大可汗。599 年，达头可汗在东突厥汗国发生内乱之时，出兵征服了漠北的铁勒各部，控制了整个漠北，一时成为突厥人的共主。此后，他与东突厥汗国的都蓝可汗联盟，反对亲隋朝的染干可汗。600 年，隋出兵击突厥，打败达头，杀都蓝，立染干为突厥汗国的启民可汗。601 年，隋文帝派杨素等人攻达头部属，达头部下大溃，纷纷投奔启民。603 年，达头在无法控制局势的情况下，逃到吐谷浑，不知所终。

当达头可汗在蒙古草原上争夺大汗位之时，西突厥汗国内的统治者是达头的后裔泥利。587 年，西突厥人立泥利为西突厥可汗（587—？年在位）。泥利在位时娶汉族妻子向氏为妻，泥利死后，向氏嫁给了泥利之弟婆实特勤。600 年，向氏和婆实特勤到隋京朝觐，因西突厥汗国发生内乱而留居京师鸿胪寺。

泥利死后，他与向氏所生之子达曼继位为泥撅处罗可汗（？—611 年在位）。处罗可汗治国无道，臣民多叛。605 年，他发兵袭击铁勒诸部，搜括他们的财物，又猜疑薛延陀部生变，杀其酋长数百人，引起铁勒各部造反。608 年，隋炀帝派遣司朝谒者崔君肃到西突厥慰谕，处罗受诏，遣使贡汗血马。609 年，隋炀帝西巡，召处罗可汗会于大斗拔谷（今甘肃民乐县东南扁都口），处罗托故不至，炀帝大怒。当时，达头可汗之孙射匮可汗正派使者向隋朝求婚，隋朝决定利用射匮分裂西突厥，于是，向射匮使者提出"先灭处罗可汗，再谈求婚"的要求。处罗可汗部的牧地主要在伊犁河流域，射

---

① 关于"西突厥汗世系表"见附录一。

匮可汗的牧地在其西的碎叶川一带。射匮可汗发兵袭击并打败了处罗，处罗向东逃到时罗漫山（今新疆哈密北天山），炀帝派其母向氏前往说服其子入朝。611年，处罗入朝表示臣隋，后留居长安。第二年正月，炀帝将处罗可汗内附部众一分为三：处罗为曷萨那可汗，领五百骑常从皇帝巡幸；处罗之弟阙度设率老弱万余人到会宁（治所在今甘肃永登东南）居住；特勤阿史那大奈领余众居楼烦（治所在今山西静乐县）。614年正月，隋皇室嫁信义公主与处罗结为夫妇，并赐锦彩袍千件、彩色丝绸万匹。618年，唐高祖封处罗为归义郡王。以后，处罗被东突厥始毕可汗派人杀死。

处罗可汗归隋以后，射匮可汗被立为西突厥大可汗（611—617年在位）。射匮可汗继任西突厥可汗以后，开始了统一西突厥各部的战争，阿尔泰地区的薛延陀部重新归降西突厥汗国。

617年，射匮可汗去世，其弟统叶护（Ton-yabghu）继位（618—628年在位）。统叶护可汗智勇双全，擅长指挥作战，控弦之士达数十万人。在他统治时期，西突厥达到鼎盛。西突厥人北并铁勒，西拒波斯，南接罽宾，称霸西域，西突厥汗国疆域东抵阿尔泰山，西至里海东岸，东南至于阗以南，西南以兴都库什山为界，北接咸海和里海以北的中亚草原。此外，统叶护在很多地区和小国都派有突厥官吏监统和督促贡赋的征收，其中，汗国在南部地区设置南面小可汗，并派其长子驻守，西突厥汗国在阿姆河以南的领地得到了进一步巩固。

统叶护在位时期，西突厥人与唐王朝建立了友好关系。统叶护继位的第二年，即619年，西突厥汗国遣使入朝，第二年又遣使贡条支巨卵。唐高祖曾与统叶护商议，准备联合出兵攻打东突厥。625年夏，统叶护可汗遣使向唐朝请婚，唐高祖听从裴矩"远交而近攻"的建议，派侄高平王李道立至西突厥表示允婚。627年，统叶护派真珠统俟斤向唐太宗献万钉宝钿金带和马五千匹，以迎娶公主。这桩婚姻最终未能成功，其原因主要是东突厥颉利可汗从中阻拦，加之，东突厥连年入寇唐朝边境，唐朝与西突厥往来的道路梗阻。

统叶护在统治后期对部下作威作福，引起部众怨恨，葛逻禄部叛离了西突厥。628 年，统叶护被其伯父莫贺咄杀死。统叶护死后，西突厥汗国内乱迭起，贵族争立。

莫贺咄原是一位小可汗，杀统叶护后自立为大可汗，称莫贺咄侯屈利俟毗可汗（628—630 年在位）。与此同时，弩失毕五部另立达头之子咄陆的孙子泥孰莫贺设为西突厥可汗，但泥孰不从，而是迎立当时流亡在外的统叶护之子咥力特勒为西突厥可汗，是为乙毗钵罗肆叶护可汗（628—632 年在位）。西突厥汗国出现了两个可汗共存的局面。肆叶护是前任可汗之子，得到了大部分西突厥部众的拥护。肆叶护和莫贺咄互相攻击，在此过程中，他们纷纷求助于唐朝，向唐朝求婚。对此，唐太宗答复说："汝国扰乱，君臣未定，战争不息，何得言婚。"唐太宗命双方各守辖境，停止彼此征伐。在此期间，原先役属于西突厥汗国的铁勒族各部纷纷叛离，各部首领自立为汗，争夺最高统治权。630 年，莫贺咄在争夺战争中失败，逃往金山，被杀。肆叶护成为唯一的西突厥可汗。

肆叶护在重新统一西突厥汗国的战争中，北征铁勒各部，被薛延陀部打败。他为人多疑狠毒，杀功臣乙利小可汗，并诛灭其宗族，引起部下人人自危。据《旧唐书》记载："肆叶护素惮泥孰，而阴欲图之，泥孰遂适焉耆。"632 年，弩失毕二部准备发动攻击肆叶护的战争，肆叶护以轻骑逃到康居，寻卒。肆叶护出逃之后，西突厥迎立泥孰莫贺设为可汗。

泥孰又称大渡可汗，其父莫贺设本是统叶护的部属。在 618—626 年间，泥孰曾到长安，当时李世民为了表示唐朝与各族的友好，曾与泥孰结为盟兄弟。泥孰被推举为西突厥可汗之后，立即派使臣到唐朝表示内附。633 年，唐朝使者鸿胪少卿刘善因抵达西突厥，册封泥孰为奚利邲咄陆可汗（632—634 年在位）。

634 年，泥孰病逝，其弟同娥设继位，是为沙钵罗咥利失可汗（634—639 年在位）。635 年，咥利失可汗向唐朝献马五百匹，并上表请婚。唐朝厚加抚慰，但未同意他的求婚。咥利失可汗的统治不得民心，他在位期间，西突厥汗国分裂。638 年，西突厥人另立欲谷设为乙毗咄陆可汗（638—646 年在位）。经过战争，这两位西突厥可汗以伊犁河为界分而治之。就是在此期间，西突厥东部的五咄陆部和西部的五弩失毕部开始出现在中国史书中。一年之后，即 639 年，咥利失之臣俟利发吐屯勾结欲谷设叛乱，咥利失逃往拔汗那，最后死于该地。

咥利失死后，弩失毕部立其弟之子薄布特勤为乙毗沙钵罗叶护可汗（639—641 年在位）。乙毗沙钵罗叶护可汗仍然遵循了乙毗咄陆可汗时期以伊犁河为界的划分。据《旧唐书》记载："乙毗沙钵罗叶护可汗既立，建庭于睢合水北，谓之南庭。东以伊列河为界，自龟兹、鄯善、且末、吐火罗、焉耆、石国、史国、何国、穆国、康国，皆受其节度。"乙毗咄陆可汗建牙镞曷山西，称北庭，统治着厥越失、拔悉弥、驳马、结骨、触木昆等部。在斗争中，乙毗咄陆可汗与乙毗沙钵罗叶护可汗都寻求唐朝的支持。从史书记载来看，唐朝承认了乙毗沙钵罗叶护可汗为西突厥可汗，641 年秋，唐太宗命左领军将军张大师往授玺书，册立他为可汗，并赐给鼓纛。对于乙毗咄陆的使者，唐太宗劝谕他们停兵休战，彼此和睦相处。

乙毗咄陆可汗在兵力强大之后，杀乙毗沙钵罗叶护可汗，乘胜西破吐火罗，东攻伊州（今新疆哈密），并扣留了唐朝使者。642 年，唐安西都护郭孝恪出兵击败乙毗咄陆部众，西突厥属部处密降唐。乙毗咄陆向西攻破米国（地处今乌兹别克斯坦撒马尔罕南），夺取了大量人口与财富。部将泥熟啜擅取俘虏和掠夺物，被乙毗咄陆处死，引起了部众的怨恨。泥熟啜的部属在胡禄屋的率领下袭击乙毗咄陆可汗。乙毗咄陆退守白水胡城（今哈萨克斯坦锡腊姆），在众叛亲离的情况下逃往吐火罗。弩失毕五部及乙毗咄陆的屋利啜等属部派代表到长安，请唐朝废黜乙毗咄陆，另立西突厥可汗。642 年，唐太宗遣使册立前莫贺咄侯屈利俟毗可汗之子为乙毗射匮可汗（642—651 年在位）。

乙毗射匮可汗继任以后，送回被乙毗咄陆可汗扣留的唐朝使者。

646年6月，乙毗射匮可汗遣使朝贡，请婚。649年，唐太宗逝世，651年，唐朝瑶池都督贺鲁击败并杀死乙毗射匮可汗，吞并他的部属，西突厥汗国开始了阿史那贺鲁的统治（651—657）。

阿史那贺鲁是室点密可汗第五世孙。在乙毗咄陆可汗统治时期，阿史那贺鲁被任命为叶护，居多逻斯川（今新疆额尔齐斯河上游），统处月、处密、姑苏（哥舒）、歌逻禄（即葛逻禄），以及弩失毕五部。乙毗射匮继任西突厥可汗之后，曾出兵驱逐贺鲁，使其统率的部落离散，648年，贺鲁率余部数千帐（户）内附，被唐朝安排在庭州莫贺城（今新疆吉木萨尔西北三台），贺鲁被授予左骁卫将军之职。在得知唐军要讨伐龟兹之时，贺鲁曾率随从数十人到长安朝觐，要求担任伐龟兹军向导。唐太宗任命他为昆丘道行军总管，在嘉寿殿设宴款待，赏赐甚丰，还将自己穿的衣服赐给他。贺鲁引导唐朝大将阿史那社尔平定了龟兹，被唐朝晋封为泥伏沙钵罗叶护，并派他去招抚其他西突厥部落。第二年，唐朝在安西都护府下设置瑶池都督府，阿史那贺鲁受命为瑶池都督。

唐太宗去世以后，贺鲁渐有反唐之心，阴谋夺取西州（治所在今新疆吐鲁番市东南高昌古城）和庭州。唐高宗闻讯，派通事舍人乔宝明抚慰。651年春，贺鲁在其子咥运的怂恿下反唐，西击乙毗射匮可汗，兼并其部众，建牙帐于双河（今新疆双河市境内）、千泉，自称沙钵罗可汗，统西突厥十姓部落（咄陆和弩失毕），处月、处密及西域诸国都归附于他。同年秋，贺鲁入寇庭州，攻陷金岭城及蒲类县，杀掠数千人。唐高宗任命左武卫大将军梁建方、右骁卫大将军契苾何力为弓月道行军总管，发诸府兵3万人和回纥骑兵5万人西征。652年春，梁建方等大破贺鲁属部处月。

653年，逃亡吐火罗的乙毗咄陆可汗死，其子颉苾达度设被立为真珠叶护，他联合弩失毕五部对贺鲁发起攻击，并多次请求唐朝发兵征讨贺鲁。655年夏，唐朝任命右屯卫大将军程知节为葱山道行军大总管，讨伐阿史那贺鲁。同时，唐朝派丰州都督元礼臣前往册封颉苾达度设为可汗，然而，元礼臣行至碎叶城被贺鲁部众阻拦，未能抵达。656年冬，程知节军至鹰娑川，前军总管苏定方击败西突厥骑兵4万人。

657年春，大规模征伐西突厥的战争开始。唐朝派出两路人马向西进，主力部队由右屯卫大将军苏定方统率；另一路由早先归附唐朝的阿史那步真为流沙道安抚大使，招集旧部。苏定方兵至曳咥河（今额尔齐斯河上游）时，贺鲁率咄陆和努失毕各部兵马10万，抵抗唐军。苏定方命步兵持矛环据南原，自率骑兵列阵于北原。贺鲁军三冲南原未破，苏定方率骑兵乘势反击，大败贺鲁军，追击30里，斩获数万人。次日，唐军继续进击，弩失毕五部投唐。[1]咄陆五部得知贺鲁兵败，奔南道归附唐安抚大使阿史那步真。贺鲁渡伊犁河西逃，苏定方追至碎叶水，尽夺贺鲁部众。贺鲁及子咥运逃往石国（今塔什干）苏咄城，城主伊涅达干将他们逮捕，送交唐将萧嗣业。贺鲁对萧嗣业说："过去太宗皇帝待我很好，我却背叛了他，我愿在太宗昭陵受死，以谢罪于先帝。"唐高宗闻之，顿生怜悯之心，特赦贺鲁，免其一死。659年，贺鲁病死于长安，唐朝将他葬在颉利可汗墓旁。659年，唐军斩真珠叶护于新疆博乐，至此，西突厥汗国灭亡。

在灭西突厥汗国的过程中，唐朝从西突厥统治下先后夺取伊州（630）、高昌（640）、焉耆（644）、龟兹（648）四地。640年，唐朝平高昌麴氏政权以后在此设置了安西大都护府。平定阿史那贺鲁叛乱以后，唐朝把西突厥各部所在地和西突厥统治下的中亚地区纳入唐朝的统治之下。657年，唐在五咄陆部设置昆陵都护府，以阿史那弥射为兴昔亡可汗、昆陵都护，管辖原五咄陆部落；在五弩失毕部置濛池都护府，以阿史那步真为继往绝可汗、濛池都护，管辖五弩失毕部落。当时昆陵和濛池两都护府都隶属于安西大都护府。702年，唐增设北庭大都护府，昆陵、濛池两个都护府隶属于北庭大都护府，治所在今吉木萨尔北破城子。

---

① 弩失毕五部是否在此时就投唐，还有待考证。

　　苏定方平定西突厥汗国以后，将西突厥各部落分别安排在他们原来居住的地方，将贺鲁所掠夺的人口，以及牲畜等财物发还各部。唐朝在这些地区开通道路，设立驿站，划分牧场，恢复畜牧业生产。从此，西突厥十姓部落在久经战乱以后，开始了安居乐业的生活。

第二章

铁勒族部落和昭武九姓国

6 世纪中叶，中亚北方草原游牧的铁勒各部落先后臣属于西突厥汗国。在西突厥贵族的残酷剥削下，铁勒各部不断起义反抗西突厥汗国；此后，铁勒人与欧亚草原上的其他游牧民融合形成了马扎尔人、可萨人、佩切涅格人、钦察人等新的部落。在中亚南方，贵霜帝国灭亡以后，河中地区和阿姆河以南地区形成了一些以昭武姓为国君的小国，中国史书称之为昭武九姓国，它们先后处于呎哒汗国和西突厥汗国的统治之下。西突厥汗国对昭武国家实行间接统治，给予它们一定的自治权。唐朝灭亡西突厥汗国以后，以羁縻府州的方式，起用突厥贵族和昭武诸国国王实施对昭武国家的统治。

第一节　西突厥汗国统治下的铁勒族

6 世纪中期在中亚兴起的西突厥汗国将阿尔泰山西南坡至里海北岸之间的铁勒各部纳入了自己的统治，铁勒部落构成了西突厥汗国的主体。这些部落从阿尔泰山西南坡起，"依据山谷，往往不绝"，一直到里海北岸，也就是说西突厥汗国的北部是铁勒族各部驻牧之地。

突厥汗国立国之前，包括在天山以北游牧的铁勒诸部臣属于漠北的柔然汗国，它们与宗主国存在着尖锐的矛盾，共同的敌人使突厥与其他铁勒部团结起来。在突厥汗国建立的过程中，铁勒各部接受了突厥部酋长的统领，突厥与铁勒各部联合成一股力量，共同摧毁了漠北的柔然政权。据史书记载，铁勒各部的风俗"大抵与突厥同"，共同的经济生活也有利于突厥人与其他铁勒部的团结。以上因素也正是西突厥人统治铁勒诸部的基础。

突厥汗国建立之初，突厥人以故地准噶尔盆地为根据地逐渐向西征服了柔然汗国的属部和属国。在征服战争中，铁勒诸部在人力和物力上给予突厥部很大的帮助。据《隋书》记："自突厥有国，东西征讨，皆资其用，以制北荒。"[1]铁勒族坚昆部向突厥人提供迦沙（坚昆语，意为陨铁）锻制的刀剑和工具，"甚铦利"[2]。西突厥首领常常向铁勒乌纥部和薛延陀部"厚敛其物"，并任意驱使其征战。588年，当西突厥与萨珊波斯王朝发生战争之时，在里海以北草原游牧的铁勒可萨部配合突厥人，率兵入侵里海南岸的打耳班。626年，可萨人再次出兵参加西突厥人反波斯的战争。不难看出，在扩张的战争中，突厥人得到了铁勒各部的援助，他们是突厥汗国赖以立国和扩张的基础。然而，突厥汗国建立之后，为突厥汗国立下了汗马功劳的铁勒部民却遭到了突厥统治者的奴役和压迫。

西突厥汗国灭哒哒汗国以后，统治着咸海沿岸以及咸海到里海之间的广大地区的铁勒部落。史书没有明确记载西突厥人对铁勒诸部的统治，根据一些材料分析，可以了解大概情况。西突厥汗国统治以前，铁勒各部分散，无"君长"，"以寇抄为生"[3]。西突厥贵族统治这些部落以后，对原部落贵族，即伯克，赐予突厥官号。官位等级不等，有"特勤"、"俟斤"、"颉利发"。据《通典·铁勒条》记

---

① （唐）魏征等：《隋书》，中华书局1973年版，第1880页。

② （唐）杜佑：《通典》，中华书局1988年版，第5493页。

③ （唐）魏征等：《隋书》，第1880页。

载："隋大业元年……（铁勒、薛延陀等）由是一时反叛，拒处罗，遂立俟利发、俟斤契弊歌楞为易勿真莫何可汗，居贪汗山，复立薛延陀内俟斤字也咥为小可汗。"由此可知，契弊歌楞和薛延陀的也咥在反抗西突厥处罗可汗之前，都冠有突厥官号俟利发和俟斤。《旧唐书》记："突骑施乌质勒者，西突厥之别种也。初隶在斛瑟罗下，号为莫贺达干。"①莫贺达干也是突厥官名。西突厥统治者通过领有突厥官职的铁勒贵族统治其部民。

尽管如此，西突厥统治者对铁勒贵族极不信任，并随意杀戮。如处罗可汗一次就杀死铁勒首领数百人。②西突厥的残暴统治激起了铁勒各部上上下下的反抗。隋文帝在《讨突厥诏》中说："（突厥）世行暴虐，家法残忍。东夷诸国，尽挟私仇，西戎群长，皆有宿怨。"③突厥统治者的压迫，使原来成为突厥统治基础的铁勒各部转而为敌，这一点从突厥文碑中反映出来。突厥文《阙特勤碑》南面记突厥创业之时说："九姓乌护（指铁勒）之诸匐及民众！其悉听朕言，谨识之哉！"而突厥汗国建立之后，九姓乌护却成为突厥人的仇敌，据此碑文记："九姓乌护部族本吾仇敌。"④在西突厥汗国，铁勒的反抗从达头可汗统治时期（576—603）已经开始，断断续续地一直延续到西突厥汗国灭亡（657），这些斗争以统叶护统治后期为界，主要可分为两个阶段。

在第一阶段（603—627），铁勒各部希望依靠本部部民的力量摆脱西突厥贵族的统治。其中，605年，铁勒族各部爆发了大规模起义。据《隋书》记载："大业元年（605），突厥处罗可汗击铁勒诸部，厚税敛其物，又猜忌薛延陀等，恐为变，遂集其魁帅数百人，尽诛之。由是一时反叛，拒处罗……"薛延陀部的斗争最为突出。

薛延陀由"薛"和"延陀"两部组成，"在铁勒诸部最雄张，风

---

① （后晋）沈昫等：《旧唐书》，中华书局1974年版，第5190页。

② 详见下文。

③ （唐）魏征等：《隋书》，第1866页。

④ 岑仲勉：《突厥集史》下册，第881页。

俗大抵与突厥同"①。薛延陀最早在漠北游牧,5世纪初,臣属于柔然。突厥汗国兴起之后,臣属于东突厥。6世纪末,西突厥达头可汗统一了东、西突厥,薛延陀部从属于达头政权。600年,隋军大破达头可汗,达头败亡吐谷浑,薛延陀部分散。一部分薛延陀人西迁至阿尔泰山西南,臣属于西突厥处罗可汗。605年,西突厥泥撅处罗可汗对阿尔泰山西南的薛延陀等铁勒"抚御无道"、"厚税敛其物",引起铁勒各部的强烈不满。对此,泥撅处罗召集各部酋长数百人,全部杀害。这一残暴行径迫使薛延陀部起义,他们摆脱了两突厥汗国的统治,拥立本部的乙失钵俟斤为也咥可汗,建牙于燕末山。

在此次起义中,铁勒契苾部也建立了自己的政权。契苾(又称契苾羽)是铁勒族的一个大部,他们在焉耆西北的鹰娑川游牧。西突厥人统治这一地区以后,契苾逐渐沦为突厥贵族的奴隶。处罗可汗的残暴行为激起了契苾部的起义。在起义中,契苾部首领契苾歌楞被推为"易勿真莫贺可汗",成为诸部起义的首领。在契苾歌楞的率领下,契苾部翻越天山进入吐鲁番盆地,在贪汗山建牙,摆脱西突厥获得独立。

据《新唐书》记载,在这次大规模起义中,独立出来的铁勒部落还有韦纥、仆骨、同罗、拔也古,它们的首领自称俟斤。611年以后,西突厥射匮可汗对独立的铁勒各部进行了再征服,"延陀、契苾二部并去可汗之号以臣之"②。第一阶段的起义以西突厥贵族重新征服铁勒各部而结束,铁勒各部的起义失败了。

西突厥统治者对铁勒部民实行民族压迫是铁勒起义的原因,铁勒各部的起义是反压迫、争取独立的正义斗争。铁勒各部的起义虽然失败了,但对铁勒各部的历史发展仍然具有意义。铁勒各部在斗争中发展壮大起来,在政治上得到了锻炼,它们不仅摆脱了西突厥的统治,而且组建了新的部落联盟。

---

① (北宋)欧阳修、宋祁:《新唐书》,中华书局1975年版,第6134页。
② (后晋)沈昫等:《旧唐书》,第5344页。

　　在起义过程中，以契苾和薛延陀为中坚力量的铁勒人对天山东部的广大地区进行过有效的统治。契苾部的"莫何可汗勇毅绝伦，甚得众心，为邻国所惮，伊吾、高昌、焉耆诸国悉附之"[①]。铁勒部对臣属部或臣属国派遣吐屯，监督过境胡商纳税。西域门户高昌国便是一例。"而铁勒恒遣重臣在高昌国，有商胡往来者，则税之送于铁勒。"除纳税外，臣属国家还要为铁勒部提供封建义务。在阿斯塔那 307 号墓所出《高昌□善等传供食帐》，中有"（前缺）〈日〉郑伽子传，□□□斗，供鸡弊零出军（后缺）"[②]，鸡弊零部即契弊部。"供鸡弊零出军"说明在契苾部出兵征战之时，高昌国要提供援助。

　　铁勒各部的起义使西突厥的统治发生危机，有助于隋朝在西突厥内部打击反隋势力，扶植起亲隋的射匮可汗。在独立政权建立之后，铁勒各部企图与隋朝建立交往。607 年，契苾部遣使入朝；薛延陀部以铁勒之名与隋朝交往，以期借助隋朝势力抵制西突厥。隋朝派黄门侍郎裴炬前往抚慰。由于隋祚短促，独立的铁勒部没有与隋朝建立起更深的关系。铁勒部民通过这一时期的起义认识到本部力量的不足，在以后的斗争中，他们求助于唐朝，最终摆脱了西突厥的控制。

　　统叶护继任西突厥可汗以后，在 605 年大起义中独立出去的铁勒部重新臣属于西突厥汗国。据《旧唐书》："统叶护可汗，勇而有谋，善攻战。遂北并铁勒……"[③]在统叶护统治末期，铁勒部民重新举起了反西突厥贵族的义旗。

　　铁勒人第二阶段的起义从 627 年起，到 649 年止。在此时期，铁勒部民在本部落首领的率领下，离开西突厥贵族统治地区，归附唐朝，借助唐朝的力量摆脱西突厥的控制，实现了独立。

---

① （唐）魏征等：《隋书》，第 1880 页。
② 国家文物局古文献研究室等编：《吐鲁番出土文书》第 3 册，文物出版社 1981 年版，第 257 页。
③ （后晋）沈昫等：《旧唐书》，第 5181 页。

统叶护是西突厥可汗中最有作为的可汗，但是，在统治后期，他"自负强盛、无恩于国"，"部众咸怨"，由此导致了起义，最早发难的是薛延陀。薛延陀被射匮可汗征服以后，重新臣属西突厥汗国，但薛延陀人不甘忍受西突厥的奴役，628 年，西突厥统叶护被其伯父所杀，西突厥内乱，"西域诸国及铁勒先役属于西突厥者悉叛之"[①]。统叶护之子肆叶护可汗一度想重新征服反叛的铁勒诸部，结果"反为所败"。于是，原薛延陀也咥可汗的孙子夷男趁机率铁勒七万帐脱离西突厥，向东越阿尔泰山，进入东突厥境，与东部薛延陀联合起来共同反抗。第二年，薛延陀部与唐朝取得联系，唐太宗遣游击将军乔师望到薛延陀，册封夷男为真珠毗伽可汗。在唐朝扶持下，东迁的薛延陀建立了本部的汗国。

接着，游牧于阿尔泰山以西的铁勒族歌逻禄部（即葛逻禄部）起义。据《隋书》记载："伊吾以西，焉耆之北，傍白山，则有契弊、薄落职、乙咥……"[②]但薄落职、乙咥的断句应该是薄落、职乙，这是歌逻禄三姓中的两姓。638 年，西突厥乙毗咄陆可汗立，阿史那贺鲁为叶护，管理多逻斯川一带，歌逻禄受其管辖。648 年，贺鲁投奔唐朝，歌逻禄中的一姓婆鼻（炽俟）也随贺鲁一起归附。

此外，叛离的铁勒族还有契苾部。契苾部被射匮重新征服以后，部落分散为三支：一支留在贪汗山原地，一支西迁到伊塞克湖，一支东越阿尔泰山。迁往伊塞克湖的契苾部于 632 年在首领契苾何力率领下东迁至沙州界，并"奉表内附"。唐太宗将其部安置在水草丰美的甘、凉二州，契苾部摆脱了西突厥的奴役。契苾何力以后成为唐朝的一员将军，为唐灭西突厥立下了战功。

铁勒诸部的归唐在西域引起了连锁反应。"635 年，阿史那社尔亦效法契苾何力，率众东迁内地，臣属于唐。"以后"高昌麹文泰，焉耆王龙突骑支，龟兹王白苏伐叠，疏勒王裴阿摩支，于阗王尉迟

---

① （后晋）沈昫等：《旧唐书》，第 5182 页。

② （唐）魏征等：《隋书》第 1879 页。

居密，以及康国王、安国王、石国王等等，亦先后派使或亲身到唐朝，表示臣属"[1]。可见，铁勒族契苾部的归附瓦解了西突厥在中亚东部的统治。

应该说第二阶段铁勒人的叛离活动是成功的，其主要原因是唐朝的强大成为铁勒诸部反突厥人的靠山。统叶护可汗去世以后，西突厥汗国走向衰亡。汗国境内铁勒族的叛离活动加速了这一过程。630年，唐灭东突厥以后，集中力量对付西突厥。从640年出兵平定高昌起，到657年西突厥灭亡的17年中，唐朝与西突厥及其臣属国共进行六次战争。在这六次战争中，据史书记载有铁勒兵参战的就有四次。

在639—640年平定高昌的战争中，唐太宗"时薛延陀可汗请为军向导，故民部尚书唐俭至延陀坚约"，并且"乃拜侯君集为交河道大总管……契苾何力为葱山道副大总管……率突厥、契苾骑数万讨之。"[2]在648年平定焉耆、龟兹的战争中，唐太宗"乃以阿史那社尔为昆丘道行军大总管，契苾何力副之，率安西都护郭孝恪……发铁勒十三部兵十万讨之"[3]。

在平定西突厥的二次战争中，唐高宗"诏左武候大将军梁建方、右骁卫大将军契苾何力为弓月道行军总管，……发秦、成、岐、雍府兵三万人及回纥五万骑以讨之"[4]。显庆二年，唐以右屯卫大将军苏定方为伊丽道行军总管，率燕然都护任雅相、副都护萧嗣业，发唐兵与回纥骑兵万余人自北道攻西突厥沙钵罗可汗，又遣右卫大将军阿史那弥射及左屯卫大将军阿史那步真为流沙道安抚大使，自南道招集西突厥旧众。

从以上各次战事的组军来看，铁勒族人参加了战斗。陈寅恪先生指出："太宗既任部落之酋长为将帅，则此部落之酋长必率领其部

①　新疆社会科学院民族研究所编：《新疆简史》第1册，新疆人民出版社1980年版，第105页。
②　（北宋）欧阳修、宋祁：《新唐书》，第6221页。
③　同上书，第6231页。
④　（北宋）司马光主编：《资治通鉴》，第6274—6275页。

下之胡人，同为太宗效力。太宗之用此蕃将，乃用此蕃将及其所统之同一部落。"①铁勒部参战情况还可以从唐朝庭州刺史骆宏义的建议中反映出来。骆宏义在上疏中写道："望请于射脾部落及发处月、处密、契苾等兵六千人，各赏三十日粮，往掩袭……"又写道："且番人行动，须约汉兵，东西犄角，不（又？）资翅翼。简胡骑以率其前，率汉兵以蹑其后，贺鲁进退无路，理即可擒。"②不难看出，在平定西突厥的战争中，铁勒族部落和酋长起到了重要作用。

铁勒各部是西突厥汗国建国和扩张时期军事和经济上的强大基础，但由于西突厥贵族的残暴统治，激起铁勒各部的反抗，铁勒诸部纷纷归附于唐，为唐朝统一西域做出了贡献。

在阿拉伯人夺取河中地区以后，铁勒部落沿咸海北岸缓慢地向西迁移，散布在里海以北的草原上。这些铁勒—突厥人分化组成了许多新的部落集团，如马扎尔人、可萨人、佩切涅格人、钦察人等，他们在欧亚草原的活动对南俄草原及西亚都产生了影响。

第二节　昭武九姓国

6世纪初期，在中亚河中地区形成了以昭武姓为统治者的国家，中国史书称之为昭武九姓国。突厥汗国建立以后，这些国家臣服于西突厥汗国的统治。有关西突厥汗国统治下的昭武九姓诸国情况，在唐朝三藏法师玄奘（600—664）的《大唐西域记》一书中留下了一些记载。玄奘13岁出家为僧，先后游历洛阳、成都、荆州、扬州、相州、长安等地，遍访名师，因感佛教各宗派对佛学理论的不同解说，发誓要到西域以问所惑。627年，他踏上了西行取经之路。玄奘从长安出发，经河西走廊，过玉门关，越莫贺延碛大沙漠，沿

---

① 陈寅恪：《论唐代之蕃将与府兵》，《中山大学学报（社会科学版）》1957年第1期。
② （清）董诰等：《全唐文》卷186《骆宏义·请急攻金岭城疏》。

伊塞克湖西行，到达西突厥可汗的驻跸地碎叶城在西突厥人的护送下，穿过锡尔河与阿姆河之间的粟特诸国，经铁门关，进入吐火罗国故地。自此向南，越大雪山（兴都库什山），入北天竺。求法归国以后，玄奘写下《大唐西域记》一书。该书记录了这一时期中亚诸国的国情和民风，是研究西突厥汗国监摄下的中亚国家和社会的宝贵资料。

在《大唐西域记》一书中，玄奘将西突厥统治之下的中亚以铁门关为界分成两个地区，铁门关以北是粟特地区，玄奘称之为"窣利"；铁门关以南是吐火罗人的地区，玄奘称之为"覩货罗国故地"。铁门关即今帖尔穆兹以北的布兹加拉山口。下面按此划分论述当时一些重要城邦国家。

对铁门关以北粟特地区的具体范围，学界至今没有统一的看法。大者指热海（伊塞克湖）以西，波斯以东，楚河以南，铁门关以北；小者指阿姆河与锡尔河之间的泽拉夫善河（中国唐代文献写作那密水）流域。泽拉夫善河流域东西长约 650 公里，沿河流域土地肥沃，物产丰富。公元前 5 世纪以来，在泽拉夫善河流域绿洲上相继出现了玛拉干达、瓦拉赫沙（Varakhsha）、阿滥谧（Ramithana，Ramitan）等城镇。到 6 世纪初期，在泽拉夫善河及周围形成了一些国家，它们是康国（Samarqand）、安国（Boukhara）、石国（Chach）、史国（Kesh）、曹国（Khebud）、何国（Koshana）、米国（Maimargh），以及火㝷（Khwaresm，货利习弥，今阿姆河下游一带）和戊地（Betik，伐地，又名西安国）。这些国家的国王均以昭武为姓，因此，在 3 至 9 世纪的中国文献中，将它们统称为昭武九姓国，有的史书又将它们称为九姓胡或粟特胡。

昭武九姓国人自称月氏人，可能是因为后者曾在中亚建立过贵霜大帝国的原因。据《隋书》记载：昭武九姓本是月氏人，"旧居祁连山北昭武城（今甘肃临泽），因被匈奴所破，西逾葱岭……支庶各分王……以昭武为姓"。对于昭武九姓的来历，以及"昭武"一名的确切含意，学界至今没有令人满意的解释。[①]从种族上说，昭武九姓人确实与月氏人一样，属于印欧种人，不过，他们在中亚地区生活的时间要比月氏人久远得多。在公元前 2000 年到前 1000 年之间，印欧种东伊朗游牧人陆续迁入阿姆河下游和阿姆河与锡尔河之间的河中地区；公元前 6 世纪，波斯帝国统治时期，这一地区设立为波斯的粟特行省，汉语音译为"粟特"，因此，这一地区的居民被称为粟特人。根据中国文献资料，在大月氏人来到粟特之前，粟特人接受过康居国的统治，在康居国衰落之后，他们接受了大月氏人建立的贵霜帝国的统治。贵霜帝国衰落之际，粟特地区形成了许多小国，这些国家就是昭武九姓国，它们先后处于贵霜帝国和哌哒汗国的统治之下。当突厥人在中亚地区建立政权之时，昭武九姓国臣属于西突厥汗国。

昭武九姓建立的国家不只有九个，据中国史籍《隋书》、《北史》记载，王姓昭武的国家在安国中还有小安国（又名东安国、喝捍），那色波（又名小史，在今乌兹别克斯坦的卡尔施），此外，还有臣属于安国的毕国，曹国一分为三，即东曹、中曹和西曹。在昭武九姓国家中，康国最大，是其他昭武国家的宗主。

康国在唐代文献《大唐西域记》中又名为飒秣建、在杜环《经行记》中称萨末鞬，其地理位置在今乌兹别克斯坦撒马尔罕一带。[②]据《大唐西域记》记载，康国："周千六七百里，东西长南北狭。国大都城，周二十余里，极险固多居人。异方宝货多聚此国，土地沃壤稼穑备植，林树蓊郁花果滋茂，多出善马。机巧之技特工诸国，气序和畅风俗猛烈。"

---

① 昭武一词的语源，尚无定论。西方学者把"昭武"比拟为 siyw（古伊兰民族间传说的勇士之名）、Javugasa（见于大月氏王货币上的铭文）、schba 或 Jabgu（叶护）。有的学者认为佉卢文书中有一称号 Cozbo，相当于粟特语佛教文献中的 γωβω，"昭武"为其对音。

② 以撒马尔罕城为中心的地区称为"康国"，其原因是该地区在公元前 2 世纪曾是康居行国的属地。有史书记载："康国者，康居之后也。迁徙无常，不恒故地，然自汉以来相承不绝。"显然，康国与康居不是一回事，此误在 11 世纪写成的《新唐书》中得以纠正，此书之后，不再将康国记为康居之后。

康国王在粟特文中的尊号是"粟特王萨末鞬主"。在康国统治阶层中，除国王外，还有大臣三人，与康国王共掌国事。国内兵马强盛，军队强大，赭羯（战士）之人其性勇烈，视死如归，战无敌。

在昭姓国家中，康国位置居中，在它的东南面有米国（迷密、弥末、弭秣贺）。据《大唐西域记》记："弭秣贺国周四五百里，据川中，东西狭南北长，土宜风俗同飒秣建国。"米国都城钵息德城，据学者考证，在今塔吉克斯坦共和国片治肯特东南 1.5 公里发现的粟特城就是当时米国的都城。1946 年，苏联学者开始对该城遗址进行发掘，初步认定，城始建于 5 世纪，繁荣于 7—8 世纪之交。城址包括城堡、城区、农庄和墓地四部分。城堡内建有宫殿，城区有城墙和望楼，街区划分有贵族宅邸，城中心有袄教神庙，农庄区有灌渠和民房，墓地在城区南，葬制使用遗骨陶棺，葬入地上的屋形小墓。

米国与康国关系密切，在 6 世纪末至 7 世纪初米国还未建国之时，康国王派其支庶作为城主统治米国。《太平寰宇记》记：米国"惟有城长，属康国。唐武德九年，城长康数姿遣使献玉盘"[1]。642年，西突厥乙毗咄陆可汗攻破米国，夺取了大量人口与财富。到 7 世纪中叶，米国已经建国，唐高宗于 658 年以其地为南谧州时，其国君昭武开拙被任命为南谧州刺史。

在康国东北有石国，石国地处今塔什干一带。最早记载塔什干城的中国史书是成书于 554 年的《魏书》，在《魏书》中，塔什干被记为"者舌"，在历代文献中，石国又名为者舌、赭时、柘支、柘折。到 7 世纪，《隋书》将"者舌"记为石国，第一次为"石国"作传。石国境内的千泉是西突厥汗庭所在地，因此，西突厥人在石国的统治与其他昭武九姓国不同，不仅有兵驻守，而且还直接派突厥汗室子弟统治。7 世纪初期，射匮可汗承袭祖父达头可汗的称号，楚河、塔拉斯河流域成为他的领地。据《隋书》记载，石国人曾反叛

---

[1] （北宋）乐史：《太平寰宇记》第 470 册，中华书局 2014 年版，第 686 页。

西突厥汗国的统治："其俗尚战，曾贰于突厥，射匮可汗兴兵灭之，令特勤甸职摄其国事。"特勤是突厥官职，甸职一名显然是突厥人名。甸职在 609 年曾遣使向唐朝贡，其后不复至。641 年，西突厥汗国乙毗咄陆可汗与乙毗沙钵罗叶护可汗相互攻击，"咄陆遣石国吐屯攻叶护，擒之，送于咄陆，寻为所杀"。这一记载表明，监统石国的西突厥官员不再是特勤，而是地位低于特勤的吐屯（Tudun）。西突厥射匮可汗在杀其王石涅之后，派特勤统治其国，据《隋书》石国条记载："隋大业初，西突厥杀其王，以特勤甸职统其国。"直至 742 年，石国王仍保留着突厥官号特勤。

在康国北部是曹国，《大唐西域记》记为劫布呾那国："周千四五百里，东西长南北狭，土宜风俗同飒秣建国。"曹国分东曹、中曹和西曹三国。东曹（苏对沙那）首府是布恩吉卡特，城址在今塔吉克斯坦乌拉秋别，或乌拉秋别西南之沙赫里斯坦。中曹（伽不单、劫布呾那）首府迦底真城，城址在今撒马尔罕西北之凯布德。西曹首府在瑟底痕城，在穆斯林地理文献中，被记为 Ithtâkhanj 或 Ishtîkhan，城址在今撒马尔罕城西北 50 公里的伊什特汗。西曹与康国关系密切，7 世纪初国中无主，康国王令子乌建治之。

在康国西部有何国，据《隋书》记，何国"东去曹国百五十里，西去小安国三百里"。《新唐书》"何国"条记，何国"或曰屈霜你迦，曰贵霜匿，即康居小王附墨城故地。"屈霜你迦，阿拉伯语库沙尼亚（Kusâniyya）的对音，其地在撒马尔罕西北约 75 公里，居曹国和安国之间；阿拉伯地理学家伊斯塔赫里记，贵霜匿为"粟特的文化最高之城，粟特诸城之心脏"[1]。

隋唐时期，何国皆遣使来贡。[2]何国十分重视与唐朝的关系，在唐朝使者来访时，他们举行热烈的欢迎仪式："若中国使至，散花迎之，王东面拜，又以麝香涂使人额，以此为重。"[3]《新唐书·西域传》

---

[1]　季羡林等校注：《大唐西域记校注》，第 93 页。

[2]　（唐）杜佑：《通典》，第 1039 页。

[3]　（北宋）乐史：《太平寰宇记》第 470 册，第 686—687 页。

记，当唐朝平定西突厥汗国之时，何国曾上书说："闻唐出师西讨，愿输粮于军。"

何国再往西是安国，安国位于泽拉夫善河下游布哈拉绿洲地区，在唐以前的史书中被记为忸密、布豁、捕喝。[①]最早记载布哈拉地区的是成书于 82 年的《汉书·西域传》，在康居国的臣属国中，有一个小国国王，即罽王，其都城在罽城。[②]《新唐书》记载其方位说："安者，……东北至东安，西南至毕，皆百里所。西濒乌浒河，治阿滥谧城，即康居小君长罽王故地。"[③]到 7 世纪，《隋书》将布哈拉地区政权称为安国，之所以如此称呼是因为古代安息帝国的缘故："安国，汉时安息国也。"[④]安息帝国位于今伊朗东北部，首都尼萨城在今土库曼斯坦的阿什哈巴德西北，强大之时，统治了包括布哈拉城在内的中亚和西亚广大地区。唐代史家认为布哈拉就是汉时的安息国，基于这种错误，《隋书》将以布哈拉城为中心形成的政权称为安国，据《新唐书》记载，659 年，唐在安国设置了安息州，然而，661年，唐在乌罗浑城设置忸密州，安息州不见于西域羁縻府、州的建置之中。由此看来，唐人已意识到以安息一名称安国是不妥的，继而将安息州改为忸密州。[⑤]在 1060 年成书的《新唐书》中，出现了 Bokhāra 一名的音译名布豁和捕喝，但是，大量文献仍以安国之名称之。

布哈拉城建于公元前 1 世纪，到 6 世纪成为中亚有名的城市之一。7 世纪，据《隋书》记，布哈拉城"城有五重，环以流水。宫殿皆为平头"[⑥]。按中亚城市布局，布哈拉城以城堡为中心，向外扩展共有五层，宫殿皆为平屋顶，因为中亚气候干燥少雨，屋的建设式样与中国不同，不需要排水的人字形屋顶。[⑦]

① （北宋）欧阳修、宋祁：《新唐书》，第 6244 页："安者……元魏谓忸密者。"
② （汉）班固：《汉书》，中华书局 1997 年版，第 3894 页。
③ （北宋）欧阳修、宋祁：《新唐书》，第 6244 页。
④ （唐）魏征等：《隋书》，第 1849 页。
⑤ （北宋）欧阳修、宋祁：《新唐书》，第 1135 页。
⑥ （唐）魏征等：《隋书》，第 1849 页。
⑦ 蔡鸿生：《唐代九姓胡与突厥文化》，第 27—28 页。

6—7世纪，布哈拉国臣属于以撒马尔罕城为中心建立的康国。[①] 布哈拉国王姓昭武氏，"与康国王同族，字设力登；妻，康国王女也"[②]。据当时的国王诃陵迦说，国王一姓相承了二十二世。[③] 国王朝政之时，"坐金驼座，高七八尺。每听政，与妻相对，大臣三人评理国事"[④]。国家议事会中有三人，妇女在城市国家中有一定地位，其妻可以参与政务。安国王布克哈拉时期曾铸造银币。7世纪，西突厥人统治了中亚，安国以属臣身份处于突厥人的统治之下。

安国虽是康国的属国，但安国也有自己的属国，如东安国和毕国。东安国在布哈拉的东北部，在泽拉夫善河之北，西南至布哈拉四百里。[⑤] 毕国地处安国西部的泽拉夫善河南岸，是一个自治城邦国家。《隋书》对毕国没有独立立传，仅附于安国条："国之西百余里有毕国，可千余家。其国无君长，安国统之。"在6—7世纪，毕国是布哈拉绿洲上的一大商埠，在穆斯林著作中被记为沛肯城（Baikand），据阿拉伯史籍记载："古时毕国号称要塞，因坚不可摧而被誉为铜墙铁壁。"[⑥] 20世纪40年代的考古发现，故城面积达20公顷。城内筑墙，隔为二重，有人工水渠环绕，后人称之为毕渠，毕渠与安国连接。毕国虽然受安国统辖，实际上是商民自治的自由城邦或商人共和国。[⑦] 它的存在反映了河中地区发达的商贸，"毕国之民，尽为商贩。彼等行商中国及海外，获利甚丰"[⑧]。

在康国西南部有史国，史国又名羯霜那、乞史、佉沙，这些汉译名都是阿拉伯语、波斯语 Kass、Kiss 的对音。史国位于独莫水（今卡尔施河）南岸，曾是康居小王苏薤城故地，国有城五百，都城在

---

① （唐）魏征等：《隋书》，第1848页。

② 同上书，第1849页。

③ （北宋）欧阳修、宋祁：《新唐书》，第6244页。

④ （唐）魏征等：《隋书》，第1849页。

⑤ （北宋）欧阳修、宋祁：《新唐书》，第6245页。

⑥ Narshakhī, *The History of Bukhara*, translated by R. N. Frye, Cambridge, Mass., 1954, p.44.

⑦ 蔡鸿生：《唐代九姓胡与突厥文化》，第75页。

⑧ Narshakhī, *The History of Bukhara*, p.18.

今撒马尔罕南 75 公里的沙赫里夏勃兹一带，地处撒马尔罕至缚喝（巴尔赫）国途中的一个较大城市，该城每边长约三分之一法尔沙赫（farsakh）[①]。7 世纪初，史国国君狄遮始通中国，号最强盛，筑乞史城，地方数千里。642 年，国君沙瑟毕到唐宫廷献方物。

在康国东部的昭武国家有钹汗国，钹汗在康国以西，位于锡尔河中上游地区。7—8 世纪的中国文献还记载了怖捍、拔汗那等译名。据《隋书》记载："钹汗国，都葱岭之西五百余里，古渠搜国也。王姓昭武，字阿利柒。都城方四里。胜兵数千人。"7 世纪中叶，钹汗国以锡尔河为界分裂为东西两部，东部以锡尔河北的渴塞城（遗址在今乌兹别克斯坦纳曼干市西 25 公里）[②]为统治中心，西部以河南的呼闷城为中心。据玄奘记载，"怖捍数十年无大君长"。《大唐西域记》记其"宜羊马……人性刚勇"。

在康国北部，即阿姆河下游两岸地区有火㝷国，中国文献又记为花剌子模、呼似密、货利习弥、过利等名。花剌子模国虽役属于西突厥汗国，但因地处僻，与河中隔离，经常受到北方草原上的铁勒族可萨人的入侵。

在铁门关以南的中亚地区被称为吐火罗，吐火罗本是一支部落之名，在希腊典籍中写作 tokharoi，以后转为地名——吐火罗斯坦。在《大唐西域记》中，吐火罗斯坦被记为覩货逻国故地，其范围是："东扼葱岭，西接波剌斯，南大雪山（即兴都库什山），北据铁门，缚刍大河（即阿姆河）中境西流。"现在吐火罗斯坦指葱岭以西、阿姆河之南、兴都库什山以北的阿富汗北部地区。

在玄奘游覩货逻国故地之时，吐火罗王族已绝嗣数百年，"酋豪为竟，各擅君长，依川据险，分为二十七国。虽画野区分，总役属突厥。"玄奘所记，吐火罗国故地分为 27 国，但在《大唐西域记》中实际记载了 29 个国家。

---

① 长度单位，1 法尔沙赫等于 6.24 公里。

② 汉代贵山城。

吐火罗斯坦居丝绸之路南道要冲，西突厥统叶护可汗破吐火罗斯坦之时，派长子呾度设（Tardu Šad）"管铁门以南诸小国"，驻在活国（Warwaliz，今昆都士附近）。此后，吐火罗斯坦王统由突厥人继承。活国在吐火罗斯坦有着与康国在昭武九姓诸国中的地位。《大唐西域记》记："活国，覩货逻国故地也，周二千余里。国大都城周二十余里。无别君长，役属突厥。"活国土地平坦，以农业为主要经济，"谷稼时播，草木荣茂，花果具繁"。在7世纪上半叶，活国的佛教十分兴盛，其民"多信三宝，少事诸神。伽蓝十余所，僧徒数百人，大小二乘兼功综习"。

与活国相邻的昭武九姓人建立的国家有阿利尼国。阿利尼国"周三百余里，国大都城周十四五里。土宜风俗大同活国"。在阿利尼国东面是曷逻胡国，曷逻胡国地处阿姆河南岸，"周二百余里，国大都城周十四五里。土宜风俗大同活国"。在活国东南面还有阔悉多国，"周减千里。国大都城周十余里，无大君长，役属突厥。山多川狭，风而且寒，谷稼丰，花果盛。人性犷暴，俗无法度。伽蓝鲜少。从此西北，逾山越谷，度诸城邑，行三百余里，至活国"。

此外，地处阿姆河西岸还有乌那曷国（今阿富汗安德胡伊）和穆国（今查尔朱）；在阿姆河上游南岸有挹怛国，先时国乱，突厥遣通设诘强领其国。

中亚最南部的昭武国家是迦毕试国和漕矩吒国。迦毕试国位于兴都库什山南麓的阿富汗东部地区，位置在今喀布尔以北，《大唐西域记》记："迦毕试国周四千余里，北背雪山，三陲黑岭。国大都城周十余里。宜谷麦，多果木。出善马，郁金香。异方奇货，多聚此国。……文字大同覩货逻国，习俗语言，风教颇异。"玄奘在迦毕试国时曾受到各寺的邀请并为当地僧人讲经说法。

漕矩吒国位置在今喀布尔以南。"周七千余里。国大都城号鹤悉那（今阿富汗加兹尼），周三十余里；或都鹤萨罗城，城周三十余里。并坚峻险固也。……鹤萨罗城中踊泉流派，国人利之，以溉田也。气序寒烈，霜雪繁多。人性轻躁，情多诡诈。好学艺，多技术，聪而不明，日诵数万言。文字言辞，异于诸国。"据《隋书》和《新唐书》记载，漕国（漕矩吒国）盛产黑盐。在玄奘路过之时，该国有伽蓝百所，僧徒万余人，均习大乘；在慧超旅行之时，突厥统治者继续敬信三宝，信仰大乘佛教。

吐火罗斯坦诸小国虽役属于突厥，但是，诸国国王仍是原贵霜王室后裔。在597年，萨珊波斯国王库思老二世派大将军沙母贝特（Smbat）讨击阿姆河以南地区之时，该地区的诸小国国王纷纷向西突厥可汗求援。由于史料的缺乏，目前学术圈未能对吐火罗地区的政治和经济做出总结。西突厥汗国灭亡之后，唐朝统治了吐火罗斯坦，波斯以东、阿姆河以南地区归入唐朝版图，唐在吐火罗斯坦置羁縻州府进行统治。

第三章

社会经济与政治统治

　　游牧政权突厥汗国的政权基础是贵族统治，国家采取大小可汗分国制度，大可汗将国家分封给他的子弟，形成了管理一方的小可汗。突厥汗国官职有 28 等，分别由氏族酋长、部落首领等贵族担任。西突厥汗国对中亚南方的昭武诸国实施监国制度，监察之官名为吐屯，主要职责是监督各属部和属国赋税的缴纳。在西突厥汗国统治之下，突厥人一直以游牧为业，兼营手工业和商业；在昭武九姓诸国中，务农和经商者各占一半，著名的手工业有酿酒业。6 至 7 世纪，中亚经济比前一个时期有长足的进步，中亚地区与东、西方经济和文化的交流达到了前所未有的阶段，商业的一大特点是长途贸易的发展。

第一节　社会经济

　　突厥人最初居叶尼塞河上游，以后，大部分突厥人从此地迁走，一些人留居原地。据《新唐书》记载，留在原地与契骨为邻的三个突厥部落在 7 至 8 世纪时仍"无牛羊，不知耕稼，土多百合草，取其根以为粮，并捕鱼射猎以为食，而衣貂鼠之皮，贫者辑鸟羽以为服"。由此推之，原始突厥人以采集和狩猎为生。

从叶尼塞河上游迁走的突厥人来到高昌北山，当时，狩猎业在突厥人的生活中虽然仍占有一定的地位，但畜牧游牧业已经成为突厥人经济生活的主要产业，据《周书》记载："其俗畜牧为事，随逐水草，不恒厥处。"游牧和畜牧业成为突厥社会的经济基础，"突厥兴亡，唯以羊马为准"。

柔然汗国建立以后，突厥人被迁到阿尔泰山西南坡。在建国以前，他们一直生活在天山与阿尔泰山之间的准噶尔盆地中部。准噶尔盆地虽然大部分是沙漠，但是，大多数是固定和半固定的沙丘，年降雨量约为 100 毫米—150 毫米，冬季有积雪，植物生长较好，也是比较理想的冬季牧场。

突厥汗国建立以后，锡尔河以北成为西突厥人生活的主要地区，与东突厥人的生活方式一样，西突厥人在此过着逐水草而居的游牧生活。7 世纪上半叶，西突厥可汗在冬夏两季有不同的营地。统叶护夏季游牧地在千泉，据《大唐西域记》记载："千泉者，地方二百余里，南面雪山，三陲平陆，水土沃润，林树扶疏。暮春之月，杂花若绮，泉池千所，故以名焉，突厥可汗每来避暑。"不难看出，这一地区是游牧的好场所，西突厥人的冬营地可能在伊塞克湖（唐代称热海）沿岸。突厥人的游牧经济不仅从阿尔泰山以南地区出土的大量马、羊、牛和骆驼的遗骨上反映出来，还从突厥人生活习俗上反映出来。突厥人祭祀鬼神奉羊献马，婚丧吊庆宰羊杀马，酬谢往来也是馈赠羊马，贫富贵贱以羊马多寡为准。

迁到阿尔泰山西南以后，突厥人的冶铁业得到进一步发展。高昌北山盛产铜、铁等矿，突厥人迁到此地后掌握了铁和铜的锻冶技术，他们"工于铁作"，大批生产各种兵器，突厥人善于制造的马具有马镫、马勒，兵器主要是在射猎和战斗中广泛使用的铁箭镞。到 6 世纪中叶突厥人到中原王朝边境寇掠之时，已经有"辎重无数"了。突厥人冶炼的铁器除供本部落使用外，主要供柔然贵族使用，"为茹茹铁工"[1]。1925 年，苏联考古学家鲍罗夫卡在蒙古土拉河畔的诺颜乌斯穆发现了一座以马殉葬的古代贵族坟墓，墓的出土物中有铁制的刀、箭镞、马辔、马铠等物。考古学者认为这些遗物是 4 至 5 世纪柔然贵族的殉葬品。马长寿先生认为："若此推测不谬，其中的铁制品，至少有一部分是出自突厥锻工所手造的吧。"[2]

建国以后，突厥人的锻铁业继续发展，在西突厥人中，出现了专门从事手工业和商业者，他们的铁器远销中亚。据 6 世纪的拜占庭史家弥南德（Menander Protector）记载，东罗马使臣蔡马库斯出使西突厥路过粟特境之时（569），有突厥人携铁前来求售。[3] 突厥人能建立庞大的汗国，与他们发达的锻铁业有一定的关系。

突厥人的游牧畜牧经济决定了他们与定居民之间存在着共生关系，早在阿尔泰山西南坡游牧之时，突厥酋长土门就派人到西魏王朝边境互市。尽管突厥统治者与中原诸王朝之间发生过一些战争，但是，双方在经济文化上的交流却从未间断过，突厥人用马、羊等畜牧产品换取中原的丝绸、绢锦等丝织品。

西突厥汗国统治中亚地区以后，控制了丝绸之路的北道和中道，中转贸易频繁起来。突厥人与中原王朝贸易获得的大量丝织品，除一部分被突厥贵族享用外，其余的转卖给西方商人，主要是转卖给波斯商人。因此，贸易地点多设在西突厥与中原王朝和西突厥与萨珊波斯的交界处。河中地区的粟特商人为了与中国的贸易而逐渐东移，在锡尔河沿岸兴起了许多移民城镇，如养吉干（Yangi），这些城镇实际上是贸易据点，归突厥人管理。直接参与中转贸易者有突厥商人，然而，更多的是粟特商人。在西边，莫夫和赫拉特是西突厥人与波斯商人贸易的中心。在迦毕试国也有突厥人与印度人的贸易市场。阿姆河以北的撒马尔罕、沛肯城是东西方商品的集散地。

西突厥人的贸易有以物易物和货币贸易两种形式。朝贡贸易是

① （唐）令狐德棻等：《周书》，第 907 页。

② 马长寿：《论突厥人和突厥汗国的社会变革》，《历史研究》1958 年第 3—4 期。

③ 〔法〕沙畹：《西突厥史料》，第 210 页。

物物交换，其比价根据两国国势强弱或两国关系的政治需要而定；边境互市和与西方的贸易是采用货币和以物易物两种形式。在阿姆河畔的市场上，以银币为通货。从出土文物可以了解到，突厥人曾发行过自己的钱币。据考古发现，突厥人使用的货币有以下几种：一是在伊塞克湖以北发现的突——中合璧式的钱币。据埃德·德鲁恩（Ed. Drouin）考证，这种钱币属于西突厥人。二是在七河地区发现的铸币，其外形与中国铜钱相似，中有四方形小孔的钱币。三是西突厥突骑施人的钱币，这是突骑施汗国（Türgäch，690—766）通用的货币，在怛逻斯城和色勒库尔干（Selekur kent）发掘出土。形制为圆边圆孔，一面为蛇形长纹，另一面为粟特字母书写的突厥文。这种钱币曾广泛流行于西亚，在中国库车亦曾有发现。

突厥与东、西方经济文化的交流，有利于突厥社会的发展。在6世纪以前，突厥社会处于母系社会阶段，"所生子皆以母族为姓"，氏族成员过着同姓共帐，没有剥削，没有压迫的原始氏族社会生活。这一点可以从他们实行从妇居的外婚制上反映出来。6世纪初，突厥社会从母系氏族过渡到了父系氏族。在突厥文碑中，氏族开始被称为乌鲁格（Urugh），乌鲁格来源于乌鲁（Uru）一字，意思是男性。随着生产力的发展，特别是锻铁业的产生和交换的频繁，贫富分化的现象在突厥社会中产生。到6世纪中叶，突厥社会中私人占有财产已很普遍，马匹均要烙上各种不同的印记，作为私有财产的标志。私有财产已为社会所承认，为此还制定了严厉的法律予以保护，盗窃他人马匹或财物者，要赔偿盗赃十倍以上的物品。突厥人建国前后，私有制得到进一步的发展，一般牧民都有几匹马和数量稍多于马的牛、羊及杂畜，贵族拥有的马匹则成百上千。

在贫富分化的基础上，突厥社会产生了阶级。由于突厥汗国各地经济发展程度是不一致的，社会发展的水平也不一致，"有封建主义的部族，也有奴隶制的部族；有无阶级的氏族和部落，也有从无阶级向有阶级过渡的部落和部落联盟"[①]。一般来说，在6世纪中叶，

---

① 马长寿：《论突厥人和突厥汗国的社会变革》，《历史研究》1958年第3—4期。

突厥游牧社会出现了三个阶级,即富裕牧主伯克、牧民和奴隶。

突厥社会中依附于富裕牧主的家奴,其地位比一般牧民还低。然而,尽管存在着牧主、族长占有奴、婢的现象,但是,奴隶在突厥社会生产关系中的地位仍未占据主导。因此,突厥汗国是否是奴隶制社会的问题,学术界尚无定论。

突厥汗国建立以后,封建因素在突厥汗国中得到迅速发展。游牧社会的基本生产资料是牧场,史记突厥各部虽迁徙无常,而各有地分(即份地,游牧地段),总属于可汗。突厥可汗用武力占领了广阔的牧场,随即把它分封给突厥贵族,首先是分给可汗的子弟,他们再把牧场分给亲信和宗人,大小领主在汗国内形成递相从属的等级制度。这种等级制是由领主所控制"地分"决定的。突厥可汗分封牧场的具体情况,在沙钵略可汗统治时期(581—587)有较为详细的记载。在突厥汗国内,社会生产的主要承担者是牧民。牧民包括突厥族和汗国内其他铁勒族各部落的牧民,突厥族的牧民不多,主要是铁勒族各部的牧民。领主通过对牧场的占有控制着广大的牧民,牧民由于使用牧场而依附于领主,向其交纳赋税、当兵服役。这是突厥社会内部存在的封建因素。

突厥汗国封建因素的发展受到了外界的影响,主要是中原诸王朝的影响。突厥汗国在形成过程中经历了一系列征服战争,占据了亚洲三大草原,即蒙古草原、天山草原和哈萨克草原,在草原周边的定居政权都处于文明程度较高的封建社会,突厥社会受到了周边文明的同化,封建因素得以迅速发展。

在西突厥汗国统治时期,昭武九姓胡诸国盛行以男系为主宰的父系小家庭制度,父名至关重要。从穆格山文书中,反映出中亚这一时期重视父系家世,祖父以上就不计了。粟特人在契约落名之处,皆冠以某某之子,如订于707或708年的买地契约(文书B—8号)中,买卖双方和四位证人的署名,均按某某是某某之子的格式。粟特法律文书如此重视当事人的父系血统,说明九姓胡家庭是以父权制为基础的。这与粟特人的经济生活有相当大的关系,粟特男子在成年以后，因独立经商谋生而与其父母、兄弟分居，因此，必须注明父系。

尽管如此，在粟特社会中母权制和奴隶社会的因素仍然残存着。母权制在九姓胡政治生活中的反映如：安国国王笃萨波提遣使上贡表时，妻可敦也一同列名进奉。[1]再从考古资料来看，在编号为1482和1484的两枚粟特铜币上，正面镌刻着国王、可敦并列的头像。[2]这些事例都反映出粟特人家庭在8世纪仍然保留着母权制的遗迹。

6世纪，粟特人的社会中存在着被奴役的等级：贱民和奴隶。专业丧事者为贱民，他们别居城外。奴隶在粟特社会中被称为奴（βntk）、婢（δ'yh）。穆格山粟特文书第3、4号反映出奴隶的来源有以下几种：以身抵债的债奴（N'pk），债奴的存在从一个方面反映出奴隶是可以买卖的。除债奴外，奴隶来源还有战俘（Wn'k）、托庇于人的附庸（Ypδ），以及家生奴。[3]家生奴的存在表明奴隶身份是世袭的。在昭武九姓国中，奴隶在社会结构中所占比例还无材料说明，但是，从粟特经济活动来看，奴隶的劳动逐渐失去了主导地位。

居锡尔河与阿姆河之间的昭武九姓国以农业经济为主，盛产水果，据《后汉书·西域传》记载："粟弋国……出众果，其土水美，故葡萄酒特有名焉。"农产品特产中首推水果，其中最著名的有金桃、银桃、葡萄。647年，康国对唐朝的贡献中，有黄桃，"大如鹅卵，其色如金，亦呼为金桃"。畜牧产品首推马匹。

粟特地区有名的手工业是酿酒业，特别是葡萄酒。晋代人张华在《博物志》中记载："西域有葡萄酒，积年不败。彼俗云：可至十年，饮之醉弥月（日）乃解。"这一时期，中亚已经成为葡萄酒生产基地。7至8世纪的葡萄酒坊遗址在中亚分布广泛，已在片治肯特、

---

① （北宋）王钦若等编：《册府元龟》，中华书局1960年版，第11722页。

② 〔苏联〕斯米尔诺娃：《粟特钱币综览·铜币编》，莫斯科1981年版，第359—361页，转引自蔡鸿生：《唐代九姓胡与突厥文化》，第19页。

③ 〔苏联〕里夫什茨：《穆格山出土法律文书》，莫斯科1962年版，第22页，转引自蔡鸿生：《唐代九姓胡与突厥文化》，第5页。

花剌子模和塔什干等地发现。在片治肯特遗城的郊区遗址中发现了一土堆，是为酒槽，可储葡萄汁 1400 公升—1450 公升。1979 年，在东曹国（苏对沙那）境内发掘出一处酒坊，位于小丘之上，有管道连接酒槽，容器陶钵也同时出土。除了考古遗迹外，文献记载也可证实中亚酿酒业的发达。

昭武九姓国中，有专门从事铁器、陶器、金银器制作的工匠。在今片治肯特附近的米国都城遗址中，可以看到铁器铺和玻璃作坊。武器制作是粟特手工业的一个重要分支。粟特人制造的甲胄直到中世纪末期仍然享有盛名。718 年，他们以锁子甲作为礼物献给唐玄宗。

6 至 7 世纪，粟特地区建筑业也很发达。据记载，此时粟特大小城邦星罗棋布，号称"千城之国"。所谓千城，是把一些小堡也包括在内，如康国有大城三十，小堡三百；安国有大城四十，小堡千余。城市的规模一般是可居住 7 至 8 万人口，据《唐会要》记载，史国"自隋以来，国渐强盛，乃创置乞史城，都邑二万余家"。以每家 5 口计，已达到 10 万人。

城市的布局可从米国都城遗址反映出来。城市一般分为四部分：一是内城。米国都城内城的面积约 14 公顷，四周围筑城墙，内城 35% 为住宅区，以平房为主，也有少数双层楼，城中心立神祠两座，出土陶片上残存一些供养人名字。此外，内城还建有一个大粮仓。二是城堡。城堡与内城的护墙相连，面积大约 1 公顷，其中有居室和碉堡。三是墓地。米国都城的墓地位于城南和西南，占地面积大约 10 公顷，其中，发现了 50 多座墓，每座占地 4 平方米—5 平方米，呈单穴或双穴，存放陶质骨瓮。四是郊区。米国都城的郊区位于内城东面和东南，比内城面积大两倍。[1]

米国都城建筑遗址还反映了粟特地区房屋为土木结构，流行平顶型建筑。杜环的《经行记》记："从此（拔汗那）至西海，尽居土室。夯土而建的住房，仍有木柱和门楣。"房屋内部多以壁画装饰，

---

[1]　蔡鸿生：《唐代九姓胡与突厥文化》，第 4 页。

杜环描述末禄国（穆国）的居室说："墙宇高厚，市廛平正，木既雕刻，土亦绘画。"民居的壁画简朴，宫殿和寺院的壁画则富丽堂皇。从3、4号遗址的住宅情况来看，宽敞的住房一般有厅堂，与门相对的厅堂正壁有壁画装饰。在昭武九姓国中，炉灶在居室中地位突出，有三种形制：火塘、地灶和壁炉。

　　昭武九姓国居民中以经商者居多，据《大唐西域记》记，大约有一半人经商，"力田逐利者杂半矣"。从米国都城遗址反映，街区店铺密集。对外贸易是昭武九姓国贸易中的一大特点，"丈夫年二十，去傍国，利所在无不至"[1]。昭武九姓国人注意向后代传授经商经验："男年五岁，则令学书，少解则遣学贾，以得利多为善。"[2]九姓胡父率子去傍国经商的事也屡见不鲜。吐鲁番出土的年代在垂拱元年（685）的案卷中，记载了55岁的康纩槎，带着男射鼻、男浮你了，要求入京兴贩的记录。[3]

　　康国都城撒马尔罕城是中亚转手贸易的中心，《大唐西域记》记，"异方宝货多聚此国"。粟特人转手贸易的主要商品有中国的丝绸。据《塔巴里纪年》记，706年，大食兵临城下，中亚毕国人被迫与阿拉伯将军屈底波媾和，献出中国丝绸5000匹。此外，中国的铜镜和钱币也是粟特商人中意的商品，它们在粟特地区都有发现。粟特商人卖出的商品主要有马匹，奴隶也是粟特人贩运的商品之一。

　　除中国的商品外，经粟特人中转的西方商品主要是一些体积小、价值高的珍宝，如瑟瑟、美玉、玛瑙、珍珠等。在粟特向中国诸王朝的朝贡品中，特别指出了东罗马的大氍毹和拂菻狗，氍毹当时是东罗马著名商品。据《旧唐书》记载，凡西域诸珍异，多出自拂菻。719年，安国入贡织物，在贡表上特别标明"佛菻绣氍毹"，其用意在于强调它产自东罗马。

　　此外，粟特带到东方的货物还有来自波斯的越诺布和鍮石。越

---

① （北宋）欧阳修、宋祁：《新唐书》，第6244页。

② （唐）杜佑：《通典》，第1039页。

③ 国家文物局古文献研究室等编：《吐鲁番出土文书》第7册，第94页。

诺布是波斯产的一种花缎。鍮石是中国古代对黄铜（Tuttystone）的称谓，鍮石一词系伊朗语借词，来自婆罗钵语的 rod（黄铜），该名通过粟特人传入中国。[1]产于波斯的鍮石由粟特商人大量进口到中国，在中国得到广泛使用，据《唐六典》记载，唐代八品、九品官员的服饰"服用青，饰以鍮石"。经粟特商人转手的商品还有产自印度的郁金香和生石蜜。

在粟特商人的贸易中，除了以物易物的朝贡贸易外，还有现钱交易。粟特钱币仿照中国钱币，呈方孔圆环，与开元通宝形制无异，唯钱币上的王名镌以粟特字母。目前，考古发掘出土的粟特钱币上的王名有许多已可与中国文献记载的昭武九姓王名相印证。[2]吐鲁番阿斯塔那 61 号墓出土文书中有一件《唐西州高昌县上安西都护府牒稿》，其内容是汉人李绍谨于弓月城一次借粟特胡曹禄山练 275 匹，拖欠未还而引起的一起经济案，由此也反映了粟特商人很富有。据《新唐书》记载，何国"城左有重楼，北绘中华古帝，东突厥、婆罗门、西波斯、拂菻等诸王，其君旦诣拜则退"[3]。这幅图绘是粟特地区与东西方诸国交往的缩影。

第二节　政治统治

突厥汗国实质上是"阿史那氏的家产国家"，因此，历代可汗皆出自阿史那氏，汗国的一切显爵几乎全部由阿史那氏垄断。西突厥汗国是建立在阿史那氏奴役异姓突厥、铁勒诸族，及中亚地区昭武九姓诸国的基础之上的，其政治结构与东突厥汗国基本相同。

突厥汗国的政治基础是大小可汗采邑分国制度。在突厥汗国

---

[1] 林梅村：《古道西风——考古新发现所见中西文化交流》，生活·读书·新知三联书店 2000 年版，第 210—231 页。

[2] 《中国大百科全书》："Sogdiana"。

[3] （北宋）欧阳修、宋祁：《新唐书》，第 6247 页。

内，权力最高的是可汗（Qaghan）或"大可汗"，由阿史那氏的首领充任。可汗原是鲜卑族对贵人的尊称，柔然酋长社仑首先把它用于最高统治者的称号，以后哒、突厥、蒙古等族都沿用可汗称呼最高统治者。可汗既是汗国内牧场、牲畜的最高所有者，也是汗国所属诸民族、诸部落的最高统治者。东突厥大可汗的牙庭建在于都斤山（今鄂尔浑河上游杭爱山之北山），西突厥大可汗的牙帐原建在三弥山（今新疆库车北天山南麓），统叶护可汗将西突厥汗庭移至"石国北之千泉"。突厥大可汗有自己的侍卫军，主要以阿史那氏子弟充任，取名为"附离"，意思是"狼"，他们的地位高于一般军士。

大可汗将国家分封给他的子弟，管理一方的可汗子弟被称为"小可汗"。突厥文《暾欲谷碑》第一碑西面第二行、第三行的 Qan，就是汉籍中的"小可汗"。西突厥汗国也设置了小可汗，据《旧唐书》记载："阿悉吉阙俟斤与统吐屯等召国人，将立欲谷设为大可汗，以咥利失为小可汗。"在统叶护时期，西突厥汗国版图扩大，统叶护在石国、活国二地分别建置了北面小可汗与南面小可汗，首任南面小可汗的是统叶护之子呾度设，其后裔世君活国。

突厥游牧汗国还没有定型的可汗继承制度，大汗位的承继，一是要秉承去世可汗的遗愿，二是经过国人会议的同意。父死不必子继，或传位于弟，或传位于侄。实际上，军事实力雄厚者得以立，因此，突厥王子、亲王结党营私、拥兵自重、兄弟争立、叔侄相攻，外示和同、内怀猜忌。频繁的汗位争夺和内讧加剧了游牧社会固有的分裂趋势，助长了小可汗或强大部落首领的割据倾向。这种局面在统叶护后期十分激烈，汗位之争最终导致西突厥汗国的分裂。

突厥可汗之妻的称号是可敦，汉语另译为可贺敦。依突厥旧制，可敦出自铁勒族阿史德氏，以后由于政治需要，可汗常娶中原王朝公主为可敦。在突厥汗国，母权制残余长期保留下来，因此，可敦在汗国中享有崇高的地位，可参与国家政治、军事、司法、外交等大事的决策。在废立可汗之时，可敦的意见很重要，如处罗卒，义成公主以其子奥射设丑弱，废不立之，遂立处罗之弟咄苾为颉利可汗。在出兵御敌、司法和接待外宾等大事中，可敦也可以拿主意，如"北蕃夷俗，可贺敦知兵马事"，"其（菩萨）母乌罗浑主知争讼之事，平反严明，部内齐肃"，"鸿胪卿袁振往谕帝意。默棘连置酒，与可敦、阙特勤、暾欲谷坐帐中"。可敦可以左右可汗的行为，"可汗怒，欲杀之，为其妻所抑而止"。

最初，突厥汗国官职有 10 等，以后发展为 28 等。这些官职由氏族酋长、部落首领等贵族担任。据《周书》记载："大官有叶护（Yabghu），次设（Shad），次特勤（Tegin），次俟利发（Elteber），次吐屯发，及余小官凡二十八等，皆世为之。"《通典》所举官号，较《周书》、《隋书》详细。有些高级官职实行"父兄死则子弟承袭"的世袭制，据《通典》记载："其官有叶护，有设，有特勤，常以可汗子弟及宗族为之；又有乙斤屈利啜、阎洪达、颉利发、吐屯、俟斤（Irkin）等官，皆代袭其位。"

叶护职位相当于小可汗，常由可汗之弟充任。在西突厥汗国，叶护是常设的官职，地位很高，似为可汗之副，任此官职者往往成为可汗的继承人。西突厥可汗室点密本人曾任莫贺咄叶护；射匮可汗之弟原也是叶护，继位后为统叶护可汗；统叶护之子原来也位居叶护，继任可汗后被称肆叶护可汗；阿史那贺鲁曾任叶护，称沙钵略叶护；阿史那步真也是叶护出身，名为咄陆叶护。

叶护之下是设，中文转写为"杀"、"察"、"煞"。设是掌握兵权的大官，对此，《周书》中有明白的界定："别部领兵者谓之设。"设由可汗的直系亲属担任，常以可汗子弟及宗族为之。设必须是纯阿史那氏血统，如阿史那思摩虽出身于阿史那氏，但由于其面貌类似胡人，疑其非阿史那氏族，只能为特勤，而不能授予设一职。史书记载，突厥可汗默啜曾立其弟咄悉匐为左厢察，立可汗骨咄禄（Qutluq）之子默矩为右厢察，各主兵马二万人；又立自己的儿子匐俱（Bögü）为小可汗，位在两察之上。可见，设的地位在小可汗或叶护之下。不少可汗在即位之前曾任设一职，如颉利可汗原为莫贺咄设（Baghatur Shad），处罗可汗原为俟利费设，突利可汗原为泥步

设。设领兵，专制一方，有自己的牙帐。据《旧唐书》记载："颉
利……初为莫贺咄设，牙直五原之北。设有权在辖区内征税。"

特勤是可汗子弟的封号，当然也由阿史那氏独占，如骨咄禄可
汗之子为阙特勤，默啜可汗之子为墨特勤。不少可汗出身于特勤这
一爵位，如乙毗沙钵罗叶护可汗原为薄布特勤。起初，特勤的权势
并不大，主要职务是内典机要，外理邦交，常奉命出使，商讨国
家大事。后来，由于特勤有封地、部曲，在此基础上，他们势力
大起来。

啜是西突厥汗国的部落首领，在西突厥的 10 个部落中，统领
咄陆五部的酋长被称为啜。每个啜管辖一个部落。啜的权力随部
落大小强弱而定，大部落的酋长可以左右突厥可汗的废立，据《通
典》记载："贞观十五年，部下屈利啜等谋欲废咄陆，各遣使诣阙，
请立可汗。"

在突厥《阙特勤碑》东面 34 行中，曾有 Ulugh Irkin，即"大
俟斤"。俟斤或大俟斤与啜一样，也是部落首领，西突厥五弩失毕部
首领称为俟斤，每个俟斤管辖一个部落。据《隋书》记载："独洛河
北，有仆骨、同罗（Tonqra）、韦纥、拔也古（Baqirqu）、覆罗，并
号俟斤。"可见，此官名原出自铁勒族，史称九姓回纥之一多览葛酋
长亦号"俟斤"，此官不限于突厥人，其他臣属部落首领也授予该职。
如契丹"君大贺氏，有兵四万，析八部，至于突厥，以为俟斤"。

阎洪达是评议国事之官，据《隋书》记载："官有阎洪达以评
议国政"。

颉利发的中文转写为"俟利发"。最初，颉利发是突厥汗国赐予
被征服牧区的部落酋长和牧主的官职，这些酋长或牧主在接受突厥
汗国的分封、赐号之后，有权继续统治本族牧民，成为汗国统治阶
级的一部分。以后，被征服的定居国国王在接受突厥人的统治之后，
也被赐予颉利发称号，继续统治其国。

吐屯是突厥汗国派遣到各属部和属国的监察之官，由阿史那氏
出任。吐屯负责监督各属部和属国赋税的缴纳。据《太平广记》记

载，"突厥谓御史为吐屯"，"吐屯"职掌与唐御史略同。御史亦以监察为职责者也。①

突厥政权组织的职官无固定员额，分工也不明确，尤其是文武官员的区分不明确，大小官员，上至可汗，都统领军队，亲临战阵。

突厥汗国内存在着"国人会议制度"，国人会议实际上是贵族会议，由突厥各部族部落的大小伯克（Beg，即贵族）组成。国人会议的权力很大，对国中重大事件，包括汗位继承、对外征战、媾和等享有议决权。有关国人会议操纵汗位继承之事，《新唐书》记载说："佗钵死，先令戒其子庵罗必立大逻便，国人以其母贱，不肯立，而卒立庵罗。"国人会议是突厥各部落酋长在国家政治中地位的体现，部落首领在国人会议中的作用与部落的大小强弱有着密切的关系。

突厥可汗的统治有简单的法律为依据。据《周书》记载，突厥刑法为："反叛、杀人及奸人之妇、盗马绊者，皆死；奸人女者，重责财物，即以其女妻之；斗伤人者，随轻重输物；盗马及杂物者，各十余倍征之。"

突厥汗国从未形成统一的中央集权，西突厥汗国对中亚昭武诸国采取的是间接统治的方式，可汗授予昭武诸国国王颉利发的称号，然后派吐屯监摄其王的统治。在这种统治方式下，各国国王享有相当程度的自主权。昭武九姓国家的官制有三级，见于唐史的有国君、城主和大首领。除安国的附属城邦毕国外，各国国君或国王由本国人担任，或由康国国王派自己亲属担任。国家由国君行使统治权，突厥派人监摄。除国君外，各城有自己的城主，如唐代著名粟特商人康艳典、石万年、康拂耽延、何伏帝延等皆拥有城主称号。此外，昭武九姓国中还有一系列与国内商业相适应的官吏，如税吏、马监、主簿、驿站长和河渠官等。②

---

① （北宋）李昉等编著：《太平广记》，第 1044 册，子部 350，《文渊阁四库全书》影印本，上海古籍出版社 1990 年版，第 608—609 页。

② 蔡鸿生：《唐代九姓胡与突厥文化》，第 5 页。

　　昭武九姓国有自己的法律。国君的统治可能是以法律为依据。据《隋书》记载，康国"重罪者族，次重者死，贼盗截其足"。玄奘途经康国之时，曾亲眼目睹胡律施行的情况。"法师初至，王接犹慢。经宿之后，为说人、天因果，赞佛功德，恭敬福利。王欢喜请受斋戒，遂致殷重。所从二小师往寺礼拜。诸胡还以火烧逐。沙弥还以告王，王闻令捕烧者，得已，集百姓令截其手。法师将欲劝善，不忍毁其支体，救之。王乃重笞之，逐出都外。"[①]康国位置居中，周围国家的风俗礼仪都与之相同，《大唐西域记》记："凡诸胡国，此为中心，进止威仪，近远取则。"康国的胡律在粟特地区可能具有普遍意义。

　　昭武九姓国有权独立地与中原王朝发生联系，据《隋书》记载，石国"（国王）甸职以大业五年遣使朝贡，其后不复至"。615年春，毕与安、曹、何、穆国并遣使朝贡。贞观初年，安国遣使来朝。昭武九姓国之首康国是入贡隋唐王朝次数最多的国家。

　　西突厥汗国的监统其实主要表现在吐屯监督赋税的征收方面。除了授颉利发和派遣吐屯监统之外，突厥汗国还采取联姻方式巩固对昭武九姓国的统治，如把突厥公主嫁到昭武九姓诸国，《旧唐书·康国传》记："隋炀帝时，其王（康国王）屈术支娶西突厥叶护可汗女，遂臣于西突厥。"康国王世失毕曾娶突厥达度（即达头）可汗之女为妻。

　　这种统治方式对西突厥汗国的游牧政权是有利的，在此期间，昭武诸国基本上没有爆发反抗西突厥汗国的大起义，相反，各国国王还利用西突厥势力，或加强自己在国内的统治，或获取更大的经济利益，如高昌国麹文泰"与西突厥欲谷设通和，遗其金帛，约有急相为表里"。在焉耆，"西突厥重臣屈利啜为其弟娶焉耆王女，由是相为唇齿"。以后，突厥人的监统方式被吸收到唐朝的羁縻统治之中。

---

① （唐）慧立、彦悰：《大慈恩寺三藏法师传》，第30页。

西突厥汗国对北方诸铁勒族和南方昭武国家的统治是建立在武力征服与武力威慑的基础之上的，强大的军事力量是国家政治统治和经济来源的保证。因此，突厥军队的主要职能是对外掠夺和征服。突厥人的掠夺和征服战争在中国史书上屡见不鲜，从时间上看，掠夺战争从542—744年的200多年中从未间断。这些战争有时候是相当残酷的，据《大唐西域记》记载，西突厥在征服屈支（龟兹）时，"王乃引构突厥，杀此城人，少长俱戮，略无噍类。城今荒芜，人烟断绝"。

突厥军队的体制脱胎于围猎制度，突厥的军事编制以部落组织为基础，把宗法关系与官兵关系结合起来。酋长与部众的关系是长官与士兵的关系，这种组织方式加强了士兵对官长的从属关系，加强了军队组织的强度。军队的构成是以骑兵为主，牧民就是骑兵，平时放牧，战时出征；部落、氏族酋长平时治民，战时领军参战。在突厥汗国内，突厥族的牧民并不多，大多数是臣属于突厥汗国的铁勒族，因此，突厥军队在实行本部兵民合一的同时，对属部实行征兵制。被征士兵也以部落为单位进行编制，各部由自己的部落酋长率领，总统于名为"设"的突厥官员。服兵役是突厥本部和属部牧民必须履行的义务，在突厥可汗征兵时，凡征集兵马和科税杂畜，皆刻木为数，并一金镞箭，用蜡封印，作为信符。各部接到信符，立即应征作战，战马、装备、给养皆由牧民自备。生产与军事相互结合，本部与属部紧密联系，使突厥军队具有较强的战斗力。

西突厥汗国军队的具体人数没有记载下来。在室点密征服西域诸国时期，他率领的兵有10万人。在达头时期，军队人数超过了东突厥大可汗沙钵略，史书记载，达头与东部大可汗相比是"兵强而位下"。达头在支持阿波与沙钵略作战时，一次借给阿波的兵有十多万。估计在达头时期，西突厥军队人数在30万以上，因为在597至598年西突厥与萨珊波斯的战争中，达头率30万军队打败了波斯军队。在统叶护时期，西突厥兵力仍有数十万。

突厥军队主要的装备是战马和兵器。据《唐会要》卷73"诸蕃马印"记载："突厥马技艺绝伦，筋骨合度，其能致远、田猎之用无比。"经考古证实，突厥时代阿尔泰马群基本体型与现代哈萨克马相似，属良种马。在阿尔泰山区出土了突厥时代的马镫和马衔，马衔是铁制的，成对，但不完全相称。衔有两环，环端穿孔系带。带扣由铁、铜或骨制成，扣里有活轴，使带可松可紧。据库莱墓葬群出土所见，马镫制作甚巧，环孔及楼板镂刻花纹，有的马镫还镶上草木纹银错。从马镫等马具遗物反映了突厥骑士的驭马能力和骑兵的战斗力。关于突厥军队使用的兵器，据《周书》记载有"弓矢、鸣镝、甲鞘、刀剑"。根据阿尔泰突厥墓葬及蒙古草原和南西伯利亚的突厥石人像的佩饰反映，突厥兵器有马刀、匕首、剑。在阿尔泰山南部出土的兵器还有长矛和马绊，其中铁矛的形制为长形銎管，矛尖成校形，以利戳甲，马绊即套马索，既是游牧人的牧具，又是一种武器，马绊在突厥人中的重要性可以从突厥法中反映出来，据突厥法规定，盗马绊者处以死刑。

与以往波斯帝国对中亚的统治一样，西突厥汗国对中亚的统治是建立在军事力量的基础之上；与波斯帝国不同的是，波斯帝国是以定居农耕为主要经济的帝国，而西突厥汗国是以游牧业为主的游牧汗国。基于这一点，西突厥汗国的统治者更加注重中亚东西方的商业贸易，他们积极支持中亚诸国对外贸易，以获取更多的赋税。不过，西突厥汗国对中亚诸国的赋税额没有像大流士那样被记载下来。

第四章

宗教与文化

　　突厥人以狼为崇拜的图腾，最初信仰萨满教，崇拜天神；6 至 7 世纪时期，西突厥汗国统治中亚昭武国家以后，吸取了粟特居民的祆教、佛教、摩尼教和景教，开始了多种宗教信仰，尽管如此，萨满教崇拜在突厥人中长期存在。西突厥人吸收了土著居民的文化，创造了本族文字，留下了丰富的具有很高文学价值的碑文。与此同时，粟特居民在保持原有东伊朗文化的基础上，也开始接受突厥文化的影响。西突厥人统治时期，中亚的欧罗巴种印欧人开始与蒙古利亚种铁勒族人融合，到 13 世纪时，中亚地区居民基本上完成了突厥化的过程。

第一节　宗教

　　突厥人最初崇拜图腾，他们的图腾是狼。有关突厥族起源的传说都与狼有着联系。有传说认为，突厥本是匈奴的一支，后被邻国所灭，当时有一个 10 岁的小男孩，士兵见他年小，没忍心杀死他，便将他砍去双脚扔到荒草之中。后来，小孩被一只母狼养大，长大以后与母狼结合，母狼生下十男，十男长大后，各娶妻生子，各自为一姓，阿史那就是其中之一。另一种说法是，突厥原在匈奴之北，其部落首领有兄弟 17 人，其中一个叫伊质泥师都，为狼所生，"故牙门建狼头，示不忘本也"。

建国以前，突厥人主要信仰萨满教。突厥部阿史德氏族崇拜天神，阿史那氏族崇拜日神，两部世代联姻，形成敬天拜日的习俗。天神是主宰一切的神，人类的一切，包括土地、食物、牲畜、权力、寿命、战争、胜败，甚至妻子儿女等都是上天所赐。在突厥鲁尼文（Turk-Runic Script）碑铭中，《暾欲谷碑》记有"上天、女神（乌弥）及神圣地水必无疑助吾人（暗中）打击之"，"蒙天之佑"；《阙特勤碑》记有"承上天之志"，"因天赋以力"，"由天之意"，"然人生疏有不死，一至上天注定时限之时"；《毗伽可汗碑》记有"承上天下地之福"。据史载，突厥人祭天，"以五月中旬集他人水，拜祭天神"。由于崇拜太阳，突厥人崇尚东方，在祭示天神之时，突厥人朝着日出的东方朝拜，画有图腾的旗帜也插在东方，墓葬中也有崇尚东方的标识。

随着统治地区的扩大，突厥人与周边地区的交往频繁起来，此间，突厥人吸取了东、西方宗教信仰，西突厥汗国主要吸收了在河中地区昭武诸国流行的一些宗教。

6 世纪以前，中亚地区的宗教信仰已经呈现出多元色彩，主要有祆教（拜火教）、佛教、景教和摩尼教。在贵霜帝国统治时期，佛教在中亚地区盛行，贵霜帝国衰落以后，随着萨珊波斯王朝政治影响的扩大，祆教复兴。6 世纪以后，以康国为中心的粟特地区以信奉祆教为主，628 年访问河中地区的玄奘看到，佛教信仰已经衰落，只行拜火教。在康国，祆教地位很高，"王及百姓不信佛法，以事火为道，有寺两所，向无僧居，客僧投者，诸胡以火烧逐，不许停住"[1]。这种情况一直持续到 8 世纪中叶。经百年以后，在 726—727 年，慧超从印度归国途中，在中亚见到安、曹、史、石、米、康等六国并属大

① （唐）慧立、彦悰：《大慈恩寺三藏法师传》，第 30 页。

寠（食）所管，但总事火祆，不识佛法。

祆教的主导地位还从祆祠在国家中的地位反映出来。7 世纪上半叶，阿拉伯人虽然已经开始入侵中亚地区，然而，伊斯兰教的萨里亚法在中亚没有实施。康国有自己的法律，称之为胡律：“（康国）有胡律，置于祆祠，决罚则取而断之。”胡律对居民的世俗生活起了一定的规范作用。蔡鸿生先生认为，胡律置于祆祠，“标志着康国政、教两大势力的结合”[1]，反映了祆教的正统性及胡律的神圣性，通过律法神授，祆祠本身兼有立法及审判机构的部分功能，是国家司法权的中心。

祆教信仰在河中地区的盛行还可以从粟特人使用祆教历中反映出来。祆教历将全年分为 365 天，12 月，每月取一神名，如 8 月（水神）、9 月（火神）、12 月（土地女神）。每月 30 天，余 5 天置闰。因未能尽合天行，一年差了 6 小时，4 年则差 1 天，因此，每 4 年岁首提前 1 天。故中国史书对粟特岁首记载不一[2]，杜环的《经行记》记“其俗汉五月为岁首”，韦节的《西蕃记》说“以六月一日为岁首”，《新唐书》则云“以十二月为岁首”。虽有祆教历，但粟特诸国的本国历也在使用，特别是在一些文书中，如穆格山文书有订于“突昏王十年”的婚约，有订于“片治城主俟斤啜毗伽十五年”的买地契约。

西突厥汗国统治昭武九姓诸国之后，原来信仰萨满教的突厥人吸收了祆教，开始拜火。598 年，达头可汗在致东罗马皇帝摩里斯的信中说：“突厥崇拜火，尊敬空气和水，颂扬大地，但仅奉天地唯一造物主为神，用马、牛、羊祭祀它，并有祭司预言未来之事。”据《大慈恩寺三藏法师传》记载：“突厥事火不施床，以木含火，故敬而不居，但地敷重茵而已。”[3]

在西突厥汗国统治期间，粟特地区的祆教出现了一些与波斯萨

① 蔡鸿生：《唐代九姓胡与突厥文化》，第 9 页。
② 薛宗正：《唐代粟特人的东迁及其社会生活》，《新疆大学学报》1997 年第 25 卷第 4 期。
③ （唐）慧立、彦悰：《大慈恩寺三藏法师传》，第 28 页。

珊帝国祆教不同的地方，河中地区的祆教吸收了突厥游牧民的一些因素，糅合了自然崇拜，这一点可以从片治肯特遗址的发掘研究中反映出来。在片治肯特宫殿遗址上发现了一幅男、女神像的壁画：男、女神像的宝座置于椭圆形的地毯上，在男神的膝盖上放着一个象征太阳的黄色圆饼，饼上有狮面雕像，女神膝上放着一个象征月亮的蓝色圆物。苏联学者加富罗夫则认为："根据现在发现的某些宗教仪式用具和壁画，可以断定粟特人的拜火教和当时伊朗萨珊（桑）王朝典型的拜火教有很大差别。粟特拜火教的特点是它保留了当地古代祭祀的部分（包括祭祀祖先和天体——太阳与月亮）。"[1]

此外，在中亚地区的祆教仪式中也糅入了突厥人萨满教的一些做法。如曹国崇拜得悉神，据《隋书》记载，曹国"国中有得悉神，自西海以东诸国并敬事之，其神有金人焉。……每日以驼五头、马十匹、羊一百口祭之，常有千人食之不尽"。以马、羊祭神是游牧民萨满教的祭神方式。据《新唐书》记载，史国"城有神祠，每祭必千羊，用兵类先祷乃行"，这些祭拜也有萨满教的遗迹。随着粟特人东移，他们在中国中原地区的祆教仪式也有突厥人萨满教的成分，如"河南府立德坊及南市西坊皆有胡祆神庙，每岁商胡祈福，烹猪羊，琵琶鼓笛，酣歌醉舞。酹神之后，募一胡为祆主，看者施钱并与之。其祆主取一横刀，利同霜雪，吹毛不过，以刀刺腹，刃出于背，仍乱扰肠肚流血。食顷，喷水咒之，平复如故。此盖西域之幻法也"[2]。

佛教一度在中亚地区盛行。贵霜王朝时期，佛教兴盛，巴尔赫城一度成为兴都库什山以北地区的佛教中心，有"小王舍城"之称。7世纪中叶，帕米尔高原上还出现了有相当重要影响的佛教文化中心。据《大唐西域记》记载，当时的揭盘陀国国王是位纯厚质朴、仪容安详、笃志好学、敬重三宝的虔诚佛教徒。国人"知淳信，敬崇佛法。伽蓝十余所，僧徒五百余人，习学小乘教说一切有部"。西

---

① 〔苏联〕加富罗夫：《中亚塔吉克史》，第121页。
② （唐）张鹭：《朝野佥载》，中华书局1979年版，第64—65页。

突厥汗国统治时期，佛教信仰在中亚河中地区处于衰落状态，玄奘访问河中地区时曾劝康国国王接受佛教。[①]在布哈拉，佛教信仰可能很早，据说"布哈拉"之名是梵文"寺庙"之意，不过，玄奘到来之时，布哈拉城的佛教可能衰落了，据中国文献记，布哈拉城城主在玄奘的劝说下，放弃袄教改宗佛教，当时布哈拉城有了佛教徒。半个世纪以后，在阿拉伯人征服之时，安国的佛教寺院规模宏大，佛像饰以金宝，阿拉伯人攻入沛肯城之时，毁银质佛像重达4000迪尔汗（Dirham）[②]，在佛眼中挖出鸽蛋大小的珍珠两颗。可见，这一时期，粟特地区的佛教香火仍然继续。

佛教在西突厥汗国内经历了曲折的过程。西突厥汗国统治者在吸收佛教之时，采取实用主义的态度。西突厥人统治之初，"彼土不识众僧"，达头可汗对境内佛僧"增人防卫，不给粮食，又不许出拾掇薪菜，但令饿死"。后来听说"此佛弟子也。……所行之处，能令羊马滋多"，达头"欢喜，日给羊四口，以充恒食"。在射匮可汗、统叶护可汗时期，西突厥统治者开始保护和优礼佛教。7世纪初期，玄奘取经途经碎叶城时，受到统叶护可汗的上宾待遇。"法师去帐三十余步，可汗出帐拜迎，传语慰问讫，入座。……可汗共诸臣使人饮，别索蒲萄浆奉法师。"[③]而在此之后，发生了其子肆叶护可汗企图掠夺缚喝国珍宝之事，"倾其部落，率其戎旅，奄袭伽蓝，欲图珍宝"[④]。在玄奘的游记中，记录了肆叶护率部掠夺之后的情况，书中说，肆叶护"夜梦见毘沙门天曰，汝有何力敢坏伽蓝，因以长戟贯彻胸背，可汗惊悟便苦心痛，遂告群属所梦咎征，驰请众僧方申忏谢，未及返命已从殒殁"。

在阿姆河以南的吐火罗斯坦，佛教信仰仍然兴盛。在玄奘访问之时，在吐火罗斯坦边界的揭职国还有"伽蓝十余所，僧徒三百余

---

①　（唐）慧立、彦悰：《大慈恩寺三藏法师传》，第30页。
②　钱币名，参见 Narshakhī, The History of Bukhara, p.134。
③　（唐）慧立、彦悰：《大慈恩寺三藏法师传》，第28页。
④　季羡林等校注：《大唐西域记校注》，第117页。

人，并学小乘教说一切有部"。来到吐火罗斯坦诸国监国的西突厥人都皈依了佛教，并大力提倡。在《往五天竺国传》一书中，慧超对此有较详尽的记载，如在建驮罗国，"此王虽是突厥，甚敬信三宝，王、王妃、王子、首领等，各各造寺，供养三宝。此王每年两回设无遮大斋，但是缘身所受用之物、妻及象、马等，并皆舍施，唯妻及象，令僧断价，王还自赎，自余驼、马、金、银、衣物、家具，听僧货卖，自分利养，此王不同余已北突厥也。儿女亦然，各各造寺，设斋舍施"①。

6至7世纪，在中亚地区流行的还有摩尼教。摩尼教徒不仅居粟特和花剌子模的诸城市中，还越过锡尔河到达了楚河一带。在西突厥汗国被唐朝灭亡后，摩尼教传教士拂多延持其经典《二宗经》到中国。8世纪末，摩尼教徒受到阿拉伯人的打击，到10世纪初期，撒马尔罕仅存500多摩尼教徒。②

5世纪时传入中亚地区的景教在哒哒汗国统治时期兴盛起来。6世纪末，东罗马帝国协助波斯王镇压叛乱之时，曾俘虏过额上刺有十字的突厥人。由此推之，大致在6世纪中叶，西突厥人中已有信仰基督教者。③不过，景教在河中地区的兴盛应该在西突厥人统治的7世纪上半叶。在今撒马尔罕出土了有十字架和其他基督教符号装饰的盛骨瓮，在片治肯特发现了刻有《圣经·诗篇》的陶片，在塔什干出土了刻有十字架的硬币，而在碎叶城甚至发现了景教教堂遗址。在西突厥汗国统治时期，景教传入中国内地，在景教东传的过程中，西突厥人起到了媒介作用。

西突厥人虽然先后受到了祆教、佛教、摩尼教和景教的影响，但是，大多数西突厥部落可能仍奉行萨满教。

---

① （唐）慧超著，张毅笺释：《往五天竺国传笺释》，中华书局1994年版，第78页。
② 〔德〕弗鲁吉尔：《摩尼及其教义和著作》，转自〔日〕羽田亨：《西域文化史》，新疆人民出版社1981年版，第59页。
③ 〔法〕沙畹：《西突厥史料》，第219页。

第二节　文化

在游牧民族中，突厥人的文化程度是比较高的。按现代语言学的划分，突厥语族、蒙古语族和通古斯满语族是阿尔泰语系的三大语族。阿尔泰语系以今中、俄、哈、蒙交界的阿尔泰山为中心，流行于亚洲腹部的荒漠和草原地区，它与印欧语系、汉藏语系、乌拉尔语系、南亚语系等并列为九大语系。

从今天的考古发现来看，突厥是中国古代北方少数民族中第一个创造了自己文字的民族。从现存碑文看，突厥文是一种音节音素混合型文字，曾被突厥、回纥、黠戛斯等民族使用。这种文字由38—40个字母组成，其中23个是用西方的阿拉米字母拼写，其余来自突厥人使用的氏族或部落标志及一些表意符号。突厥文一般横书左行，也有横书右行的。这种文字因与古日耳曼人使用的鲁尼文相似，又被称为突厥鲁尼文。突厥鲁尼文真正形成并得到使用是7世纪后半叶以后的事，流行于西伯利亚、蒙古草原、叶尼塞河流域、中国西北部和中亚一带，这种文字遗存的文献极少，主要是在古老的突厥碑铭中。

在突厥人统治时期，中亚昭武九姓国居民继续使用粟特语，粟特语属于印欧语系东伊朗语方言。与突厥人相比，中亚粟特地区有着较深的文化传统，粟特语言和文字随粟特商人足迹流传甚广，20世纪80年代初，在印度河上游丝绸古道旁的石崖上发现了数以百计的粟特文题记；在天山北麓的昭苏地区，以及在蒙古草原和南西伯利亚的突厥石人及石碑上不断发现长篇粟特文铭文。西突厥人在文化上受到了粟特居民的熏陶。

西突厥人早期可能曾借用粟特文，据《周书》记载，突厥"其书字类胡"。最早的突厥碑铭《布古特碑》就是用粟特文写成。还有记载说，佗钵可汗派人向北齐要《净名经》、《涅磐经》、《华严经》

和《十诵律》等佛经文献，北齐皇帝让当时精通"四夷"语（少数民族语言）的刘世清把《涅磐经》翻译成突厥文，送给佗钵可汗。据学者们考证，此处的突厥文指粟特文。西突厥汗国统治中亚以后，至少在 6 世纪末，西突厥人的官方语言和文字正是粟特语、粟特文。西突厥人派往东罗马的使者是粟特人，给东罗马皇帝的信估计也是用粟特文写成。以后，突厥人以粟特文为中介，借用阿拉米字母，创造了自己的文字，即突厥鲁尼文。鄂尔浑碑铭中的一些词汇源自粟特语，如突厥文可敦（Xatun），粟特文的书写形式是 Xwatyn（xwaten）；统治者之妻在粟特语中书写为 xwat'yn；在 8 世纪的古突厥碑铭中统治者之妻可敦书写是 xatuniɣ 和 xatun，如：ögüm Elbige xatuniɣ（我母亲 Elbige 可敦），avinču xatun bolzun（让嫔妃变成可敦）。设（šad）是古老的突厥语官名，在 8 世纪刻写的古突厥碑铭中多次出现 šad 一词，如：tört yegirmi yašimqa, Tarduš bodun üze šad ertim（当我十四岁时成了 Tarduš 部落的设），它的粟特文拼写形式为 'ɣšyδ，它的波斯语和塞语形式分别为 šah, šao。又如突厥文中表示魔鬼、恶魔、妖怪之义的 šimnu，在粟特文中拼写形式为 šmnw，古突厥文碑铭中是 šmnw，如：aniɣ qilinčliɣ šmnw（邪恶的魔鬼）。①

伊朗语言学家哥提欧（R. Gauthiot）认为，叶尼塞字母和鄂尔浑字母可能是源于粟特字母的更早形态，它比保存在最古老的粟特碑文（1 世纪文本）中的字母还要早。但直到现在所发现的突厥碑文还没有早于 7 世纪的，因此，在未发现按时代更接近粟特文原型的其他突厥碑文以前，不可能科学地确定最早的突厥字母的起源和它的变化过程。

突厥人具有很高的文学修养，这一点从突厥碑文中可以反映出来。7—10 世纪，突厥人在漠北竖起多座石碑，这些石碑记录了突厥人建国的历史和突厥历史上重要人物的功绩，其中，著名的有《阙

---

① 阿布里克木·亚森、阿地力·哈斯木：《突厥语大词典等文献中的粟特语借词》，《西域研究》2006 年第 3 期。

特勤碑》、《毗伽可汗碑》、《暾欲谷碑》。1889 年，在今鄂尔浑河畔发现的立于 732 年的突厥文《阙特勤碑》和立于 735 年的《毗伽可汗碑》，两碑俱在今蒙古国后杭爱省的和硕柴达木（Hoshoo Tsaydam），彼此相距约 1 公里，为大理石制成，两碑分别记述后突厥汗国的建立者阿史那骨咄禄的长子毗伽可汗和次子阙特勤的生平事迹和功绩。突厥人用散文书写碑文，文字优美，语句流畅，辞藻华丽，时有对偶句出现，表现了一定的文学修养。如《阙特勤碑》东面 1—3 行的行文："当上方蓝天、下方褐土初创之时，人类亦在二者之间生成。在众人之上，我的祖先土门可汗与室点密可汗成为君主。他们成为君主之后，便组织和治理着突厥人的国家与体制。天下四方之人均对他们怀有敌意。他们率军远征，讨伐了天下四方的所有民族，从而征服之。他们使高傲的敌人俯首，强大的敌人屈膝。他们令突厥人向东移居到卡迪尔汗山林，向西则远至铁门关。他们治理着这两地之间从无部落组织的蓝突厥人。贤明的可汗即是他们，英勇的可汗即是他们。他们的诸梅录确实也是贤明和英勇的。伯克们与普通民众都循规蹈矩。出于这一原因，他们得以将国家置于控制之下，他们建立了国家的统治与法规。"[1]

除了文学成就外，突厥人留下的雕刻也反映了他们的艺术水平。在中国内蒙古北部草原、新疆地区，以及今蒙古国、俄罗斯西伯利亚都发现了突厥人的石雕。其中，最常见的是石人，有的刻得很简单，用一天然石条刻出眉、眼、鼻、嘴，稍加工以显出头部；有的刻得很精致，还刻着石人握剑端杯的形象。

突厥人的物质文化是典型的游牧文化："穹庐毡帐，食肉饮酪，被发左衽。"西突厥人的服饰、饮食和居住环境都反映了游牧民族的特征。突厥人的衣服朝左开，"被发左衽"。衣服面料用的是毛、皮等畜产品，用它们制成毡、褐、裘等。据《大慈恩寺三藏法师传》记载，统叶护戎马甚盛，"身着绿绫袍，露发，以一丈许帛练，

---

① 芮传明：《古突厥碑铭研究》，上海古籍出版社 1998 年版，第 219—220 页。

裹额后垂。达官二百余人，皆锦袍辫发，围绕左右。自余军众，皆裘毹毳毛，槊纛端弓，驼马之骑，极目不知其表"。西突厥人的饮食主要是牧养的牲畜肉，多为羊肉，统叶护在帐中招待外国使者时"皆烹鲜羔犊之质，盈积于前"。突厥人最好的饮料是牲畜的奶，其中马奶酿的酒为最佳饮料，《隋书》记："饮马酪为酒取醉。"据《大慈恩寺三藏法师传》记载，西突厥人住的是毡帐。"（统叶护可汗）居一大帐，帐以金花装之，烂眩人目。……虽穹庐之君，亦为尊美矣。"

突厥人的婚俗文化与乌孙牧民一样，实行收继婚制度。妇女在其丈夫死后，必须转嫁给亡夫的兄弟或子、侄、甥等，而亡夫的兄弟或子、侄、甥也有娶其为妻的权利和义务。据《周书·突厥传》记载："父（兄）伯叔死者，子弟及侄等妻其后母、世叔母及嫂。"突厥人收继婚的例子很多，最典型的是义成公主。她先后嫁给了启民可汗、启民之子始毕可汗、始毕之弟处罗可汗、处罗之弟颉利可汗。这一婚例证明突厥人实行长辈收继婚和平辈收继婚。在西突厥汗国中也有收继婚的例子，如统叶护可汗的长子呾度设死后，"前儿特勤篡立为设，仍妻后母"。

突厥人的葬俗是火葬，死者生前所乘之马和服饰与尸体一同焚化。春、夏死者，待秋时葬；秋、冬死者，待春季葬。突厥人的葬礼十分隆重，各地亲友前来会祭。文献对葬礼中的剺面习俗记载详细：死者集尸于帐内，子孙及亲属们杀羊马祭奠，并走马绕帐七周，其中一人至帐门前用刀割破自己的脸，血泪交流，连续七次。葬毕，在墓前立石树标，依平生杀人之数，杀一人立一石，并以供祭的羊、马头挂于石标上，石上刻有死者相貌及生前所经过的战争场面。

在西突厥人统治时期，中亚河中地区保持原有的粟特文化，这一点从中国史书和《大唐西域记》一书的记载中反映出来。对中亚居民的服饰，玄奘记载说："吉乃素服，凶则皂衣。"表明粟特人以白色为吉祥，黑色为丧服。对此，8世纪的慧琳在他的《一切经音义》卷21中也记载说，"西域俗人，皆着白色衣"。据玄奘的记载，中亚服式的特征是紧身窄袖，"裳眼褊急"和"胡衫双袖小"。从片治肯特壁画看，服系腰带，腰带很讲究，往往以各种珠宝装饰，上佩刀剑。头戴尖顶虚帽，一些帽子有檐，曰卷檐虚帽，用以遮阳。脚穿长筒皮靴。

据《魏书》记载，粟特男人采取波斯剪发发式，"康国丈夫剪发"，慧超的《往五天竺国传》亦云"此中胡国并剪发"。《新唐书·康国传》记，女子盘髻，盘髻由辫子盘梳而成。少女梳辫，片治肯特壁画中少女梳五辫，左右各二，脑后一。康国妇女还有以油美发的习俗，杜环的《经行记》记她们"以香油涂发"。

粟特人的饮食习惯是以麦面和羊肉为主食，慧琳的《一切经音义》云："胡食者，即铧锣、烧饼、胡饼、搭纳等事。"铧锣是一种大米加羊肉、葡萄干混合制成的油焖饭。烧饼、胡饼即今日维吾尔族食用的馕。[①]

从一些文书所反映的九姓胡婚姻规范推知，昭武诸国有简单的婚姻法。在出土的穆格山文书中，N3和N4是订于康国王突昏十年的婚约，正文和附件分别在两个皮张上双面书写，共90行，一式两份，现存文书为女方持有的副本。从文书上看，缔约地点在律堂，有五名证人在场。正文除规定夫妻各应承担的责任外，还另立两项引人注目的条款：N3背面第16—18行规定，非经嫡妻同意，丈夫不得另置偏房或姘居；正面第22行和背面第2—9行谈及离婚细节，明确区分妻弃夫和夫休妻两种法律责任，同时承认赔偿之后，夫另娶和妻再嫁的合法性。附件则规定新郎对新娘监护人（岳父）所应承担的义务。这份婚约的译释者里夫什茨认为："粟特文的婚约表明，在阿拉伯征服前，粟特存在过多妻制，而且起码有三种结合形式，即正室（嫡配）、偏房和姘居。"[②]

---

① 蔡鸿生：《唐代九姓胡与突厥文化》，第28—31页。
② 同上书，第23页。

　　粟特历法的重要特点是使用祆历的同时，发明了七曜制，七曜指日、月、火星、水星、木星、金星、土星，合为一个周期，又称星期，至今世界通行。中亚的节日很多，重要的有岁首之节。据汉籍记载，岁首之时，举国欢庆七天，此时，人们穿上新衣，聚会，举行赛马和比箭等竞技活动。据韦节《西蕃记》云："康国人……以六月一日为岁首，至此日，王及人庶并服新衣，翦发须。在国城东林下七日马射，至欲罢日，置一金钱于帖上，射中者则得一日为王。"①

　　除了岁首之节外，中亚居民还有祭祖节。据《隋书》记载，康国"国立祖庙，以六月祭之，诸国皆来助祭"。诸国的助祭是借祭祖之节，加强交流。据阿里·比鲁尼（Al-Biruni，973—1048）记，六月的第二和第十五日都有节庆，并集市交易，"诸国商人会聚于此，举行庙会，持续七天"②。如果此处所记就是康国的祭祖节的话，那么，助祭也是各国商人们前来贸易的时机。

　　中国史籍留下了对中亚绘画、音乐、舞蹈等方面的记载。据这些史书记载，在 6 至 8 世纪，中亚地区的绘画、音乐、舞蹈都处于世界领先水平。在成书于 847 年（大中元年）的中国第一部绘画通史著作《历代名画记》中，张彦远高度赞扬了中亚的绘画，特别提到了北齐时期的粟特画家曹仲达的"湿衣贴体"的画风。这种画风在片治肯特的大幅宏伟壁画中也反映出来。片治肯特壁画可以代表这一时期中亚的绘画水平，在贵族宅邸和祆教神庙的遗迹中保存了许多壁画，其年代均属于 7 至 8 世纪，大幅壁画长达 15 米。壁画题材有宗教、神话传说、贵族与武士宴饮、仕女、天魔、神怪等。在箜篌图中，人物形象生动逼真。大壁画 6 区 4l 室是 7 世纪的作品，描绘的是英雄鲁斯达姆的形象，6 区 1 室有一些战争场面的壁画也是 7 世纪中叶至 8 世纪初的作品。

---

① （唐）杜佑：《通典》，第 1039 页。

② Al-Biruni, *The Chronology of Ancient Nations*, London, 1879, p.234.

粟特人爱好音乐舞蹈，据韦节的《西蕃记》记载："康国人……其人好音声。"①康国乐、安国乐名闻天下。据《文献通考》记载："其乐器有大鼓、小鼓、琵琶、五弦、箜篌、笛。"②在这一时期，中亚舞蹈形成了自己的风格，其中胡旋舞、柘枝舞和胡腾舞最为有名。胡旋舞以旋转快速，动作刚劲著称，白居易的长诗《胡旋舞》，使胡旋女的姿态神情跃然纸上："胡旋女，胡旋女，心应弦，手应鼓。弦鼓一声双袖举，回雪飘摇转蓬舞。左旋右转不知疲，千匝万周无已时。人间物类无可比，奔车轮缓旋风迟。"据《新唐书》记载，当时康国、史国、米国等，都向唐朝贡献胡旋女，然而，以康国人最擅长，唐有"胡旋女，出康居（即撒马尔罕）"之说。胡旋舞传到中原，成为唐代盛行的舞蹈之一。柘枝舞最初为女子独舞，身着民族服装，足穿锦靴，以鼓伴奏，舞者在鼓声中出场。舞姿变化丰富，既刚健明快，又婀娜俏丽。后来为双人舞，名《双柘枝》。石国人擅长柘枝舞，是他们将柘枝舞传入中原内地。胡腾舞是男性舞，其特点雄健迅急、刚毅奔放，又柔软潇洒、诙谐有趣。舞者以急促敏捷、腾踏跳跃的步伐，撼头弄目，情感浓烈，伴奏有横笛、琵琶、铜钹等响亮而富有气势的乐器，以高音为主，与舞蹈的气氛风格一致。李端《胡腾儿》的诗曰："扬眉动目踏花毡，红汗交流珠帽偏，醉却东倾又西倒，双靴柔弱满灯前，环行急蹴皆应节，反手叉腰如却月。"胡腾舞流行于北朝至唐代，当时深得中原贵族赏识，风靡一时。

在西突厥人统治时期，粟特文化在保持原有文化的基础上，在某些方面开始接受突厥人的影响，同时，粟特文化也使西突厥社会和文化迅速发生了变化。这种情况清代学者王国维总结说："且西域人民（此处指粟特居民）以国居东西之冲，数被侵略，……希腊来则臣希腊，大夏、月氏来则臣大夏、月氏，哑哒来则臣哑哒，九姓

---

① （唐）杜佑：《通典》，第1039页。

② （元）马端临：《文献通考》卷142，中华书局1991年版。

昭武来则臣九姓昭武，突厥来则臣突厥，大食来则臣大食。虽屡易其主，而人民之营其生活也如故。当时统治者与被治者间，言语风俗，固自不同，而统治一级，人数极少，或武力虽优而文化较劣，狎居既久，往往与被统治者相融合，故此土之言语风俗，非统治者之言语风俗，实被统治者之言语风俗也。"①

① 王国维：《西胡考》和《西胡续考》，见《观堂集林》（上），第388页。

第五章

西突厥与周边国家的关系

统治中亚的西突厥人独立地与周边国家发生了交往。在东方，西突厥人与中原的北周、北齐、隋、唐王朝保持了友好交往，并承认了唐朝宗主国的地位；在西方，西突厥人短暂地与萨珊波斯联盟，以后，由于经济利益的冲突，双方基本上处于敌对状况，发生过多次战争；为了寻求反萨珊波斯的军事同盟，西突厥人注意发展与东罗马帝国的关系。在西突厥人与中原诸王朝的关系中，中原诸王朝起着主导作用；在西突厥人与萨珊波斯和东罗马帝国的关系中，西突厥人处于主动地位。

第一节　西突厥人与中原诸王朝的关系

西突厥人与中原诸王朝之间的关系，时而战争，时而和平，时而臣服，时而独立。不过，从发展趋势来看，西突厥人逐步向中原王朝靠拢，最终承认了唐朝的宗主国地位。在这一历史发展过程中，628 年西突厥汗统叶护去世是质变点，本文以此为界，将双方的关系划分为前、后两个阶段。

542 年，突厥人寇掠西魏王朝边境之地，拉开了突厥人与中原诸王朝关系的序幕。这次寇掠失败以后，突厥人开始到西魏王朝的边境市缯絮，双方开始了使节互访，甚至发生了联姻。这些交往对突厥汗国的建立有着巨大作用，增强了突厥人反抗柔然奴役的信心。此后，西魏王朝又支持突厥汗国灭吐谷浑政权，不仅让突厥军队从西魏领地通过，而且还派史宁将军协助，最终以史宁之计破了吐谷浑。此役确立了突厥人在西域南道的霸权，为其西进铺平了道路。557 年，北周取代西魏，突厥与北周继续保持友好交往，不仅与北周王室联姻，而且两次助周伐齐。

从《隋书》的一些记载中可以了解西突厥人与北周王朝的来往。《隋书·杨素传》记，室点密统治时期，"武帝保定元年（561）五月，戊辰，突厥、龟兹并遣使献方物"。《隋书·西突厥传》记："天和二年（567）五月，壬申，突厥，吐谷浑，安息并遣使献方物。"龟兹、吐谷浑、安息都在北周之西，与之一起进贡的突厥人应该是西突厥人。

达头统治期间（576—603），东、西突厥分裂，西突厥汗国经达头、泥利、处罗、射匮几位可汗的统治，国力逐渐强盛起来，到统叶护时期（618—628），西突厥汗国达到全盛。与此相反，在 576 年至 628 年的半个多世纪中，中原王朝更迭、国家动荡，为了巩固统治，中原诸王朝的统治者或借用突厥势力以自强，或分裂突厥力量以削弱之。

达头在继位初期（576—582），参与了东部大可汗佗钵和沙钵略对中原王朝的寇掠。578 年，他追随沙钵略大可汗进犯中原[1]，据《隋书》记载："达头前攻酒泉，于阗、波斯、挹坦三国一时既叛。"在 581 至 582 年间，达头再次跟随沙钵略可汗进犯隋朝，据《隋书》记载："开皇二年（582）摄图（沙钵略）四十万骑自兰州入，至于周

---

[1] 据岑仲勉先生考证，此事发生于 578 年，参见岑仲勉：《西突厥史料补阙及考证》，第 113—114 页。

盘。破达奚长儒军，更欲南入。沾厥不从，引兵而去。”达头中道撤军的行为与隋朝分裂突厥汗国的活动有关。在了解到达头在突厥汗国内处于“兵强而位下”的情况下，长孙晟认为只要鼓动其情，必将自战，隋文帝采纳了这一提议。581年，隋文帝遣太仆元晖为使者出伊吾道至达头可汗处，向达头赐予狼头纛，表示钦敬，礼数甚优。在达头的回访之使者到隋朝廷之时，隋文帝故意将其引居沙钵略可汗使者之上。此举达到了目的，达头在582年的入侵战争中退出了战争。

此后三年间（582—585），达头与隋朝保持了友好的交往，《隋书·长孙晟传》记，长孙晟曾对东突厥小可汗阿波的使者说：“今达头与隋连和，而摄图（指沙钵略可汗）不能制。可汗何不依附天子，连结达头，相合为强，此万全之计。”另有一则记载说，在584年，“突厥可汗阿史那玷（指达头）率其属来降”①。在80多卷的《隋书》中仅此一处提到达头来降一事，因此，司马光在《资治通鉴》中将《隋书》的记载改为“突厥达头可汗请降于隋”，胡三省在注中解释说：“按时玷厥方强，盖文降耳。”②无论此事是否属实，达头在此时期与隋朝有着友好关系是可以肯定的。

585年，达头开始了统一突厥汗国的战争。在这种形势下，隋朝转而支持东突厥沙钵略可汗，以抵抗达头的兼并战争。《隋书·虞庆则传》记，隋文帝对将出使东突厥汗国的虞庆则说：“我欲存立突厥（指东突厥），彼送公马，但取五三匹。”在585—587年中，隋朝一直支持东突厥人抵御达头的兼并战争，达头在无结果的情况下返回西突厥，开始对付入侵中亚南部领土的萨珊波斯军队。中国史书在587—594年间，对达头的活动没有任何记载。③

达头的活动重新出现在中国史书上是594年。在594—599年间，达头与东突厥都兰可汗发生数次战争，599年末，都兰被其部

---

①　（唐）魏征等：《隋书》，第21页。
②　（北宋）司马光主编：《资治通鉴》，第5473页。
③　蓝琪：《试述西突厥汗国初期的几个问题》，《中亚研究》1988年第4期。

下杀死^①，其部落大乱，达头自立为突厥汗国的最高可汗，称步迦可汗（600—603）。与此同时，达头发动了对隋朝的进攻。在598至603年，达头几乎年年入侵中原边境，隋朝曾以丝绢和黄金赐予他。603年，隋军以投毒方式毒死了达头的许多人马，然后乘机追击，大破达头。达头因西突厥内乱不得归，退往吐谷浑，其后不知所终。

处罗继任可汗以后，对西突厥汗国的统治并不巩固，隋朝黄门侍郎裴矩在了解这种情况以后，建议朝廷招抚处罗。608年，隋炀帝派遣司朝谒者崔君肃至西突厥慰谕，处罗受诏，遣使贡汗血马。"处罗受诏"可以视为西突厥可汗奉隋朝为宗主的行为，但是，这种关系没有以任何方式确定下来。就在西突厥内乱危机过去的第二年，处罗的态度就改变了。《隋书·西突厥传》记，609年，隋炀帝西巡，召处罗可汗会于大斗拔谷，处罗托故不至。裴矩上奏说："处罗不朝，恃强大耳，臣请以计弱之。"此时，正逢西突厥酋长射匮遣使求婚，裴矩认为只要"厚礼其使，拜为大可汗，则突厥势分，两从我矣"。于是，隋炀帝会见射匮可汗的使者，谈了处罗不顺从之事，"称射匮有好心，吾将立为大可汗，令发兵诛处罗，然后当为婚也"。"射匮闻而大喜，兴兵袭处罗，处罗大败"，逃到隋朝廷避难，以后，处罗娶隋朝的信义公主为妻。

《隋书·裴矩传》记，射匮继任西突厥可汗期间（611—617），没有再向隋朝提婚，与隋朝的关系也不甚亲密，据史书记载，他在位时期向隋朝进贡一次，"属射匮可汗遣其犹子，率西蕃诸胡贡"。射匮在位时期，正值隋末乱世，史书对与西方诸国的往来可能有记载不全的情况，然而，据《隋书》记载，隋炀帝曾想扶持处罗可汗"复其故地"，由此观之，这位曾经在隋朝鼓励之下得以继位的射匮可汗与隋朝的关系并不融洽。

---

① 《隋书·长孙晟列传》和《北史·长孙晟列传》记，都兰可汗被杀的时间是开皇二十年（600），此处以《隋书·高祖纪》、《北史·高祖纪》及《资治通鉴》卷178中的记载，开皇十九年（599）十二月，突厥都兰可汗被部下所杀。

　　统叶护可汗是与唐朝关系最为密切的西突厥大汗。统叶护可汗继位之初，致力于国内建设，积极与中原王朝搞好关系。618 年（唐武德元年），西突厥可汗遣使内附。此时正是唐朝初兴时期，由于隋末乱离，一些隋臣逃到东突厥汗国避难，东突厥一时强盛起来，势凌中夏。新兴的唐朝在北面和西面分别与强大的东、西突厥汗国为邻，并积极地与西突厥汗国搞好关系。据《旧唐书》、《新唐书》、《资治通鉴·唐纪》、《册府元龟》等史书的粗略统计，记载较详细者多达 40 余次。[①]

　　619 年秋，统叶护可汗向唐朝遣使入贡，第二年又贡条支巨卵。《旧唐书·西突厥传》记："时北突厥（东突厥）作患，高祖恩加抚结，与之并力以图北番，统叶护许以五年（622）冬，大军将发……"而东突厥可汗颉利"闻之大惧，复与统叶护通和，无相征伐"。因此，唐朝与西突厥联合攻打东突厥之事始终没有成功。两年之后，统叶护向唐朝求婚，唐高祖问众臣说："西突厥去我悬远，急疾不相得力，今请婚，其计安在？"唐臣封德彝认为："当今之务，莫若远交而近攻，正可权许其婚，以威北狄，待数年后，中国盛全，余思其宜。"625 年夏，唐高祖派侄高平王李道立至西突厥表示允婚。在唐朝联合西突厥以抗东突厥的外交政策下，西突厥汗国与唐朝一直保持着友好往来，贸易也达到了前所未有的水平，西突厥人在此时期内向唐朝派出的使者达 15 次之多。[②]

　　统叶护可汗在位期间，西突厥除了"遣使内附"，贡献"条支巨卵"、"师子皮"、"名马"之外，还热情地款待过唐朝高僧玄奘。统叶护在伊塞克湖西北的碎叶城接见玄奘时，热情之至，临走，还派懂汉语者与之同行，并让中亚各地官员护送玄奘去印度。

　　628 年，统叶护被杀，内乱再起，西突厥走向衰落；而唐朝正在走向强盛，并于 630 年灭东突厥，消除了北方一大患。随着双方力

<hr/>

① 李大龙：《唐朝与西突厥互使述论》，《民族研究》1995 年第 5 期。

② 根据《册府元龟》卷 970 和《旧唐书·西突厥传》的统计。

量的变化，西突厥摄于唐朝的威力，最终承认了唐朝的宗主国地位。西突厥汗国与唐朝的臣属关系可以从以下几方面反映出来。

第一，唐朝与西突厥正式确定了册封关系，西突厥可汗的继位要得到唐朝的认可和册封。在 628 年以前，隋朝对达头"赐以狼头纛"，"处罗可汗跪受诏书"，以及隋朝答应拜射匮可汗为大可汗，这些行为可以视为西突厥与隋朝之间存在着某种程度的臣属关系，但正式册封西突厥可汗的事是没有的。唐朝与西突厥正式确定册封关系是在 633 年，受册封者是泥孰。泥孰在武德（618—626）年间，曾到过长安，并与李世民结为盟兄弟。632 年，泥孰被推举为西突厥可汗，遣使到唐朝表示内附。第二年，唐太宗派鸿胪少卿刘善因到西突厥，册封泥孰为奚利邲咄陆可汗。此后，西突厥汗国大可汗的继位几乎都得到了唐朝的册封，沙钵罗咥利失可汗因承袭其兄泥孰汗位，唐朝没有派使者册封。乙毗咄陆可汗曾遣使请求唐朝册封，唐朝因他为其部自立的可汗，未给予册封，而对乙毗沙钵罗叶护可汗进行了册封，641 年秋，唐太宗命左领军将军张大师往授玺书，册立，并赐给鼓纛。642 年，乙毗沙钵罗叶护可汗被杀，弩失毕五部及乙毗咄陆属部屋利啜等部派代表到长安，请另立西突厥可汗。同年，唐太宗遣使册立前莫贺咄侯屈利俟毗可汗之子为乙毗射匮可汗。[1] 在唐灭西突厥汗国前夕，即 655 年夏，唐朝派丰州都督元礼臣前往西突厥册封颉苾达度设为可汗，元礼臣行至碎叶城受到贺鲁部众阻拦，未能抵达。唐朝对西突厥可汗的册封，标志着西突厥汗国与唐朝的臣属关系正式确立，为以后唐朝统治中亚地区奠定了基础。

第二，西突厥汗国东部属地逐渐成为唐朝的直接领地，唐朝在这些地区设置州府进行统治。就在唐灭东突厥的当年，西突厥属地伊吾（今新疆哈密）城主以所属七城内附唐朝，唐在此地置西伊州，632 年又改为伊州。从此，伊吾的突厥部落脱离了西突厥汗国，伊州也成为唐朝经营西域的基地。634 年，西突厥汗国分裂，五咄陆部

---

① （北宋）王溥：《唐会要》，第 1694 页。

与五弩失毕部各拥立可汗，互相攻战，唐朝利用时机，逐步取得天山南路诸国。640 年，高昌国叛唐，并阻挠西域朝贡的使者，唐朝平定高昌国，以其地为西州，并在西州交河城（今新疆吐鲁番西交河古城址）置安西都护府，管理西域地区军政事务。644 年，因焉耆国（今新疆焉耆西南）与西突厥汗国勾结，安西都护郭孝恪率兵3000 人灭焉耆国，立亲唐的原焉耆王之弟栗婆准摄其国事，唐在此置焉耆都督府。648 年，唐取龟兹而执其王，唐军进驻龟兹，将安西都护府从西州移至龟兹国都城（今新疆库车），同时在龟兹、焉耆、于阗、疏勒四城修筑城堡，建置军镇，被称为"安西四镇"，安西四镇由安西都护兼统。安西都护府对唐朝政府抚慰西突厥，保护东西陆路交通，巩固唐朝在西北的边防，起到了十分重要的作用。在唐朝逐步收复西突厥属地的过程中，唐朝在天山南路的统治确立起来。657 年，唐军平定贺鲁之乱后，西突厥全部领地及属地归唐朝统治。

第三，唐朝回应西突厥可汗求婚要求的态度强硬起来。在 628 年以前，向隋唐王朝求婚的西突厥可汗有射匮和统叶护。射匮向隋朝求婚之时还仅仅是部落首领，隋朝答应在他攻破处罗之后许婚。625 年夏，统叶护可汗遣使向唐朝公主请婚，唐高祖允婚，此事因东突厥颉利可汗阻挠而未果。两次虽未能成婚，但从其中过程可以看出隋唐王朝对求婚者的态度是温和的，而且答应许婚。统叶护去世以后，唐朝对西突厥可汗的求婚，态度变得十分强硬，多数给予拒绝。《旧唐书·西突厥传》记，628 年，在肆叶护和莫贺咄各向唐朝求婚时，唐太宗认为："汝国扰乱，君臣未定，战争不息，何得言婚。"635 年，沙钵罗咥利失可汗上表请婚，献马五百匹。朝廷唯厚加抚慰，未许其婚。646 年，乙毗射匮可汗遣使朝贡，并请婚，"太宗许之，且使割龟兹、于阗、疏勒、朱俱波、葱岭五国以为聘礼"。唐朝对西突厥汗国的强硬态度反映出双方力量对比发生了根本的变化。

第四，唐朝改变了分裂西突厥汗国的政策。统叶护去世以后，西突厥走向分裂，不再对唐朝造成威胁，加之，唐灭东突厥以后，消除了北部边境上的压力，于是，唐朝一改以往中原王朝对突厥政权的分裂政策，积极促成西突厥分裂双方停兵休战。在统叶护伯父与统叶护之子对立期间，双方都派使者到唐朝寻求支持。唐太宗劝导说："讽令各保所部，无相征伐。"在乙毗沙钵罗叶护可汗与乙毗咄陆可汗并立之时，乙毗咄陆遣使唐朝，"太宗谕以敦促之道"。可见，唐太宗俨然以宗主身份在处理西突厥的政治分裂，而分裂各方也仰仗唐朝的威力以巩固自己在国内的统治。

651 年，西突厥首领阿史那贺鲁叛变唐朝，拥众西走，在双河建牙，自称西突厥沙钵罗可汗。此后，贺鲁率众数十万入寇庭州。在此形势之下，657 年，唐高宗发大军分南北两道攻贺鲁，打败贺鲁，灭了西突厥汗国，并接管了西突厥汗国统治的中亚地区，在这些地区置州府统治。

综上所述，西突厥汗国与中原王朝之间的关系基本上是友好的。这种关系的建立和维持是由西突厥汗国政治、经济因素所决定。西突厥与萨珊波斯敌对的局面直到 7 世纪 30 年代才得以和解，西突厥与东突厥的敌对关系直到唐灭东突厥汗国才结束。西突厥与中原诸王朝保持友好关系，在与波斯战争时，可避免腹背受敌；在与东突厥的冲突中，可以借助中原王朝力量以牵制之。

与隋唐王朝保持友好关系，有利于西突厥人统治其臣属国家和地区。西突厥汗国疆域虽然广大，然而，境内臣属诸国与汗国的关系十分松散。河中地区从汉代起就与中国发生了联系，其居民知道中国是一大国，幅员广大，物产丰富。中原王朝对西突厥汗国的态度决定了昭武九姓国对西突厥汗国的态度。据《旧唐书》记载，当唐朝拒绝了西突厥莫贺咄侯屈利俟毗可汗和乙毗钵罗肆叶护可汗的求婚之后，西域诸国及铁勒等役属于西突厥者悉叛之，国内虚耗。

西突厥汗国与中原诸王朝保持友好关系是本国经济利益的需要。西突厥是一个游牧汗国，西突厥人在控制了东、西方商路的中段以后，积极参与了东、西方贸易，其中，丝绸是贸易的主要商品，突厥人和中亚粟特商人带往西方的丝绸是通过向中原诸王朝朝贡和互市获得的。西突厥人与中原王朝的贸易方式有两种，一是朝贡，二是边境地区的互市。朝贡形式的交易是一种不等价的官方贸易，数额很大。一般而言，中原王朝为了维系与边境游牧民族的睦邻关系，以超出朝贡物价值很多倍的丝织品回赐。朝贡贸易在西突厥人中可能占有重要地位，西突厥汗国在处罗可汗到贺鲁反叛之前的四十多年中，派到中原王朝朝贡的使者有 30 多次，朝贡贸易的数额很大，西突厥可汗统叶护一次就献马 5000 匹，当然，回赐丝绸的数额也是很大的。尽管如此，在当时，这一贸易还是互利的，突厥需要唐朝的丝织品，唐朝也需要突厥的马匹。641 年，太宗遣使诣西域封立叶护可汗时，又命使者多赍金帛，历诸国市良马。魏征谏曰："今发使以立可汗为名，可汗未定，即诣诸国市马，彼必以为意在市马，不为专立可汗。可汗得立，则不甚怀恩；不得立，则以为深怨。诸蕃闻之，必不重中国。马市既不可得，纵得马亦还路无从。但使彼国安宁，则诸国之马，不求自至矣。"①不难看出，唐朝对中亚马匹的需要情况。

互市也是西突厥人获得中国内地商品的重要途径。高昌国交河郡就是西突厥人互市的一个中心，西突厥汗庭最初就设在离交河郡不远的龟兹之北部。在交河郡的商行有皮毛行、饲草行、驼马行、鞍辔行。这些行业中出售的商品有皮毛行出售花羊（杂毛）、春白羊毛、皮裘等；饲草行经营饲草和薪柴，有新兴苇、苜蓿春茭、禾草等；驼马行出售突厥马、草马、波斯敦父驼、草驼、敦父驼等；鞍辔行经营乘马用具。这些商品是游牧产品，突厥人以它们换取丝织品或现钱，然后，购买自己的生活必需品或丝绸。

总之，西突厥汗国与中原王朝保持着友好交往，维护着丝路畅通。此外，西突厥汗国还积极鼓励臣属的昭武九姓诸国参与东、西方贸易。

---

① （清）董诰等：《全唐文》卷140《魏征（二）·谏遣使市马疏》。

第二节　昭武九姓国与隋唐王朝的关系

西突厥汗国统治时期，中亚地区与中国隋唐王朝的关系超过了以往，除了昭武九姓国派往隋唐王朝的使臣外，民间商旅的往来也空前频繁。

对于昭武九姓国使者的东来，隋唐史籍有许多记载。石国"（国王）甸职以大业五年（609）遣使朝贡"。615 年春，毕国与安、曹、何、穆等国遣使朝贡。618—626 年间，安国遣使入朝。626 年，安国遣使献方物，太宗厚慰其使曰："西突厥已降，商旅可行矣。"其中，昭武九姓国之首的康国是遣使隋唐王朝最多的国家。"武德十年（627），始遣使来献。贞观五年（631），遂请臣。……俄又遣使献师子兽，帝珍其远，命秘书监虞世南作赋。自是岁入贡，致金桃、银桃，诏令植苑中。"

唐朝对昭武九姓国的朝贡表示欢迎，但对他们内附的请求却不予支持。631 年，康国请求"内附"，唐太宗说："前代帝王，好招来绝域，以求服远之名，无益于用而糜弊百姓。今康国内附，傥有急难，于义不得不救。师行万里，岂不疲劳！劳百姓以取虚名，朕不为也。"[①]因此，昭武九姓国与唐朝之间的关系仍然仅限于不定期的朝贡而已，在 7 世纪中叶以前，双方未确立君臣关系，直到唐灭西突厥汗国以后，昭武九姓国才成为唐朝的属国。

西突厥汗国统治时期，昭武九姓国家与隋唐王朝在经济上的联系达到了前所未有的程度。粟特人很早就以贸迁有无的经商身份出现在历史舞台上，他们"善商贾，争分铢之利。男子年二十，即远之旁国，来适中夏，利之所在，无所不到"[②]。可知，粟特地区居民多

---

① （北宋）司马光主编：《资治通鉴》，第 6091 页（新、旧唐书等唐代史籍中无此条史料）。
② （后晋）沈昫等：《旧唐书》，第 5310 页。

以经商为业，且善于长途贸易。早在张骞通西域之前，在撒马尔罕和楼兰之间的古代商道上已有粟特商人的足迹，他们向东深入中国内地，向西远涉西亚、欧洲。

经商的粟特人带到中国内地的商品有：中亚出产的狮、马，金桃、银桃果类，以及青黛和葡萄酒等。唐初马匹缺乏，耕畜严重不足，"大唐接周隋乱离之后，承天下征战之弊，鸠括残烬，仅得牝牡三千"[1]。中亚素产良马，据《唐会要》记载："康国马，……是大宛马种，形容极大。"仅在武德年间，康国就献马4000匹。[2]从中亚引进的优良马种在中国西北地区繁育，"以金帛市马于河东、朔方、陇右牧之。既杂胡种，马乃益壮"[3]。也就是在唐代，中国马种得到改良，"秦汉以来，唐马最盛"[4]。到唐德宗之时，唐朝的官马"犹是其种"。此外，中亚地区向唐朝上贡的还有果类。637年，康国所贡之金桃，银桃，被唐太宗"诏令植苑中"；647年，在康国所贡物品，金桃又被作为珍果载入贡品录，"康国献黄桃，大如鹅卵，其色黄金，亦呼为金桃"。以后，康国金桃成了唐代舶来品的代名词，美国作家谢弗对唐代舶来品的研究就以撒马尔罕的金桃为名。[5]除了本地产品外，粟特商人还带来了拂菻的大氍毹和狗，波斯的镴石和越诺布，印度的郁金香和生石蜜。

粟特商人最中意的中国商品是丝绸，他们将中国丝绸转售到西方。由于西方的需求，中国丝织业开始为西方市场生产，在6世纪的丝织品上出现了具有西方图案的织锦。在同一时期内，中国的金银加工工艺也反映出萨珊波斯艺术的影响。这些都说明在西突厥汗国统治下的中亚，东、西方经济、文化的交流达到了前所未有的新阶段。

---

① （清）董诰等：《全唐文》，第1007页。

② （北宋）王溥：《唐会要》，第1306页。

③ 同上。

④ （北宋）欧阳修、宋祁：《新唐书》，第1338页。

⑤ Edward H. Schafer, *The Golden Peaches of Samarkand: A Study of Tang Exotics*, Berkeley: Los Angeles, University of California Press, 1963.

　　为了经商的便利和保障商队的安全，粟特商人在交通要冲之地设立了驼队棚舍和一些自我保护的组织，随着时间的推移，初期的匆匆过客变成了留居的侨民，而驼队棚舍的所在地也就相应地成了粟特侨民的聚落。[①]6至7世纪期间，在中国新疆、河西、中原地区出现了众多的粟特聚落，如隋末唐初，塔里木盆地南沿的且末城（唐之播仙镇）城民大多数是随粟特贵族何伏帝延迁居的粟特人，何伏帝延在唐太宗时期归顺唐朝，在唐高宗时被任命为且末城主。何伏帝延死后随葬于唐高宗乾陵，其石像刻有"播仙城主何伏帝延"。随康国大首领艳典东迁的粟特人在原鄯善镇废址上建立了石城镇（或作典合城、典谷城，今新疆若羌），据《沙州伊州地志》残卷记载，康艳典一行于贞观年间来到罗布泊地区，因成聚落，康艳典主持建造九座新城，隶属于沙州（今甘肃敦煌）管辖。石万年统治的伊吾七城也是粟特人的聚居之地，玄奘于628年前后抵达伊吾之时，见到了伊吾城城主"胡王"，630年，石万年率七城归降了唐朝。

　　定居在天山以南地区的一些粟特商人成为唐朝政府的编民，他们与汉族居民一样分到口分田，承担交租税、服徭役的义务，有的被编入军府，充当卫士，参加战斗，立功者受勋。在《唐神龙三年高昌县崇化乡点籍样》残文书中，记载了户主46人，其中属于粟特姓者24户：计康姓10户、安姓6户、曹姓4户、何姓2户、石姓2户；属于其他胡姓者4户：白姓2户、竹（竺）姓2户；汉姓只有18户。[②]

　　唐朝在丝绸之路沿线设置了一些行政机构，驻扎军队以维护主权和保障商旅的安全。这些机构的费用主要靠商税。据《新唐书》记载："开元盛时，税西域商胡以供四镇，出北道者纳赋轮台。""诏焉耆、龟兹、疏勒、于阗征西域贾，各食其征，由北道者轮台征之。"在吐鲁番出土的《唐开元二十年瓜州都督府给西州百姓游击将

① 张广达：《唐代六胡州等地的昭武九姓》，《北京大学学报》1986年第2期。
② 国家文物局古文献研究室等编：《吐鲁番出土文书》第7册，第468—482页。

军石染典过所》文献中，记载了石染典入沙州贸易的情况，石染典的货物须由市令勘验人畜名数，据此推测，勘验数量，可能是对石染典之货征收市税。在 8 世纪中叶，从事商业的粟特人已经占了相当的比重。据日本有邻馆藏《唐开元十六年庭州金满县牒》载，是年，金满县共管百姓、行客、兴胡 1670 人，收税总额为 259650 文，其中百姓税只有 85650 文，而行客和兴胡所纳税钱为 174000 文，是百姓税款的两倍多。[①]

随着经商与移民，粟特文化逐渐东渐，其中祆教和乐舞的影响较大。祆教在中国的传播和确立主要是由在丝绸之路上追逐利益的粟特人完成的。据陈垣先生考证，祆教传入中国是在 516—519 年间[②]，而祆教在中国盛行时期是隋朝和唐初。从敦煌的文书典籍中，我们得知在每一个粟特聚落中都有祆祠，祠内有萨宝府官主祠祆神。祆教在中国的传播过程中吸收了佛教等其他宗教的一些要义，形成了与中亚有所不同的宗教体系。

在经商过程中，粟特人将中亚或印度的音乐舞蹈带到了中国内地。隋初音乐"并用胡声"；唐朝在此基础上定十部乐，其中龟兹、疏勒、高昌、安国、康国、天竺几部是经商路传入西域或内地的。粟特音乐家在中国音乐史上占有一席之地，何国的何妥曾为隋朝正音律，出任国子监祭酒；康国琵琶高手康昆仑号称"长安第一手"；曹国的曹婆罗门、曹僧奴、曹明达祖孙三代皆擅长琵琶绝技，历仕西魏、北齐、隋三朝，其中曹明达还被北齐主封为郡王。粟特歌手与乐师在盛唐前后崭露头角，压倒了初唐的天宫伎乐，涌现出何满子、何戡等著名歌手。"何满子"一名以后成为曲名："故国三千里，深宫二十年，一声何满子，双泪落君前。"可见《何满子》曲调悲怆凄凉。米国歌手米嘉荣长期占据歌坛，"三朝供奉米嘉荣，能变新声作旧声"。唐代大曲《霓裳羽衣舞曲》是由《婆罗门曲》改作而成，

---

① 〔日〕池田温：《中国古代籍帐研究》，东京大学东洋文化研究所 1979 年版，第 354 页。
② 陈垣：《火祆教入中国考》，见《陈垣学术论文集》第 1 集，中华书局 1980 年版，第 306 页。

白居易称赞它是"千歌万舞不可数，就中最爱霓裳舞"。

九姓胡音乐、舞蹈和戏曲的流行，在中国内地掀起了一股"胡化"风潮，终唐一代，历久不衰。唐玄宗以后，"胡化"更甚，诗人元稹描写道："自从胡骑起烟尘，毛毳腥膻满咸洛。女为胡妇学胡妆，伎进胡音务胡乐。火凤声沉多咽绝，春莺啭罢长萧索。胡音胡骑与胡妆，五十年来竞纷泊。"

唐朝文化对中亚地区也发生了深刻的影响。在1965—1971年间，苏联学者对康国遗址上的阿弗拉西亚布（Afrasiab）宫廷遗址进行了系统发掘，在1号房屋的遗址中，发现了保存较完整的壁画。西壁主题为诸使献礼图，其中数人为唐装使臣，有一人手托织物三叠，一人手托丝。人物头戴唐初盛行的幞头，身着窄袖长身袍，系腰带，垂鞶囊，佩长刀，是典型的唐初官吏形象。北壁正中绘一河流，将画面分成了东西两部分，西侧为唐装仕女泛舟图，东侧为唐装骑士猎兽图。东壁残损过甚。南壁为支汗那人（即中国人）出行图，其线条勾勒与中国壁画相似。[①]以上壁画年代被确定在7世纪末至8世纪初期的15年间，壁画反映了中亚与唐朝的文化联系。

此外，唐朝的音乐文化也传入中亚。在泽拉夫善河上游，距撒马尔罕70公里处的片治肯特 VI 号遗址42居室中发现了属于8世纪的壁画，其中有唐装女乐形象，在同遗址13号室发现了乐人手中所持的排箫，排箫起源于中国内地，它的发现表明在胡乐对唐朝音乐文化发生重大影响的同时，中亚音乐也吸取了中国音乐的成分。

往来于丝绸沿线的粟特商人将中国的一些商业制度传到中亚，这一点从粟特语"tym"一词反映出来。tym 在粟特语中指"店铺、商栈"，据研究，该词是汉语"邸"或"店"的音译。在吐鲁番文书中有"取当县群牧、庄坞、底（邸）店及夷胡户"的记载，唐营州

---

① 《唐代文化史——对外文化交流编（一）》，http://paper.yvv.cn/paper/758/2008-04/272770_23.html，2010—11—04。

都督宋庆礼也曾"招集商胡，为立店肆"，可知"邸"或"店"是唐代的习称，而来源于这一称谓的 tym 在粟特语中一直沿用到 10 世纪以后。①

　　粟特人在经商过程中，将中国文化传入印度，其中，印度国王喜爱的《秦王破阵乐》就是显著的例子。此乐原是作战的军歌，唐太宗根据作战时队伍的进退、回护、突破、包抄等行动编制成舞，乐器以大鼓为主。据《旧唐书》记载，该曲粗犷雄浑，"声震百里，动荡山谷"。玄奘到中印度时，戒日王见到他就说："摩诃支那国（意即伟大中国）有秦王天子，早怀远略，兴大慈悲，拯济含识，平定海内，风教遐被，德泽远洽，殊方异域，慕化称臣，民庶荷其亭育，咸歌《秦王破阵乐》。"②

　　由于粟特处于突厥政权与中原诸王朝之中，他们除了在东方古代社会的经济生活中扮演贸迁有无的商业民族的角色外，还在中原王朝与突厥政权之间扮演着政治和外交的角色。545 年，安国人安诺磐陀作为中原西魏王朝第一位出使突厥的使者。626 年，唐太宗与颉利可汗使臣密谈之时，只留安元寿（安兴贵之子，安修仁之侄）一人宿卫。据安元寿墓志记载："突厥颉利可汗拥徒州万众，来寇便桥。太宗亲率精兵出讨，颉利遣使乞降，请屏左右，太宗独留将公一人于帐中自卫。"③630 年，唐太宗遣鸿胪卿唐俭出使颉利可汗处，派安修仁为副使同行。④646 年，右领军中郎将安永寿（安修仁长子）被唐朝派往铁勒诸部。⑤突厥王朝和中原王朝甚至把一些重大的政治任务交给粟特人。隋末，颉利可汗派康国康鞘利以市马

① 《唐代文化史——对外文化交流编（一）》，http://paper.yvv.cn/paper/758/2008-04/272770_23.html，2010—11—04。
② 季羡林等校注：《大唐西域记校注》，第 436 页。
③ 昭陵博物馆：《唐安元寿夫妇墓发掘简报》，《文物》1988 年第 12 期。
④ （后晋）沈昫等：《旧唐书》，第 2479 页。
⑤ （北宋）司马光主编：《资治通鉴》，第 6239 页（按，安永寿出使铁勒一事，新、旧唐书等唐代史籍中无此条史料）。

为名，去太原与李渊商议借兵之事。^①突厥人也利用粟特人施行反间
计。"突厥恶弘农公刘世让为己患，遣其臣曹般陁来，言世让与可汗
通谋，欲为乱。上信之。冬，十月，丙午，杀世让，籍其家。"^②粟特
人在突厥政权中的影响重大，他们也因此遭到过迫害。隋臣裴矩就
用计杀了始毕可汗信任的一位粟特人，裴矩认为："突厥淳陋，易
离间，但内多群胡教导之。臣闻史蜀胡悉尤有谋，幸于始毕，请杀
之。"^③最后，史蜀胡悉被裴矩诱至马邑互市，将他杀掉。

　　昭武九姓国自觉地维护唐朝的统一。由于粟特商人的切身利益
与丝路的畅通有着密切的关系，因此，不仅进入汉地之粟特聚落渴
望唐朝的统一，甚至在中亚的九姓诸国也渴望得到唐朝的庇护。在
唐朝出兵平定贺鲁的战争之时，昭武九姓国人也参与了平叛战争，
其中何国遣使向唐朝上表："闻唐出师西讨，愿输粮于军。"在贺鲁
兵败逃到石国时，石国人将他诱捕后送交唐军。这些行为表明了九
姓诸国要求保障丝路安全畅通的强烈愿望，客观上也为维护唐朝在
西域的统治做出了贡献。

　　总的来说，在西突厥统治时期，昭武九姓国家与隋唐王朝保持
着友好的关系，粟特商人在此关系中发挥了积极的作用。

第三节　西突厥人与萨珊王朝的关系

　　突厥人在向西发展的过程中，分别与萨珊王朝和东罗马帝国发
生了联系。突厥人与萨珊王朝之间的联系从突厥汗国建立之后不久
就开始了。萨珊王朝是波斯人于226年在伊朗高原上建立的国家，
中国史书称"波斯"，西方史书名"Persia"。在突厥汗国兴建之时，
萨珊波斯已经是一个具有300多年历史的国家。突厥汗国时期，萨

---

① （唐）温大雅：《大唐创业起居注》，上海古籍出版社1983年版，第10—11页。
② （北宋）司马光主编：《资治通鉴》，第5972页（按，新、旧唐书等唐代史籍中无此条史料）。
③ （北宋）欧阳修、宋祁：《新唐书》，第3933页。

珊王朝在库思老一世、霍尔穆兹四世（Hurmazd IV，579—590 年在位）和库思老二世（Khosrau II，591—628 年在位）三位强大国王的治理下进入了鼎盛时期。此后，由于国内发生战乱，一度臣属于西突厥人。651—652 年间，萨珊波斯最终被在其南部兴起的阿拉伯人灭亡。在突厥政权兴起到萨珊波斯灭亡的 100 年间（552—651），两国之间的关系经历了友好、敌对、和解的历史演变过程。

在突厥汗国建国之初，突厥人与萨珊波斯人开始了友好交往，两国关系发展很快。突厥人初期的扩张可分为两步：一是征服天山南北诸国，二是征服哒哒汗国。西突厥与萨珊王朝的关系也相应地分为两个阶段：一是两国建交，二是两国联盟。

突厥人建国之初的首要任务是彻底消灭柔然，使天山南北诸国承认突厥汗国的宗主地位。要完成这一任务，突厥人注意到哒哒这一政权。哒哒人原先也臣属于柔然，居阿尔泰山以南，迁到中亚以后，建立起强大政权，称霸中亚。此后，柔然可汗婆罗门曾经把自己的三个姊妹嫁给哒哒王为妻。突厥人建国前夕，哒哒虽已疏远柔然，然双方并未断交。突厥人征服天山南北诸国之时，为了牵制哒哒汗国的力量，积极与西面的萨珊波斯王朝取得联系，以除后顾之忧。

突厥人与萨珊王朝的接触可能在 553 年以前已经开始，据《阙特勤碑》东面第 3 行记，在土门可汗去世之时，波斯国曾派使者参加土门的葬礼。554 年，突厥大可汗木杆与波斯王奴细尔汪（Noshirwan，即库思老一世）建立了联系。[1]两国之间开始了使者互访，这一情况可以从哒哒暗杀突厥使者的活动中得到证实，突厥使者"必须通过哒哒领土才能到达波斯。哒哒知突厥将与萨山（即萨珊）朝建立直接关系，大为惊震，就将过境的突厥使者及其侍从完全杀死"[2]。到556年，突厥人在西边的势力已经达到焉耆、于阗一线

[1]　Sir Percy Sykes, *A History of Persia*, George Routledge and Sons Publishing Co., 1934, p.455.
[2]　〔美〕麦高文：《中亚古国史》，第 260 页。

西北，直到巴尔喀什湖弧形以外的地区[1]，与中亚哒哒汗国毗邻，完成了突厥人向西征服的第一步。

突厥人征服天山南北诸国以后，在怛逻斯（塔拉斯，在今吉尔吉斯斯坦和哈萨克斯坦交界处）与统治中亚的哒哒汗国发生冲突。557 年之后不久，室点密在一次激战中击败哒哒汗国[2]，并截断了哒哒通往北周王朝的道路。据史书记载，哒哒汗国最后一次向中国朝贡是在明帝二年，即 558 年。在此以前的一百多年中，哒哒对中国的朝贡从未中断。据《周书》记载，哒哒不朝贡的原因是"为突厥所破，部落分散，职贡遂绝"。由此可见，在 557 到 558 年间，突厥与哒哒之间的冲突激烈起来。

然而，新兴的突厥汗国尚不能与哒哒汗国对抗。突厥人的权威仅限于北方的铁勒诸族和天山南部诸国，而哒哒汗国是"于阗、安息等大小二十余国，皆役属之"的大国，并且得到了中亚近 40 个小国的朝贡。[3]6 世纪上半叶，拜占庭史家科斯马斯见到"哒哒国王带着一千头战象和无数骑兵出去作战"[4]。突厥人在无力单独灭亡哒哒的情况下，开始寻求盟友，于是，派使者与萨珊波斯商量共灭哒哒汗国之事。

波斯王库思老一世对此持犹豫态度。5 世纪末，哒哒曾与萨珊波斯是死敌，6 世纪初，双方打了近十年（503—513）的仗，在这些战争中，谁也胜不了谁，两国军事力量达到均衡，双方签订了25 年的和约。在突厥人崛起之初的 6 世纪中叶，两国还一起派使者到中国朝贡。波斯王愿意保持这种局面，而不希望锐意进取的突厥人成为自己的近邻，但是，西方局势的变化改变了库思老一世的初衷。

6 世纪上半叶，萨珊波斯国力强盛起来，陆续征服和掠夺了东

---

① 〔法〕勒内·格鲁塞：《草原帝国》，蓝琪译，商务印书馆 1998 年版，第 117 页。

② Gavin Hambly(ed.), *Central Asia*, London, Weidenfeld & Nicolson, 1969, p.56.

③ （北魏）杨衒之：《洛阳伽蓝记校注》，范祥雍校注，第 288 页。

④ 〔英〕亨利·裕尔：《东域纪程录丛》，云南人民出版社 2002 年版，第 197 页。

罗马帝国领土安条克（Antioch），占领拉齐卡（Lazica）。557年，东罗马皇帝决定改变与波斯人的关系，同意付给波斯赔款，并以纳贡为条件，收复了拉齐卡，双方签订了停战协议。随着萨珊波斯西方外交的成功，库思老一世的态度发生了变化，库思老欲雪其祖父卑路斯败亡嚈哒之耻，决定与突厥人结盟共击嚈哒。为了强化这一军事同盟，突厥木杆可汗将女儿嫁给库思老。

562年，两国联合出兵攻嚈哒汗国，灭之，两国瓜分了嚈哒汗国的领土。9世纪至10世纪阿拉伯史学家塔巴里对两国瓜分嚈哒领土的情况有详细的记载，据说，库思老取吐火罗、谢风旦（Zaboulistan）、迦布逻（Kaboulistan，喀布尔）、石汗那（Djaghanyan）等地；而室点密则取赭时、拔汗那、康国、安国、史国、小史国等国。[①] 由此观之，双方是以阿姆河为界，西突厥占其北，波斯占其南。中国史书对此也有记载，《新唐书》"史国"条下记："有铁门山……石邑如铁，为关以限二国。"《大慈恩寺三藏法师传》记："铁门，……突厥之关塞也。"突厥人对此也有记载，刻于8世纪的突厥文《阙特勤碑》记载说，他们的祖先土门可汗和室点密可汗曾经："克服四方一族……向西方，远至铁门。"可以肯定，灭嚈哒汗国之后，阿姆河以北的铁门成了西突厥与萨珊波斯的国界线。

西突厥汗国统治了天山南北诸国、锡尔河北部草原和河中地区，成了中亚大国。随着突厥势力的发展壮大，西突厥室点密可汗与波斯王库思老之间发生了冲突。拜占庭历史学家弥南德在其《希腊史》（残卷）中，对两国关系破裂的经过有详细的记载。

嚈哒汗国灭亡以后，原来臣属于嚈哒的昭武九姓国转而臣属于西突厥人，粟特商人利用西突厥人的势力，提出要到波斯境内贸易的要求。567年，西突厥可汗室点密派使团前往波斯，使团团长是粟特人马尼亚克（Maniakh）。粟特商人的要求直接损害了波斯人的

---

① 〔法〕沙畹：《西突厥史料》，第202页。

利益，如果同意的话，将使波斯人失去中介贸易的利益。库思老召集大臣们商议对策，呔哒人喀塔尔福斯（Katulphus）建议由波斯政府按价收购突厥人带来的丝货，然后当着突厥使者的面把丝货烧掉，表示波斯不需要来自突厥之丝。波斯王按此建议做了。室点密再次派使者到波斯，为了阻止突厥使者再来，波斯王私下命令毒死使者，然后，散布谣言说突厥人生长在冰雪之乡，他们不适应波斯干燥气候，离开塞地则不能生存。于是，突厥与波斯之间的关系破裂，以后，双方展开了战争。

588 年，突厥人入侵波斯。据塔巴里记："当霍尔穆兹四世在位的十一年时，突厥最高可汗（Schaba）[1]领兵三十万来侵，兵至帆延（Badhaghis）及哈烈两地，同时罗马帝从叙利亚沙漠进兵，而可萨王兵亦至里海南岸之打耳班，大肆焚杀。"[2]这次入侵很快被波斯大将军巴赫兰·楚宾（Bahram Tschoubin）打败，可汗中箭身亡。波斯军一直打到离布哈拉不远的沛肯城，俘虏了可汗之子（Barmoudha），虏获大批战利品返回波斯。塔巴里在谈到这次战争之时说："大可汗的战象和战狮在被箭射中后，掉头往回跑，又遭到大火围烧，最后载着火狂怒地冲入自己的队伍。"[3]这次战争给突厥人的打击是沉重的，河中地区遭到了践踏，沛肯城遭到洗劫。

然而，在大获全胜之后，萨珊波斯国内发生了内战。大将军巴赫兰·楚宾在打败突厥人后不久，发动了反国王的内战，霍尔穆兹四世被杀，其子被扶上王位，史称库思老二世。库思老继位以后，巴赫兰·楚宾在马代因（Madain）自立为王，库思老二世乃出奔东罗马。据塞罗菲拉克·西摩卡塔（Theophylactus Simocattes）记：

---

① 杨建新先生在《中国少数民族史》一书中认定此人是《隋书》所说鞅素特勤，岑仲勉先生在《西突厥史料补阙及考证》一书证明此人是东突厥大可汗处罗侯。在此收入西突厥与波斯关系之战争，是因为 Schaba 与波斯的战争必经西突厥领地，西突厥人被卷入。达头可汗于 585 年后不见汉籍记载，直到 594 年才重现于中国史书，此 9 年间他活动在西方，有可能参与了此次战争。

② 〔法〕沙畹：《西突厥史料》，第 217 页。

③ Sir Percy Sykes, *A History of Persia*, pp.477-478.

"591年，东罗马帝遣亚美利亚人纳塞斯将兵援之（指库思老二世），与库思老会击巴赫兰，破之，叛兵之中，杂有突厥军队。"①最后，叛将巴赫兰·楚宾败亡西突厥境内避难。

波斯的这次内乱给西突厥人创造了条件，此后不久，西突厥完成了对阿姆河以南吐火罗斯坦的征服，昆都士和巴尔赫城成为西突厥属地。630年，玄奘经过吐火罗斯坦时，曾住在昆都士一个特勤的封邑里，这个特勤是西突厥可汗之孙。吐火罗斯坦诸国皆臣属于西突厥汗国。

597至598年间，突厥人又发动了与萨珊波斯的第二次战争，战争是因萨珊波斯军队寇边引起。根据亚美利亚史学家塞贝斯（Sébéos）记载，597年，波斯王库思老二世派大将军沙母贝特讨击阿姆河南岸的西突厥汗国的属国，诸国国王向西突厥可汗求援。达头可汗率领30万军队渡阿姆河，打败了沙姆贝特的军队。西突厥可汗达头当时把主要精力放在统一东、西突厥上，不想与波斯军队纠缠，打跑波斯军队之后就迅速撤兵返回东方。当西突厥军队撤走之后，波斯军又寇掠缚罗（巴尔赫）城，掠夺哈烈（赫拉特城）、帆延、吐火罗、塔里堪（Talekan）等地，然后退兵扎营于莫夫城。波斯军队的进攻是骚扰和寇掠性质，这些战争只在阿姆河以南进行。

第三次战争发生在西突厥统叶护统治后期（626—628），这次战争是西突厥属部可萨人与东罗马共同讨伐波斯。西方史书对西突厥可汗统叶护对波斯之战的情况记载甚略，仅有两处提到。一处说统叶护可汗派达渡设到东罗马，以救援其军事上的不利，因此受到欢迎。另一处说："可萨首领（Ziebel或Dscheboul）与西突厥叶护可汗，固然同时参加波斯之役，而间接致波斯王库思老之死……"②对统叶护与波斯的战争，中国史书也有简略记载，据《旧唐书》记载，

① 〔法〕沙畹：《西突厥史料》，第219页。
② 同上书，第231页。

"隋大业末（618），西突厥叶护可汗频击破其国"①。对突厥可萨人参与东罗马战争一事，西方史书记载较为详细。不过，可萨人虽然进入了波斯国内，然而，由于冬季来临他们还未开战就撤兵了。

尽管如此，这次出击为西突厥人参予波斯宫廷斗争提供了机会。《旧唐书》记："波斯王库萨和（即库思老二世）为西突厥所杀，其子施利立，叶护因分其部帅监统其国，波斯竟臣于叶护。及叶护可汗死，其所令监统者因自擅于波斯，不复役属于西突厥。施利立一年卒，乃立库萨和之女为王，突厥又杀之。施利之子单羯方奔拂菻，于是国人迎而立之，是为尹恒支，在位二年而卒。兄子伊嗣候立。"②632年，伊嗣候登上王位，波斯国内的混乱局面结束。在萨珊王朝内乱期间（628—632），波斯人曾经臣属于西突厥汗国，对此，《隋书》记载："突厥不能至其国（指萨珊王朝），亦羁縻之。波斯每遣使贡献。"③从东、西方史书的记载可以认定，萨珊波斯在内乱时期曾经承认了西突厥汗国的宗主地位，并确定了某种程度的臣属关系。

在伊嗣候统治的20年（632—651）中，西突厥与萨珊王朝之间没有发生冲突与战争，两国关系和解。

西突厥与萨珊王朝关系的和解可以从三个方面反映出来。第一，西突厥准许波斯使者经其境到中国朝贡。在西突厥与波斯关系破裂以前，波斯使臣到中国朝贡很频繁，北魏时期就有10次，但自568年以后的半个多世纪里，中国史书记载的来访波斯使者只有一次，而且是随隋朝使节回访。639年以后，来访的波斯使者又开始出现在中国史书上，据《册府元龟》所记，有5次。

第二，在阿拉伯人入侵波斯之时，波斯王逃到西突厥属地吐火罗斯坦避难。以后，伊嗣候之子逃到吐火罗，得到吐火罗叶护的保

---

① （后晋）沈昫等：《旧唐书》，第5312页。

② 同上。

③ （唐）魏征等：《隋书》，第1857页。

护而免遭杀戮。①

第三，波斯人在与阿拉伯人的斗争中得到了西突厥境内吐火罗诸国人民的支持。在伊嗣候之子卑路斯投奔吐火罗，遣使向唐高宗求援之时，"高宗以远不可师，谢遣。而会大食解而去，吐火罗以兵纳之"。吐火罗与萨珊波斯毗邻，其命运与萨珊波斯息息相关，所以出兵帮助波斯人。

阿拉伯人的崛起是两国关系得以和解的原因之一。7世纪初，阿拉伯人崛起，632年以后，阿拉伯人开始向外扩张。633年，即伊嗣候即位的第二年，阿拉伯人第一次攻入波斯。636年，阿拉伯人又与波斯在卡迪西亚进行了一次决战。639年，波斯人在尼可温一役中遭到致命的打击。在阿拉伯人的强势进攻面前，萨珊波斯与西突厥停止了战争，全力以赴地对付阿拉伯人。

西突厥汗国的分裂也是双方关系和解的重要原因。在统叶护可汗去世以后，西突厥汗国分裂，国内虚耗，自顾不暇，无力再对波斯发动战争，于是，两国关系趋于和解。此外，西突厥汗国在中亚诸国中地位下降也是西突厥无力发动扩张战争的原因。630年，唐朝灭东突厥以后，开始对西突厥的态度强硬起来，最终确立了对西突厥汗国的宗主权地位。此后，西突厥汗国在中亚诸国中的威信下降，属国纷纷起来反对西突厥的宗主地位，在无力控制属国的情况下，已不可能发动对外战争。

在西突厥与萨珊波斯的关系中，经济利益始终是两国考虑的主要因素。562年，西突厥与萨珊波斯共灭哒汗国以后，西突厥人的疆域扩展到阿姆河北岸。控制了东、西商路中段，西突厥发动战争的目的是企图打破波斯对商路西段的垄断，而波斯对西突厥战争的目的是为了掠夺中亚财物。

粟特人在西突厥与萨珊波斯关系的发展中起到了重要作用。在哒汗国统治河中地区时，粟特人已经成为丝绸之路中段的居间者。

---

① （后晋）沈昫等：《旧唐书》，第5312页。

据沙畹《西突厥史料》和亨利·玉尔《契丹及通往契丹之路》的记载，在西突厥汗国统治时期，西突厥转输华丝的贸易主要由擅长商业的粟特人代理。《隋书·裴矩传》有一则记载说，615 年，"射匮可汗遣其犹子，使率西蕃诸胡朝贡"。可以推知，在商业活动中，西突厥人以西蕃胡（粟特商人）商队组织者和领导者的面目出现。粟特人企图打破波斯萨珊王朝居间贸易地位的要求，是西突厥和萨珊波斯关系恶化的直接原因。室点密在两次使者受辱之后，并未立刻采取报复手段。而四处行商的粟特人，又建议西突厥与萨珊波斯宿敌东罗马联盟，致使西突厥与萨珊王朝的关系毫无转机地恶化下去。

西突厥与萨珊波斯之间的贸易是以阿姆河以南的莫夫城和赫拉特城为中心进行，昭武九姓诸国、巴克特里亚、花剌子模，以及波斯商人都会聚于此。无论是和平友好时期，或是战争时代，西突厥与萨珊波斯之间的贸易从未中断过。这一点可以从发掘出土的萨珊银币上反映出来。在中国境内发现的 1171 枚萨珊银币中，只有 12 枚是在沿海地区发现的，其余都是在丝绸之路沿线出土的。① 主要出土地点在原来的西突厥汗国境内（即乌恰、库车、吐鲁番等地），其中，在乌恰发现了 947 枚，约占全部出土银币的 82%，这反映了萨珊王朝与西突厥汗国经济交流情况。再从时间上来看，在 1171 枚银币中，除去阿拉伯时期仿制的 281 枚外，其中属于库思老二世的就有 600 枚，占萨珊王朝时期银币的 67%。再加上霍尔穆兹四世和库思老一世后期的，可以说．在现今中国境内发现的萨珊银币中，起码有 70% 以上是处在西突厥和波斯敌对时期，说明即使是在敌对时期，两国之间的贸易也十分频繁。

---

① 广东省文物管理委员会、华南师范学院历史系：《广东英德、连阳南齐和隋唐古墓的发掘》，《考古》1961 年第 3 期；夏鼐：《综述中国出土的波斯萨珊朝银币》，《考古学报》1974 年第 1 期。

第四节　西突厥与东罗马帝国的关系

在西突厥汗国与萨珊波斯关系破裂以前，突厥人与东罗马人没有直接的联系。此后，西突厥汗国开始寻求与东罗马帝国的联系，揭开了两国外交的序幕。

在汉籍中，东罗马帝国被称为"拂菻"，波斯语将罗马（Rum）读成 Hrom，中亚粟特人将 Hrom 读为 From，汉语"拂菻"可能是由粟特语 From 转写的。476 年，罗马帝国西部为蛮族所灭，东部帝国继续存在了近 1000 年（1453 年灭亡），史称东罗马帝国，因其都城君士坦丁堡是古希腊移民城市拜占庭旧址，故又称拜占庭帝国。东罗马帝国最初是一个地跨三大洲的大帝国，以巴尔干半岛为中心，属地包括小亚细亚、叙利亚、巴勒斯坦、埃及以及美索不达米亚和南高加索的一部分。在 6 世纪初，东罗马帝国东部邻国萨珊波斯国力强盛起来，夺取了东罗马帝国在北美索不达米亚和亚美尼亚的一些领地。527 年，东罗马皇帝查士丁尼一世继位，他在位期间（527—565）力图恢复昔日罗马帝国的辉煌，开始进行收复国土的战争，于是，拉开了百年之久的罗马波斯之战（527—628）。西突厥人就是在这种背景之下，开始与东罗马帝国的交往。

西突厥人与萨珊波斯关系破裂以后，曾以突厥使团团长身份出使波斯的粟特商人马尼亚克劝说室点密与罗马人建立联系。就在突波关系破裂的当年，由马尼亚克率领的西突厥使团携带着价值巨万的丝货前往东罗马帝国，使者们还带着一封室点密给东罗马皇帝的国书，书中表达了向东罗马皇帝的致敬。

东罗马皇帝查士丁二世（Justin II，565—578 年在位）接见马尼亚克使团，接受了礼物和国书，并详细询问突厥国的情况和突厥人的风土人情。从接见的情况来看，东罗马皇帝对与突厥人缔结友好关系很感兴趣。马尼亚克一行于 569 年 8 月动身回国，查士丁二世派西里西亚人蔡马库斯随行回访。在此后的半个世纪中，使者往返不断。其间，除达头可汗继位时双方发生过短暂的冲突外，两国之间基本上保持着友好交往。

西突厥可汗室点密在西突厥汗庭所在地爱克塔山（今新疆和静县裕勒都斯）热情接待了初次到访的东罗马使者蔡马库斯。据弥南德记，蔡马库斯一行抵达可汗汗庭时，室点密可汗即刻接见了他们，详细询问了情况。"迎礼完后，设大宴款待之。在帐中欢乐数日。帐的四周，垂持各色丝物。……宴会后，到专为使者设的寓所安歇。……次日又举宴，痛饮欢谈而散。再次日，又在某帐内设宴……"以后，室点密携带蔡马库斯及随从出征波斯，行至怛逻斯，遇波斯使者前来访问，于是，又在怛逻斯设宴招待蔡马库斯和波斯使者，命波斯使者与东罗马使者同桌而席，并让东罗马使者坐上位。在此，蔡马库斯踏上了回国的旅途。临走，可汗又厚赠予他，送一位黠戛斯（Kherkhis？）族美女，并派遣突厥人塔格马和马尼亚克之子随蔡马库斯回访东罗马。[①]

据弥南德记载，蔡马库斯一行返回东罗马帝国的西行路线是：渡欧克河，复经长途而抵大湖。蔡马库斯休整三日，派佐治先归，报告皇帝，访突厥使者已归。佐治与突厥人十二名，经沙漠无水地区，取捷径向拜占庭而行。蔡马库斯沿湖沙岸行十二日，通过艰险地区，来到亦克河，又到得嶷黑河。然后经沼泽地，到阿得拉河，再往前到达乌苟尔国。土人告之，有四千波斯人埋伏在柯彭河道中，要捕罗马使者。蔡马库斯设法，逃到阿兰国参见酋长，之后达发锡斯城，后又到特拉比松（Trapezus）城，由此乘船至君士坦丁堡。在以上地名中，如今可以确定的是：亦克河为恩巴（Emba）河，得嶷黑河为里海，阿得拉河为伏尔加河。由此推测，蔡马库斯一行经里海北岸而行，过恩巴河、乌拉尔河、伏尔加河以后，从高加索中部

---

① H. Yule, *Cathay and the Way Thither, Being a Collection of Medieval Notices of China*，总发售处，文殿阁书庄，1938 年影印，第 1 册，pp.210-211。

到达黑海岸边，再乘船到君士坦丁堡。也就是说，西突厥与东罗马之交通大致是先走欧亚草原之路，即由天山北路，经里海北岸、南俄草原，然后，南行至巴尔干地区，这是西突厥与东罗马交通的主要通道。蔡马库斯一行于 571 年秋到达君士坦丁堡。

此后，两国之间多次互派使者。据《希腊史》（残卷）记载，以后访问西突厥汗国的东罗马使者有：攸提奇俄斯（Eutychios）、瓦伦丁（Valentin）、赫洛店（Hérodien）、西里西亚人保罗（Paul）。[①] 但是，到东罗马的西突厥使者只有阿拉克斯塔一人被记载下来。

最初，两国使者谈论的内容集中于贸易，丝绸贸易是主题。西突厥统治者极力为中亚商人寻找与西方直接贸易的途径，这一目标在波斯不仅未能实现，而且还导致了两国关系的破裂。熟悉东西方贸易的粟特商人知道，波斯转手丝绸贸易的西方买主主要是罗马人，马尼亚克曾对西突厥统治者说："为了突厥人的利益，可与罗马人联合。罗马人用丝比其他国家都多，可将丝货市场移往罗马。"[②] 可见，西突厥汗国与东罗马帝国联系之初衷就是为了商业利益。

东罗马皇帝对与西突厥人感兴趣的原因最初也是为了丝绸，据 6 世纪末的拜占庭史家塞奥凡尼斯记载，当马尼亚克首次访问东罗马之际，查士丁二世特地向来访者展示了东罗马帝国能够育蚕和生产丝绸，突厥使者对此感到非常吃惊。[③] 在突厥使者首次来访之时，皇帝就谈到东罗马的丝绸生产情况，可见，他对此物甚为关心。丝绸在东罗马帝国的重要不仅是消费者所需，而且关系到君士坦丁堡丝织业的发展。以往东罗马丝织业的原料是将经中亚和波斯转到罗马的丝织品分解成丝，将丝再织成薄丝绸或锦缎。为了获得中国之丝，东罗马人曾以各种方式企图打破萨珊波斯对丝绸的垄断。在突厥使者初次来访之时，东罗马人获得育蚕法才十多年的时间，生丝的生产远远不能满足东罗马丝织业的需求。这种需求甚至在数世纪

---

① 〔法〕沙畹：《西突厥史料》，第 214 页。

② H. Yule, *Cathay and the Way Thither, Being a Collection of Medieval Notices of China*, I, p.207.

③ Theophanes, *Historiae: in Muller, Fragmenta Historicorum Graecorum*, (Vol.II)París, 1868, p.270.

中，仍是东罗马帝国与中亚交往的一个重要因素。[1]

双方往来之初的贸易情况还可以从弥南德的记载中反映出来。在蔡马库斯访问结束返国之时，行至高加索北阿兰人的居地，阿兰人来告，有波斯人已在东罗马使者返回途中设下埋伏，准备截击他们。于是，蔡马库斯遣十名运输工携丝绸经原路而行，以迷惑波斯人。[2]由此可知，随使者而行的还有运输丝绸的商队。从西突厥汗国派往东罗马使团的阵容庞大（576 年，随瓦伦丁返回的突厥使者就有 106 人）以及携带货物之巨，都反映了贸易在两国交往中的突出地位。

两国交往中的贸易意向也可从西突厥汗国的积极态度中反映出来。"突厥诸部及邻国，知东罗马使者来访，在其归国时，有突厥使者伴行。地方酋长请求室点密许其派人前往罗马，可汗答应了。其他部在要求时，只许柯力亚忒（Choliatæ）部派人随去，其余部落一概不准。"[3]

两国发动对波斯的战争，其最终目的也是为了便利两国的直接贸易。在两国使者往返的道路上充满了艰辛，能在波斯境内自由贸易，是粟特商人梦寐以求的。在 628 年波斯内乱之后，估计西突厥汗国境内的商人已经能够在波斯境内自由贸易。因为，此后不再见到大批使者往返东罗马的记载。

随着两国贸易往来的发展，两国之间逐渐发展了政治关系。西突厥汗国在与波斯断交之后的 50 多年中，与波斯进行过几次战争，572—590 年间，东罗马与萨珊波斯之间重开战事。在这种形势下，来往于两国之间的使者们担负着促成两国缔结反波斯同盟的政治任务。

西突厥怂恿东罗马攻伐波斯，"此为东罗马与波斯战争亘二十年

---

[1] R. Lopez, China Silk in Europe in the Yuan Period, *Journal of the American Oriental Society*, Vol.72 (1952), pp.72-76.

[2] H. Yule, *Cathay and the Way Thither, Being a Collection of Medieval Notices of China*, I, p.212.

[3] Ibid., p.211.

之要因，罗马人咎波斯人不应攻其与国（Himyarites），不应贿嘱阿兰人毒杀突厥遣赴东罗马经行其地之使臣，波斯王库思老亦责东罗马帝查士丁不应鼓励亚美尼人之背叛，且拒付岁币五百金"①。东罗马使者出使西突厥的政治目的也亦然，瓦伦丁第二次出使西突厥，"告可汗以提比留斯二世即位，并建议重订昔日蔡马库斯与室点密所订之条约，且说突厥讨击波斯"②。

　　反波斯联盟最终采取了共击波斯的军事行动。突厥与罗马共击波斯的战争发生了两次。一次是波斯王霍尔穆兹四世在位的第11年，突厥人30万入侵波斯，同时，东罗马帝从叙利亚沙漠进兵，而西突厥属部可萨王的军队也进至里海南岸的打耳班。突厥军队被波斯大将军巴赫拉姆打败，撤出波斯。另一次是西突厥统叶护统治后期的626—628年。622年，东罗马皇帝赫拉克利乌斯（Heraclius）决定与波斯一战，此役一兴，连续至波斯王库思老二世之死，在战争后期（626—628），西突厥属部可萨人参战。627年，赫拉克利乌斯先至黑海东端之拉齐卡，与东方突厥名可萨者结盟，可萨遂破里海诸关而入，在突厥叶护的统率之下，侵入阿哲尔拜疆省（今阿塞拜疆）。赫拉克利乌斯也从拉齐卡进兵梯弗里斯（Tiflis, Tbilisi）城下，可萨首领与东罗马帝相见于此，叶护见赫拉克利乌斯，抱吻致敬，突厥全军皆跪，以首伏地，叶护介其子谒赫拉克利乌斯，以兵四万附之而还。627年9月，东罗马之军合突厥之军进入波斯，然突厥畏冬季之将届，相率逃亡，终于全军遁走。突厥撤走，而东罗马军继续前进，628年初，东罗马军逼近距泰西封三日程的波斯的达斯特吉尔德（Dastagerd），不久，波斯都城发生兵变，库思老二世被害，其子施利被立为王，遂与赫拉克利乌斯议和。③

　　从以上两次战争来看，突厥人与东罗马人之间的联合作战并不

---

① 〔法〕沙畹:《西突厥史料》，第214页。
② 同上。
③ 同上书，第227—228页。

成功。第一次，突厥人被打败，撤出波斯；第二次，突厥人未战而撤，也未能与东罗马协力共击波斯。因此，双方的政治联盟虽然实现，并无成效。

西突厥与东罗马两国的友好关系在达头可汗统治之初一度中断。576 年，瓦伦丁第二次出使西突厥时，西突厥可汗达头之弟咄陆设（Turxanthus）[①]对他十分粗暴，指责东罗马人收留了被突厥打败的阿瓦尔人。在突厥人看来，东罗马人与阿瓦尔人签约是背叛突厥人的行为。在瓦伦丁出使西突厥期间，适逢室点密可汗去世，咄陆设强迫瓦伦丁按突厥习惯劙面致哀，备受窘辱，始见放还。与此同时，突厥可汗还命令里海西部的突厥人进占东罗马在克里米亚东部的重要据点博斯普鲁斯城。在以后近 20 年中（576—596），两国没有使者往来。直到 597—598 年，达头才派使者到东罗马，并带有国书，恢复了两国之间的友好交往。在两国关系破裂之时，两国之间可能仍然保持着经济上的联系。近几十年在中国发现的拜占庭金币中，有许多是 576 年以后铸造的。[②]这些金币可能由欧亚草原之路经由突厥和粟特人而流入中国。[③]

西突厥与东罗马联合攻波斯（628）以后，两国交往的记载不再出现。西突厥汗国灭亡以后，东罗马与原西突厥汗国臣属部可萨人还继续保持着友好交往。可萨人多次与东罗马王室联姻，695 年，东罗马查士丁尼皇帝曾到可萨人中避难，并与可汗之妹妹结婚。在君士坦丁五世时，东罗马皇帝又娶可萨汗之女为妻，他们的儿子就是东罗马皇帝立奥四世。

---

① 沙畹认为："德经（De Guignes）已认识希腊人之达度（Tardou），即为中国人之达头，今日吾人较广之知识，愈足证明此考订之是，且在语学一方面亦可证实也。"参见〔法〕沙畹：《西突厥史料》，第 216 页。Turxanthus 为达头之弟，克里亚什托尔内在《古代突厥鲁尼文碑铭》一书中，将 Turxanthus 比定为咄陆设。参见〔苏联〕克里亚什托尔内：《古代突厥鲁尼文碑铭》，黑龙江教育出版社 1991 年版，第 76 页。

② 张绪山：《我国境内发现的拜占廷金币及其相关问题》，见彭小瑜、张绪山主编：《西学研究》第 1 辑，商务印书馆 2003 年版，第 56 页。

③ 同上书，第 66 页。

　　总之，在西突厥与萨珊王朝、东罗马的交往中，西突厥汗国基本上起着主导作用。西突厥与萨珊王朝、东罗马之间的关系，无论是友好或是敌对，都是双方经济与政治发展的结果。双方之间的关系反映了游牧世界与农耕世界的特点，即经济交流是主要内容，就是在战争时期也从未间断过。

附录一：世系表

贵霜帝国国王世系表

丘就却（45—75）

索特·麦加斯（78—104）

阎膏珍（105—140）

迦腻色迦（约 140—162）

婆什色迦（？）

胡韦色迦（？）

迦腻色迦二世（约 180—190）

波调（213—237）

喀内什科（迦腻色迦三世？）

瓦苏（波调二世？）

寄多罗（5 世纪？）

哑哒汗世系表

阿赫雄瓦（5 世纪下半叶）

头罗曼（5 世纪末—6 世纪初）

摩酰逻矩罗（约 502—542）

摩酰逻矩罗之弟（？—562）

法甘尼什或阿弗甘尼什（562—？）

西突厥汗世系表

室点密（？—576）

达头可汗（576—603）

泥利可汗（587—？）

泥撅处罗可汗（？—611）

射匮可汗（611—617）

统叶护可汗（618—628）

莫贺咄侯屈利俟毗可汗（628—630）

乙毗钵罗肆叶护可汗（628—632）

奚利邲咄陆可汗（632—634）

沙钵罗咥利失可汗（634—639）

乙毗沙钵罗叶护可汗（639—641）

乙毗射匮可汗（642—651）

沙钵罗可汗（651—657）

附录二：地图

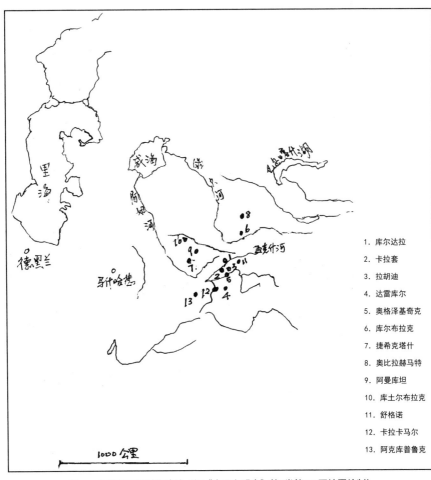

1. 库尔达拉
2. 卡拉套
3. 拉胡迪
4. 达雷库尔
5. 奥格泽基奇克
6. 库尔布拉克
7. 捷希克塔什
8. 奥比拉赫马特
9. 阿曼库坦
10. 库土尔布拉克
11. 舒格诺
12. 卡拉卡马尔
13. 阿克库普鲁克

图一：中亚旧石器时代遗址（据《中亚文明史》第1卷第372页地图绘制）

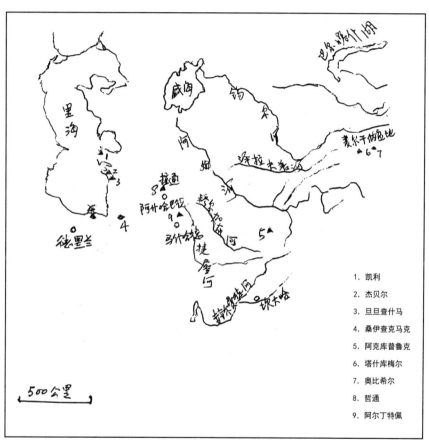

1. 凯利
2. 杰贝尔
3. 旦旦查什马
4. 桑伊查克马克
5. 阿克库普鲁克
6. 塔什库梅尔
7. 奥比希尔
8. 哲通
9. 阿尔丁特佩

图二：中亚新石器时代遗址（据《中亚文明史》第1卷第374页地图绘制）

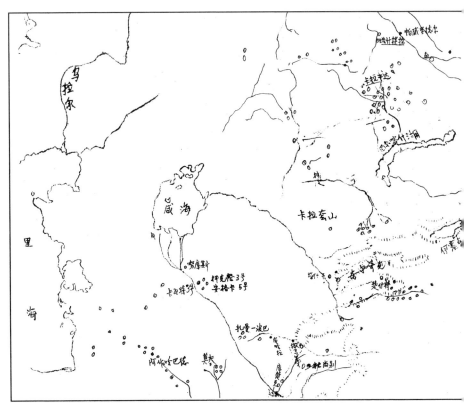

图三：中亚金石并用和青铜时代遗址（前3000—前800）

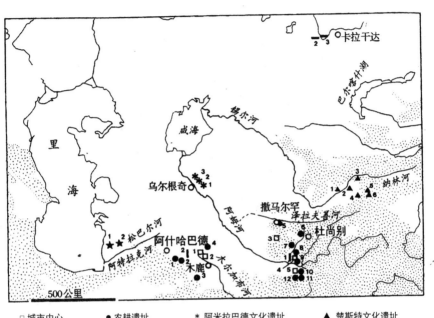

□ 城市中心	● 农耕遗址	* 阿米拉巴德文化遗址	▲ 楚斯特文化遗址
1 阿拉瓦利特佩	1 安诺	1 雅卡帕尔桑二期	1 楚斯特
2 亚兹特佩	2 厄尔肯特佩	2 卡瓦特二期	2 达尔弗津特佩
3 叶尔库甘	3 乌卢格特佩	3 巴扎尔十期	3 阿什卡尔
4 克孜特佩	4 塔希尔贝		4 奥什
5 阿勒丁迪尔亚	5 阿夫雷西耶勒	▌原始城市中心	5 达汗
	6 克齐尔查六期	1 萨帕利特佩	6 钦贝尔
	7 米尔沙迪	2 纳马兹加	
	8 布伊拉奇十期		★ 达希斯坦文化遗址
	9 库楚克特佩	▬ 游牧部落墓地	1 马道特佩
	10 阿尔丁一期	1 塔吉斯肯	2 伊扎特库利
	11 阿尔丁十期	2 丹迪贝	
	12 提利亚特佩	3 比加泽	

图四: 中亚早期铁器时代遗址 (据《中亚文明史》第1卷第374页地图绘制)

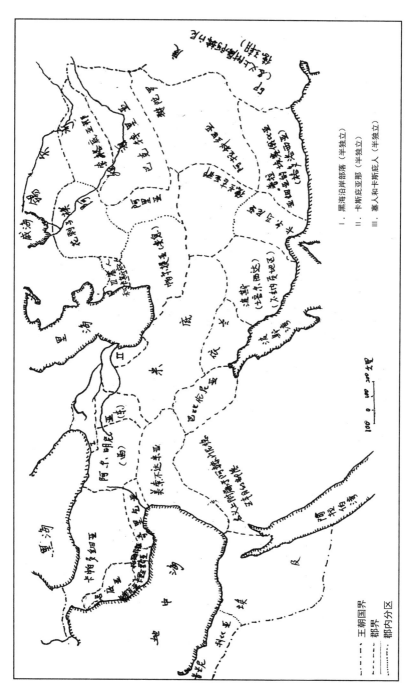

图五：公元前5世纪的中亚早期文明（据苏联科学院主编《世界通史》第2卷上册第16—17页地图绘制）

图六：贵霜帝国（据《苏联中亚考古》第119页地图绘制）

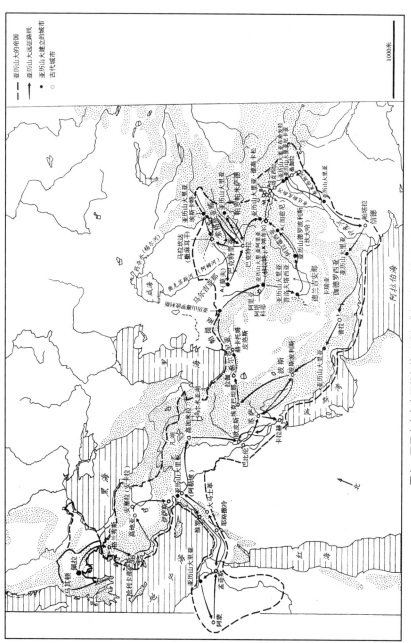

图七：亚历山大在中亚的征战（采自《中亚文明史》第2卷第402—403页）

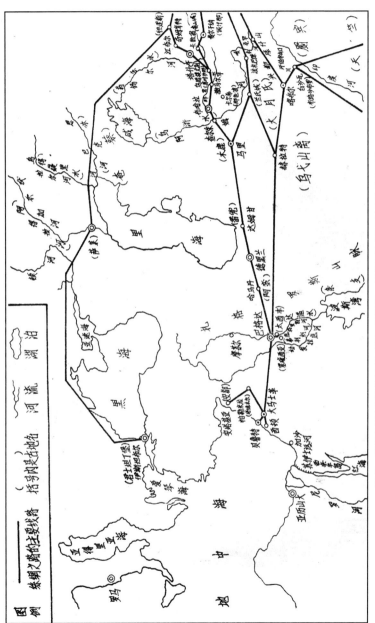

图八：丝绸之路中亚和西亚段（采自杨建新、卢苇编著《丝绸之路》第90页）

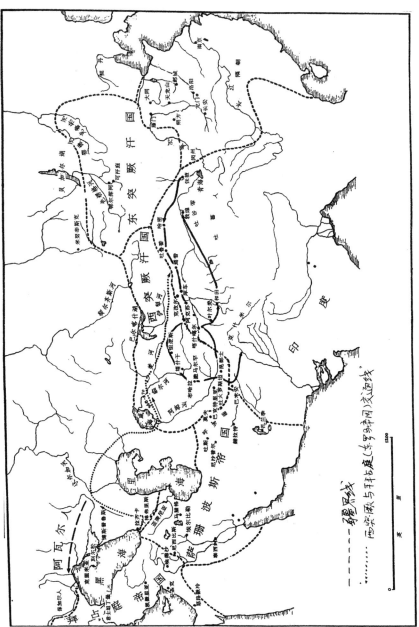

图九：6世纪末—7世纪初期的突厥帝国（采自勒内·格鲁塞《草原帝国》，蓝琪译，第142—143页）

参考书目

中文著作：

（汉）司马迁：《史记》（全十册），中华书局 1998 年版。

（汉）班固：《汉书》（全十二册），中华书局 1997 年版。

（宋）范晔：《后汉书》（全十二册），中华书局 1965 年版。

（陈）真谛译：《婆薮槃豆法师传》，《大正新修大藏经》第 50 卷，台北新文丰出版公司 1975 年版。

（北魏）吉伽夜：《杂宝藏经》，花城出版社 1998 年版。

（北魏）杨衒之：《洛阳伽蓝记校注》，范祥雍校注，上海古籍出版社 1978 年版。

（北齐）魏收：《魏书》，中华书局 1974 年版。

（唐）杜佑：《通典》，中华书局 1984 年版。

（唐）慧超：《往五天竺国传笺释》，张毅笺释，中华书局 1994 年版。

（唐）惠立、彦悰：《大慈恩寺三藏法师传》，孙毓棠、谢方点校，中华书局 1983 年版。

（唐）李延寿：《南史》，中华书局 1975 年版。

（唐）李延寿：《北史》，中华书局 1974 年版。

（唐）令狐德棻等：《周书》，中华书局 1971 年版。

（唐）魏征、令狐德棻：《隋书》，中华书局 1973 年版。

（唐）温大雅：《大唐创业起居注》，上海古籍出版社 1983 年版。

（唐）玄奘：《大唐西域记》，上海人民出版社 1977 年版。

（唐）张鹭：《朝野佥载》，中华书局 1979 年版。

（后晋）沈昫等：《旧唐书》，中华书局 1975 年版。

（北宋）乐史：《太平寰宇记》，中华书局 2007 年版。

（北宋）李昉等编著：《太平广记》，《文渊阁四库全书》影印本，上海古籍出版社 1990 年版。

（北宋）欧阳修、宋祁：《新唐书》，中华书局 1975 年版。

（北宋）司马光主编：《资治通鉴》，中华书局 1956 年版。

（北宋）王钦若等编：《册府元龟》，中华书局 1960 年版。

（北宋）王溥：《唐会要》，中华书局 1998 年版。

（元）马端临：《文献通考》，中华书局 1991 年版。

（清）董诰等：《全唐文》，上海古籍出版社 1990 年版。

（清）洪钧：《元史译文证补》，商务印书馆 1936 年版。

安志敏：《中国新石器时代论集》，文物出版社 1983 年版。

蔡鸿生：《唐代九姓胡与突厥文化》，中华书局 2001 年版。

岑仲勉：《汉书西域传地里校释》，中华书局 1981 年版。

岑仲勉：《突厥集史》，中华书局 1958 年版。

岑仲勉：《西突厥史料补阙及考证》，中华书局 1958 年版。

杜石然编：《中国科学技术史稿》，科学出版社 1982 年版。

古正美：《贵霜佛教政治传统与大乘佛教》，台北允晨文化实业公司 1993 年版。

国家文物局古文献研究室等编：《吐鲁番出土文书》，文物出版社 1986 年版。

季羡林等校注：《大唐西域记校注》，中华书局 1985 年版。

李铁匠：《伊朗古代历史与文化》，江西人民出版社 1993 年版。

林梅村：《古道西风——考古新发现所见中西文化交流》，生活·读书·新知三联书店 2000 年版。

林梅村：《汉唐西域与中国文明》，文物出版社 1998 年版。

刘国楠、王树英：《印度各邦历史文化》，中国社会科学出版社 1982 年版。

裴文中：《中国石器时代》，中国青年出版社 1980 年版。

彭树智：《中东国家通史·阿富汗卷》，商务印书馆 2000 年版。

彭小瑜、张绪山主编：《西学研究》第 1 辑，商务印书馆 2003 年版。

热扎克·买提尼亚孜主编：《西域翻译史》，新疆大学出版社 1994 年版。

芮传明：《古突厥碑铭研究》，上海古籍出版社 1998 年版。

四川联合大学西藏考古与历史文化研究中心等编：《西藏考古》第 1 辑，四川大学出版社 1994 年版。

唐长孺：《魏晋南北朝史论丛》，生活·读书·新知三联书店 1955 年版。

王炳华：《丝绸之路考古研究》，新疆人民出版社 1993 年版。

王国维：《观堂集林》，河北教育出版社 2001 年版。

王明哲、王炳华：《乌孙研究》，新疆人民出版社 1983 年版。

王欣：《吐火罗史研究》，中国社会科学出版社 2002 年版。

王治来：《中亚史纲》，湖南教育出版社 1986 年版。

巫宝三主编：《古代希腊、罗马经济思想资料选辑》，商务印书馆 1990 年版。

新疆社会科学院民族研究所编：《新疆简史》，新疆人民出版社 1980 年版。

杨建新、卢苇编著：《丝绸之路》，甘肃人民出版社 1981 年版。

余太山：《嚈哒史研究》，齐鲁书社 1986 年版。

余太山：《塞种史研究》，中国社会科学出版社 1992 年版。

张广达：《西域史地丛稿初编》，上海古籍出版社 1995 年版。

张志尧主编：《草原丝绸之路与中亚文明》，新疆美术摄影出版社 1994 年版。

《中国大百科全书·考古学》，中国大百科全书出版社 1993 年版。

中国中亚文化研究协会编：《中亚学刊》第 1 辑，中华书局 1983 年版。

中国中亚文化研究协会编：《中亚学刊》第 2 辑，中华书局 1987 年版。

周一良、吴于廑主编：《世界通史》，人民出版社 1973 年版。

译著：

〔澳〕A. L. 巴沙姆主编：《印度文化史》，闵光沛等译，商务印书馆 1997 年版。

〔巴基斯坦〕A. H. 丹尼、〔苏联〕V. M. 马松主编：《中亚文明史》第 1 卷，芮传明译，中国对外翻译出版公司 2002 年版。

〔俄〕巴托尔德：《蒙古入侵时期的突厥斯坦》，张广达译，上海古籍出版社 2007 年版。

〔俄〕李特文斯基主编：《中亚文明史》第 3 卷，马小鹤译，中国对外翻译出版公司 2003 年版。

〔俄〕札巴罗夫等：《中亚宗教概述》，高永久、张宏莉译，兰州大学出版社 2002 年版。

〔法〕勒内·格鲁塞：《草原帝国》，蓝琪译，商务印书馆 1998 年版。

〔法〕沙畹：《西突厥史料》，冯承钧译，中华书局 2004 年版。

〔古希腊〕阿里安：《亚历山大远征记》，〔英〕E·伊利夫·罗布逊英译，李活汉译，商务印书馆 1979 年版。

〔古希腊〕色诺芬：《经济论》，商务印书馆 1981 年版。

〔古希腊〕希罗多德：《历史》，商务印书馆 1985 年版。

〔捷克〕赫罗兹尼：《西亚细亚、印度和克里特上古史》，谢德风等译，生活·读书·新知三联书店 1958 年版。

〔美〕麦高文：《中亚古国史》，章巽译，中华书局 2004 年版。

〔美〕斯塔夫理阿诺斯：《全球通史》，吴象婴、梁赤民译，上海社会科学院出版社 1988 年版。

〔日〕白鸟库吉：《塞外史地论文译丛》第 1 辑，王克鲁译，商务印书馆 1940 年版。

〔日〕池田温：《中国古代籍帐研究》，东京大学东洋文化研究所 1979 年版。

〔苏联〕弗鲁姆金：《苏联中亚考古》，黄振华译，新疆维吾尔自治区博物馆 1981 年版。

〔苏联〕吉谢列夫：《南西伯利亚古代史》第 1 册，新疆社会科学院民族研究所 1981 年版。

〔苏联〕加富罗夫：《中亚塔吉克史》，肖之兴译，中国社会科学出版社 1985 年版。

〔苏联〕普加钦科娃、列穆佩：《中亚古代艺术》，陈继周、李琪译，新疆美术摄影出版社 1994 年版。

苏联科学院主编：《世界通史》第 1 卷，生活·读书·新知三联书店 1959 年版。

苏联科学院主编：《世界通史》第 2 卷，生活·读书·新知三联书店 1960 年版。

〔匈牙利〕雅诺什·哈尔马塔：《中亚文明史》第 2 卷，徐文堪、芮传明译，中国对外翻译出版公司 2002 年版。

〔伊朗〕贾利尔·杜斯特哈赫选编：《阿维斯塔》，元文琪译，商务印书馆 2005 年版。

〔印度〕A. K. 纳拉因：《贵霜王朝初探》，见中外关系史学会编：《中外关系史译丛》第 2 辑，上海译文出版社 1985 年版。

〔英〕阿诺德·汤因比：《人类与大地母亲》，徐波、徐钧尧、龚晓庄译，上海人民出版社 1992 年版。

〔英〕亨利·裕尔：《东域纪程录丛》，云南人民出版社 2002 年版。

〔英〕加文·汉布里：《中亚史纲要》，吴玉贵译，商务印书馆 1994 年版。

〔英〕约翰·马歇尔：《犍陀罗佛教艺术》，王冀青译，甘肃教育出版社 1989 年版。

〔英〕约翰·马歇尔：《塔克西拉》第 1 卷，秦立彦译，云南人
民出版社 2002 年版。

外文原著：

Denis Sinor, *The Cambridge History of Early Inner Asia*, Cambridge University Press, 1990.

E. H. Minns, *Scythians and Greeks*, Cambridge University Press, 1913.

F. Bordes, *The Old Stone Age*, McGraw-Hill Book Company, New York, 1968.

Firdausi, *Shahnama*, translated by A. G. and E. Warner, London, 1915.

G. D. Daniel, *A Hundred and Fifty Years of Archaeology*, Duchworth, London, 1975.

Gavin Hambly ed., *Central Asia*, New York, 1969.

H. Yule, *Cathay and the Way Thither, Being a Collection of Medieval Notices of China*, trans. and ed. by Henry Yule, New edition, Revised Throughout in the Light of Recent Discoveries by Henri Cordier, London, The Hukluyt Society, 1915.

J. G. D. Clark, *World Prehistory: A New Outline*, The Cambridge University Press, London, 1961.

J. M. Coles and E. S. Higgs, *The Archaeology of Early Man*, Faber and Faber, London, 1969.

J. P. Mallory and D. Q. Adams, *Encyclopedia of Indo-European Culture*, Routledge, 1997.

Narshaki, *The History of Bukhara*, trans. and ed. by Richard N. Frye, Cambridge, Mass. U. S., 1954.

Procopius, *History of the Wars*, trans. by H. B. Dewing, Vol.I, New

York, 1905-1913.

　　Schafer, Edward H., *The Golden Peaches of Samarkand: A Study of Tang Exotics*, Berkeley, Los Angeles, University of California Press, 1963.

　　Sir Percy Sykes, *A History of Persia*, London, Macmillan, 1921.

主要论文：

　　广东省文物管理委员会、华南师范学院历史系：《广东英德、连阳南齐和隋唐古墓的发掘》,《考古》1961 年第 3 期。

　　韩康信：《塔里木盆地及其邻近地区古代居民的体质人类学研究》, 见《"中亚东部青铜和早期铁器时代的居民"会议论文集》, 2007 年。

　　李大龙：《唐朝与西突厥互使述论》,《民族研究》1995 年第 5 期。

　　罗碧云：《"迦腻色迦纪元"和贵霜王系考》, 人大复印报刊资料（世界史）1983 年第 1 期。

　　马长寿：《论突厥人和突厥汗国的社会变革》,《历史研究》1958 年第 3—4 期。

　　夏鼐：《综述中国出土的波斯萨珊朝银币》,《考古学报》1974 年第 1 期。

　　昭陵博物馆：《唐安元寿夫妇墓发掘简报》,《文物》1988 年第 12 期。

中外译名对照

δ'yh［专］婢

βntk［专］奴

A. Askarov［人］阿斯卡洛夫

A. N. Bernshtam［人］伯恩斯坦姆

A. A. Marushenko［人］马鲁先科

A. Arali［人］阿·阿拉里

A. H. Dani［人］丹尼

A. P. Okladnikov［人］奥克拉德尼科夫

Abarshahr［地］阿巴沙

Abdagases［人］阿卜达加塞斯

Abeacus［人］阿比喀斯

Ab-i Panja［地］喷赤河

Achaemenes［人］阿赫门涅斯

Achaemenid［王］阿黑门尼德

Acheulian Tradition 阿舍利文化

Achinsk［地］阿钦斯克

Aegli［族］埃格洛伊人

Afanasevo［地］阿凡纳羡沃

Afganish［人］阿弗甘尼什

Afghanistan［地］阿富汗斯坦

Afrasiab［地］阿弗拉西雅甫

Ahangaran［地］阿汗格兰

Akhshunvar［人］阿赫雄瓦

Ak-Kupruk［地］阿克库普鲁克

Alagwa R.［地］阿拉格瓦河

Alan［族］阿兰部

Alani［族］阿兰尼

Alania［族］阿兰聊

Alanorsi［族］阿兰息

Ala-Taui［地］阿拉套山

Al-Biruni［人］阿里·比鲁尼

Alekseevka［地］阿列克谢耶夫卡

Alexandria Eschate［地］艾斯恰特亚历山大

Alexandria-Prophthasia［地］普洛夫达西亚·亚历山大

Alexandria-Prophthasia［王］乌弋山离

Alexandrla-Kapisu［地］亚历山大·迦毕试

Al-Istakhri［人］伊斯塔赫里

Ali-tepe Cave［地］阿里特佩

Allahabad［地］阿拉哈巴德

Almalik［地］阿尔马立克

Altai［地］阿尔泰

Altyn-Dilyar［地］阿勒丁迪尔亚

Altyn-tepe［地］阿尔丁特佩

Altyn-tepe［地］阿勒丁特佩

Amankutan［地］阿曼库坦

Amazons［地］阿马宗

Amintas［人］阿明塔斯

Amirabad Culture［文］阿米拉巴德文化

Amir-Temlr Cave［地］阿米尔特米尔洞穴

Ammianus Marcellinus［人］阿米亚努斯·玛尔塞利努斯

Amu Darya［地］阿姆河

Amyrgion［族］阿米尔吉欧伊

Anahid［宗］阿纳喜特神

Anau Culture［文］安诺文化

Anaxippus［人］阿那克西普斯

Andronovo Culture［文］安德罗诺沃文化

Angor［地］安戈尔

Angra Mainyu［宗］安格拉曼纽

Angren［地］恩格伦

Anloga［地］安罗加

Antimacus［人］安提马库斯

Antioch［地］安条克

Antiochus II［人］安条克二世

Antiochus III［人］安条克三世

Aornos［地］阿尔诺斯

Aorsi［族］阿息部

Apama［人］阿帕马

Apollodotua II［人］阿波罗多特二世

Apollodotus［人］阿波洛多托斯

Ara［文］阿拉铭文

Arabian Sea［地］阿拉伯海

Aramaic alphabet［文］阿拉米字母

Aravalli-tepe［地］阿拉瓦利特佩

Aravan［地］阿拉凡

Araxes R.［地］阿拉克赛斯河

Ardashir I Bābegān［人］阿尔达希尔一世

Ardhanārīśvara［宗］湿婆及雪山神女的组合神

Aredvi Sura Anahita［宗］阿雷德维·苏拉·阿纳希塔

Argippaeans［族］阿尔吉派欧伊人

Arii［地］阿列欧伊

Arikamedu［地］阿里卡迈都

Arimaspea［族］阿里马斯普人

Arimaspea［书］《独目人》

Aristeas［人］阿利斯铁阿斯

Aristotole［人］亚里士多德

Arius［地］阿里亚

Arius R.［地］阿里厄斯河

Armenia［地］亚美尼亚

Arrian［人］阿里安

Arsaces［人］阿尔萨西斯

Artabanus［人］阿尔塔巴努斯

Artabanus［人］亚尔达班

Artabanus II［人］阿塔巴努二世

Artaxerxes I［人］阿塔薛西斯一世

Artbazus［人］阿塔巴扎斯

Aruktau［地］阿鲁克陶

Arva［宗］萨婆

Arzon［地］阿尔宗

Ashgabat［地］阿什哈巴德

Ashkal［地］阿什卡尔

Ashoka［人］阿育王

Asia Minor［地］小亚细亚

Aspavarma［人］阿希帕瓦马

Assyria［族］亚述人

Athravan［专］祭司

Baqirqu［族］拔也古

Barsaentes［人］巴散提斯

Barygaza［地］巴里伽札

Battle of Plataea［专］普拉塔亚战役

Battle of Thermopylae［专］温泉关战役

Baykal［地］贝加尔湖

Bazar［地］巴扎尔

Bazar-kala［地］巴札尔卡拉

Beg［专］伯克

Begram［地］贝格拉姆

Benares［地］贝拿勒斯

Berthold Aufer［人］劳费尔

Beshkent［地］贝希肯特

Besshatîr［地］贝沙提尔

Bessontau［地］贝松套山

Bessus［人］柏萨斯

Betik［王］戊地

Bezymyannoye-tepe［地］贝津扬诺耶特佩

Bhitari［文］比泰里石柱

Bihar State［地］比哈尔邦

Bishkent［地］比什凯特

Bisitun［地］比索通

Biya R.［地］比亚河

Boatai［地］博泰

Bodhisattva Dharmodgata［宗］昙无竭

Bodhisattva［专］菩萨

Bögü［人］匐俱

Bosporus［地］博斯普鲁斯

Bostan［地］博斯腾

Boukhara［王］安国

Bronze Age［文］青铜时代

Budha-gupta［人］佛陀笈多

Budrach［地］布德拉奇城

Buirachi［地］布伊拉奇

Bukantau［地］布坎套

Bulungur［地］布隆古尔渠

Burzahom［地］布尔扎洪

Buva［地］布瓦

C. S. Coon［人］库恩

C. Thibault［人］斯·西鲍特

Caesar［专］恺撒

Cambyses［人］冈比西斯

Candavira［宗］旃陀毗罗

Cappadocia［地］卡帕多细亚

Capra Sibirica［专］西伯利亚山地羊

Carmania［地］卡尔马尼亚

Carmel［地］卡尔迈勒

Carpathians［地］喀尔巴阡山

Caspian［地］里海

Cavcasoid［文］高加索人种

Central Asia［地］中亚

Chach［地］查奇

Chach［地］赭时

Chach［王］石国

Chaganiyan［地］赤鄂衍那

Chalcolithic［文］铜石并用

Chandigarh［地］昌迪加尔

Chandragupta［人］旃陀罗笈多

Chariot［专］轻快马车

Chatkal［地］恰特喀尔

Chenab R.［地］切纳布河

Chih-chih［地］郅支城

Chilas［地］奇拉

Chilek［地］奇尔克

Chimbai［地］钦贝尔

Chirchik［地］奇尔奇克

Chirk-Rabat［地］吉列克拉巴特

Chitral［地］奇特拉尔

Choliatæ［族］柯力亚忒

Chorasmians［地］科拉西尼亚

Christian Topography［书］《基督教世界地理志》

Chust［地］楚斯特

Cimmerian［族］辛梅里安人

Clactonian［地］克拉克当

Claudius［人］克劳底乌斯

Clearchus［人］克利尔克斯

Colchis［地］科其亚

Colhozabad［地］科尔霍扎巴德

Cosmas Indicopleustes［人］科斯马斯·印狄科帕留斯脱斯

Crimea［地］克里米亚

Ctesiphon［地］泰西封

Cyropolis［地］居鲁士城

Cyrus I［人］居鲁士一世

D. Dorj［人］多尔基

D. N. Lev［人］列夫

D. W. Anthony［人］安东尼

Dadarshi［人］达达尔什

Dahae［族］达赫人

Dahistan［地］达希斯坦

Dalverzin-tepe［地］达尔弗津特佩

Dam Dam Chashma Cave［地］旦旦查什马洞

Dandanayaka［专］元帅

Dandybay-Begazy［地］丹迪贝·比加泽

Danube R.［地］多瑙河

Dara-i Kur［地］达雷库尔

Dargom［地］达尔贡渠

Darvaz［地］达尔瓦兹

Dashly［地］达希列

Dashlyji［地］达希列基

Dasht-i Nawur［文］达希迪纳沃铭文

Deh Morasi Ghundai［地］德莫拉西贡旦

Delhi［地］德里

Demetrias［地］德米特里亚城

Demetrius［人］德米特里

Derbend［地］打耳班

Devkeskan［地］德夫克斯坎

Dhanyavisnu［人］昙尼耶毗湿奴

Dharmarrājika［地］达马拉吉卡

Dilberjin［地］第尔伯金

Dingildzhe［地］丁吉尔泽

Dio Chrysostomus［人］戴奥·克鲁索斯脱莫斯

Diodotus［人］狄奥多塔斯

Dionysus［宗］狄俄尼索斯

Dirham［专］迪尔汗

Diz［专］迪兹

Dizpat［专］迪兹帕特

Djaghanyan［地］石汗那

Dnieper R.［地］第聂伯河

Don R.［地］顿河

Dordogne［地］多尔多涅

Drachm［专］德拉克麦（1 德拉克麦 = 4.36 克）

Drangiana［地］德兰吉亚那

Drapsaca［地］德拉普萨卡

Dravidians［族］达罗毗荼人

Drius［人］大流士

Duras R.［地］杜拉斯河

Dyndybayev［地］戴恩德巴耶夫

Dzhanbas-kala［地］詹巴斯卡拉城

Dzhidargamirsay［地］济达伽米尔赛

Dzhingirbent［地］津吉尔奔特

Dzhuibar［地］祖伊巴尔

Dzungar［地］准噶尔

Ecbatana［地］埃克巴坦纳

Ed Drouin［人］埃德·德鲁恩

Elamite Civilization［文］埃兰文明

Elishe Vardaper［人］埃里塞

Elizavetinskaya Stanitsa［地］伊利扎威丁斯卡亚

Elken-tepe［地］厄尔肯特佩

Elteber［专］俟利发

Elymais［地］埃勒梅斯

Emba R.［地］恩巴河

Eparchy［专］郡

Ephesus［地］以弗所

Ephthalites［人］厌带夷栗陀

Epipnleolithe［文］后旧石器时代

Eran［地］埃兰

Erphoros［人］厄福洛斯

Eucratides［人］攸克拉提德斯

Eudamus［人］攸达模斯

Euroasian Steppe［地］欧亚大草原

Europeoid［文］欧罗巴人种

Euthydemus［人］攸提德谟斯

Eutychios［人］攸提奇俄斯

Eylatan Cuture［文］埃拉坦文化

F. T. Hiebert［人］希伯尔特

Faganish［人］法甘尼什

Farn［宗］法尔恩

Farsakh［专］法尔沙赫

Farukhabad［地］法鲁哈巴德

Fayas-tepe［地］法雅斯特佩

Fergana Valley［地］费尔干纳盆地

Firdausi［人］费尔多西

Florus［人］弗洛鲁斯

Frada［地］费拉达

G. A. Kushaev［人］库沙耶夫

G. F. Korobkova［人］科罗勃科娃

G. Gulyamov［人］古里雅穆夫

Gandhara［地］犍陀罗

Gardin［人］戈丁

Gaugamela［地］高加米拉

Gaukhora［地］高霍拉

Gaumata［人］高墨达

Gaziabad-Chermenyab［地］加齐耶巴德·奇尔门亚卜

Gāθās［书］《伽萨》

Gedrosia［地］伽德罗西亚

Gentelle［人］根泰莱

Geoksiur［地］吉奥克修尔

Georgia［地］格鲁吉亚

Ghaligai［地］加利盖

Ghar-i Asp［地］加里阿斯普

Ghar-i Kamarband［地］加里卡马班德

Ghar-i Mar［地］加里马尔

Ghorband R.［地］果尔班德河

Gilgit［地］吉尔吉特

Girnar［文］吉尔那铭文

Godomannus［人］科那斯

Gondophares［人］冈德法内斯

Gondophares II［人］冈德法内斯二世

Gonur［地］郭努尔

Gorgan［地］戈尔甘

Grāmika［专］村长

Granavhryaka［人］格兰纳夫里耶卡

Granicus［地］格拉尼卡斯

Gufkral［地］古夫克拉尔

Guldursun［地］古尔都松

Guler［地］古勒

Gumal R.［地］古马勒河

Gumla［地］贡拉

Gupta［王］笈多王朝

Gwālior［地］瓜廖尔

Gyaur-kala［地］乔尔卡拉

H. P. Francfort［人］法兰克福特

H. C. Rawlinson［人］罗林森

H. J. H. Drummond［人］德鲁蒙德

Hamadan［地］哈马丹

Hamun［地］哈木湖

Hamun Lake［地］哈蒙湖

Haraiva［地］赫拉特

Harappan Culture［文］哈拉帕文化

Harirud R.［地］哈里鲁德河

Harpocrates［宗］哈尔波克剌特斯

Hassu［地］哈苏

Hatra［地］哈特拉

Hazarasp［地］哈札拉斯普

Heart / harat［地］赫拉特

Hecatompylos［地］赫卡托姆皮洛斯

Heliocles［人］赫里奥克里斯

Helmand R.［地］赫尔曼德河

Hephthalites［王］呋哒

Heraclius［人］赫拉克利乌斯

Hermaeus［人］赫尔玛尤斯

Hérodien［人］赫洛店

Herodotus［人］希罗多德

Himāchal Pradesh［地］喜马偕尔邦

Hindu Kush Mountains［地］兴都库什山

Hippostratus［人］赫波斯特拉土斯

Hissar［地］希萨尔

Hissar Culture［文］希萨尔文化

Hissar-tepe［地］希萨尔特佩

Hittite Empire［王］赫梯帝国

Homo erectus［文］直立人

Homo habilis［文］能人

Homo sapiens［文］智人

Hormizd II［人］霍尔米兹德二世

Hotu Cave［地］霍土

Hūna［族］匈奴

Hunza［地］洪扎

Hurmazd［人］霍尔穆兹

Huvishka［人］胡韦色迦

Hypachy［专］县

Hyrcania［地］希尔克尼亚

I. N. Khlopin［人］克洛平

Iazyge［族］伊兹吉斯

Iberian Peninsula［地］伊比利亚半岛

Il qagan［人］伊利可汗

Ilak［地］伊剌克

Ilek［地］伊列克

Ili R.［地］伊犁河

Indo-Europeanfamily［文］印欧语系

Indravarma［人］因特拉瓦马

Indus Civilization［文］印度河文明

Ionic［文］爱奥尼克式

Iran Plateau［地］伊朗高原

Irkin［专］俟斤

Iron Age［文］铁器时代

Irtysh R.［地］额尔齐斯河

Isfara［地］伊斯法拉

Isfara R.［地］伊斯法拉河

Ishkapai［人］伊什卡帕

Ishtîkhan［地］瑟底痕

Ishtikhan［地］伊什迪汗

Issedone / Issedonians〔族〕伊赛多涅斯人

Issus〔地〕伊萨斯

Issyk-Kul/Issyk-Kol〔地〕伊塞克湖

Istakhr〔地〕伊斯塔赫尔

Istami〔人〕室点密

Izatkuli〔地〕伊扎特库利

Izmukshir〔地〕札马赫沙

J. F. Jarrige〔人〕贾里奇

J. M. Casal〔人〕卡萨尔

Jabalpur〔地〕贾巴耳普尔

Jalalabad〔地〕贾拉拉巴德

Jalilpur〔地〕贾利普尔

Jamāl Pur〔地〕杰玛普尔

Jandiāl〔地〕詹迪阿尔

Jara-Kul〔地〕贾拉库尔

Jarkutan〔地〕贾尔库坦

Jarmo〔地〕耶莫

Jebel〔地〕杰贝尔

Jeitun Culture〔文〕哲通文化

Jericho〔地〕耶利哥

Jet stone〔专〕黑玉

Jezkazgan〔地〕杰兹卡兹甘

Jhelum R.〔地〕杰卢姆河

Jihonika〔人〕吉霍尼卡

Jnānaprasthānam〔书〕《发智论》

Junāgarh〔书〕朱纳格尔铭文

Junnar〔书〕朱纳尔铭文

Justin〔人〕查士丁

Jutsliker〔地〕居兹利克尔

K. A. Akishev［人］阿基舍夫

K'ang-chü［王］康居

Kaboulistan［地］迦布逻

Kachi［地］格奇平原

Kadphises［人］卡德斐塞斯

Kafirnighan R.［地］卡菲尔尼甘河

Kafry-kala［地］卡菲尔卡拉

Kala Jala R.［地］卡拉贾拉河

Kalalî-gîr［地］卡拉里吉尔

Kalbin［地］卡尔宾

Kalhana［人］迦罗那

Kamenka［地］卡缅卡

Kamenskoe Gorodishche［地］卡缅斯科·戈诺迪什彻

Kandaha［地］坎大哈

Kandum-kala［地］坎东卡拉

Kaneshko［人］喀内什科

Kangra［地］康格拉

Kanimekh［地］卡尼梅赫渠

Kanishka［人］迦腻色迦

Kaniskapru［地］迦腻色迦普罗

Kapisa［王］迦毕试

Kara Kamar Cave［地］卡拉卡马尔洞穴

Kara Su［地］卡拉河

Kara Tegin［地］卡拉捷金

Kara Turgai［地］卡拉土尔盖

Kara-tepe［地］卡拉特佩

Karakoram［地］喀喇昆仑

Kara-Kum［地］卡拉库姆

Karalang［地］卡拉兰格渠

Karamazar［地］卡拉马札尔

Karasuk Culture［文］卡拉苏克文化

Karatau［地］卡拉套

Kara-tepe［地］卡拉特佩

karatumsuk［地］卡拉图姆舒克

Karaungur［地］卡朗古尔

Kardarankhas［地］卡达兰哈斯

Karewas R.［地］卡雷瓦斯河

Karez［专］坎儿井

Karle［书］卡勒铭文

Karoshthi［文］佉卢文

Karttikeya［宗］迦提凯耶

Kashka R.［地］卡什卡河

Kashmir［地］克什米尔

Kāśī［地］迦尸

Kath［地］柯提

Kathiawar［地］卡提阿瓦

Katulphus［人］喀塔尔福斯

Katun R.［地］卡通河

Kausambi［地］俱赏弥

Kavad I［人］居和多

Kavat［地］卡瓦特

Kayly Cave［地］凯利洞

Kayrak Kum［地］凯腊克库姆

Kazakhstan［地］哈萨克斯坦

Kazilkir［地］克济尔基尔

Kelteminar Culture［文］克尔捷米纳尔文化

Kerichetau［地］克里切套

Kerman［地］克尔曼

Kermanshah［地］克尔曼沙阿

Kesh［王］史国

Keshef-rud［地］克谢夫河谷

Khaikhanik［地］海汉尼克

Khalchayan［地］卡尔查延

Kharapallana［人］哈拉帕拉纳

Kharkan Rud［地］哈尔甘鲁德

Khavaling［地］哈瓦陵

Khebud［王］曹国

Khiva［地］希瓦

Khoja-gor［地］霍贾伊果尔

Khoja-mazgil［地］霍贾马兹吉尔

Khojand［地］俱战提

Khojikent［地］霍吉肯特

Khosrau I［人］库思老一世

Khosrau II［人］库思老二世

Khušhnavaz［人］库希那瓦

Khvatak［地］华塔克

Khwaresm［王］火浔（货利习弥）

Khwarezmia［地］花剌子模

Khyber［地］开伯尔

Kidara［人］寄多罗

Kidarites［王］寄多罗王朝

Kili Gul Muhammand［地］乞力古尔穆罕默德

Ki-Pin［王］罽宾

Kîrkkîz［地］基尔克孜

Kiu-shih Culture［文］车师文化

Kizilcha［地］克齐尔查

Kizil-tepe［地］克齐尔特佩

Kyzyl-Kum / Qyzyl-Kum［地］克孜尔库姆

L. A. Chalaya［人］查赖雅

L. Dupree［人］杜普雷

Laghman［地］拉格曼

Lakhuti［地］拉胡迪

Lala［人］拉拉

Lazar［地］拉扎尔

Lazica［地］拉齐卡

Le Moustier［地］穆斯捷

Les Eyzies［地］莱塞济

Levalloisian［文］勒瓦娄哇技术

Levalloisian-Mouster［文］勒瓦娄哇—莫斯特

Levallois-Perret［地］勒瓦娄瓦·佩雷

Liaka［人］利耶卡

Loebanr Swat［地］洛伊班斯瓦特

Lucian［人］吕西安

Lydia［族］吕底亚

M. Duncker［人］敦克尔

M. Gimbutas［人］吉布塔

M. M. D'yakonov［人］季亚可诺夫

M. R. Kasymov［人］卡西穆夫

Madau-tepe［地］马道特佩

Madhya Pradesh［地］中央邦

Mahadandanayaka［专］大元帅

Mahaksatrapa［专］大总督

Mahan R.［地］马汉河

Mahesvara［宗］湿婆

Maida-tepe［地］梅达特佩

Maimargh［王］米国

Makan-i Mar［地］马坎伊马尔

Malo-Krasno-yarskaya［地］马洛克拉斯诺雅斯卡亚

Malwa［地］马尔瓦

Mandasor［书］曼达索尔铭文

Mangyshlak［地］曼吉什拉克

Maniakh［人］马尼亚克

Mannai kingdom［王］马纳

Mao［宗］毛乌

Mar Aba［书］《马尔·阿巴传》

Maracanda［地］玛拉干达

Margiana［地］马尔吉亚那

Margus R.［地］玛尔葛斯河

Marsyas［宗］玛耳诸阿斯

Mashhad［地］马什哈德

Mastuj［地］马斯图季

Mathura［地］马土腊

Maues / Moa / Moga［人］毛厄斯

Mazar-i-Sharif［地］马扎里沙里夫

Mazdak［人］马资达克

Media［族］米底

Media-Arturopatna［地］米太·阿特洛巴特那

Mehrgarh［地］梅尔伽赫

Memphis［地］孟斐斯

Menander Protector［人］米南德

Merv［地］莫夫

Mesolithic Age［文］中石器时代

Mesopotamia［地］美索不达米亚

Mianwali［地］米安瓦利

Microlithes［文］细石器

Mieh-tu［人］弥俄突

Mihirakula［人］摩酰逻矩罗

Milon［人］米隆

Minusinsk［地］米努辛斯克

Mirshadi［地］米尔沙迪

Mithra［宗］密特拉神

Mithradates II［人］密特里达提二世

Mithradates［人］米思里代蒂兹

Miyan-kala［地］米安卡拉

Mohmand［地］莫满德

Mongolian Plateau［地］蒙古高原

Mongoloid［文］蒙古利亚人种

Mosul［地］摩苏尔

Mouster Culture［文］莫斯特文化

Moyun Kum［地］莫云库姆

Mukran［地］莫克兰

Mundigak［地］蒙迪加克

Murgab R.［地］穆尔加布河

Murgha［地］穆尔加

N. G. Harlamoff［人］哈拉莫夫

N'pk［专］债奴

Naimabad［地］奈马巴德

Nalagarh［地］那拉迦尔

Namazga［地］纳马兹加

Namda［人］南达

Nana［宗］那纳

Nandi［宗］圣牛难提

Naqš-e Rostam［文］纳克希·鲁斯坦姆铭文

Narbada R.［地］纳巴达河

P'o-lo-men［人］婆罗门

Pacores［人］帕科雷斯

Padrapāla［专］村长

Pakistan［地］巴基斯坦

Palibothri［地］华氏城

Pamir［地］帕米尔

Pamir-Alai［地］帕米尔·阿赖

Panjshir R.［地］潘季希尔河

Panjtar［文］潘季塔尔铭文

Panticapaeum［地］潘蒂卡派

Parkoles［人］帕科勒斯

Parni［族］帕尔尼人

Paropanisades［地］帕罗帕米萨德

Parsua［地］波斯

Parthia［地］帕提亚

Parthian［族］帕提亚人

Parvati［宗］帕婆提

Patbāz［专］税收

Patbāz［地］帕特巴兹

Patigrabana［人］帕提格拉班纳

Patika［地］帕提卡

Paul［人］保罗

Pavlodar［地］巴甫洛达尔州

Payarik［地］帕雅里克渠

Pazyryk［地］巴泽雷克

Pebble Culture［文］砾石文化

Pechenegs［族］佩彻涅格人

Pehlevi［文］巴列维文

Pen'ki［地］彭基

Qaghan［专］可汗

Qutluq［专］骨咄禄

R. Gauthiot［人］哥提欧

R. S. Davis［人］戴维斯

R. Pumpelly［人］庞普里

Rājataranginī［书］《诸王流派》

Rajula［人］拉朱拉

Ramitan Rud［地］拉米坦鲁德

Ramithana［地］阿滥谧

Ravi R.［地］拉维河

Riwat［地］里瓦特

Roxane［人］罗克珊娜

Roxolani［族］罗克索兰人

Rudradaman［人］鲁德拉达曼

Rum［王］罗马

S. Masuda［人］马苏达

S. P. Tolstov［人］托尔斯托夫

S. S. Chernikov［人］切尔尼科夫

S. V. Kiselev［人］吉谢列夫

Said Qala［地］赛义德卡拉

Sakā Haumavargā［族］豪玛瓦尔格·塞克人

Sakā Tigraxaudā［族］尖顶帽塞克人

Sakā［族］塞克

Saka-Massagatae［族］塞克—玛撒该塔伊人

Saksaul'skaya［地］撒克绍斯卡亚

Samarqand［王］康国

Samarqand［地］撒马尔罕

Sanabules［人］萨纳巴勒斯

Sānāth［地］萨尔拉特

Shah Rud［地］沙赫鲁德

Shahimardan［地］沙马丹

Shahr-i Nau［地］沙赫里瑙

Shahr-i Sokhta［地］沙赫里索克塔

Shalmaneser［人］萨尔马纳萨尔三世

Shamanism［宗］萨满教

Shapur I［人］沙普尔一世

Shatial［地］沙提尔

Shor-tepe［地］肖尔特佩

Shugnou［地］舒格诺

Siabsai［地］西雅布塞

Side Scraper［专］侧缘刮削器

Silwalik belti［地］西瓦利克带

Sintashta-petrovka Culture［文］辛塔什塔—彼德罗夫卡文化

Sippar［地］西帕尔

Siraci［族］西拉锡

Sisicottus［人］西西科塔斯

Sistan［地］锡斯坦

Sivasena［地］希瓦塞那

Siwalik［地］西瓦利克

Skand-gupta［人］塞建陀笈多

Skunxa［人］斯昆卡

Smbat［人］沙母贝特

Soan R.［地］索恩河

Sodasa［人］肖达萨

Sogdian script［文］粟特文或窣利文

Sogdiana［地］粟特

Sokh［地］索赫

Sokh R.［地］索克河

Tagino［专］特勤

Tagisken［地］塔吉斯肯

Tahirbay［地］塔希尔贝

Taip［地］泰普

Tajikistan［地］塔吉克斯坦

Takht-i-Bahi［书］塔赫蒂巴希铭文

Takht-i-Sangin［地］塔克蒂桑金

Talas［地］塔拉斯

Talekan［地］塔里堪

Talgar Ravine［地］塔尔加尔山谷

Tamil［书］泰米尔铭文

Tanay［地］塔奈城

Tandyriul［地］汤迪留尔

Tardu Šad［人］咄度设

Tardu［人］达头可汗

Tarduš šad［人］达渡设

Tarim Basin［地］塔里木盆地

Tarrant［专］塔兰特

Tarxano［专］达千

Tash-kumyr［地］塔什库梅尔

Tashkurgan［地］塔什库尔干

Taurus M.［地］托罗斯山

Tautara［地］陶塔拉

Taxila［地］咀叉始罗

Taxila［地］塔克西拉

Ta-Yuan［王］大宛

Tazabagyab［地］塔扎巴格雅布

Tedzhen R.［地］捷詹河

Tegin［专］特勤

Tomyris［人］托米丽司

Tonqra［族］同罗

Ton-yabghu［人］统叶护

Toprak-kala［地］托普拉克卡拉

Toranas［专］印度式四道门

Torman［人］头罗曼

Trajan［人］图拉真

Transoxiana［地］河中地区

Trapezus［地］特拉比松城

Triparadisus［人］特里帕拉狄索斯

T. T. Paterson［人］帕特尔松

Trushnikovo［地］特鲁什尼科弗

Tulgan［地］图尔根

Tulkhar［地］图尔哈

Tura［地］独洛河

Turang-tepe［地］土朗特佩

Türgäch［王］突骑施汗国

Türk［族］突厥

Turkmenistan［地］土库曼斯坦

Turk-Runic Script［文］突厥鲁尼文

Turxanthus［人］咄陆设

Tuttystone［专］黄铜

Tuva［地］图瓦

Uchkatli［地］乌奇克特利

Ukraine［地］乌克兰

Ulug-tepe［地］乌卢格特佩

Ulugh Irkin［专］大俟斤

Unaghan R.［地］乌拉干河

Urals［地］乌拉尔

Vologases［人］伏洛加塞斯

Vologases［人］沃洛盖斯

Vonones［人］沃诺内斯

W. Fairservis［人］费尔塞维斯

Wakhan［地］瓦罕

Warwaliz［王］活国

Wn'k［专］战俘

Wu-sun［族］乌孙

Xatun［专］可敦

Xenophon［人］色诺芬

Xerses I［人］薛西斯一世

Xwatyn / xwaten［专］可敦

Y. A. Zadneprovsky［人］扎德尼普罗夫斯基

Yabghu［专］叶护

Yabghus［专］翕侯

Yakka-Parsan［地］雅卡帕尔桑

Yangaja［地］扬加贾

Yangi［地］养吉干

Yasht［书］《亚什特》

Yaśodharmān［人］耶输陀曼

Yassy-tepe［地］雅锡特佩

Yašt［书］《耶施特》

Yaz-tepe［地］亚兹特佩

Yazdgird II［人］伊嗣俟二世

Yenisey R.［地］叶尼塞河

Yen-ts'ai［族］奄蔡

Yīfú［人］伊匐

Ypδ［专］附庸

Ysanas［书］《亚思纳》

Yüeh-chih［族］大月氏

Zaboulistan［地］谢风旦

Zaboxo［专］叶护

Zagros M.［地］札格罗斯山

Zaisan Lake［地］斋桑湖

Zamakhshar［地］札马赫沙

Zaman-baba Culture［文］扎曼巴巴文化

Zandana［地］赞达那渠

Zang［地］章渠

Zar-tepe［地］札尔特佩

Zasracarta［地］扎德拉卡塔

Zend-Avesta［书］《阿维斯塔》

Zerafshan R.［地］泽拉夫善河

Zeugma［地］泽格玛

Zhalpak［地］扎尔帕克

Ziebel［专］叶护

Znamenka［地］兹纳缅卡

Zoroaser［人］琐罗亚斯德

Zoroastrianism［宗］拜火教